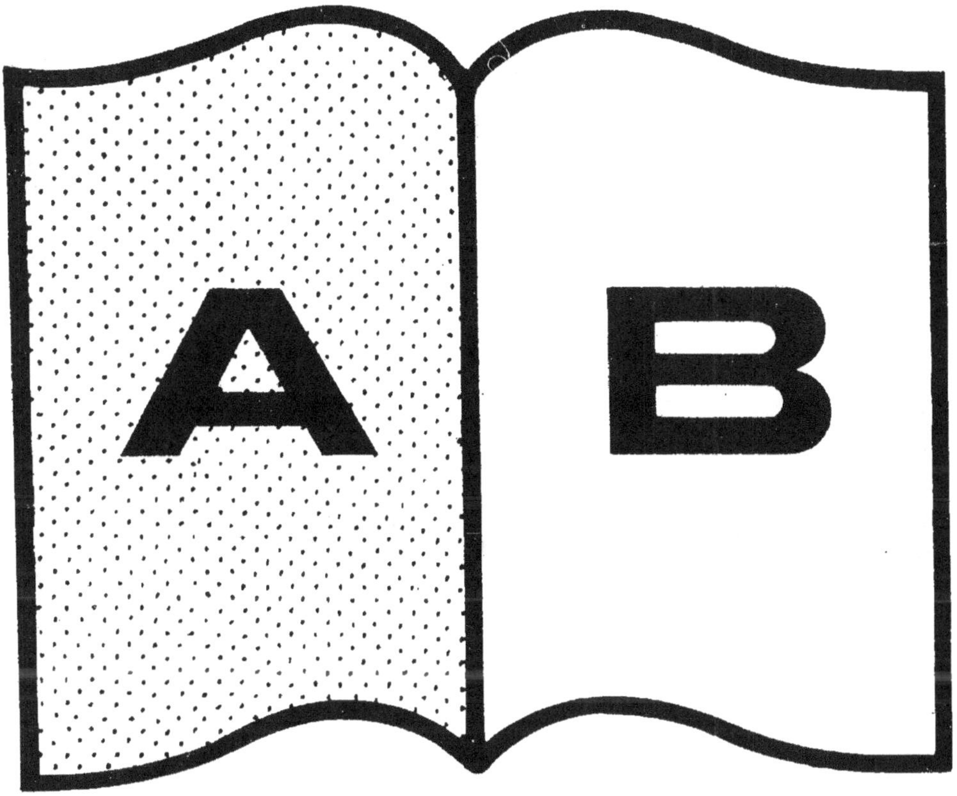

Contraste insuffisant

NF Z 43-120-14

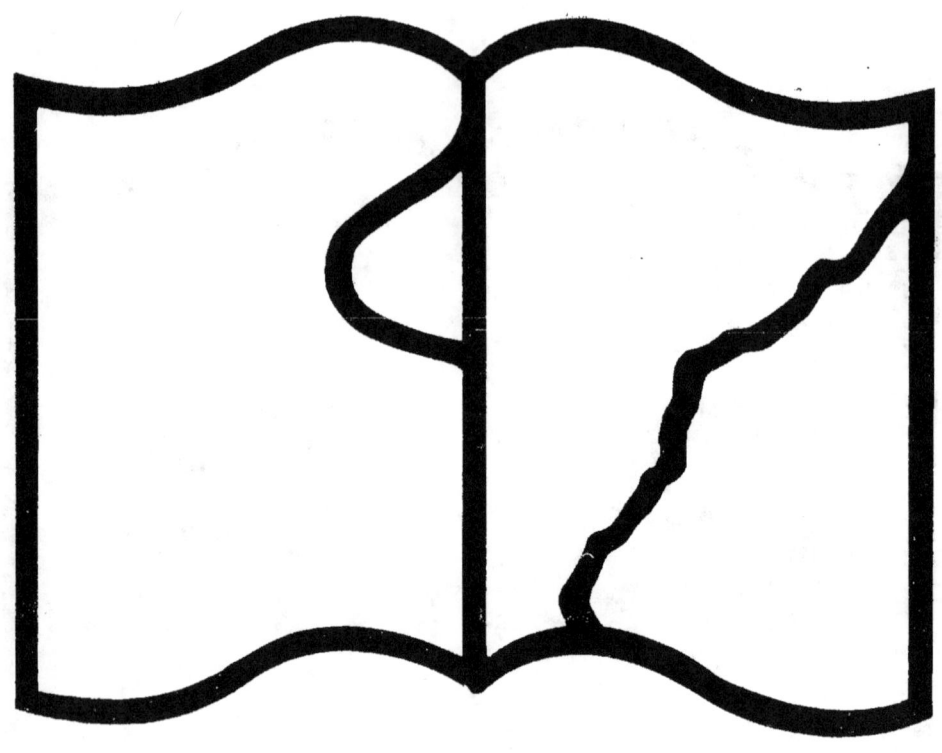

Texte détérioré — reliure défectueuse

NF Z 43-120-11

WALTER SCOTT

ILLUSTRÉ.

PEVERIL DU PIC.

TRADUCTION DE M. P. LOUISY.

DESSINS DE M. ADRIEN MOREAU.

PARIS,
LIBRAIRIE DE FIRMIN-DIDOT ET CIE,
IMPRIMEURS DE L'INSTITUT, RUE JACOB, 56.

1891.

Tous droits réservés.

A17150

WALTER SCOTT

ILLUSTRÉ.

TYPOGRAPHIE FIRMIN-DIDOT. — MESNIL (EURE).

MISS ALICE BRIDGENORTH.

WALTER SCOTT

ILLUSTRÉ.

PEVERIL DU PIC.

TRADUCTION DE M. P. LOUISY.

DESSINS DE M. ADRIEN MOREAU.

PARIS,
LIBRAIRIE DE FIRMIN-DIDOT ET CIE,
IMPRIMEURS DE L'INSTITUT, RUE JACOB, 56.

1891.

Tous droits réservés.

CHAPITRE PREMIER.

> Quand, pour la première fois, s'alluma la guerre civile, régna la discorde, éclatèrent aux oreilles des hommes les paroles de haine et de vengeance, d'abord ils n'y comprirent rien.
>
> BUTLER, *Hudibras*.

UILLAUME, le conquérant de l'Angleterre, fut, ou du moins croyait être le père d'un certain Guillaume Peveril, qui fit merveille à ses côtés dans la journée d'Hastings. Pour ce prince, d'un esprit indépendant, qui prenait dans ses chartes le titre de *Gulielmus Bastardus,* la bâtardise ne devait pas être un obstacle à sa faveur royale : aussi, une fois maître de dicter la loi et de disposer à son gré des terres du Saxon vaincu, octroya-t-il à son fils un lot de beaux apanages dans le comté de Derby.

Le premier soin du nouveau baron fut pour sa demeure : il la suspendit, à la façon d'un nid d'aigle, en surplomb de la Caverne du Diable, si connue des voyageurs, et le village voisin en tira son nom de *Castletown* (Châteaubourg). Par quels liens se rattachait à notre Peveril une famille opulente du même comté, l'on ne sait trop, car cette généalogie est assez confuse. Toujours est-il que, sous le règne orageux de Jean sans Terre, le grand fief de Castletown fut confisqué sur un autre Guillaume, ce qui n'empêcha point ses descendants de porter le titre pompeux de Peveril du Pic comme la marque de leur antique origine et de leurs prétentions ambitieuses.

Au temps du roi Charles II, la noble famille de Peveril avait pour chef le chevalier Geoffroy, portrait fidèle des hobereaux de campagne à cette époque. Il tirait vanité d'un petit avantage et la moindre contrariété l'exaspérait; il ne pouvait prendre un parti ou une opinion qui ne fût l'écho de ses préjugés. Orgueilleux de sa naissance, il agissait en prodigue avec les parents et amis disposés à reconnaître sa supériorité, et querellait quiconque contestait ses prétentions. Il faisait du bien aux pauvres, quand ils ne chassaient pas sur ses terres, était plus royaliste que le roi, et détestait également Têtes-Rondes, braconniers et presbytériens. En fait de religion, il appartenait à la haute Église, et, le voyant si exalté dans ses principes, beaucoup de gens pensaient qu'il professait en secret les dogmes catholiques auxquels sa famille avait renoncé du vivant de son père, et qu'il avait obtenu une dispense qui lui permettait de se conformer extérieurement aux pratiques du culte protestant. Cette médisance courait, du moins, parmi les puritains, et l'influence que sir Geoffroy paraissait exercer sur les gentilshommes catholiques des comtés de Derby et de Chester la rendait assez vraisemblable.

Tel était notre gentillâtre, et il aurait pu passer de vie à trépas sans autre distinction qu'une plaque de cuivre dans sa chapelle, s'il n'eût vécu dans un temps qui forçait à se mouvoir les gens les plus apathiques. Quand éclata la guerre civile, Peveril du Pic, fier de son blason et naturellement brave, leva un régiment pour le roi, et montra en diverses occasions qu'il était plus apte au commandement qu'on n'aurait pu le croire.

Au milieu même des troubles, il devint amoureux d'une fille de la noble maison de Stanley, aussi aimable que belle, et il l'épousa. Sacrifiant à ses devoirs militaires les charmes de la vie domestique, il combattit pendant plusieurs années avec une réelle bravoure; mais son régiment ayant été surpris et taillé en pièces, il échappa à la déroute et, en vrai descendant de Guillaume le Conquérant, se retrancha dans son château de Martindale. Assiégé et canonné par Cromwell en personne, il ne se rendit qu'à la dernière extrémité. Geoffroy fut fait prisonnier, et lorsqu'il recouvra sa liberté, sous la promesse de rester à l'avenir sujet fidèle de la république, il eut à subir, pour châtiment de ses fautes passées, la peine d'une amende et du séquestre de ses biens.

Ni cette promesse forcée, ni la crainte des conséquences fâcheuses qui en pouvaient résulter pour sa personne ou ses propriétés, ne purent empêcher Peveril du Pic d'aller rejoindre le vaillant comte de Derby, puis Charles II. Dans la funeste bataille de Worcester, il tomba une seconde fois aux mains des rebelles. Comme il était, selon le langage d'alors, un réprouvé, il courut grand risque de partager le sort de lord Derby, qui fut décapité à Bolton ; l'intercession d'un ami, qui avait de l'influence dans les conseils de Cromwell, lui sauva la vie. Cet ami, un M. Bridgenorth, appartenait à la classe moyenne, et avait hérité de son père, outre un modeste domaine, une belle fortune, acquise dans des opérations de commerce.

Sa résidence patrimoniale, Moultrassie-Hall, assez petite, mais massive et toute en briques, était située à une demi-lieue du château de Martindale. On l'envoya à la même école que l'héritier des Peveril, et il s'établit ainsi entre eux une sorte de liaison qui, sans jamais être intime, subsista durant leur jeunesse ; d'autant plus que le plébéien, sans admettre à part soi les vaniteuses prétentions de son noble condisciple, lui témoignait une déférence raisonnable, comme au représentant d'une famille plus ancienne et plus considérable que la sienne.

Toutefois, M. Bridgenorth ne poussa pas la complaisance jusqu'au point d'embrasser le parti de sir Geoffroy pendant la guerre civile.

En sa qualité de juge de paix, il mit, au contraire, beaucoup de zèle à lever des hommes pour la cause du parlement, et même il la servit quelque temps dans l'armée avec le grade de major. Cette conduite lui fut suggérée par ses opinions en religion et en politique, car il était, d'une part, dévot presbytérien et, de l'autre, favorable au parti populaire. Homme d'argent au fond, ayant l'œil ouvert sur ses intérêts, il ne fut pas longtemps à s'apercevoir que le plus sûr moyen d'augmenter sa fortune était d'embrasser la cause du parlement, tandis que celle du roi, de la manière dont elle était soutenue, n'offrait aux riches qu'une suite d'exactions et d'emprunts forcés.

Ces diverses raisons firent de Bridgenorth un franc Tête-Ronde, et dès lors toute relation amicale entre son voisin et lui cessa brusquement. La rupture eut lieu sans éclat d'ailleurs, l'un ne quittant guère son infortuné maître, l'autre venant de loin en loin à Moultrassie et seulement pour y voir sa femme et ses enfants.

Au cours de ces visites, il apprit avec un réel plaisir qu'en toute circonstance, lady Peveril avait eu beaucoup de bontés pour mistress Bridgenorth, et qu'elle lui avait même donné asile au château lorsque sa maison avait été menacée de pillage par la cavalerie indisciplinée du prince Rupert. Le major, flatté de voir l'intimité s'établir entre les deux dames, se promit d'en être reconnaissant autant qu'il le pourrait sans se nuire, en usant de toute son influence en faveur de son voisin. Non seulement il réussit à lui conserver la vie, mais à faire lever la saisie de ses biens à des conditions assez douces. Enfin, lorsque, pour payer les frais de composition, le chevalier se vit forcé de vendre une forte portion de son patrimoine, Bridgenorth en donna un prix beaucoup plus élevé que celui qu'aucun royaliste n'avait obtenu en pareilles circonstances. Le prudent intermédiaire, il est vrai, ne perdit nullement de vue ses intérêts, car, après tout, ce prix fut encore très modéré, et les terres qu'il acquit, confinant à Moultrassie-House, triplèrent au moins la valeur de ce domaine.

Du reste, le malheureux propriétaire aurait subi des conditions plus dures, si le major avait voulu, à l'instar de ses collègues, profiter de tous les avantages dont il jouissait comme membre du comité des séquestres. Il se fit donc honneur d'avoir, en cette affaire, sacrifié l'intérêt à la générosité, et sir Geoffroy fut du nombre de ceux qui surent le reconnaître. Ajoutons que le major, toujours simple et respectueux, lui marquait les mêmes égards et cédait sur l'étiquette, dont il se souciait peu, uniquement pour lui être agréable. Le gentilhomme consentit, en retour, à oublier bien des choses. Il oublia, par exemple, que Bridgenorth était déjà en possession de plus d'un bon tiers de son patrimoine et qu'il avait, par suite d'emprunts, hypothèque sur autre tiers. Il essaya même d'oublier, ce qui était plus difficile à ôter de la mémoire, la différence actuelle de leur situation respective et de leurs habitations.

Avant la guerre civile, le castel haut perché, avec ses tours et ses remparts, semblait humilier le toit de briques qui émergeait à peine de la verdure, ainsi qu'aurait pu le faire un chêne de la forêt seigneuriale à côté de l'avenue de maigres bouleaux conduisant à la bourgeoise demeure. Mais, après le siège dont nous avons parlé, combien celle-ci, agrandie et décorée, l'emporta dans le paysage sur celui-là, presque en ruines et dont une aile seulement était habitable ! On eût dit d'un jeune hêtre en pleine croissance et aux frondaisons vigoureuses, et d'un vieux chêne frappé de la foudre, au tronc noirci et crevassé, au feuillage rare, à la sève presque tarie.

Indépendamment de la nécessité et des sages conseils de sa femme, deux considérations déterminaient Peveril à supporter cette décadence de fortune, sorte de dégradation pour lui.

En premier lieu, les opinions politiques du major commençaient, sur beaucoup de points, à se rapprocher des siennes. Comme presbytérien, il n'était pas ennemi déclaré de la monarchie, et le procès du roi l'avait douloureusement affecté. Comme bourgeois et propriétaire, il redoutait le régime du sabre, et en était venu à désirer la restauration de Charles II, non par un coup de force, mais grâce à un arrangement qui garantit au peuple anglais les droits et les libertés pour lesquels le parlement avait d'abord combattu. Aussi fut-il regardé, pendant les dernières années de la domination de Cromwell et pendant l'interrègne qui les suivit, comme un adversaire de la république et un partisan de Charles Stuart.

Outre ce rapprochement naturel en politique, un autre lien d'intimité unissait le manoir et le château. Bridgenorth, si heureux au point de vue de la fortune, eut à subir dans sa famille plusieurs épreuves bien cruelles, qui émurent à juste titre la compassion de son voisin : c'est ainsi qu'en peu d'années, il perdit successivement six enfants, par suite d'une faiblesse de constitution, et tous à l'âge où ces petits êtres commencent à s'emparer du cœur des parents.

Au commencement de 1658, il ne restait au major aucun enfant. Vers la fin de cette année, il eut une fille, il est vrai, mais sa naissance fut achetée par la mort d'une épouse chérie, dont la santé était ruinée par les chagrins de l'amour maternel, et par la pensée accablante que les enfants qu'elle avait perdus tenaient d'elle cette faiblesse de constitution, si fatale à leur existence. La même voix, la voix douce de lady Peveril apprit au major qu'il était encore père et qu'il avait cessé d'être époux. Au lieu d'éclater sur l'heure en accents désordonnés, sa douleur, profondément ressentie, prit l'apparence d'une morne stupeur, d'où ne purent le tirer ni les remontrances amicales de sir Geoffroy ni les pieuses exhortations du ministre presbytérien.

Enfin, lady Peveril, avec l'adresse d'une femme inspirée par la vue du malheur et la sympathie naturelle de son âme, recourut à un de ces moyens qui font souvent résoudre en larmes l'angoisse du désespoir. Plaçant dans les bras de Bridgenorth la fille dont la naissance lui avait coûté si cher, elle le conjura de se rappeler que son Alice ne lui était pas entièrement ravie puisqu'elle survivait dans l'orpheline qu'elle avait léguée à sa tendresse paternelle.

— Non, non, emportez-la ! s'écria l'infortuné ; ne me forcez pas à la voir ! C'est un nouveau bouton qui n'a fleuri que pour se flétrir bientôt, et l'arbre qui l'a porté ne fleurira plus !

Ces paroles dites, les premières qu'il eût prononcées, il jeta presque l'enfant entre les bras de lady Peveril, se couvrit le visage de ses deux mains, et fondit en larmes. Lady Peveril ne lui dit pas de se consoler, mais elle se hasarda à lui promettre que le bouton aurait un jour des fruits.

— Jamais! jamais! répliqua-t-il. Éloignez de moi cette pauvre créature, et faites-moi seulement savoir quand je devrai en porter le deuil... Le deuil! ne le porterai-je pas tout le reste de ma vie?

— Eh bien, je garderai l'enfant quelque temps, puisque sa vue vous est si pénible ; elle sera traitée comme notre Julien, jusqu'au moment où sa présence vous sera un sujet de joie et non plus de chagrin.

— Ah! ce moment n'arrivera jamais... son destin est fixé : elle suivra les autres... Que la volonté de Dieu soit faite! Je vous remercie,

Milady; je la confie à vos soins, et fasse le ciel que mes yeux ne soient pas témoins de son agonie!

La bonne dame était d'autant plus capable d'élever la petite orphe-

line, qu'elle-même avait perdu deux enfants en bas âge, et qu'elle attribuait le salut du troisième, un beau garçon de trois ans, à un régime tout à fait différent de celui qui était alors en usage. Résolue à l'appliquer de nouveau, elle n'y réussit pas moins bien. Grâce à un emploi modéré des médicaments, en l'exposant plus souvent à l'air libre ; et, par une ferme, mais prudente sollicitude à seconder la nature, au lieu de s'y substituer, l'enfant, si chétive, confiée aux soins d'une excellente nourrice, acquit chaque jour plus de force et de vitalité.

Sir Geoffroy, comme la plupart des hommes d'un caractère franc et généreux, aimait naturellement les enfants ; les malheurs de son voisin lui inspiraient une pitié si vive, qu'il oublia complètement que ce dernier était presbytérien, jusqu'au moment où il devint nécessaire de faire baptiser la fillette.

Ce fut un moment critique. Le père semblait hors d'état de donner un avis; et la pensée de voir le seuil de Martindale violé par le pied hérétique d'un prêtre non-conformiste faisait frémir d'horreur le châtelain orthodoxe. A la fin du siège, le fameux prédicant Hugues Peters était entré à cheval dans la cour de sa demeure, la Bible d'une main, le pistolet de l'autre, et le souvenir de cette heure d'amertume s'était enfoncé dans son âme comme un fer rouge. Cependant, l'influence de lady Peveril triompha des préjugés de son mari; elle le décida à souffrir que la cérémonie eût lieu dans un pavillon éloigné, qui n'était pas compris dans les dépendances du château ; elle voulut même y assister. Quant à Geoffroy, il s'absenta du logis toute la journée, et si l'on se douta qu'il savait ce qui s'était passé dans le pavillon, ce fut par le soin particulier qu'il prit à le faire laver et parfumer, à le purifier en quelque sorte.

Quels que fussent les préjugés du bon chevalier contre la croyance religieuse de son voisin, ils n'eurent aucune influence sur les sentiments que ses malheurs lui avaient inspirés. La manière dont il lui en donnait des preuves ne manquait pas d'originalité; mais elle convenait parfaitement à leur caractère respectif et à la nature de leurs relations.

Tous les matins, sir Geoffroy allait, à pied ou à cheval, jusqu'à Moultrassie, et adressait, en passant, quelques mots d'amitié au major. Parfois, il entrait dans le vieux salon, où le maître du logis s'abandonnait à ses réflexions solitaires; le plus souvent, il s'arrêtait sur la terrasse, et, s'approchant de la fenêtre à petits carreaux, il criait de sa grosse voix :— Comment vous portez-vous, Monsieur Bridgenorth ? (Le major n'existait pas pour lui). Je suis venu vous dire un petit bonjour.

Allons, du courage ! Julien va bien, la petite Alice va bien, tout le monde va bien à Martindale.

Un profond soupir, accompagné parfois d'un « Je vous remercie, sir Geoffroy ; mes devoirs respectueux à lady Peveril, » était d'ordinaire la seule réponse de l'affligé. Ces nouvelles, reçues avec autant de plaisir qu'on en avait mis à les apporter, lui furent, de jour en jour, moins pénibles ; il y prit de l'intérêt, et jamais la fenêtre à petits carreaux n'était fermée, jamais le fauteuil de cuir placé auprès ne restait vide quand approchait l'heure habituelle de la visite du chevalier.

A la longue, l'attente de cette entrevue finit par absorber les pensées du pauvre père pour le reste de la journée. De son poste d'observation, il pouvait distinguer à distance le pas solennel de sir Geoffroy, ou le trot pesant de son cheval de guerre, Black Hastings, son compagnon fidèle dans plus d'une action ; il pouvait l'entendre fredonner l'air : *Le roi reprendra sa couronne*, ou siffler celui de : *Cornards et têtes-rondes ;* puis ces sons s'éteindre pour faire place à l'apostrophe amicale que le Cavalier avait coutume de lancer d'une voix retentissante.

L'entrevue se prolongea par degrés, à mesure que le chagrin de Bridgenorth, comme tous les sentiments humains, diminua de violence et lui permit d'accorder quelque attention à ce qui se passait autour de lui.

Un matin du mois d'avril 1660, sir Geoffroy, qui n'avait abordé jusque-là son voisin qu'avec des paroles de consolation et d'espérance, signala son approche d'une façon inaccoutumée. Monté sur son coursier de bataille, dont la selle était garnie d'énormes pistolets, armé de pied en cap, et le bâton de commandement à la main, il s'avança dans l'avenue en chantant à plein gosier son refrain royaliste ; puis, sautant vivement à terre, il se précipita dans le salon, les yeux brillants, les joues enflammées.

— Debout, voisin, debout ! cria-t-il. Il n'est plus temps de s'acoquiner au coin du feu. Où est votre cuirasse, votre sabre ? Rangez-vous du bon côté une fois dans votre vie, et réparez les erreurs du passé. Le roi est rempli d'indulgence et de bonté ; j'obtiendrai pour vous amnistie complète.

— Qu'entendez-vous par là ? demanda le major. Votre santé est-elle bonne, sir Geoffroy, et tout va-t-il bien au château ?

— Aussi bien que vous pouvez le désirer. Alice et Julien, tout le monde se porte bien. Mais j'ai des nouvelles qui valent vingt fois mieux... Monk s'est déclaré à Londres contre ces impudents coquins du parlement. Fairfax a pris les armes pour le roi dans le comté d'York... Pour le roi, pour le roi, vous dis-je; presbytériens et épiscopaux, tous se mettent en campagne pour le roi Charles... J'ai reçu une lettre de Fairfax, qui m'enjoint de m'emparer des comtés de Derby et de Chester, avec le plus d'hommes que je pourrai lever. Dieu me damne! c'est lui qui m'envoie des ordres à présent! Enfin, n'importe; nous voilà tous pairs et compagnons; et vous et moi, mon cher ami, nous chargerons de front, comme de bons voisins doivent le faire... Tenez, lisez la lettre, lisez, lisez, puis mettez vos bottes, et vite à cheval!

> En avant, brave cavalier!
> Coup pour coup, et point de quartier!
> Que le vieux démon d'Olivier
> Dans sa tombe frissonne!

Après avoir donné cours, d'une voix de tonnerre, à cette élégante effusion d'enthousiasme et de loyauté, l'indomptable Cavalier se sentit le cœur trop plein : il se laissa aller sur une chaise, en s'écriant : « Aurais-je jamais cru vivre assez pour voir cet heureux jour! » et il se mit à pleurer, autant à sa propre surprise qu'à celle de Bridgenorth.

En considérant l'état de crise où se trouvait plongé le pays, le major en vint à partager l'avis de Fairfax et des autres chefs presbytériens, à savoir que le parti le plus sage et le plus patriotique était d'épouser franchement la cause du roi, afin d'échapper à la tyrannie des factions politiques. En conséquence, il opina dans le sens de sir Geoffroy, avec moins d'enthousiasme, il est vrai, mais avec autant de sincérité, et ils arrêtèrent d'un commun accord les mesures propres à rétablir autour d'eux l'autorité royale, ce qui s'effectua aussi paisiblement que dans le reste des provinces.

Tous deux étaient à Chesterfield quand la nouvelle se répandit du débarquement de Charles II en Angleterre, et à l'instant sir Geoffroy annonça son intention d'aller rendre ses devoirs à Sa Majesté, avant même de retourner à Martindale.

— Qui sait, voisin, ajouta-t-il, si le chevalier Peveril reviendra jamais à Martindale? Il doit y avoir là-bas des honneurs à gaguer, et j'ai mérité quelque chose comme les autres. Lord Peveril sonnerait assez bien, ou bien encore comte de Martindale; mais non, pas de Martindale, comte du Pic... En attendant, laissez-moi faire; je verrai à ce qu'on vous nomme... Pourquoi diable êtes-vous presbytérien?... chevalier, c'est-à-dire chevalier bachelier, et non chevalier baronnet; cela vous siérait assez bien.

— Non, sir Geoffroy, répondit le major, c'est l'affaire des gens de condition; pour moi, mon plus cher vœu est d'apprendre qu'à mon retour tout va bien au château.

— Tout ira à vos souhaits, j'en réponds, Julien, Alice, lady Peveril et tout le reste. Portez-leur mes compliments et embrassez-les tous, voisin, lady Peveril comme les autres; et peut-être bien, quand je reviendrai, embrasserez-vous une comtesse. Allons, un verre de vin des Canaries à la santé du roi, avant de monter à cheval! Mais j'oubliais, voisin, que les presbytériens ne portent pas de santés.

— Je fais des vœux pour la santé du roi aussi sincèrement que si j'avalais un gallon en son honneur, et je vous souhaite, sir Geoffroy, toute espèce de succès dans votre voyage, et un heureux retour. »

CHAPITRE II.

> Alors nous entendrons le mugissement des bœufs et la chanson des tonneaux en perce. Le sang coulera de nouveau ; mais ce sera celui des troupeaux, du gibier et de la volaille, qui se mêlera au sang généreux du brave Jean d'Orge.
>
> *Vieille Comédie.*

uelles que fussent les récompenses que le roi eût daigné octroyer au baronnet en retour de ses longs services et de ses souffrances, il n'en avait aucune à sa disposition qui pût égaler le plaisir que la Providence réservait au major à son retour dans le Derby.

La vie active qu'il venait de mener avait produit l'effet ordinaire, en rendant à son âme une partie du ressort qu'elle avait perdu, et retomber dans l'espèce de léthargie morale dont il était sorti lui semblait une faiblesse impardonnable. Le temps aussi avait contribué à calmer la violence de ses regrets ; et quand il eut passé un jour entier à Moultrassie, sans recevoir sur la santé de sa fille les nouvelles que sir

Geoffroy avait coutume de lui apporter chaque matin, il jugea convenable, à tous égards, d'aller faire une visite au château. Il s'arma de courage pour cette épreuve terrible; car il se rappelait les joues creuses, les yeux éteints, les lèvres pâles de ses autres enfants, signes avant-coureurs du déclin de leur santé.

« Je vais reconnaître ces présages de mort, se dit-il; je vais voir encore une fois un être aimé, auquel j'ai donné la vie, descendre au tombeau où ma place était marquée bien avant la sienne. N'importe! il est indigne d'un homme de se dérober si longtemps à un devoir inévitable. Que la volonté de Dieu s'accomplisse! »

Le lendemain matin, il s'achemina vers le château, rassura lady Peveril sur la santé du chevalier, et l'entretint des espérances qu'avait celui-ci de s'élever à de nouveaux honneurs.

— Dieu soit loué pour la première des nouvelles que vous m'annoncez! répondit-elle. Quant à la seconde, il en sera ce qu'il plaira à notre gracieux souverain. Nous avons assez d'honneurs pour nos moyens, et assez de moyens pour être heureux sans splendeur. Ah! monsieur Bridgenorth, combien c'est folie d'ajouter foi aux mauvais pressentiments! Si souvent les tentatives réitérées de sir Geoffroy en faveur des Stuarts ont tourné contre lui et l'ont conduit à de nouvelles infortunes, que, l'autre jour, en le voyant sortir, revêtu de sa funeste armure, et aux sons prolongés de la trompette, il m'a semblé voir son linceul et entendre la cloche de ses funérailles! Je vous dis cela, mon bon voisin, parce que votre esprit, ainsi que le mien, s'est peut-être abandonné à de tristes pressentiments qu'il peut plaire au ciel de démentir, comme il lui a plu de démentir les miens, et voici une preuve qui doit vous en donner l'assurance.

La porte de l'appartement s'ouvrit comme elle parlait encore, et deux aimables enfants parurent. L'aîné, Julien Peveril, gentil garçon de quatre à cinq ans, tenait par la main, avec un air de dignité et d'attention touchante, une fillette de dix-huit mois, dont les pas menus et chancelants ne se maintenaient à grand'peine en ligne droite qu'avec l'aide de son petit compagnon.

Bridgenorth jeta à la hâte un regard craintif sur sa fille, et ce coup d'œil suffit pour lui faire reconnaître, avec un ravissement indicible, que ses terreurs étaient sans fondement. Il la prit dans ses bras, la pressa contre son cœur ; et l'enfant, quoique effrayée d'abord de la violence de ses caresses, se mit tout à coup à lui sourire, comme par un secret instinct de la nature. L'éloignant ensuite de lui, il l'examina à loisir, et se convainquit que le petit chérubin n'offrait aucun des symptômes de la maladie tant redoutée ; c'était une enfant délicate, mais fraîche et bien venante.

— Ah! je n'aurais pas cru cela possible, dit-il en se tournant vers lady Peveril, qui observait cette scène avec une vive émotion. Grâces soient rendues au ciel d'abord, et puis à vous, Madame, qui avez été l'instrument de ses bontés!

— Je crains bien maintenant que Julien ne perde sa petite compagne, dit lady Peveril ; mais Moultrassie n'est pas loin d'ici ; j'irai voir souvent l'enfant de mon adoption. Dame Marthe, votre femme de charge, a du bon sens ; elle est fort soigneuse, et, en lui disant comment j'ai traité Alice, j'espère...

— A Dieu ne plaise que ma fille vienne jamais à Moultrassie! interrompit vivement le major. Cette maison a été le tombeau de tous les miens ; sa situation basse, l'air qu'on y respire, ne leur convenaient point, ou, peut-être, un sort fatal y est-il attaché. Je verrai à la placer ailleurs.

— Avec votre permission, major Bridgenorth, vous n'en ferez rien. En agissant ainsi, vous donneriez à penser que vous faites peu de cas de ma science maternelle. Si Alice ne doit pas habiter la maison de son père, elle ne quittera pas la mienne. Je la garderai, pour témoigner à la fois de sa bonne santé et de mes petits talents ; et puisque vous appréhendez pour elle l'humidité des terrains bas, je me flatte que vous viendrez souvent la voir ici. »

Cette proposition alla droit au cœur de Bridgenorth, et une larme de joie brilla dans ses yeux. Cependant, il ne put s'empêcher d'élever quelques objections timides, et du ton d'un homme qui ne demanderait pas mieux que de les entendre réfuter.

— Madame, lui dit-il, votre bonté me rend le plus heureux et le plus reconnaissant des hommes ; mais sera-t-elle sans inconvénients pour vous? Sir Geoffroy a, sur plusieurs points, des opinions qui ont toujours différé des miennes, et qui probablement en diffèrent encore. Il est d'une haute naissance, et je ne suis qu'un roturier; il est de l'Église anglicane, et moi je me conforme au catéchisme des docteurs de Westminster...

— Est-il défendu par l'une ou l'autre Église, interrompit la châtelaine, de servir de mère à votre fille qui n'a plus la

sienne? Je ne le crois pas. L'heureuse restauration de notre roi, œuvre manifeste de la Providence, sera, n'en doutez pas, le vrai moyen de clore et de guérir toutes nos dissensions civiles et religieuses : au lieu de démontrer la supériorité de nos croyances en persécutant ceux qui ne les partagent pas, nous nous efforcerons d'en dégager le sentiment chrétien, en pratiquant à l'envi la charité envers tous nos semblables, ce qui est la meilleure manière d'attester notre amour pour Dieu.

— Ce langage est dicté à Votre Seigneurie par la bonté de son cœur, répondit Bridgenorth, qui avait sa bonne part des préjugés de son temps. Certes, si tous ceux qui se disent Cavaliers et sujets loyaux pensaient comme vous, et comme mon ami sir Geoffroy, ajouta-t-il après quelques secondes de réflexion, en manière de compliment, nous, qui regardions jadis comme un devoir de prendre les armes pour la liberté de conscience, nous pourrions aujourd'hui jouir en paix du bonheur commun. Comment y arrivera-t-on, je l'ignore. Il y a parmi les vôtres des têtes chaudes, des esprits aigris, et, quant à nous, je ne dirai pas que nous ayons toujours fait du pouvoir un usage modéré; or, la vengeance est douce à race déchue d'Adam.

— Allons, allons, monsieur Bridgenorth, reprit gaiement lady Peveril, ces funestes pressentiments ne servent qu'à faire tirer des conjectures qui, je l'espère, ne se réaliseront jamais. Vous savez ce que dit Shakspeare : « S'enfuir devant le sanglier avant qu'il vous poursuive, c'est exciter l'animal à courir sur vos traces. » Mais, pardonnez-moi, il y a si longtemps que nous ne nous sommes vus, que j'ai oublié que vous n'aimez pas le théâtre.

— Avec tout le respect que je dois à Votre Seigneurie, je me croirais très blâmable si j'avais besoin des paroles oiseuses d'un histrion pour m'enseigner mon devoir; la reconnaissance m'impose la loi de me laisser diriger par vous dans tout ce que me permettra ma conscience.

— Puisque vous voulez bien m'accorder une telle influence, j'en userai avec modération, afin de vous donner du moins, par cette conduite, une idée favorable du nouvel ordre de choses. Commencez par vous soumettre à mon autorité pendant un jour seulement. Je vais, d'après les ordres de mon seigneur et maître, inviter tout le voisinage à une fête solennelle, qui sera donnée jeudi prochain au château; et je vous prie non seulement de l'honorer de votre présence, mais encore d'engager votre digne pasteur et ceux de vos amis, de toute condition, qui partagent vos idées, à se réunir à nous, afin de prendre part à la joie générale causée par le retour du roi, et de prouver par là qu'à l'avenir il n'y aura plus que des sujets unis.

L'ancien partisan du parlement de Cromwell fut singulièrement embarrassé par cette proposition. Il leva les yeux sur le plafond boisé en chêne, les ramena sur le plancher, les laissa errer autour de la salle, jusqu'au moment où ils tombèrent sur sa fille, dont la vue fit prendre à ses réflexions une direction meilleure que n'avaient pu le faire tous les objets qu'il semblait avoir interrogés.

— Madame, répondit-il, je suis depuis longtemps étranger aux fêtes, peut-être par l'effet d'un caractère mélancolique, ou à cause de l'abattement qui suit le malheur et la solitude. La gaieté résonne à mes oreilles comme un air agréable joué sur un instrument mal accordé. Toutefois, bien que je ne sois guère, d'esprit ou de tempérament, sous l'influence de Jupiter ou de Mercure, je n'en dois pas moins de gratitude au ciel pour la faveur dont vous avez été l'interprète. David, l'homme suivant le cœur de Dieu, se baigna et mangea quand son enfant chéri lui fut enlevé; le mien au contraire m'a été rendu, et s'il s'est résigné dans l'affliction, ne puis-je me montrer heureux d'un bienfait? J'accepte donc votre invitation, Madame, et ceux de mes amis sur lesquels j'ai de l'influence m'accompagneront à cette fête, afin que notre Israël ne forme plus qu'un même peuple.

Après avoir débité cette tirade de l'air d'une victime, le major embrassa sa fille, prononça sur sa tête une bénédiction solennelle, et reprit le chemin de Moultrassie-House.

CHAPITRE III.

Des bouches et de l'appétit, nous n'en manquons pas;
puissions-nous y joindre de la gaieté et des vivres !
Vieille Comédie.

ÊME dans les occasions ordinaires, et avec d'amples ressources, une grande fête n'était pas, en ce temps-là, une sinécure comme du nôtre, où la maîtresse de maison n'a besoin que d'indiquer à ses gens le jour et l'heure qu'elle a fixés. A cette époque de mœurs plus simples, il lui fallait ordonner et surveiller tout jusque dans les détails. Du haut d'une petite galerie, contiguë à son appartement et ayant vue sur la cuisine, elle commandait d'une voix perçante, qui dominait le cliquetis des pots et des casseroles, le grincement des tournebroches, le fracas des couperets, les criailleries des marmitons, et tous les bruits variés qui accompagnent d'ordinaire les préparatifs d'un grand festin.

Mais tous ces soins, tous ces embarras furent plus que doublés à l'approche de la fête qui allait avoir lieu au château de Martindale, où le génie qui présidait avait à peine les moyens suffisants pour mettre à exécution son projet hospitalier. La conduite tyrannique des maris, en pareil cas, est partout la même ; et je ne sais si, parmi ceux de ma connaissance, j'en pourrais citer un qui n'ait été assez mal inspiré pour annoncer brusquement à sa douce moitié, dans le moment le plus inopportun, qu'il a invité à dîner

> Quelque odieux major
> Pour le coup de six heures,

au risque de gêner grandement la dame, et peut-être de faire tort à ses arrangements domestiques.

Peveril du Pic était encore plus imprévoyant, car il avait chargé sa femme d'inviter tous les honnêtes gens du voisinage à venir fêter à table la bienheureuse restauration de Sa très sacrée Majesté, sans lui expliquer aucunement de quelle manière lui viendraient les provisions. Depuis le siège du château, les daims étaient devenus rares dans le parc ; le pigeonnier n'offrait pas grandes ressources pour un pareil festin ; le vivier était, à la vérité, abondamment fourni de poisson, chose que les presbytériens regardaient comme fort suspecte ; et quant au gibier, on n'avait qu'à le chasser parmi les bruyères du pays. Mais c'étaient là les accessoires d'un banquet ; comment se procurer la pièce de résistance, c'est-à-dire la viande de boucherie ? L'intendant et le bailli, seuls coadjuteurs et conseillers de lady Peveril, ne pouvaient s'accorder là-dessus. Le premier menaçait d'immoler un beau couple de bouvillons, à quoi le second, plaidant en faveur de leurs services agricoles, s'opposait désespérément ; et la bonne dame en éprouvait, à les entendre, des mouvements d'humeur à l'encontre de son époux, dont l'inconséquence la mettait dans une situation si embarrassante.

La loyauté de sir Geoffroy, à force d'espérances et de craintes, de victoires et de défaites, de luttes et de souffrances, provenant de la même cause, et roulant en quelque sorte sur le même pivot, avait pris le caractère ardent de l'enthousiasme et de la passion, et le changement de fortune qui venait non seulement de satisfaire, mais encore de surpasser ses plus chers désirs, le plongea quelque temps dans une espèce d'ivresse, commune, du reste, à tout le royaume. Il verrait Charles et ses frères, et il serait reçu par le joyeux monarque avec cette urbanité franche et gracieuse qui lui gagnait tous les cœurs. On rendait pleine justice à ses services ainsi qu'à ses mérites; on parlait même de les récompenser. Eût-il été possible au chevalier de s'inquiéter, dans un tel état d'exaltation, du bœuf et du mouton qu'il fallait à sa femme pour recevoir dignement ses hôtes?

Heureusement pour elle, il existait quelqu'un qui possédait assez de sang-froid pour prévoir cette difficulté. Au moment où elle venait de prendre la résolution pénible d'emprunter au major Bridgenorth la somme indispensable pour exécuter les ordres de son mari, l'intendant, qui, par parenthèse, ne s'était pas dégrisé une fois depuis le débarquement du roi à Douvres, se présenta tout à coup dans l'appartement, faisant claquer ses doigts, et se laissant aller à des démonstrations de joie, qui n'étaient pas tout à fait d'accord avec la solennité du grand salon de sa maîtresse.

Celle-ci, qui écrivait au major au sujet de l'emprunt qu'elle se voyait forcée de lui faire, interrompit la lettre commencée.

— Qu'est-ce à dire, Whitaker? fit-elle avec un peu d'humeur. Serez-vous donc toujours le même? Est-ce que vous rêvez?

— En tous cas, c'est de bon augure, répondit l'intendant en esquissant un geste de triomphe, et mon rêve vaut mieux que celui de Pharaon, quoiqu'il y ait aussi des vaches grasses.

— Veuillez parler clairement, ou envoyez-moi quelqu'un qui s'exprime comme il faut.

— Hé! jour de Dieu, ma nouvelle se passe bien de messager. Ne l'entendez-vous pas bêler et mugir? Oui, Madame, une paire de bœufs gras et dix moutons de première qualité! Voilà le château ravitaillé du coup. Vienne l'assaut quand on voudra, et Gatherill n'en aura pas moins son sacré champ labouré par surcroît.

Sans plus de questions, lady Peveril se leva et s'approcha d'une fenêtre d'où elle aperçut, en effet, les bœufs et les moutons qui causaient les transports de Whitaker.

— D'où viennent-ils ? demanda-t-elle, surprise.
— Ma foi, c'est à eux de le dire, répondit Whitaker. Le drôle qui les a amenés est un paysan des comtés de l'ouest : il a dit que ces bêtes étaient envoyées par un ami, pour aider Votre Seigneurie à faire

les honneurs de la fête, voilà tout. Il n'a pas voulu s'arrêter pour boire un coup, et j'en suis fâché. Que Votre Seigneurie me pardonne si je ne l'ai pas empoigné par l'oreille pour le forcer à boire ; mais ce n'est pas ma faute.
— J'en suis convaincue.
— Oui, Madame, du diable si c'est ma faute. Aussi, pour l'honneur du château, j'ai bu tout seul à sa santé un pot de bière double, et pour-

tant j'avais déjà pris mon petit coup du matin. C'est la vérité pure, oui, de par Dieu!

— Il n'a pas fallu vous trop prier, je gage ; mais Whitaker, si, dans ces occasions, vous pouviez témoigner votre joie en buvant et en jurant un peu moins au lieu d'un peu plus, cela ne vaudrait-il pas mieux, dites ?

— Que Votre Seigneurie me pardonne, reprit Whitaker avec beaucoup de respect ; chacun sa place. Je ne suis que l'humble serviteur de Votre Seigneurie, et je sais qu'il ne me convient pas de boire et de jurer comme Votre Seigneurie... faites excuse, je voulais dire comme Son Honneur sir Geoffroy. Mais, je vous le demande, si l'on ne me voyait pas boire et jurer selon ma condition, à quoi reconnaîtrait-on l'intendant de Peveril du Pic? et je pourrais dire aussi le sommelier, puisque j'ai toujours eu les clefs de la cave depuis le jour où le vieux Spigott est tombé mort d'un coup de fusil sur la tour du nord-ouest, un broc de cuir à la main? Je le répète, comment distinguerait-on un vieux Cavalier comme moi de ces poules mouillées de Têtes-Rondes, qui ne font rien que jeûner, marmotter des prières, si je ne buvais et jurais suivant ma condition ?

Lady Peveril garda le silence, car c'était perdre son temps que de répondre. Au bout d'un moment, elle donna au bonhomme l'ordre de faire inviter au banquet qui se préparait les personnes dont les noms étaient écrits sur la liste qu'elle lui remit.

Whitaker, au lieu de recevoir cette liste avec l'obéissance passive d'un maître d'hôtel moderne, s'approcha de l'embrasure d'une fenêtre, et, ajustant ses lunettes, se mit sans façon à lire. Les premiers noms, qu'il reconnut pour être ceux de nobles royalistes des environs, parurent mériter son suffrage ; il s'arrêta à celui de Bridgenorth, fit la grimace, et l'approuva toutefois, en ajoutant : « Bon voisin, après tout ; cela peut passer pour une fois. » Mais quand il lut les nom et prénom de Néhémie Solsgrace, le ministre presbytérien, la patience lui échappa, et il déclara qu'il se jetterait plutôt dans le trou d'Eldon, que d'adresser une invitation à cette vieille chouette de puritain qui avait usurpé la chaire d'un brave orthodoxe.

— Ces hypocrites aux longues oreilles! cria-t-il en jurant de tout son cœur, ils ont eu leur part de bon temps. Aujourd'hui la chance a tourné, et nous règlerons l'ancien compte, aussi sûr que je m'appelle Richard Whitaker.

— Vous faites fonds sur vos longs services et sur l'absence de votre maître, répliqua la châtelaine; sans quoi, vous n'auriez pas osé me parler ainsi.

Le tremblement de sa voix frappa le serviteur indiscipliné, et sitôt qu'il eut aperçu l'œil étincelant et la joue enflammée de sa maîtresse, son obstination fondit tout à coup.

— Que la peste m'étouffe! s'écria-t-il. J'ai mis Madame en colère pour tout de bon, et c'est une chose que je n'aime point à voir. Pardon, pardon! Il ne sied pas au pauvre Dick Whitaker de discuter vos honorables volontés, et sans ce pot de bière double... Nous avons forcé la dose de drèche, comme le sait bien Votre Seigneurie, depuis la bienheureuse restauration. Pour sûr, je déteste un fanatique autant que le pied fourchu de Satan; mais Votre honorable Seigneurie a bien le droit d'admettre à son banquet Satan lui-même, son pied fourchu et le reste, et de m'envoyer à la porte de l'enfer avec un billet d'invitation. Ainsi donc, vos ordres seront exécutés.

CHAPITRE IV.

> Non, je ne vous ferai point raison; je suis de ceux qui pensent que le bon vin n'a besoin ni d'enseigne ni de préambule pour être bienvenu. Si vous doutez de mes paroles, remplissez mon verre et vous verrez si je trinque.
>
> *Vieille Comédie.*

L y avait une gravité austère dans la façon dont Bridgenorth répondit aux remerciements que lui adressa lady Peveril. Il parut d'abord ne pas comprendre ce qu'elle voulait dire, et après explication, il protesta si sérieusement qu'il n'avait aucune part à cette œuvre obligeante qu'elle fut forcée de le croire. D'un caractère droit et sincère, n'affectant aucun raffinement de délicatesse, il eût été tout à fait contraire à ses principes de désavouer un fait véritable.

— Ma visite, il est vrai, ajouta-t-il, a pourtant quelque rapport à la fête de demain. Vous n'ignorez peut-être pas, Madame, que ceux des nôtres dont l'âme est plus sensible se font un scrupule de suivre certains usages adoptés parmi vous en temps de réjouissance, usages que vous regardez comme des articles de foi, et dont vous ne souffrez pas volontiers l'omission.

— Nous saurons, je l'espère, Monsieur Bridgenorth, éviter aux personnes invitées sous notre toit toute allusion à la mésintelligence passée.

— Nous n'en attendions pas moins de votre courtoisie, reprit Bridgenorth ; mais je m'aperçois que vous ne me comprenez pas bien. En termes plus clairs, je veux parler de cette coutume de boire à la santé les uns des autres ; outre qu'elle est superflue, c'est une provocation coupable à la débauche et à l'abus des liqueurs fortes. Si, d'ailleurs, cette coutume tire son origine, comme l'ont supposé de savants théologiens, des libations que les aveugles païens faisaient en invoquant leurs idoles, on peut dire avec raison que c'est un reste de paganisme, qui s'allie au culte du démon.

Lady Peveril avait déjà énuméré en elle-même les sujets qui pourraient introduire la discorde parmi ses hôtes ; mais cette différence ridicule et fatale qui régnait à table dans les mœurs des deux partis lui avait totalement échappé. Elle s'efforça d'adoucir le rigide presbytérien, dont les sourcils froncés annonçaient une résolution inébranlable.

— C'est là, j'en conviens, dit-elle, une coutume assez frivole, et qui peut devenir nuisible si elle entraîne à boire avec excès. Dans le cas contraire, indifférente en elle-même, elle fournit l'occasion d'exprimer nos souhaits pour nos amis et nos sentiments de loyauté pour notre souverain. Sans vouloir forcer l'opinion de personne, je ne vois pas comment je pourrais refuser à mes convives et à mes amis le privilège de porter la santé du roi ou celle de mon mari, selon l'usage de la vieille Angleterre.

— Si l'ancienneté d'un usage suffisait pour le consacrer, le papisme est un de ceux qui remontent à l'époque la plus reculée de notre histoire. Heureusement, nous ne sommes plus plongés dans les ténèbres où vivaient nos pères, et par conséquent, nous devons agir conformément à la lumière qui est en nous.

— Tout ce que je puis promettre, c'est de limiter le nombre des santés; quant à celles du roi et de Peveril du Pic, à coup sûr elles sont permises.

— Je n'oserais, Milady, brûler la quatre-vingt-dix-neuvième partie d'un grain d'encens sur l'autel élevé à Satan.

— Eh ! quoi, Monsieur, mettez-vous Satan en comparaison avec notre maître le roi Charles et le noble chevalier, mon époux?

— Loin de moi de telles pensées! Je souhaite une parfaite santé au roi et à sir Geoffroy, et je prierai pour l'un et pour l'autre; mais quel bien ferai-je à leur santé si je nuis à la mienne en vidant bouteilles sur bouteilles?

— Puisque nous ne pouvons nous accorder sur ce point, cherchons quelque autre moyen pour n'offenser aucun des deux partis. Supposez, par exemple, que vous fermiez les yeux sur les santés de nos amis; nous en ferions autant sur votre silence.

Ce moyen terme n'était pas pour plaire davantage à Bridgenorth, qui prétendit que ce serait exactement tenir la chandelle à Belzébuth. La conférence qu'il venait d'avoir avec son ministre l'avait confirmé plus avant que jamais dans ses préventions religieuses.

M. Solsgrace, le ministre, au demeurant un brave homme, témoignait d'un entêtement puéril en ce qui touchait aux plus minces détails de sa communion. Songeant avec beaucoup d'inquiétude à la prépondérance que la dernière révolution allait donner au papisme, à la prélature et à Peveril du Pic, il redoubla de zèle pour mettre son troupeau sur ses gardes et l'empêcher d'être la proie du loup. Il lui déplaisait fort que Bridgenorth, le chef incontestable des presbytériens du pays, eût confié sa fille unique aux soins d'une Cananéenne (c'est ainsi qu'il appelait lady Peveril); aussi réprouva-t-il tout net le projet d'aller se réjouir sur les hauts lieux avec des gens incirconcis de cœur. Après une discussion prolongée, il fut convenu entre eux de n'assister au banquet qu'à la condition que nulle santé ne serait portée en leur présence. Bridgenorth, comme représentant de son parti, s'engagea donc à résister fermement à toute sollicitation; et de là, l'embarras extrême où lady Peveril se vit tout à coup jetée.

Enfin, cette dame, changeant de discours, parla de l'enfant de Bridgenorth, l'envoya chercher, et la lui remit entre les bras. Cette ruse maternelle eut un plein succès; tout en faisant bonne contenance, le père se laissa toucher, et accepta, au nom des siens, un compromis : ceux qui tenaient strictement aux dogmes du puritanisme, se réuniraient à part dans le grand salon, tandis que la salle à manger serait occupée par les Cavaliers, et chaque compagnie règlerait sa façon de boire selon ses usages ou sa conscience.

Content, au fond du cœur, de pouvoir échapper à la nécessité, qui paraissait inévitable, de faire un affront à lady Peveril en refusant son invitation, le major prolongea sa visite et se montra plus causeur et moins sérieux que de coutume. A son retour, il présenta aux religionnaires le compromis comme un point définitivement résolu; ils y souscrivirent d'une voix unanime, et le ministre, qui avait bonne envie de le combattre, n'en fit rien, par crainte d'être trop mal appuyé dans son opposition.

Comme il était maintenant admis que les invités formeraient deux tables distinctes, ils discutèrent encore pour savoir lequel des deux partis entrerait le premier au château. Nouveau sujet de souci pour lady Peveril et le major. En effet, il était à craindre qu'en laissant les convives arriver tous par la même avenue et la même porte, quelque querelle ne s'élevât entre eux et qu'ils n'en vinssent à des extrémités fâcheuses, avant d'avoir atteint la salle du festin. Lady Peveril crut avoir découvert un excellent moyen de prévenir l'occasion d'un conflit : c'était d'introduire les Cavaliers par l'entrée principale et les Têtes-Rondes par une large brèche faite au rempart pendant le siège, et qui servait au passage des bestiaux quand on les menait paître dans les bois. On prononça ensuite sur d'autres questions d'une moindre importance, et les choses furent réglées à la satisfaction du pasteur presbytérien. Dans un long sermon qu'il fit au sujet de la robe nuptiale, il prit la peine d'expliquer à son auditoire que cette expression de l'Écriture devait s'entendre, non seulement des vêtements extérieurs, mais aussi de l'état d'esprit convenable pour jouir d'une fête paisible. En conséquence, il exhorta ses frères à ne point manifester de mauvais vouloir contre les malheureux réprouvés, à côté desquels ils devaient s'asseoir le lendemain, afin de respecter la paix d'Israël.

L'honnête docteur Dummerar, l'ancien recteur épiscopal de Martindale-Moultrassie, prêcha, de son côté, sur le même sujet. Il desservait cette paroisse avant la rébellion, et jouissait d'une haute faveur près de sir Geoffroy, grâce à ses sentiments orthodoxes et à une instruction variée, surtout à son habileté rare au jeu de boules, et à ses joyeux propos en fumant une pipe et sablant la bière d'octobre. Lorsque les partisans du roi commencèrent à perdre du terrain, il quitta son presbytère, se rendit au camp, où il fut aumônier dans le régiment de Peveril, et prouva en plusieurs occasions que son enveloppe massive renfermait un cœur mâle et intrépide. Chassé de son bénéfice après la guerre, ce qui arriva à tant d'autres de ses confrères, il se tira d'affaire comme il put, se cachant tantôt dans les greniers de ses anciens amis de l'université, tantôt chez les nobles opprimés qui respectaient son caractère et ses souffrances.

Son arrivée au château en grand costume de ministre anglican, et l'accueil empressé qu'il reçut de toute la noblesse du pays, n'ajoutèrent pas peu aux alarmes croissantes du parti naguère dominant. La probabilité qu'il serait réintégré dans la cure dont il avait été expulsé, sous les prétextes les plus frivoles, portait un coup mortel au ministre dissident, menacé d'être traité comme un intrus.

Néanmoins, Dummerar se conduisit en cette occasion avec le même esprit de réserve que Néhémie Solsgrace. Dans le sermon qu'il prêcha dans la grand' salle du château devant plusieurs familles distinguées de Cavaliers, sans compter une foule de marmots accourus du village pour voir le spectacle nouveau d'un ministre en soutane et en surplis, il s'étendit amplement sur l'abomination des différents crimes commis par les rebelles, et prodigua les louanges à l'indulgente châtelaine, qui poussait la condescendance jusqu'à recevoir dans sa maison, à titre d'hôtes et d'amis, des hommes dont les principes avaient conduit au meurtre du roi, à la ruine et au massacre de ses fidèles sujets, au pillage et à la destruction de l'Église de Dieu. Mais il tempéra cette sortie en ajoutant que, puisque la volonté du gracieux souverain qui venait de leur être rendu, et le désir de l'honorable lady Peveril, étaient que cette engeance perverse fût tolérée encore un certain temps, il fallait, par raison de haute convenance, éviter tout sujet de discussion et de querelle avec les enfants de Séméï.

Les deux partis se mirent en marche par deux chemins différents, chacun formant une espèce de procession, et jaloux, pour ainsi dire, de faire parade de son nombre et de sa force. Ils offraient tant de dissemblance dans leurs habits, leur tournure et leurs manières, qu'on eût cru voir d'un côté le joyeux cortège d'un noce, et de l'autre le funèbre convoi d'un enterrement.

Les puritains étaient de beaucoup les moins nombreux. Le peuple, qui les avait supportés en murmurant, s'était détourné d'eux par amour de la nouveauté; et cette tourbe de gens avisés, qu'on nommait alors « les courtisans de la Providence », auraient regardé comme un grand péché de rester fidèles à un parti qu'elle ne favorisait plus. Bien que reniés par les inconstants et les égoïstes, un enthousiasme solennel, un attachement profond à leurs principes sévères, une confiance absolue dans la sincérité de leurs mobiles, et cet orgueil anglais si tenace dans ses opinions, retenaient parmi les vaincus beaucoup d'hommes encore redoutables par leur caractère, sinon par leur nombre. On y remarquait surtout des gens de petite noblesse et des parvenus de l'industrie ou du commerce; puis, de ces esprits ennemis de toute supériorité de naissance qui les rejette dans l'ombre, et les plus acharnés d'ordinaire à défendre leurs prétendus droits.

En général, les presbytériens s'habillaient sans ostentation ; ils affectaient même une simplicité poussée jusqu'à la négligence. La couleur triste de leurs manteaux, variant entre le noir et le foncé, leurs chapeaux à haute forme et à larges bords rabattus, leurs longs sabres suspendus à la ceinture par une simple courroie, sans baudrier, sans nœud, sans boucle, ni aucun des ornements dont les Cavaliers aimaient à décorer leur fidèle rapière ; leurs cheveux coupés très courts, ce qui prêtait à leurs oreilles une longueur démesurée; et, en particulier, leur air sombre et la gravité de leur maintien : tout les dénonçait comme appartenant à cette catégorie d'enthousiastes, hardis et inflexibles, qui, après avoir renversé l'ancien gouvernement, ne voyaient qu'avec un œil de défiance celui qu'on y avait substitué. Il y avait de la tristesse dans leur contenance, mais ce n'était pas celle du découragement, encore moins celle du désespoir.

Arrivés à l'endroit où ils devaient se détourner pour entrer dans le bois qui entourait le château, ils éprouvèrent une sorte d'humiliation de céder la grande route à des ennemis qu'ils avaient si souvent vaincus. Tandis qu'ils montaient le sentier en zigzag qui servait de passage aux bestiaux, une clairière leur laissa voir la brèche pratiquée à l'angle d'une haute tour carrée, ainsi que le fossé à demi comblé de débris. L'artillerie avait éventré une partie de la tour, et le reste, encore debout, mais dans un état de délabrement complet, semblait près de s'écrouler. Cette vue rappela aux puritains les victoires du temps passé, et ils échangèrent entre eux des sourires d'amère satisfaction.

Holdfast Clegg, meunier de Derby, qui avait déployé beaucoup d'activité pendant le siège, montra du doigt la brèche à M. Solsgrace, et lui dit d'un ton farouche :

— Quand j'aidais de mes propres mains à mettre en batterie le canon qu'Olivier pointa contre cette tour, je ne pensais guère qu'un jour nous serions obligés de grimper comme des renards pour franchir ces mêmes murailles, conquises par nous à la pointe de l'épée. Il me semblait que ces mécréants avaient dû apprendre ce qu'ils gagnent à fermer leurs portes et à dresser leurs cornes contre nous.

— Patience, mon frère, répondit Solsgrace, patience ! ne trouble pas la paix de ton âme. Nous n'entrons pas honteusement en ce haut lieu, puisque c'est par la porte que le Seigneur a ouverte à ses élus.

Ce fut comme une étincelle mise à une traînée de poudre. Les physionomies refrognées des puritains s'épanouirent, et, prenant les paroles du pasteur pour un heureux présage, une inspiration d'en haut, ils entonnèrent un des chants de triomphe par lesquels les Israélites célébraient les victoires remportées avec l'aide de Dieu sur les païens de la terre promise :

Que Dieu se lève, et alors ses ennemis — s'empresseront de tourner le dos ; — l'effroi leur donnera des ailes — et les dispersera au loin ;

Et comme la cire fond à la chaleur — et le vent chasse la fumée, — de même la présence du Seigneur — fera périr les méchants.

L'armée céleste est de vingt mille anges, — tous éclatants et pleins de force ; — et le Seigneur, comme au Sinaï, — se trouve au milieu d'eux.

Tu t'es montré sur les hauts lieux, Seigneur, — et tu les as tous faits prisonniers, — eux qui, dans les temps passés, — avaient réduit ton peuple en servitude.

Les accents de ce cantique de triomphe parvinrent jusqu'aux oreilles des Cavaliers qui, de leur côté, remplissaient la grande avenue des éclats de leur bruyante gaieté. Ces deux troupes offraient un contraste frappant; car, durant toute la période des troubles, les mœurs et coutumes des deux factions les avaient distinguées aussi parfaitement l'une de l'autre qu'auraient pu le faire des uniformes différents. Si le puritain était, dans son costume, d'une simplicité étudiée et, dans ses manières, d'un formalisme ridicule, le Cavalier portait l'amour de la parure jusqu'à l'extravagance et le mépris des faux dévots jusqu'à une licence souvent éhontée.

Des gens de tout âge, braves et joyeux compagnons, se pressaient en foule sur la route du gothique manoir. Tous, à l'envi, donnaient des signes manifestes de cette heureuse gaieté qui les avait constamment soutenus pendant le mauvais temps, comme ils nommaient l'usurpation de Cromwell; et cette gaieté les surexcitait au point de leur faire presque perdre la raison. On avait mis au vent panaches et dentelles, les lances s'entrechoquaient, les coursiers caracolaient; et, par moments partait un pistolet de poche ou d'arçon, tiré par quelque écervelé qui prétendait rehausser de la sorte la solennité de l'événement. Une troupe de jeunes braillards les suivait, en vociférant contre le parlement Croupion et Olivier Cromwell. Des musiciens amateurs jouaient de tous les instruments en usage, à la fois et chacun son air. Plus de nobles et de manants; tout le monde fraternisait.

Lorsque le chant sonore du psaume, répété par les échos des rochers et des voûtes en ruine, vint frapper l'oreille des Cavaliers, ils y répondirent d'abord par des rires de mépris, aussi bruyants que possible; mais ce fut là une impertinence de l'esprit du parti. Ce chant religieux leur était trop bien connu; trop souvent, il avait prélude à leur défaite, pour qu'ils pussent, même au milieu de leur triomphe, l'entendre sans émotion. Il y eut dans leur turbulence un temps d'arrêt, comme une gêne qui les rendit assez honteux, quand sir Gaspard Cranbourne, vieux guerrier, d'une bravoure reconnue, et qui pouvait se permettre d'avouer une faiblesse, s'écria brusquement :

— Ouais! que je perde le goût du vin, si ce n'est pas le même air sur lequel ces coquins à longues oreilles nous tombèrent dessus à Wiggan-

Lane, où ils nous culbutèrent comme des quilles ! Ma foi, voisins, sans mentir et pour faire honte au diable, cette musique-là ne m'allait guère.

— Chiens de Têtes-Rondes ! qu'ils ne cherchent pas à nous narguer, ajouta Dick Wildblood ; autrement, je leur fais cracher leur antienne à coups de trique.

Cette menace, appuyée par Roger Raine, vieil ivrogne qui tenait, dans le village, le cabaret des *Armes de Peveril*, aurait pu amener une rixe générale ; mais sir Gaspard calma les esprits.

— Allons, Dick, point de tapage, dit-il au jeune campagnard ; nous n'en voulons pas, pour trois raisons : la première, parce que ce serait manquer à lady Peveril ; la seconde, parce que ce serait troubler la paix du roi ; la troisième, parce que si nous tombions sur ce tas de chanteurs de psaumes, il pourrait t'en cuire, mon garçon, comme cela t'est déjà arrivé.

— Qui ? moi, sir Gaspard ? Il pourrait m'en cuire ? Dieu me damne si cela m'est jamais arrivé, hormis dans ce maudit chemin creux où nous n'avions pas plus de front, de flanc et d'arrière-garde que si nous avions été des harengs pressés dans un baril.

— Voilà pourquoi, j'imagine, et pour arranger les choses, tu te faufilas à travers les buissons ; et quand je t'en eus délogé avec ma canne, au lieu de charger, tu fis demi-tour à droite, en courant à toutes jambes.

Ce souvenir excita des éclats de rire aux dépens de Dick, qui était connu pour avoir plus de jactance que de courage. La colère, qui commençait à gronder au cœur des royalistes, fut heureusement apaisée par la raillerie du chevalier, et, à la cessation subite du chant qu'ils avaient été disposés à interpréter comme une insulte préméditée, il n'en resta plus trace.

Au moment où les puritains interrompirent leur concert, la maîtresse du château, encore dans tout l'éclat de la jeunesse et de la beauté, venait de paraître sur le haut de la brèche, entourée de ses suivantes, pour recevoir ses hôtes avec les honneurs et la courtoisie que son invitation leur donnait droit d'attendre. Elle avait quitté le deuil, sa toilette habituelle depuis plusieurs années, et s'était parée avec une richesse qui

Lady Peveril reçoit Bridgenorth et ses amis sur la brèche du château.

ne messéyait pas à son rang et à sa naissance. Pour des joyaux, elle n'en portait point; mais ses longs cheveux noirs étaient couronnés d'une guirlande de feuilles de chêne entremêlées de lis, l'un par allusion au salut que le roi avait trouvé dans cet arbre, l'autre à son heureuse restauration. Ce qui ajoutait encore à l'intérêt de sa présence, c'était la vue de deux enfants qu'elle tenait par la main, et dont l'un était connu de tous pour être la fille de leur chef, le major Bridgenorth, rendue à la vie et à la santé par les soins presque maternels de lady Peveril.

Si elle exerça, en venant ainsi accompagnée, une salutaire influence même sur les gens du commun, on doit croire que le pauvre major en fut presque accablé. La rigidité de ses principes et de son caractère ne lui permettait pas de fléchir le genou et de baiser la main qui soutenait la petite orpheline; mais son salut profond, sa voix émue et tremblante, ses yeux brillants, en disaient plus long, sur son respect et sa reconnaissance, que tous les salamalecs d'un courtisan. Quelques phrases, pleines d'aménité, exprimant le plaisir qu'elle éprouvait à revoir des amis et des voisins, quelques questions adressées avec bonté aux personnes les plus en vue touchant leur famille et leurs affaires, suffirent à dissiper tout levain de mécontentement. Le révérend, de son côté, convaincu pourtant qu'il était, par devoir, obligé de surveiller « la femme amalécite » et de déjouer ses ruses, ne put échapper au charme contagieux : il fut si touché des paroles de paix et de bienveillance de la châtelaine, que sur-le-champ il entonna le psaume :

> O jour de bonheur — et d'allégresse, où l'on voit — des frères vivre ensemble, — tous d'accord et en bonne amitié !

Acceptant cette espèce de salutation comme un retour de politesse, lady Peveril conduisit elle-même cette partie de ses convives dans la salle réservée; et eut la patience d'y rester pendant que Néhémie Solsgrace prononça, en manière de préface, un bénédicité d'une longueur démesurée. Sa présence fut jusqu'à un certain point un obstacle au zèle du digne ministre : fort embarrassé de terminer sa prière, comme il avait coutume, en suppliant le ciel de délivrer le pays du papisme, des évêques et de Peveril du Pic, il se contenta de réciter cette formule de façon à la rendre tout à fait inintelligible.

Le silence du ministre fut suivi de ce brouhaha qui annonce l'assaut livré, par une compagnie affamée, à une table bien servie. Lady Peveril saisit cette occasion pour aller recevoir l'autre partie de ses hôtes, et, en vérité, il était grandement temps de s'occuper d'eux.

L'intendant s'était escrimé en vain à cette tâche. Ainsi, il avait arboré, sur l'une des tours qui flanquaient l'entrée d'honneur du château, l'étendard royal, avec cette devise orgueilleuse : *Tandem triumphans!* et sur l'autre, la bannière de Peveril du Pic, sous laquelle la plupart des arrivants avaient combattu ; ainsi, il ne cessait de crier à pleine voix : « Vivent les Cavaliers ! vive la vaillante noblesse ! » On murmurait, on grognait. « La bienvenue d'un homme à gages, quelle inconvenance ! Où est la femme de notre ancien colonel ? » La situation devenant critique, sir Gaspard, qui avait autant de bon sens que d'esprit et de courage, et qui connaissait les motifs de sa belle cousine, prit résolument le chemin de la salle du festin, où la bonne chère opérerait sur les impatients une diversion opportune.

Le stratagème du vieux soldat réussit à souhait. Après le bénédicité, qui fut lestement expédié par le docteur Dummerar, il invita la compagnie à aiguiser son appétit en vidant une maîtresse rasade en l'honneur de Sa Majesté. En un instant, la salle retentit du choc des verres et des flacons. Un moment après, tous les convives étaient debout, immobiles comme des statues, dans un silence de mort, le bras étendu, le verre à la main et le regard fixé sur sir Gaspard. Le vieux chevalier, d'une voix claire et sonore, comme un appel de trompette, porta solennellement la santé du monarque rappelé sur son trône, santé répétée en chœur par toute l'assistance, jalouse de s'associer à cet hommage légitime. Il y eut une pause pour avaler le rouge-bord ; puis on reprit haleine et une acclamation s'éleva si unanime, si bruyante, que non seulement les solives de l'antique salle la renvoyèrent en écho, mais qu'on entendit les guirlandes de chêne, les rameaux et les fleurs dont elle était décorée, bruire et s'agiter, comme sous la poussée d'une violente rafale. Cette formalité accomplie, l'attaque des bons morceaux dont la table était surchargée fut commencée immédiatement par les convives, excités à la fois et par la gaieté générale et par la musique ; car ils étaient suivis de tous les ménestrels du pays qui, de même que le clergé épiscopal, avaient été réduits au silence pendant tout le règne des prétendus saints et de la république.

L'occupation de bien manger et de bien boire, l'échange de santés entre d'anciens voisins, naguère compagnons d'armes ou de misère et maintenant unis dans un même but de réjouissance, chassèrent bientôt de leur mémoire le futile sujet de mécontentement qui, dans l'opinion de quelques-uns, avait obscurci la sérénité de ce jour de fête. Aussi, lorsque lady Peveril entra dans la salle, toujours accompagnée des enfants et des femmes, fut-elle accueillie par des acclamations unanimes.

Le discours qu'elle leur adressa fut court et noble, mais prononcé avec un accent de sensibilité qui alla droit au cœur de chacun. Elle s'excusa d'avoir tardé à leur souhaiter la bienvenue, en leur rappelant la présence à Martindale d'anciens adversaires, transformés en amis, grâce à des événements inattendus, mais qu'ils l'étaient depuis si peu de temps, qu'elle n'avait pas osé négliger à leur égard le moindre détail d'étiquette. Néanmoins, ceux à qui elle parlait maintenant étaient les meilleurs, les plus chers, les plus fidèles amis de son mari; c'était à eux et à leur courage que Peveril devait les avantages qui leur avaient valu ainsi qu'à lui tant de renommée pendant les jours d'épreuve; c'était à leur dévouement qu'elle devait la conservation de leur chef, alors même qu'une défaite était inévitable. Quelques mots de félicitation sur l'heureux rétablissement de l'autorité royale terminèrent son discours; et, saluant avec grâce tous les convives à la ronde, elle porta une coupe à ses lèvres, comme pour célébrer leur bienvenue chez elle.

Les poutres de la salle retentirent d'acclamations plus nourries et plus éclatantes que celles dont elles avaient déjà tremblé ; et les noms de Peveril du Pic et de sa dame furent proclamés, au milieu des souhaits de prospérité que les convives firent entendre, en agitant en l'air toques et chapeaux. Ce fut sous ces auspices que lady Peveril sortit discrètement, laissant le champ libre aux ébats de la soirée.

La joie des Cavaliers est facile à concevoir, puisqu'elle avait pour accompagnement les chansons, les plaisanteries, les santés et la musique qui, presque partout et de tous temps, ont composé les éléments d'un festin. Quant aux puritains, ils goûtaient autrement le plaisir, et d'une façon moins tapageuse : point de musique, de santés, de plaisanteries ou de chansons ; et pourtant, ils n'en paraissaient pas moins jouir, comme ils disaient, des biens terrestres que la fragilité de notre nature rend agréables à l'homme extérieur. Le vieux Whitaker prétendit même que, bien qu'en plus petit nombre, ils consommèrent presque autant de vin d'Espagne et de Bordeaux que la joyeuse compagnie réunie à quelques pas d'eux. Mais ceux qui connaissaient l'intendant inclinaient à penser qu'il avait ajouté la somme de ses libations personnelles (article important) au compte général des libations presbytériennes.

Sans adopter une opinion si scandaleuse, nous dirons seulement qu'en cette occasion comme en beaucoup d'autres, la rareté du plaisir en double le prix ; et ceux qui faisaient de l'abstinence, ou plutôt de la sobriété, un cas d'observance religieuse, jouirent d'autant mieux des douceurs de cette réunion, que rarement il s'en présentait à eux de semblables. S'ils ne trinquaient pas à leur santé, ils prouvèrent au moins, par leurs regards, leurs signes et le mouvement de leurs verres, qu'ils étaient tous contents de satisfaire en commun leur appétit. La religion, principal objet de leurs pensées, devint aussi celui de la conversation, et, partagés en plusieurs groupes, ils se mirent à discuter divers points de doctrine et de métaphysique, à peser le mérite de différents prédicateurs, à comparer les principes de sectes rivales, en citant à tout propos l'Écriture.

Il se produisit, au cours de ces débats, quelques altercations, qui auraient peut-être franchi les bornes de la bienséance, sans l'intervention prudente du major Bridgenorth. Ce fut encore lui qui décida ses coreligionnaires à se retirer de bonne heure, et bien avant que la gaieté de leurs rivaux eût atteint son apogée. Cet arrangement causa la plus vive satisfaction à lady Peveril à cause des conséquences, qui auraient pu résulter de la rencontre des deux compagnies, quittant la table au même moment.

Aux environs de minuit, la plupart des Cavaliers, c'est-à-dire ceux qui étaient en état de partir sans aide, reprirent le chemin du village de Martindale-Moultrassie, à la clarté d'une pleine lune propre à prévenir les accidents. Leurs cris et le refrain qu'ils chantaient en chœur : *Le roi reprendra sa couronne,* furent entendus avec un véritable soulagement par lady Peveril, qui se félicitait de voir la fête terminée sans événement fâcheux.

Les réjouissances n'étaient cependant pas tout à fait finies, car les Cavaliers, dont les têtes étaient échauffées, ayant aperçu des paysans attroupés autour d'un feu de joie, qu'ils avaient allumé dans la rue, se mêlèrent parmi eux, envoyèrent chercher aux *Armes de Peveril* deux tonneaux de *rince-bouche* (ainsi nommaient-ils la bière forte), et leur prêtèrent un puissant concours pour les *sécher* ensemble, à la santé du roi et du brave général Monk. Les éclats de leur belle humeur troublèrent longtemps le village, au point d'y jeter l'alarme. Mais l'enthousiasme ne résiste guère aux influences naturelles de la nuit et aux effets de libations copieuses. Le tumulte des joyeux royalistes fit enfin place au silence ; la lune et le hibou restèrent souverains paisibles de la tour gothique de l'église, dont le sommet blanchâtre, dominant un bouquet de chênes noueux, n'était visité que par l'oiseau de Minerve et les rayons argentés de l'astre des nuits.

CHAPITRE V.

> Lorsque, bravant les assauts et la mine, ils arborèrent la bannière de leur chef légitime, ce fut à la voix d'une femme, qui, merveille de son sexe, sut inspirer de l'ardeur aux derniers des serfs, armés pour défendre son castel.
>
> WILLIAM ROSE.

DANS la matinée qui suivit la fête, lady Peveril, fatiguée des occupations de la veille et des inquiétudes qu'elle avait eues, garda la chambre deux ou trois heures plus tard que de coutume.

Pendant ce temps, dame Ellesmere, qui jouissait d'une grande confiance dans la famille, et qui s'arrogeait beaucoup d'autorité en l'absence de sa maîtresse, donna ordre à Débora, gouvernante des enfants, de les conduire sur-le-champ au jardin et de ne laisser entrer personne dans la chambre dorée, théâtre ordinaire de leurs jeux. Débora, qui se révoltait souvent contre sa supérieure, décida, de son chef, que le temps était à la pluie et que la chambre dorée valait mieux pour les petits que l'herbe humide du parc, après la rosée du matin.

Femme varie quelquefois, à l'égal d'une assemblée populaire ; et

Débora, après avoir décidé qu'il allait tomber de l'eau, forma aussitôt le projet, tant soit peu contradictoire, de descendre au jardin pour y faire un tour de promenade. Il est vrai qu'elle avait pris sa part des réjouissances de la veille, en dansant jusqu'à minuit avec Lance Outram, le garde forestier. Quant à savoir si son aspect imprévu, lorsqu'il passa sous la fenêtre, en habit de chasse, la plume au chapeau et l'arbalète à l'épaule, opéra chez elle un revirement d'opinion, nous n'oserions le présumer. Il nous suffira de dire qu'à peine dame Ellesmere eut le dos tourné, Débora conduisit les enfants dans la chambre dorée, non sans recommander vivement à Julien de prendre bien soin de sa petite femme Alice ; et, satisfaite d'une telle précaution, elle se glissa dans le jardin par une porte vitrée de l'office, s'ouvrant presque en face de la grande brèche.

La chambre dorée était une vaste pièce, aux lambris couverts de tapisseries en cuir doré d'Espagne. On y voyait plaisamment figurés, avec un art que nous ne connaissons plus, des joûtes et des combats entre les musulmans et les chrétiens, pendant le mémorable siège de Grenade, qui mit fin à la domination des Maures en Espagne.

Julien courait par la chambre, armé d'une baguette, avec laquelle il imitait l'attitude menaçante des Zegris et des Abencerrages, qu'on avait représentés lançant, à la manière orientale, le *djérid* ou javelot ; et de temps en temps il venait s'asseoir près de sa petite amie, lui souriait et la comblait de caresses. Tout à coup, il vit la tapisserie se soulever, la boiserie s'entr'ouvrir, et une belle main paraître, dont les doigts, appuyés sur le bord du panneau, paraissaient le pousser pour le faire reculer davantage. L'étonnement et un peu d'effroi saisirent l'enfant, car les contes de sa gouvernante lui avaient donné une grande terreur du monde invisible. Toutefois, naturellement hardi et courageux, le petit champion se plaça devant sa sœur d'adoption, brandissant l'arme qu'il tenait à la main, comme pour la défendre, et d'un air aussi déterminé que s'il eût été lui-même un Abencerrage de Grenade.

Le panneau, qui fixait alors toute son attention, continuait à glisser, et découvrit peu à peu les formes de la personne à qui la main appartenait. C'était une femme en habits de deuil, ayant dépassé le milieu de la vie, et dont le visage offrait les restes d'une grande beauté; le trait principal de sa physionomie était un air de dignité presque royale. L'étrangère, après s'être arrêtée un instant sur le seuil de la porte secrète, qui se referma derrière elle, s'avança d'un pas majestueux dans l'appartement.

— N'êtes-vous pas le petit Peveril? demanda-t-elle à Julien.
— Oui.
— Eh bien, allez dire à votre mère qu'elle vienne à l'instant me parler.
— Je n'irai pas.
— Comment! si jeune et déjà si désobéissant! mais vous ne faites que suivre l'esprit à la mode. Ne me rendrez-vous pas ce service, mon bel enfant?
— Si, Madame, mais...

N'osant achever sa pensée, il reculait à mesure que la dame avançait, tenant toujours par la main Alice Bridgenorth, qui, trop jeune pour comprendre ce dialogue, se serrait en tremblant contre Julien. L'étrangère vit son embarras, sourit et lui demanda de nouveau :

— Pourquoi ne voulez-vous pas faire ma commission?
— Parce que si je m'en vais, Alice restera seule avec vous.
— Vous êtes un brave garçon et vous ne démentirez pas le sang de votre race, qui n'a jamais laissé le faible sans protection.

L'enfant ne la comprit pas, et ne cessait de jeter des regards craintifs et inquiets tantôt sur celle qui lui parlait, tantôt sur la petite fille, dont les yeux, encore noyés d'innocence, considéraient tour à tour la dame noire et son jeune protecteur. A la fin, gagnée par la frayeur que celui-ci, malgré ses magnanimes efforts, ne parvenait pas à dissimuler entièrement, elle se cacha dans ses bras, se cramponna à lui, en poussant des cris aigus, de telle sorte que, par contagion ou sympathie, il ne put se retenir d'en faire autant.

Il y avait dans le ton et les manières de cette étrangère quelque chose qui pouvait justifier, sinon la terreur, au moins la crainte, surtout après la singularité mystérieuse de son apparition. Son costume, qui n'avait rien de remarquable, était celui que les femmes de la petite noblesse portaient alors pour monter à cheval ; mais ses cheveux noirs étaient fort longs, et plusieurs mèches, échappées de dessous son capuchon, flottaient sur son cou et ses épaules. Ses yeux étaient d'un noir de jais, vifs et perçants, et le caractère de ses traits, ainsi qu'un léger accent, indiquaient une origine étrangère, bien qu'elle s'exprimât en très bon anglais. Son ton dédaigneux, ses gestes brefs semblaient appartenir à une femme habituée à commander et à être obéie.

Sur ces entrefaites, deux personnes entrèrent presque en même temps, mais par des portes différentes, et leurs pas précipités prouvaient qu'elles avaient été alarmées par les cris des enfants.

La première était le major Bridgenorth, qui avait reconnu la voix de sa fille, à l'instant où il arrivait dans la grand'salle, voisine de la chambre dorée. Son intention était d'attendre là que lady Peveril parût, afin de lui donner de vive voix l'assurance que la fête de la veille s'était passée, à tous égards, d'une manière agréable pour ses amis, et sans aucune des suites fâcheuses que l'on avait pu appréhender de la rencontre des deux partis. Saisissant l'enfant dans ses bras, il s'efforça de l'apaiser par ses caresses, mais ses cris redoublèrent en se voyant aux mains d'un homme dont la voix et les traits lui étaient totalement inconnus, car elle l'avait vu un instant à peine. Naturellement, le désespoir d'Alice trouva de l'écho chez Julien, qui, à l'aspect d'un nouveau venu, ne songea plus à employer d'autre moyen de défense que celui d'appeler au secours, de toute la force de ses poumons.

A son tour, lady Peveril, dont l'appartement communiquait avec la chambre dorée par son cabinet de toilette, parut sur la scène. Aussitôt, la petite Alice, s'échappant des bras de son père, courut vers sa protectrice ; une fois qu'elle eut pris à poignée un pan de sa robe, elle se tut, et, plus surprise qu'effrayée, elle tourna vers l'étrangère ses grands yeux bleus, encore brillants de larmes. Quant à Julien, redressant sa baguette, dont il ne s'était point séparé durant cette alarme, il se tint à côté de sa mère, prêt à la défendre en cas de danger.

Voyant l'air interdit et confus avec lequel la maîtresse du logis l'examinait, la visiteuse lui dit d'une voix pénétrante :

— Le temps et le malheur m'ont bien changée, tous les miroirs me le disent ; je croyais pourtant que Marguerite Stanley n'aurait pas manqué de reconnaître Charlotte de la Trémouille.

Lady Peveril, qui cédait rarement à une émotion soudaine, ne put résister à celle qui lui étreignit le cœur, et tombant sur ses genoux, dans une sorte d'exaltation mêlée de joie et de douleur, elle embrassa ceux de l'étrangère, et s'écria en phrases hachées :

— Ma bonne, ma noble bienfaitrice !... la comtesse de Derby !.. la souveraine de l'île de Man !.. Comment ai-je pu méconnaître une seconde votre voix et vos traits ?.. Oh! pardon, pardon !

La comtesse releva la parente de son mari, avec toute la grâce d'une femme accoutumée dès sa naissance à recevoir des hommages et à accorder sa protection. Elle la baisa au front et lui passa la main sur le visage, d'une manière caressante.

— Vous êtes changée aussi, ma belle cousine, lui dit-elle, mais à votre avantage : la timide et mignonne fille a fait place à la femme charmante et pleine de dignité. Mais ma mémoire, qui était bonne autrefois, me trompe étrangement si je vois là sir Geoffroy Peveril.

— Ce n'est qu'un aimable et bon voisin, Madame ; sir Geoffroy est à la cour.

— Je l'avais ouï dire hier soir, à mon arrivée.

— Eh quoi! vous êtes venue à Martindale, dans la maison de Marguerite Stanley, où vous avez tant de droits de commander, sans lui faire annoncer votre présence ?

— Oh! je sais que vous êtes une fidèle sujette, Marguerite, bien que cette vertu devienne rare aujourd'hui ; mais notre bon plaisir, ajouta-t-elle en souriant, était de voyager incognito, et, apprenant que vous receviez nombreuse compagnie, nous n'avons pas voulu vous troubler par notre royale présence.

— Mais où et comment êtes-vous logée? Pourquoi avez-vous gardé le secret sur une visite qui aurait mis le comble à la joie des braves cœurs qui se réjouissaient ici hier ?

— Ellesmere, votre Ellesmere à présent, car jadis elle était mienne, a pris soin de me faire préparer un logement ; vous vous rappelez qu'elle a rempli dans le temps les fonctions de quartier-maître, et sur un plus vaste théâtre. Vous l'excuserez. Je lui avais enjoint de me loger dans la partie la plus secrète du château; elle a exécuté mes ordres... Ces enfants sont à vous sans doute; la Providence a béni votre union.

— Voici mon fils, répondit lady Peveril en montrant Julien, qui prêtait une oreille avide à ces discours. Quant à la petite, je puis dire aussi qu'elle est à moi.

Le major, pendant cet entretien, avait repris sa fille pour la caresser; à la question de la comtesse de Derby, il la posa à terre en soupirant, et se retira dans l'embrasure d'une fenêtre. D'après les règles de la politesse, il aurait dû sortir de l'appartement, ou du moins offrir de le faire; mais, outre qu'il était brouillé avec l'étiquette, il prenait un intérêt si vif au sujet sur lequel la conversation allait probablement tomber, qu'il crut pouvoir se dispenser d'obéir aux convenances.

Les deux dames parurent à peine s'apercevoir de sa présence. La comtesse prit alors un siège, et fit signe à lady Peveril de s'asseoir à côté d'elle sur un tabouret.

— Nous avons à parler de l'ancien temps, lui dit-elle, quoique l'artillerie des rebelles ne soit plus là pour vous contraindre à chercher asile chez moi, et jusque dans ma poche.

— J'ai un fusil, Madame, interrompit Julien; et le garde m'a promis de m'apprendre à en tirer, l'année prochaine.

— Alors je t'enrôlerai comme soldat.

— Les femmes n'ont pas de soldats.

— Oh! oh! il a pour le sexe faible tout le mépris du sien, mépris que ces insolents despotes apportent en naissant et dont ils font étalage sitôt qu'on leur met des culottes. Ellesmere ne t'a-t-elle jamais parlé de Latham-House et de la comtesse de Derby, mon petit homme?

— Si, bien des fois. Elle m'a conté comment la reine de Man l'a défendue pendant six semaines contre trois mille Têtes-Rondes, commandés par Rogue Harrison, le boucher.

— C'est ta mère qui a défendu Latham-House, et non pas moi; mais si tu y avais été, tu aurais fait le meilleur capitaine des trois.

— Pas maman; elle ne toucherait pas un fusil pour rien au monde.

— Julien a raison, dit sa mère; j'étais là-bas en effet, mais je ne formais qu'une partie bien inutile de la garnison.

— Vous oubliez, dit la comtesse, les soins que vous avez donnés à nos blessés.

— Est-ce que papa, demanda l'enfant, n'est pas venu à votre secours?

— Oui, papa est venu, et le prince Rupert aussi, après s'être fait longtemps désirer. Vous souvient-il, Marguerite, de la matinée où ces brigands de Têtes-Rondes, qui nous tenaient claquemurés depuis des semaines, décampèrent sans plier bagage, sitôt qu'ils virent flotter au sommet de la montagne les étendards du prince? Sous chaque casque à cimier, vous vouliez reconnaître Peveril du Pic, un de vos galants, trois mois plus tôt, à une mascarade chez la reine. Il n'y a pas de quoi rougir, Margot; c'était un amour honnête. Le mariage fut célébré au son des trompettes, dans la vieille chapelle, à moitié démolie par les boulets de l'ennemi; et le prince Rupert vous conduisit à l'autel, l'épée au côté, les pistolets à la ceinture. Quoi qu'il en soit, ces signes belliqueux n'ont pas été d'un funeste augure pour votre bonheur.

— Le ciel m'a favorisée en me donnant un si bon mari.

— Et en vous le conservant, ajouta la comtesse avec un profond soupir; tandis que le mien... hélas! il a scellé de son sang son dévouement pour le roi. Oh! s'il avait assez vécu pour voir ce qui arrive!

— Certes, dit lady Peveril. Combien le brave et noble comte se fût réjoui de la fin inespérée de notre captivité!

La comtesse jeta sur elle un regard d'étonnement.

— Tu n'as donc pas ouï parler, cousine, de la situation faite à notre maison? Ce même monarque pour qui mon époux a sacrifié sa vie sur l'échafaud, à Bolton-le-Moore, a inauguré son règne en consommant la ruine de notre fortune, presque épuisée pour sa cause, et il me persécute, moi, la veuve!

— Est-ce possible? vous, la femme d'un si loyal seigneur, d'un martyr; vous, la comtesse de Derby et la souveraine de l'île de Man; vous qui avez rempli les devoirs d'un soldat et montré l'énergie d'un homme lorsque tant d'hommes agissaient comme des femmes, vous ne retireriez que malheur d'un événement qui comble les vœux de tout fidèle sujet! Non, cela ne peut pas être.

— Pauvre cousine, tu n'as pas appris, je le vois, à connaître le monde. Cette restauration, qui assure la sécurité des autres, est un péril pour moi; ce changement, si profitable à tant de royalistes d'un renom moins illustre que le mien, j'ose le dire, m'amène ici en fugitive, réduite à me cacher, et à vous demander asile et assistance.

— A moi, dont vous avez protégé la jeunesse; à moi, la femme de Peveril, compagnon d'armes de votre noble époux! Vous avez droit de commander ici, Madame; mais, hélas! serait-il vrai que vous ayez besoin des faibles secours que je puis vous donner? Pardon, mais une telle pensée m'obsède comme un mauvais rêve.

— Un rêve, en effet, reprit la comtesse, et il n'est pas besoin de devin pour l'expliquer; c'est chose faite depuis longtemps : « Ne vous fiez point aux princes. » Du reste, je vais faire cesser votre surprise... Après le meurtre du comte, je relevai l'étendard qu'il n'avait laissé tomber qu'en mourant, et je l'arborai de ma propre main dans notre souveraineté de Man.

— Je l'ai appris, Madame, et j'ai su aussi que vous aviez eu la hardiesse d'affronter le gouvernement rebelle, alors que toutes les provinces de l'Angleterre s'y étaient soumises. Sir Geoffroy se proposait même d'aller à votre secours avec une poignée d'hommes, quand on annonça que l'île s'était rendue aux parlementaires et que vous aviez été mise en prison.

— Mais vous ignorez comment cette catastrophe tomba sur moi. Ah! Marguerite, j'aurais défendu l'île contre ces coquins tant que la mer en eût battu les bords. Oui, jusqu'à ce que les bancs qui l'entourent fussent devenus de bons mouillages, que ses rochers eussent fondu aux rayons du soleil, que de tous ses donjons et châteaux-forts il ne fût pas resté pierre sur pierre, j'aurais défendu, contre cette bande de scélérats hypocrites, le domaine héréditaire de mon époux bien-aimé. Ils n'auraient été maîtres du petit royaume de Man que s'il n'y avait plus eu un bras pour manier une épée, un doigt pour presser la détente d'une arquebuse. La trahison vint à bout de ce que la force n'aurait pu faire. Un vil rebelle, un serpent nourri dans notre sein nous vendit à l'ennemi : ce misérable se nommait Christian.

Bridgenorth tressaillit à ce nom, et se retourna vers celle qui venait de le prononcer; mais il se remit à l'instant et reprit son attitude indifférente. Cette émotion n'échappa point à lady Peveril, qui parut surprise; la comtesse, elle, n'en vit rien et continua son récit avec véhémence.

— Ce Christian, dit-elle, avait mangé le pain de mon époux, de son souverain, depuis son enfance, car sa famille avait toujours donné de fidèles serviteurs à la maison de Man et de Derby. Lui-même avait combattu bravement aux côtés de son maître, et il jouissait de toute sa confiance. Lorsque le comte tomba martyr des rebelles, je reçus de lui un dernier message, dans lequel il me recommanda, entre autres choses, d'avoir foi en la loyauté de Christian. Je lui obéis, bien que cet homme ne m'eût jamais plu. Il était flegmatique, froid, tout à fait dépourvu de ce feu sacré qui inspire les nobles actions, et soupçonné de pencher vers les subtilités métaphysiques du calvinisme; avec cela, courageux, prudent, plein d'expérience, et n'ayant, comme la suite le prouva, que trop de crédit parmi les habitants. Quand ces êtres grossiers se virent sans espoir de secours et pressés par un blocus qui avait introduit dans l'île la famine et les maladies, ils commencèrent à se départir de la fidélité qu'ils avaient gardée jusque-là.

— Quoi! interrompit lady Peveril, ont-ils pu oublier ce qu'ils devaient à la veuve de leur bienfaiteur, à celle qui, de concert avec le généreux Derby, avait amélioré leur sort?

— Ne les blâmez pas, reprit la comtesse; ils n'ont fait que suivre leurs instincts sauvages. Que leur importe le bienfait d'hier si le malheur est d'aujourd'hui? Logés dans des huttes de boue, ayant des sentiments au niveau de leur existence, ils étaient incapables d'apprécier la gloire qui s'attache à la constance dans l'infortune. Mais que Christian se soit mis à la tête de leur révolte, lui un homme bien élevé; qu'il m'ait assaillie à l'improviste dans mon appartement, et enfermée, moi et mes enfants, dans un de mes châteaux; qu'il soit devenu le maître, le tyran de l'île; que tout cela enfin ait été fait par William Christian, mon vassal, mon serviteur, mon ami, c'est un acte d'ingratitude et de perfidie dont même ce siècle de trahison offre à peine un exemple!

— Et vous avez été prisonnière dans votre propre royaume?
— Pendant plus de sept années, j'ai souffert une étroite captivité.

On m'offrit, il est vrai, la liberté et quelques moyens d'existence, si je voulais consentir à m'éloigner, et donner ma parole que je ne chercherais point à faire rentrer mon fils en possession des droits de son père. M'abaisser à un si honteux compromis! j'aurais préféré mourir de faim dans le plus sombre cachot. Mais le temps me gardait en réserve la liberté et la vengeance, j'avais encore des amis dans l'île, bien qu'ils eussent été forcés de céder à l'orage. La plupart des insulaires reconnurent qu'ils s'étaient trompés dans les espérances qu'ils avaient fondées sur un changement de domination. Leurs nouveaux maîtres les avaient chargés d'impôts; leurs privilèges, leurs immunités étaient réduits ou supprimés, sous prétexte que leur condition devait être égale à celle des autres sujets de la soi-disant république. Quand on reçut la nouvelle de la révolution qui s'opérait en Angleterre, mes partisans me prévinrent secrètement de leurs intentions; et une révolte aussi soudaine que celle qui m'avait faite captive, me rendit la souveraineté de Man, comme régente pour mon fils, le jeune comte de Derby. Une fois libre, je n'ai pas tardé à faire justice du traître Christian.

— Il a été mis en prison?

— Oui, ma fille, et dans une prison sûre, dont nul félon ne saurait s'échapper.

Bridgenorth, qui s'était insensiblement rapproché, et qui semblait écouter avec une émotion pénible, ne fut plus maître de la dissimuler davantage; il s'écria d'un ton sévère :

— J'espère, Madame, que vous n'avez pas osé...

— Qui êtes-vous donc pour m'interroger? interrompit la comtesse. Vous ne me connaissez pas puisque vous me parlez de ce que j'ose ou n'ose pas faire. Ce Christian vous intéresse? Eh bien, apprenez quel fut son sort. Sitôt rentrée en possession de mon autorité légitime, j'ordonnai au principal magistrat (*dempster*) de traduire le traître devant une haute cour de justice, selon toutes les formalités prescrites par les anciennes coutumes du pays. La cour fut tenue en plein air, à la face du soleil, les juges siégeant sur la terrasse de Zonwald-Hill, où jadis les druides et les scaldes rendaient leurs jugements. Le coupable fut entendu dans sa défense, qui se borna seulement à ces allégations spécieuses de considération publique dont la trahison cherche toujours à voiler ses vilenies. Il fut convaincu de son crime, et condamné à la punition des traîtres.

— Mais le jugement ne fut pas exécuté?

— Vous êtes folle, Marguerite, répliqua la comtesse avec aigreur; me croyez-vous femme à différer cet acte de justice jusqu'à ce que des intrigants eussent décidé la nouvelle cour d'Angleterre à s'en mêler? Non, ma chère; du tribunal il alla au lieu de l'exécution, sans autre délai que celui qui pouvait être utile au salut de son âme. Il fut passé par les armes à Hango-Hill.

A ces mots, Bridgenorth joignit les mains et poussa un gémissement douloureux.

— Puisque cela vous tient au cœur, dit la comtesse en s'adressant au major, j'ajouterai, pour être juste, qu'il reçut la mort avec une fermeté et un courage dignes de toute sa vie, qui, hormis cet acte d'ingratitude et de trahison, avait été loyale et sans tache; mais qu'importe? L'hypocrite est un saint, et le traître un homme d'honneur, jusqu'à ce que l'occasion, pierre de touche infaillible, prouve que leur âme est vile.

— Mensonge! s'écria Bridgenorth, qui ne pouvait plus contenir son indignation. Oui, c'est un mensonge, femme!

— Que signifie cela, Monsieur Bridgenorth? dit la châtelaine au comble de la surprise. Vous insultez la comtesse de Derby sous mon propre toit?

— Il s'agit bien de comtesse et de bienséances! reprit Bridgenorth. La douleur et la colère ne s'arrêtent pas à des bagatelles qui flattent la vanité de grands enfants. O Christian! digne, bien digne de porter le nom du Christ! mon frère, le frère de ma bien-aimée Alice! l'unique consolateur de mon foyer désolé! As-tu donc été assassiné par cette furie impitoyable qui, sans toi, aurait avec justice payé de son propre sang celui des élus du Seigneur qu'elle et son mari barbare ont répandu comme de l'eau!... Oui, femme cruelle et meurtrière, — poursuivit-il en se tournant vers la comtesse, — celui que tu as égorgé dans ta soif de vengeance a sacrifié, pendant bien des années, les reproches de sa conscience à l'intérêt de ta famille, et il s'en détacha parce que ta furieuse ambition de pouvoir avait amené au penchant de la ruine le pays où il était né. Même en te faisant prisonnière, il te rendit service, comme on enchaîne un fou dangereux pour son propre salut; et je puis attester que, sans la barrière qu'il sut opposer à la vindicte du parlement, tu aurais subi le châtiment de tes cruautés, de même que la méchante femme d'Achab.

— Monsieur Bridgenorth, dit lady Peveril, rappelez-vous que la comtesse de Derby est mon hôte et ma parente, et qu'elle a droit à ma protection. Au nom de la simple politesse, veuillez vous retirer.

— Non! qu'il reste, dit la comtesse, en le regardant d'un air de triomphe; je ne voudrais pas qu'il en fût autrement. Plût à Dieu que ma vengeance eût déchiré autant de cœurs rebelles qu'il y a eu de cœurs loyaux affligés par la mort de mon époux !

— Passons, s'il vous plaît, dans mon appartement, et quittons la place à monsieur.

Le major, qui parcourait la chambre à grands pas, s'arrêta subitement, la tête haute, en homme qui a pris son parti.

— Pardon, Madame, dit-il à la maîtresse du château, à vous je n'ai qu'à témoigner de mon respect, mais à cette femme je dois parler au nom de la loi. Elle a avoué un meurtre en ma présence, et ce meurtre est celui de mon beau-frère. Comme citoyen et comme magistrat, je ne puis permettre qu'elle sorte d'ici que sous bonne escorte. Elle a aussi avoué qu'elle était fugitive et qu'elle cherchait un lieu d'asile. Charlotte, comtesse de Derby, je t'arrête comme coupable du crime dont tu viens de te vanter.

— Votre arrêt ne m'atteint pas, répondit-elle avec calme; ces ordres-là, je suis née pour en dicter, non pour en recevoir. Qu'ont de commun vos lois anglaises avec les actes de mon gouvernement dans le royaume héréditaire de mon fils? Ne suis-je pas reine de Man aussi bien que comtesse de Derby? Souveraine feudataire, il est vrai, mais indépendante tant que je rends foi et hommage. Quel droit pouvez-vous exercer sur moi ?

— Le droit enseigné par l'Écriture : « Quiconque répand le sang de l'homme, l'homme répandra le sien. » Ne croyez pas que les privilèges barbares de la féodalité vous mettent à l'abri du châtiment que vous avez encouru pour le meurtre d'un Anglais, commis au mépris de l'amnistie proclamée par le roi.

— De quelle amnistie parlez-vous? demanda la comtesse d'un ton indigné. Que Charles Stuart s'entoure, si bon lui semble, de ceux dont les mains sont encore rouges du sang de son père et souillées du pillage de ses fidèles sujets; qu'il leur pardonne, si cela lui plaît, et compte leurs forfaits pour de loyaux services, quel rapport y a-t-il là-dedans avec le crime de Christian contre moi et les miens? Né et élevé dans l'île de Man, il a violé les lois sous lesquelles il vivait; et pour cette violation il a été puni de mort, après jugement et d'après ces mêmes lois. M'est avis, Marguerite, que nous avons assez de ce magistrat sot et hargneux. Je vous suis dans votre appartement.

Bridgenorth se plaça entre elles et la porte, de manière à montrer qu'il était résolu à leur barrer le passage. Lady Peveril, pensant avoir fait preuve d'une longanimité que son mari blâmerait probablement, appela Whitaker. Celui-ci, attiré par les éclats de voix, se tenait dans l'antichambre, haletant de curiosité; il entra sur-le-champ.

— Que trois de mes gens prennent les armes à l'instant même, commanda sa maîtresse; conduisez-les dans l'antichambre, et qu'ils y attendent mes ordres.

CHAPITRE VI.

> Vous n'aurez d'autre prison que ma chambre et d'autre
> geôlier que moi.   *Le Capitaine.*

L'ordre que lady Peveril venait de donner était si peu d'accord avec la douceur de son caractère que le major demeura stupéfait.

— Qu'est-ce à dire, Madame? demanda-t-il. Je me croyais sous le toit de l'amitié.

— Et vous y êtes aussi, Monsieur Bridgenorth, répondit-elle sans se départir de sa placidité naturelle; mais ce toit ne doit pas être profané par la violence d'un ami contre son ami.

— Fort bien, Madame. Le révérend Solsgrace m'a déjà prédit que nous reverrions le temps où les grandes maisons et les noms des orgueilleux de la terre serviraient encore à protéger les crimes de ceux qui habitent les unes et qui portent les autres. Je ne le croyais pas; mais je vois aujourd'hui qu'il était plus sage que moi. Ne pensez pas toutefois que je me soumette servilement. S'il reste une étincelle de justice dans la malheureuse Angleterre, cette femme superbe et moi, nous nous verrons bientôt dans un lieu où rien ne la protégera.

Il se disposait à quitter l'appartement, quand lady Peveril lui dit :

— Vous ne sortirez pas d'ici, Monsieur Bridgenorth, que vous ne m'ayez donné votre parole de renoncer à tout projet hostile contre la liberté de ma noble amie.

— Je signerais, dans les termes les plus formels, mon propre déshonneur, plutôt que de souscrire à un accord de ce genre. Si quelqu'un s'oppose à ma sortie, que son sang retombe sur sa tête !

Comme le major achevait ces mots, Whitaker ouvrit la porte : avec la promptitude d'un ancien soldat, qui n'était pas fâché de voir les choses reprendre une tournure belliqueuse, il avait ramené quatre robustes gaillards portant la livrée de Peveril, cuirassés de buffle et armés de sabres et de pistolets.

— Voyons, dit le major, si quelqu'un de ces hommes sera assez hardi pour arrêter un citoyen libre et un magistrat dans l'exercice de ses fonctions.

Et il s'avança sur Whitaker et ses acolytes.

— Arrêtez-le, Whitaker, reprit lady Peveril, désarmez-le; mais gardez-vous de lui faire aucun mal !

Ses ordres furent exécutés. Bridgenorth, quoique doué d'un grand courage moral, n'était pas homme à engager la lutte avec des chances si formidables contre lui. Il tira son épée à moitié hors du fourreau et opposa juste assez de résistance pour qu'on fût obligé de recourir à la force. Il remit alors son arme, et déclara qu'en se soumettant à des adversaires supérieurs en nombre, il les rendait responsables, eux et leurs maîtres, d'avoir attenté à sa liberté sans mandat légal.

— Bah! ne soyez pas en peine sur la légalité, Monsieur Bridgenorth, dit Whitaker; pour sûr, vous lui avez fait dans le temps plus d'un accroc. L'ordre de milady est aussi bon qu'un mandat, fût-il signé par le vieux Noll[1], et Dieu sait si vous en avez lancé, Monsieur Bridgenorth, et même j'en ai eu ma part pour avoir bu à la santé du roi, Monsieur Bridgenorth, et vous n'auriez pas donné un liard de toutes les lois de l'Angleterre!

---

[1] Diminutif d'Olivier; sobriquet donné à Cromwell.

— Trêve d'impertinences, Whitaker, dit lady Peveril; et vous, Monsieur Bridgenorth, ne vous inquiétez pas si vous êtes retenu prisonnier pendant quelques heures, jusqu'à ce que la comtesse de Derby n'ait plus rien à craindre de vos poursuites. Il me serait facile de lui former une escorte qui défierait toutes les forces que vous pourriez réunir; mais je veux éviter, le ciel m'en est témoin, de réveiller les anciennes dissensions civiles. Encore une fois, ravisez-vous, reprenez votre épée, et consentez à oublier qui vous avez vu à Martindale.

— Jamais! répondit Bridgenorth. Le crime de cette femme cruelle sera, de toutes les offenses humaines, la dernière que j'oublierai. Jamais je ne cesserai de demander justice.

— Si tels sont vos sentiments, dit lady Peveril, je n'ai plus qu'à pourvoir à la sûreté de mon amie en m'assurant de votre personne. Vous resterez dans cette chambre où l'on veillera à ce que vous ayez vos commodités, et d'ici à quelques heures, dans deux jours au plus, je viendrai moi-même mettre fin à votre réclusion.

Le major ne répondit rien, si ce n'est qu'il était en son pouvoir et qu'il devait se soumettre à ses volontés; puis il se dirigea d'un air sombre vers la fenêtre, comme pour se débarrasser de la présence des deux dames.

La comtesse et lady Peveril sortirent en se tenant par le bras, et la dernière donna ses ordres à Whitaker touchant la manière dont elle voulait que le major fût gardé et traité, lui expliquant en même temps que le salut de la comtesse de Derby exigeait qu'il fût surveillé de près.

Toutes les instructions relatives à la garde du prisonnier, comme de placer des sentinelles, de les relever d'heure en heure, etc., Whitaker les reçut avec joie; et jura, sur sa tête, de les suivre aussi longtemps que l'exigeraient les circonstances; mais, sur la question du coucher et de la table, il se montra moins docile, et fut d'avis que sa maîtresse poussait trop loin la sollicitude.

— Le pauvre homme! dit-il. Ce qu'il a mangé hier de notre bœuf gras lui servira bien pour un mois, j'en réponds; un jeûne de quelques jours ne ferait pas de mal à sa santé. Quant à la boisson, pardieu, il aura de l'eau fraîche à discrétion; ça lui calmera le foie, qui est très échauffé, je gage, par les liqueurs fortes dont il s'est abreuvé hier. Et pour son lit, voilà un beau plancher, bien sec et plus sain que la paille humide sur laquelle il m'a envoyé dormir en prison.

— Whitaker, dit lady Peveril d'un ton d'autorité, vous avez reçu mes ordres : tâchez de vous y conformer, et surtout d'être poli envers M. Bridgenorth.

— Là ! là ! Milady, soyez tranquille, j'observerai la consigne; seulement, un vieux serviteur aime à dire ce qu'il pense.

L'appartement réservé à la maîtresse du logis, où les deux dames se retirèrent, communiquait, d'un côté, avec la chambre à coucher, et de l'autre, avec l'office, contigu au jardin. Il y avait aussi une petite porte, par laquelle, après avoir monté quelques marches, on arrivait à la galerie dont nous avons parlé, et qui donnait sur la cuisine; et le même passage conduisait, par une autre porte, à la tribune principale de la chapelle, de manière que, spirituel et temporel, on pouvait régler et surveiller le tout ensemble, presque du même coup d'œil.

Lorsque les deux dames furent assises, la comtesse prit la main de lady Peveril et lui dit en souriant :

— Il est arrivé aujourd'hui deux choses, qui m'auraient étonnée grandement, si je pouvais encore m'étonner dans les temps où nous vivons. La première, c'est que cet insensé de Tête-Ronde ait osé montrer tant d'insolence dans la maison de Peveril du Pic. Si votre mari, toujours sans doute le vaillant et honorable Cavalier que j'ai connu, se fût trouvé chez lui, il aurait jeté le drôle par la fenêtre. Mais ce qui m'a étonnée davantage, Marguerite, c'est votre fermeté : je ne vous aurais jamais crue capable de prendre des mesures si décisives, après avoir déployé tant de patience. Tandis qu'il parlait de juges et de mandats d'arrêt, vous aviez l'air si intimidée, que je croyais déjà sentir sur mon épaule la griffe du sergent de la paroisse, qui voulait me traîner en prison comme une vagabonde.

— Nous devons quelques égards à M. Bridgenorth, ma chère dame, répondit lady Peveril; il nous a rendu plus d'un service en ces derniers temps, et de bonne amitié; quant à insulter la comtesse de Derby dans la maison de Marguerite Stanley, je ne le souffrirai jamais de lui, ni de personne.

— Tu es devenue une véritable héroïne, chère Marguerite.

— Il se peut que deux sièges et des alarmes sans nombre m'aient enseigné la présence d'esprit; pour le courage, il n'est pas plus brillant qu'autrefois.

— Présence d'esprit vaut courage. Être brave ne signifie pas s'exposer au danger, mais se tenir prêt à y faire face et à le surmonter, et peut-être aurons-nous besoin bientôt de tout notre courage, ajouta-t-elle avec un peu d'émotion, car j'entends un bruit de chevaux dans la cour.

Au même instant, Julien, tout joyeux et hors d'haleine, se précipita dans la chambre, en criant que son père était de retour, avec Lamington et Sam Brewer. En effet, le digne chevalier, montant l'escalier à la hâte, le suivit de près; son teint échauffé, ses bottes poussiéreuses, ses habits en désordre accusaient la fatigue d'un rapide voyage. Il entra brusquement, courut droit à sa femme, la saisit dans ses bras et l'embrassa une douzaine de fois. La bonne châtelaine, toute rougissante, eut quelque peine à interrompre cette chaude accolade, pour le prier, par pudeur, de faire attention à la personne qui se trouvait dans la chambre.

— C'est une personne, dit la comtesse en s'avançant, qui est heureuse de voir que sir Geoffroy, quoique devenu un homme de cour, n'en apprécie pas moins le trésor qu'elle a contribué un peu à lui faire obtenir. Vous ne pouvez avoir oublié la levée du siège de Latham-House?

— La noble comtesse de Derby! s'écria sir Geoffroy, ôtant avec un profond respect son chapeau à plumes, et baisant la main qu'elle lui tendait. Je suis aussi enchanté de voir Votre Seigneurie sous mon pauvre toit, que je le serais d'apprendre que l'on a découvert au Pic une mine de plomb. J'ai doublé les étapes dans l'espoir de vous servir d'escorte, car, ayant appris que le conseil du roi avait lancé contre vous un mandat d'arrêt, je craignais que vous ne fussiez tombée en de mauvaises mains.

— De qui tenez-vous cette nouvelle?

— De Cholmondley. Il a pris les devants afin d'assurer votre passage à travers le comté de Chester, et je me suis engagé à vous conduire jusque-là saine et sauve. Le prince Rupert, Ormond et d'autres amis ne doutent pas d'arranger l'affaire au moyen d'une amende; mais le chancelier, Harry Bennet et quelques conseillers d'outre-mer, sont furieux, dit-on, de ce qu'ils appellent une violation de l'amnistie proclamée par le roi. Que le diable les emporte! ils nous ont laissés supporter tous les coups, et maintenant ils se fâchent de ce que nous vou-

lons régler nos comptes avec ceux qui nous ont causé tant de cauchemars!

— Quelle peine parle-t-on de m'infliger?

— Je ne sais trop. Comme je vous le disais, quelques amis de notre bon pays de Chester, et d'autres encore, essaient de la faire réduire à une amende; en revanche, certaines gens ne parlent de rien moins que de la Tour de Londres, et d'une longue détention.

— J'en ai déjà souffert une assez longue pour l'amour du roi Charles, et ne recommencerai pas pour son bon plaisir. D'ailleurs, si l'on m'interdit la régence des États de mon fils, j'ignore si quelque usurpation nouvelle n'y est pas à craindre. Je vous serai donc obligée, cousin, de trouver le moyen de me conduire à Vale-Royal, d'où j'ai l'assurance de gagner sans danger Liverpool.

— Comptez, noble dame, que je vous servirai de guide et de défenseur, quand même vous seriez arrivée ici à minuit, avec la tête de ce coquin dans votre tablier, comme Judith.

— Les Cavaliers sont-ils bien accueillis à la cour?

— Ma foi, le roi a des manières si gracieuses, qu'il fait fleurir l'espérance au cœur de tout le monde, quoique, à dire vrai, nous ayons vu bien peu de fruits succéder aux fleurs.

— Mais vous, mon cousin, vous n'avez pas à vous plaindre de l'ingratitude royale? Personne ne l'aurait moins méritée.

Sir Geoffroy, en homme prudent, ne se souciait guère d'avouer qu'il avait conçu des espérances et qu'elles s'étaient évanouies; d'autre part, il avait un caractère trop droit pour dissimuler tout à fait son désappointement.

— Qui, moi? Madame, dit-il. Hélas! que pouvait attendre du souverain un pauvre campagnard de mon espèce, si ce n'est le plaisir de le voir rentré au palais de Whitehall, en pleine jouissance de ses droits? Sa Majesté m'a reçu de la façon la plus aimable; elle m'a parlé de la journée de Worcester, et même de mon cheval Black Hastings; par exemple, elle n'en savait plus le nom, et le mien lui échappait aussi, ma foi, si le prince Rupert ne le lui eût soufflé à l'oreille. J'ai revu là quelques vieux amis, tels que Sa Grâce le duc d'Ormond, sir Marmaduke Langdale, sir Philippe Musgrave et d'autres; et nous avons fait ripaille ensemble, une ou deux fois, comme au bon temps.

— J'aurais cru que tant de faits d'armes, tant de blessures, tant de sacrifices valaient quelque chose de mieux que des compliments.

— Plusieurs de mes amis ont eu la même pensée. Dans l'idée des uns, la perte de tant d'acres de bonne terre valait au moins quelque récompense honorifique; et dans l'idée des autres, mon origine, qui date de Guillaume le Conquérant (pardon, Milady, si je me vante ainsi en votre présence), n'était pas plus indigne d'obtenir un titre que celle de certains personnages qui en ont été gratifiés. Que dit à cela le duc de Buckingham? On l'a comblé de faveurs, et son grand-père était un simple chevalier, assez mal en point, et d'une famille qui valait tout au plus la mienne. Eh bien, ce bel esprit prétend que si l'on accordait la pairie à tous ceux de mon espèce qui, durant les troubles, ont bien mérité du roi, il faudrait que la chambre des pairs s'assemblât dans la plaine de Salisbury.

— Le mauvais plaisant! et cela passa pour une bonne raison. Quoi d'étonnant, du reste, aujourd'hui que les bonnes raisons passent pour des plaisanteries! Mais voici quelqu'un avec qui je veux faire connaissance.

C'était Julien qui rentrait dans l'appartement, tenant la petite Alice par la main, et tout glorieux de raconter à son père comment, monté sur Black Hastings, il l'avait ramené, seul (ou à peu près), à l'écurie. Sir Geoffroy embrassa tendrement le petit garçon, et la comtesse, l'ayant appelé à elle, le baisa au front, et l'examina d'un œil pénétrant.

— C'est un vrai Peveril, dit-elle, marqué de la touche des Stanley. Cousin, il faut m'accorder une chose. Lorsque mes affaires seront arrangées, et que je serai paisiblement rétablie dans mon île, il faut que vous me donniez, dans quelque temps d'ici, cet enfant-là pour être élevé chez moi; j'en veux faire mon page et le compagnon du petit Derby. Avec la grâce de Dieu, ils se lieront d'amitié comme ont fait leurs pères, et peut-être verront-ils des jours plus heureux!

— Volontiers, Madame, répondit le chevalier; et cette offre me touche jusqu'au fond du cœur. Il y a tant de nobles maisons déchues, et tant d'autres où les règles de la discipline pour l'éducation de la jeune noblesse sont négligées ou abandonnées, que j'ai souvent appréhendé d'en être réduit à garder l'enfant au château; et comme, de mon côté, j'ai reçu trop peu de leçons pour être en état de lui enseigner grand'chose, il n'aurait été, sa vie durant, qu'un simple chasseur au faucon. Mais dans la maison de Votre Seigneurie, et près du noble comte votre fils, il apprendra tout ce qu'on peut désirer, et mieux encore.

— Je n'admettrai entre eux aucune distinction, ajouta la comtesse; le fils de Marguerite Stanley sera l'objet de mes soins comme mon propre fils, puisque vous voulez bien m'en remettre la charge. Vous pâlissez, Marguerite? et des larmes roulent dans vos yeux. Point de sotte faiblesse, ma toute belle; la demande que je vous fais est au-dessus de ce que vous auriez pu souhaiter, car la maison de mon père, le duc de la Trémouille, était la plus célèbre école de chevalerie de France, et moi je n'ai pas dégénéré, je n'ai souffert aucun relâchement dans les principes qui préparent les jeunes gens à être l'honneur de leur race.

— Je sens tout le prix de cette faveur, Madame, dit lady Peveril, et je dois consentir à une proposition qui nous honore, et d'ailleurs approuvée par mon mari; mais Julien est un fils unique et...

— Fils unique, oui, interrompit la comtesse, non pas enfant unique. Vous vous humiliez trop devant nos maîtres, du sexe masculin, si vous laissez à Julien toute la place dans votre cœur, sans rien garder pour cette charmante fillette.

A ces mots, elle prit Alice sur ses genoux et se mit à la caresser. Malgré le caractère mâle de la comtesse, il y avait, dans le son de sa voix et l'expression de ses traits, quelque chose de si doux que l'enfant lui sourit aussitôt et répondit à ses marques d'affection. Cette méprise causait à la châtelaine un extrême embarras. Connaissant le caractère brusque et emporté de sir Geoffroy, son dévouement à la mémoire du feu comte de Derby, et le respect non moins grand qu'il professait pour sa veuve, elle fut alarmée des conséquences que pouvait avoir le récit de la conduite récente du major, et désirait vivement qu'il en fût instruit de sa bouche, en particulier, et après l'y avoir dûment préparé. L'erreur de la comtesse provoqua une explication intempestive.

— Cette jolie fillette, Madame, n'est pas à nous, répondit sir Geoffroy, et je le regrette. Elle appartient à quelqu'un d'ici près, honnête homme et excellent voisin sans contredit, quoiqu'il ait dévié du droit chemin, par l'influence d'un damné presbytérien, qui s'intitule ministre. Ah! je compte bien le jeter à bas de son perchoir, le drôle, en guise de leçon! Il a été assez longtemps le coq de la basse-cour.

Nous avons à présent des verges trempées de vinaigre pour battre son manteau de Genève; je me charge d'en avertir ces faces de carême. Quant à la petite, c'est la fille de Bridgenorth, le voisin Bridgenorth, de Moultrassie-House.

— Bridgenorth? répéta la comtesse; je croyais connaître toutes les familles honorables du comté; le nom de celle-là ne me revient pas. Mais, au fait, il y avait un Bridgenorth dans le comité des séquestres; évidemment, ce doit être lui.

— En effet, répondit Peveril, non sans éprouver une certaine honte, c'est la personne dont vous parlez, et vous pouvez concevoir la répugnance avec laquelle je me suis déterminé à recevoir des services d'un individu de cet acabit. Mais si je n'avais pas agi de la sorte, je ne sais où j'aurais trouvé un asile pour Marguerite.

Tout en l'écoutant, la comtesse posa doucement la fillette sur le tapis, malgré ses cris pour rester dans le giron de la belle dame, qui l'y aurait retenue d'elle-même si elle eût été d'origine patricienne et royaliste.

— Je ne vous blâme pas, dit-elle; qui sait jusqu'où la tentation peut nous faire descendre? Cependant, j'étais convaincue que Peveril du Pic eût préféré habiter au fond d'une caverne plutôt que d'avoir de l'obligation à un régicide.

— Si mon voisin ne vaut pas cher, il vaut encore mieux que vous ne le pensez. Il est presbytérien, je l'avoue, et non Indépendant.

— C'est une variété du même monstre; ceux-là excitaient les chiens et garrottaient la victime, que poursuivaient ceux-ci et qu'ils égorgeaient ensuite. De ces deux sectes, je préfère les Indépendants, scélérats audacieux et impitoyables, qui agissent, du moins, à découvert. Alors je ne doute plus que le digne personnage qui a pris sur lui ce matin...

Elle s'arrêta court, ayant surpris dans les traits de lady Peveril des signes de malaise.

— J'ai dit, sans le savoir, ajouta-t-elle, quelque chose qui contrarie ma chère Marguerite. Le mystère n'est bon à rien, et entre nous il ne devrait pas y en avoir.

— Il n'y en a pas non plus, Madame, repartit lady Peveril avec un peu de vivacité; je n'attendais qu'une occasion pour apprendre à mon mari ce qui est arrivé. M. Bridgenorth se trouvait malheureusement ici, sir Geoffroy, quand lady Derby est arrivée, et il a cru de son devoir de parler de...

— De parler de quoi ? s'écria le chevalier en fronçant les sourcils. Vous avez toujours été trop bonne vis-à-vis de ces gens-là.

— Je veux dire seulement que comme la personne... celui dont Milady racontait l'histoire, était le frère de sa défunte femme, il l'a menacée... mais je ne puis croire que ce fût sérieusement.

— Comment ! il l'a menacée?.. Menacer la comtesse de Derby chez moi ! la veuve de mon ami !.. Pardieu, ce manant aux longues oreilles m'en rendra raison. Et mes gens ne l'ont pas jeté dehors ?

— Hélas ! vous oubliez tout ce que nous lui devons.

— Je n'oublie rien, reprit le chevalier, avec une indignation croissante, car il s'imagina que sa femme faisait allusion aux obligations pécuniaires ; si je lui dois quelque argent, n'a-t-il pas pris ses sûretés ? et cela lui donne-t-il, de plus, le droit de faire ici le maître ?.. Où est-il ? par où est-il passé ? Il faut que je lui parle.

— Du calme, sir Geoffroy, dit la comtesse, qui comprit alors d'où venait l'embarras de sa parente. Sachez que je n'ai pas eu besoin de votre valeur pour me défendre contre cet intrus discourtois. Ma cousine en a fait prompte justice, allez ; et je suis si ravie de devoir uniquement ma délivrance à son courage, que je vous ordonne, comme à un loyal chevalier, de ne pas intervenir dans l'aventure qui appartient à un autre.

Lady Peveril, qui connaissait l'humeur irritable de son mari, et qui voyait monter sa colère, raconta alors toute l'histoire de la manière la plus simple et la plus claire.

— J'en suis fâché, dit le chevalier ; je lui croyais plus de bon sens, surtout depuis les derniers événements. Mais il fallait me prévenir plus tôt : mon honneur ne me permet pas de le garder prisonnier ici comme si j'avais rien à craindre de ses tentatives.

Là-dessus, il salua la comtesse et se rendit à la chambre dorée, laissant lady Peveril fort inquiète de ce qui allait se passer entre deux hommes si dissemblables, l'un violent, l'autre opiniâtre. Ses terreurs, toutefois, furent sans objet, car il était écrit que l'entrevue n'aurait pas lieu.

Après avoir renvoyé Whitaker et les sentinelles de garde, sir Geoffroy entra dans la chambre dorée, où il s'attendait à trouver son captif; mais celui-ci avait disparu, et il n'était pas difficile de savoir comment. Dans le trouble du moment, lady Peveril n'avait plus songé à la porte secrète. Comme on ne l'avait pas refermée exactement, elle offrait une ouverture suffisante pour en accuser l'existence. Bridgenorth était parvenu à faire glisser le panneau, avait traversé l'appartement secret, et gagné la poterne du château, par un étroit passage pratiqué dans l'épaisseur de la muraille. On rencontre assez fréquemment des communications de ce genre dans les châteaux du moyen âge; leurs possesseurs étaient exposés à tant de revers de fortune qu'ils avaient soin de se ménager des cachettes intérieures et des moyens de sortir à la dérobée. La preuve que le major s'était échappé par cette route, c'est qu'il avait laissé tout ouvert derrière lui, les portes du passage conduisant à la poterne ainsi que le panneau mobile de la chambre dorée.

Sir Geoffroy, l'air soucieux, alla rejoindre les deux dames. Tant qu'il avait cru Bridgenorth en sa puissance, il avait eu l'esprit tranquille, parce qu'il se sentait supérieur à lui, par la force physique et par cette sorte de courage qui pousse un homme à courir sans hésitation au-devant du danger. En le voyant hors d'atteinte, il commença à le craindre davantage. Depuis plusieurs années, il s'était habitué à considérer le pouvoir et l'influence du major comme quelque chose de formidable. Malgré le changement survenu dans les affaires publiques, il subit naturellement l'empire de ces mêmes idées : son voisin lui parut être un ennemi si dangereux, qu'il s'alarma pour la sûreté de la comtesse plus qu'il ne voulait se l'avouer à lui-même. Quant à elle, remarquant sa mine rembrunie, elle lui demanda s'il pensait que sa présence au château pût lui causer de l'embarras ou l'exposer à un péril quelconque.

— Pour une telle cause, répondit-il, bienvenu serait l'embarras, et le péril plus encore! J'avais en tête de garder secrètement Votre Seigneurie pendant quelques jours, en attendant qu'on se fût rebuté de courir après vous. Si j'avais pu voir ce maudit presbytérien, je l'aurais certainement forcé à ne pas faire d'esclandre; à présent, le voilà libre; il se tiendra à l'écart, et, ce qu'il y a de pire, il connaît le secret de la chambre du prêtre.

Le chevalier fit une pause et parut très perplexe.

— Ainsi, questionna la comtesse, vous ne pouvez ni me cacher ni me protéger?

— Souffrez que j'explique ce qui me tracasse, honorable dame. A dire le vrai, notre homme a beaucoup d'amis parmi les presbytériens du pays, qui sont en plus grand nombre que je ne le voudrais; si, par hasard, il rencontre le porteur du mandat décerné contre vous par le conseil privé, il est probable qu'il l'amènera ici avec une force suffisante, pour essayer de mettre l'ordre à exécution. Alors quelle résistance pourrons-nous leur opposer, quand il nous reste à peine le temps de convoquer en hâte quelques voisins?

— D'ailleurs, je ne voudrais pas, sir Geoffroy, qu'aucun de mes amis prît les armes en mon nom pour empêcher l'exécution d'un ordre du roi.

— Oh! quant à cela, s'il plaît à Sa Majesté de lancer des mandats d'arrêt contre ses meilleurs amis, elle doit s'attendre qu'ils y résisteront. A mon avis, pourtant, il y a mieux à faire dans cette conjoncture, quoique la proposition soit assez peu hospitalière : c'est de monter à cheval sur-le-champ, si vous n'êtes pas trop fatiguée. Moi et quelques braves gens, nous vous conduirons en sûreté à Vale-Royal, quand même le shériff nous barrerait le chemin avec sa bande d'estafiers.

La comtesse de Derby accepta la proposition. Elle avait parfaitement dormi, assurait-elle, la nuit précédente dans la chambre secrète où Ellesmere l'avait conduite, et elle était prête à partir.

Tandis que lady Peveril présidait, le cœur gros, aux préparatifs du voyage, son mari, dont l'ardeur se réveillait de plus belle à l'approche d'un danger, donnait l'ordre à Whitaker de réunir quelques gars solides, armés de toutes pièces.

— Outre mes deux valets, dit-il, tu prendras Outram, Saunders, le palefrenier, Roger Raine et son fils; recommande surtout à Roger de ne pas se mettre en ribote. Tu viendras aussi, de même que le jeune Dick de Dale, avec son domestique et un couple ou deux de ses fermiers. Voilà, je crois, assez de monde pour leur tenir tête au besoin. Tous ces gaillards-là cogneront ferme, sans demander pourquoi ; ils aiment mieux travailler du bras que de la langue, et leur bouche est plutôt faite pour boire que pour jaser.

Voyant la tournure que prenait l'affaire, Whitaker demanda s'il ne devrait pas avertir sir Gaspard Cranbourne.

— Ne lui en souffle pas mot, sur ta tête! répondit le chevalier. Il peut résulter de tout ceci une mise hors la loi, comme ils disent, et je ne veux mettre en péril d'autres biens que les miens. Gaspard a eu assez de tourments pour son compte ; le reste de sa vie s'écoulera en paix, s'il ne dépend que de moi.

CHAPITRE VII.

Fang. A la rescousse! à la rescousse!
Mistress Quickly. Au secours, braves gens! plutôt deux fois qu'une!

SHAKSPEARE, *Henri IV*, 2e partie.

ES gens de Peveril étaient si accoutumés au son du bouteselle, qu'ils furent bientôt à cheval et en bon ordre; puis, avec cette contenance grave qui convient à l'heure du danger, ils se mirent en marche pour escorter la comtesse de Derby à travers la partie montueuse et déserte qui touche au comté de Chester.

La cavalcade avançait avec ces précautions extrêmes acquises dans l'expérience des guerres civiles. Trois cents pas en avant, un cavalier prudent et bien monté éclairait le chemin; deux autres suivaient à la moitié de cette distance, mousquets en main et prêts à faire feu. Derrière cette avant-garde, venait le corps principal, au milieu duquel la comtesse chevauchait, sur le palefroi de lady Peveril; elle était suivie d'un écuyer, au dévouement éprouvé, et d'une femme de chambre; auprès d'elle se tenaient, pour la protéger, le chevalier du

Pic et trois files de vétérans déterminés. Whitaker et Lance Outram formaient l'arrière-garde, comme gens de confiance et chargés de couvrir la retraite. Ils marchaient tous, selon le proverbe espagnol, « la barbe sur l'épaule, » c'est-à-dire ne cessant d'interroger de l'œil les environs, et prenant les mesures nécessaires pour apercevoir promptement ceux qui pouvaient les poursuivre.

Cependant, quoique ferrés sur la discipline militaire, sir Geoffroy et ses suivants ne brillaient pas en matière de politique. Le chevalier avait communiqué à Whitaker, sans aucune nécessité, le motif de leur expédition, et Whitaker, à l'exemple de son maître, ne fut pas moins communicatif envers son camarade Lance Outram, le garde forestier.

— Voilà qui est bizarre, maître Whitaker, dit ce dernier quand il eut appris de quoi il s'agissait. Tâchez donc, vous qui êtes savant, de m'expliquer la chose. Durant des années et des années, nous n'avons cessé d'appeler le roi, de prier pour le roi, de batailler pour le roi, de mourir pour le roi, et, sitôt le roi revenu, nous n'avons rien de plus pressé que de nous armer contre ses ordres.

— Fi! blanc-bec, riposta l'intendant, est-ce là tout ce que tu sais du fond de nos querelles? Apprends donc, mon cher, que, dès la première heure, nous avons pris les armes pour le roi, et contre ses ordres, car, je m'en souviens bien, toutes les proclamations de la satanée clique étaient faites au nom du roi et du parlement.

— Bah! c'était comme ça? Alors, si la clique se remet si vite à battre le gibier et envoie des mandats au nom du roi pour arrêter ses loyaux sujets, vive notre vaillant maître, ma foi! qui saura en faire des bourres de fusil. Quant à Bridgenorth, s'il se mêle à la chasse, je ne serais pas fâché de garder une balle à son adresse.

— Pourquoi cela, mon garçon? sauf qu'il est un chien de puritain et de Tête-Ronde, ce n'est pas un mauvais voisin. Que t'a-t-il fait, à toi?

— Il a braconné sur nos terres.

— Allons donc, tu veux rire. Bridgenorth ne chasse ni au poil ni à la plume; il n'a pas le sang assez noble pour cela.

— C'est possible; mais il court après un gibier dont vous ne vous doutez pas, avec sa face de pendu, qui ferait pleurer les poupons et tourner le lait des nourrices.

— Ah! ça, tu ne vas pas dire qu'il court les filles? Il a toujours vécu tout seul comme un loup depuis la mort de sa femme.

— Vous allez voir, maître Whitaker. Vous n'êtes pas sans avoir remarqué qu'une certaine Débora a montré une certaine inclination pour un certain galant, qui demeure dans un certain château.

— Et c'est toi, le galant? Lance Outram, tu es le plus vaniteux des imbéciles.

— Eh bien, pas plus tard qu'hier au soir, toute la maison l'a vu, elle s'est jetée, comme on dit, à ma tête.

— Je regrette qu'elle n'ait pas été une brique pour te la briser, ta chienne de tête impertinente.

— Écoutez un peu. Le lendemain, c'est-à-dire ce beau matin même, j'avais intention d'aller tirer un chevreuil, dans l'idée qu'une pièce de venaison ne serait pas de trop à la cuisine, après la ripaille d'hier. En passant sous la chambre des enfants, je levai les yeux pour voir ce qui en était de madame la gouvernante. Elle m'aperçut du haut de la fenêtre, et passa lestement sa coiffe et sa mante. Un instant après, la porte de l'office s'ouvrit; plus de doute! la belle allait traverser le jardin et venir dans le parc par la brèche du mur. « Ah! ah! ma mie Débora, je me dis, si vous êtes disposée à danser au son de ma flûte et de mon tambourin, je vous jouerai une courante avant que vous m'attrapiez. » Et voilà que je dévale vers le Buisson aux Lierres, où le taillis est épais et le terrain marécageux, et je tournai ensuite par le fond d'Haxley, pensant tout le temps qu'elle me courait après et riant dans ma barbe de la promenade que je lui faisais faire.

— Quel rapport ce conte de Mère l'Oie a-t-il avec Bridgenorth?

— Hein? mais c'est lui, Bridgenorth, qui l'a empêchée de me suivre. Au commencement, j'ai marché pas trop vite; enfin, je m'arrête, je me retourne avec précaution, et, ne sachant ce qu'elle était devenue, je me dis : « Mon garçon, tu t'es conduit comme un âne. »

— Ah! mais non, un âne n'aurait pas agi si bêtement. Continue.

— Faisant alors volte-face, je revenais sur mes pas, comme si j'avais saigné au nez, quand, à une portée de flèche de la poterne, qu'est-ce que je vois ? La Débora en grande conversation avec l'ennemi.

— Quel ennemi ?

— Bridgenorth en personne, parbleu ! Ils se tenaient hors de vue, cachés dans le taillis. « Oh ! oh ! je me dis, j'aurai du malheur si je ne parviens pas à vous débusquer comme j'ai débusqué tant de fois le daim. » Je rôde autour du buisson, pour bien voir leurs manigances, et au diable carreaux et arbalètes si je n'ai pas vu de mes yeux Bridgenorth lui serrer la main et y mettre de l'or !

— As-tu vu autre chose ?

— Ma foi, c'était suffisant pour me démonter. Moi qui m'imaginais que la plus jolie fille du château allait danser au son de mon sifflet ! Ah ! oui ; je lui tenais la chandelle, et dans un coin elle faisait la contrebande avec un vieux puritain.

— Crois-moi, garçon, ce n'est pas ce que tu penses. Bridgenorth ne se soucie guère de ces folies amoureuses qui te trottent par la cervelle. Mais il est bon de prévenir le chevalier. De l'or ! jamais puritain n'en a donné, sauf pour payer quelque besogne diabolique, faite ou à faire.

— Un instant ! je ne tiens pas, comme un sans cœur, à dénoncer cette fille devant notre maître. Chacun son goût, comme dit la femme qui baisait une vache ; seulement, à mon avis, elle aurait pu mieux choisir. Quand on frise la cinquantaine, avec une physionomie de verjus sous l'auvent d'un castor en saule pleureur, et une carcasse d'infirme, emmaillottée dans des habits de deuil, on n'est pas fait pour tenter son prochain, que je crois.

— Tu te trompes, je le répète ; il n'y a pas, il ne peut y avoir d'amourette entre eux dans cette affaire. Probablement, il s'agit de quelque intrigue, qui concerne peut-être la comtesse de Derby. Mon maître doit le savoir au plus tôt, et je vais l'en instruire.

En dépit des observations de Lance Outram, qui continuait de l'implorer en faveur de la coquette, l'intendant piqua des deux, alla rejoindre le corps d'armée, et raconta au chevalier ce qu'il venait d'apprendre.

Cette nouvelle porta au plus haut point le ressentiment de sir Geoffroy, et il en conclut, sans plus de réflexion, que son voisin, dont il avait toujours respecté et quelquefois appréhendé la prudence, entretenait, dans un but intéressé, une correspondance clandestine avec quelqu'un de sa maison.

Whitaker avait à peine regagné son poste à l'arrière-garde qu'il le quitta de nouveau et revint, à toute bride, annoncer à son maître qu'ils étaient poursuivis par des gens à cheval, une dizaine au moins.

— En avant, et bon train! cria le chevalier. A la passe d'Hartley, avec l'aide de Dieu, nous ferons face aux coquins. Comtesse de Derby, un seul mot : adieu! Partez en avant avec Whitaker et un de mes domestiques, et laissez-moi le soin de veiller à ce qu'on ne vous marche pas sur les talons.

— Je resterai avec vous, dit la comtesse, et je les attendrai de pied ferme. Vous me connaissez d'ancienne date : je ne crains pas la bataille.

— Il faut fuir, Madame, il le faut pour l'amour de votre fils. Il n'y aura point ici de combat digne de vos regards ; une affaire avec ces misérables ne sera tout au plus qu'un jeu d'enfant.

Bientôt, ils atteignirent la passe d'Hartley, espèce de gorge étroite et rocailleuse, qui serpentait entre des halliers et le lit escarpé d'une rivière. Après avoir fait des adieux pleins d'affection à sir Geoffroy, et l'avoir chargé d'aimables compliments pour son futur page et sa mère, la comtesse monta le défilé au grand trot, suivie de sa petite escorte. A peine l'avait-on perdue de vue qu'on aperçut au loin ceux qui la poursuivaient, et le chevalier disposa sa troupe de manière à barrer le passage sur trois points différents.

Le parti ennemi était commandé, comme sir Geoffroy l'avait prévu, par le major Bridgenorth. A côté de lui était un homme vêtu de noir et portant au bras une plaque d'argent ; venaient ensuite une dizaine d'habitants du village de Martindale-Moultrassie, dont deux ou trois étaient gens de police et les autres, des partisans déclarés du gouvernement déchu.

Tout ce monde arrivait au galop. Sir Geoffroy leur cria d'arrêter ;

comme ils n'en firent rien, il ordonna à ses gens de les coucher en joue, et répéta, d'une voix de tonnerre :

— Halte, ou nous faisons feu !

Du coup, ils s'arrêtèrent, et le major s'avança comme pour entrer en pourparler.

— Eh quoi ! vous ici, voisin ? dit sir Geoffroy, feignant de le reconnaître seulement alors. Quelle affaire vous presse à galoper si vite ? Ne craignez-vous pas d'essouffler votre cheval ?

— Sir Geoffroy, répondit Bridgenorth, ce n'est pas le moment de plaisanter ; je suis ici pour les affaires du roi.

— Êtes-vous sûr que ce n'est pas pour celles du vieux Noll, voisin ? Vous étiez jadis son meilleur commissionnaire.

Et le chevalier se mit à rire, ce qui excita une bruyante hilarité parmi les gens de sa suite.

— Montrez-lui votre mandat, dit Bridgenorth à l'homme habillé de noir, qui était une espèce d'huissier ; et prenant cette pièce des mains de l'officier, il la remit à Geoffroy : — J'espère du moins que vous aurez égard à ceci.

— Le même égard que vous y auriez en vous-même il y a un mois, répondit le chevalier en déchirant le mandat d'arrêt en morceaux. Pourquoi diable prenez-vous cet air ahuri ? Croyez-vous avoir le privilège de la rébellion ! Et n'avons-nous pas à notre tour le droit de marquer un brin de désobéissance ?

— Laissez-nous passer, sir Geoffroy, ou vous me forcerez à faire ce dont j'aurais du regret plus tard. Je suis en cette affaire le vengeur de l'un des saints du Seigneur, et je poursuivrai ma proie tant que le ciel m'accordera la force de me frayer un passage.

— Il ne vous en frayera un qu'à vos risques et périls ; ici, je suis chez moi. Ils m'ont assez ennuyé depuis vingt ans, vos prétendus saints. Je vous le déclare, Monsieur, ce ne sera jamais impunément que vous violerez la paix de ma maison, que vous poursuivrez mes amis sur mon domaine ; et que vous chercherez à corrompre mes domestiques, comme vous l'avez fait. J'ai eu pour vous de l'estime et du respect, à cause de certains bons offices, qu'il ne m'appartient pas de nier ou d'oublier, et il vous sera difficile de me contraindre à tirer l'épée ou le pistolet contre vous; mais si vous faites un mouvement hostile, si vous avancez d'un seul pas, je m'assure à l'instant de votre personne. Quant à cette racaille, qui ose poursuivre une noble dame, dites-lui de se retirer, ou j'en enverrai quelques-uns au diable avant le temps.

— Nous passerons, et tant pis pour vous! dit le major, en portant la main sur un de ses pistolets.

A ces mots, sir Geoffroy se jeta sur lui, le saisit au collet, et donna un coup d'éperon à Black-Hastings, en serrant la bride; le cheval fit une courbette et toute la masse de son poitrail retomba sur la monture de Bridgenorth. Dans une pareille situation, un bon soldat se serait débarrassé de son adversaire par une balle bien ajustée. Quoiqu'il eût servi quelque temps, le major manquait d'expérience militaire, et encore plus de cet esprit d'audace et de résolution qui rendait sir Geoffroy redoutable dans un combat corps à corps.

Aux prises tous les deux, ils luttaient l'un contre l'autre d'une manière qui s'accordait peu avec leurs anciennes relations d'amitié et de voisinage. Bridgenorth, moins vigoureux de corps et moins habile écuyer, fut précipité à terre avec violence. Tandis que sir Geoffroy sautait à bas de son cheval, les deux troupes, restées en arrière, accoururent au secours de leur chef. Les sabres furent tirés hors du fourreau, les pistolets mis au poing; mais le chevalier, de la voix éclatante d'un héraut d'armes, commanda aux deux partis de s'arrêter et de se tenir tranquilles.

L'huissier s'empressa de profiter de l'occasion et trouva sans peine un prétexte pour mettre fin à une mission si dangereuse. « Son mandat n'existait plus, disait-il; ceux qui l'avaient détruit en répondraient devant le Conseil royal. Pour lui, qui en était dépossédé, il ne pouvait faire davantage. »

— Voilà qui est bien parler, et en homme de paix! fit observer sir Geoffroy. Qu'on le ramène au château, et qu'on le fasse rafraîchir, lui et son bidet, qui est excédé de fatigue. Allons, voisin, relevez-vous. J'espère que vous n'avez pas eu de mal dans cette folle équipée; je n'aurais pas mis la main sur vous si vous n'aviez saisi votre pistolet.

En parlant ainsi, il aida le major à se relever. L'huissier tourna casaque, suivi des gens de police. Mais le reste de la troupe ne céda pas un pouce de terrain, malgré cette défection, et, gardant une attitude menaçante, sembla décidée à régler sa conduite sur celle du chef, quelle qu'elle pût être.

Il était évident que Bridgenorth n'avait aucune envie de reprendre

les hostilités. Il dégagea assez brusquement sa main de celle de Peveril, mais ce ne fut pas pour tirer l'épée. Au contraire, il remonta à cheval d'un air morne et abattu, et, faisant signe à ses partisans, il reprit le chemin par lequel il était venu.

Sir Geoffroy le regarda aller en marmottant : — Voilà un homme qui fût resté droit et honnête, s'il n'était pas devenu presbytérien. Mais ces gens-là manquent de cœur; ils ne sauraient pardonner une chute sur l'herbe; ils ont de la rancune, ce que je déteste autant qu'un manteau noir et un bonnet de Genève, et, de plus, ils sont rusés comme le diable. Lance Outram, ajouta-t-il tout haut, prends deux hommes et suis-moi les paroissiens, de peur qu'ils ne nous tournent par le flanc, et qu'ils ne se remettent sur les traces de la comtesse.

Ayant acquis la certitude que l'ennemi revenait au village, sans songer à faire aucune manœuvre hostile, le chevalier congédia une partie de sa suite et alla rejoindre la fugitive.

Il nous suffira d'ajouter qu'il exécuta son projet d'escorter la grande dame jusqu'à Vale-Royal, sans rencontrer aucun obstacle en chemin. Le seigneur de ce domaine se chargea de la conduire à Liverpool, et il la vit s'embarquer heureusement pour l'île de Man, où elle attendrait en sûreté qu'on eût obtenu quelque compromis, relativement à l'accusation, portée contre elle, d'avoir violé l'amnistie royale en faisant périr Christian.

Il s'écoula un assez long temps avant qu'une affaire si délicate pût être arrangée, mais les grands services de la famille Derby, le dévouement de son illustre chef poussé jusqu'au martyre, et les usages particuliers de l'île de Man, plaidaient fortement en faveur de la comtesse; de sorte que la mort de Christian ne fut punie que d'une amende montant à plusieurs milliers de livres, qui furent levées avec beaucoup de difficulté sur les domaines ravagés du jeune comte de Derby.

CHAPITRE VIII.

<small>Adieu donc, ô mon pays!
BYRON.</small>

ADY Peveril fut en proie à une vive inquiétude, après le départ de son mari et de la comtesse; elle en eut encore davantage quand elle apprit que le major Bridgenorth, dont elle faisait observer avec soin tous les mouvements, était parti à la tête d'une troupe de cavaliers en armes, et s'était dirigé vers l'ouest, du même côté que sir Peveril.

L'arrivée de Whitaker et de ses bonnes nouvelles la rassura complètement. Toutefois, en remerciant le ciel d'avoir préservé son mari d'accident, elle ne put s'empêcher de déplorer et de redouter les conséquences de sa querelle avec le major. Ils avaient sans doute perdu un vieil ami, qui ne s'était pas démenti dans ces jours d'infortune où l'amitié subit des épreuves si sévères; et elle ne se dissimulait pas que Bridgenorth, ainsi courroucé, pouvait devenir un ennemi dangereux, surtout s'il lui plaisait d'user avec rigueur de ses droits comme créancier. Pour se tranquilliser, elle songeait à la grande influence qu'elle possédait sur lui, par suite de la persuasion où il avait été jusqu'alors, que la santé de sa fille dépendait uniquement des soins de lady Peveril. L'espoir de réconciliation qu'elle avait probablement fondé sur cette circonstance fut détruit par un incident, qui eut lieu dans le courant de la matinée suivante.

Débora, la gouvernante, sortit, ce jour-là, comme à l'ordinaire avec les enfants, pour les mener à la promenade; elle était suivie de Rachel, jeune fille qui, à l'occasion, l'aidait à les surveiller. A l'heure du déjeuner, elle n'était pas revenue, et dame Ellesmere, les lèvres un peu plus pincées que de coutume, entra chez sa maîtresse pour lui annoncer, d'une part, que Rachel était rentrée avec Julien et, de l'autre, que Débora était allée avec Alice jusqu'à Moultrassie-House.

— A-t-elle perdu l'esprit? dit la châtelaine, assez contrariée. Je lui ai pourtant recommandé d'être exacte aux heures de rentrée.

— Perdre l'esprit! elle en aurait plutôt gagné, répondit la suivante d'un ton mystérieux. A mon avis, il serait bon d'y veiller.

— Veiller à quoi? Vous avez le ton d'un oracle ce matin. Si vous savez quelque chose au désavantage de cette jeune fille, je vous prie de parler clairement.

— Je ne m'abaisse point à médire de qui que ce soit, homme, femme ou enfant, comme il arrive aux domestiques. Seulement, je souhaite que Votre Seigneurie regarde autour d'elle, et fasse usage de ses propres yeux : voilà tout.

— Au lieu de mes yeux, je soupçonne fort, Ellesmere, que vous aimeriez mieux me voir user de vos lunettes.

— Que Votre Seigneurie me pardonne, jamais je n'ai porté de lunettes, si ce n'est une paire qui me vient de ma pauvre mère, et encore je ne m'en sers que pour repriser vos belles dentelles. Quant à soupçonner, je ne soupçonne rien; puisqu'il a plu à Votre Seigneurie d'ôter Débora Debbitch de dessous ma gouverne, je n'ai plus à réclamer de ce côté ni pain ni beurre. Seulement (ici elle pinça les lèvres et mâcha les mots un à un, comme si elle les laissait sortir à regret), seulement, si Débora va si souvent, le matin, à Moultrassie, cela ne m'étonnerait pas qu'elle ne retrouvât plus le chemin pour en revenir.

— Encore une fois, Ellesmere, me direz-vous ce qu'il y a, sans faire de façons?

— Il y a, Madame, que, depuis la visite de Bridgenorth au château, il a paru convenable à Débora de conduire les enfants, tous les matins, dans une certaine partie du parc, où le hasard a voulu qu'elle ait rencontré régulièrement le major, comme on l'appelle, pendant sa promenade; car il se promène à présent, comme tout le monde. Et je vous garantis qu'elle n'a pas eu à se repentir de la rencontre, d'une manière au moins, car elle s'est acheté un escoffion assez beau pour vous coiffer, Madame. Mais si elle a eu dans la main autre chose qu'une pièce d'or, Votre Seigneurie doit être là-dessus meilleur juge que moi.

Lady Peveril, naturellement disposée à interpréter de la manière la plus favorable la conduite de la gouvernante, ne put retenir un sourire, à l'idée de soupçonner d'une galanterie un homme tel que Bridgenorth, de maintien compassé, de principes sévères, d'habitudes réservées. Au bout d'une grande heure, un domestique du major, le seul qu'il eût à son service, arriva à cheval, en tenue de voyage, et, après avoir remis deux lettres, l'une adressée à la châtelaine, l'autre à sa femme de chambre, il repartit aussitôt, sans attendre de réponse.

Lady Peveril se hâta de rompre le cachet, et lut ce qui suit :

« *A l'honorable et honorée lady Peveril.*

« Madame, et sous le bon plaisir de Votre Seigneurie, j'écris plutôt pour me disculper que pour accuser qui que ce soit, car je sens qu'il convient mieux à la fragilité de notre nature d'avouer nos imperfections, que de reprocher les leurs aux autres. Mon intention n'est pas non plus de revenir sur le passé, surtout en ce qui concerne Votre Seigneurie, convaincu que, si je vous ai rendu service à l'époque où notre Israël était ce qu'on pouvait dire triomphant, vous vous êtes acquittée envers moi bien au delà de ce que vous me deviez, en remettant dans mes bras une enfant, arrachée en quelque sorte à la vallée de la mort. En conséquence, comme je pardonne de grand cœur à Votre Seigneurie la mesure violente et peu charitable prise à mon égard dans notre dernière entrevue, attendu que la femme qui était cause de notre différend est votre parente et amie, je vous supplie de me pardonner de même d'avoir détourné de votre service la jeune fille appelée Débora Debbitch, dont les soins, instruite comme elle l'a été sous votre direction, peuvent être indispensables à la santé de ma chère enfant. Mon projet, Madame, avait toujours été qu'Alice continuât de rester au château de Martindale, sous votre protection bienveillante, jusqu'à ce qu'elle eût atteint l'âge où l'on commence à discerner le bien et le mal, et que ce fût alors un devoir pour moi de lui enseigner la voie où elle doit marcher.

« Le retour du roi, que j'avais, avec beaucoup d'autres, regardé comme une manifestation de la faveur divine, semble n'être guère qu'une occasion de triomphe pour les évêques, doyens, etc., et d'exclusion pour les paisibles ministres de la parole, dont les travaux furent utiles à tant d'âmes affligées. Ainsi, ayant appris, par une voie sûre, qu'une ordonnance a été rendue pour rétablir ces chiens sans voix, expulsés par le dernier parlement, et qu'on prépare un acte de conformité de culte, mon dessein est de me soustraire aux calamités imminentes, et de chercher un coin de terre où je pourrai vivre en paix et jouir de ma liberté de conscience. Qui voudrait rester dans le sanctuaire quand les autels sont renversés, et qu'il est devenu le gîte des hiboux et des satyres du désert ?

« A ce sujet, je dois me blâmer, Madame, d'avoir consenti avec trop de facilité, et dans la simplicité de mon cœur, à m'asseoir à la table d'une maison de joie, où mon amour pour la concorde, et le désir de prouver mon respect à Votre Seigneurie, ont eu seuls le pouvoir de m'attirer. Mais j'ose croire qu'en m'éloignant aussi du lieu de ma naissance, de la maison de mes pères, de cet asile où gît la poussière des objets de mon affection, j'expierai suffisamment une telle faute. J'ai aussi à rappeler que mon honneur, d'après l'estime du monde, a été outragé dans ce pays par sir Geoffroy Peveril, et l'utilité dont je pouvais y être presque anéantie, et cela sans que j'aie aucune chance d'obtenir de lui la moindre réparation : c'est absolument comme si la main d'un parent s'était levée contre mon honneur et ma vie. De telles choses sont amères à la bouche du vieil homme. Afin de prévenir toute querelle ultérieure, et peut-être l'effusion du sang, il est bon que je quitte ce pays pour quelque temps.

« Quant aux affaires pendantes entre sir Geoffroy et moi, j'en chargerai l'honnête Joachim Gagne-la-Bataille, procureur à Chesterfield; il les arrangera selon les désirs de votre époux, autant que pourront le permettre la justice et les lois. Le ciel me baillera, je l'espère, la grâce de résister à la tentation de convertir les armes de la guerre charnelle en instruments de ma vengeance; car je dédaigne de recourir à Mammon pour l'obtenir. Désirant, Madame, que le Seigneur vous accorde ses bénédictions, et en particulier celle qui les surpasse toutes, à savoir, la véritable connaissance de ses voies,

« Je demeure votre serviteur obéissant et dévoué,

« RALPH BRIDGENORTH. »

Écrit à Moultrassie-House, le dixième jour de juillet 1660.

Dès que lady Peveril eut achevé la lecture de cette longue et bizarre homélie, dans laquelle il lui parut que son voisin montrait plus de fanatisme religieux qu'elle ne lui en avait supposé, elle leva les yeux sur Ellesmere, dont la contenance offrait un mélange de mortification et de mépris affecté.

— Eh bien, Madame, dit celle-ci, allant droit au but pour satisfaire sa curiosité, ce niais de puritain a donc l'intention d'épouser la petite Débora? On dit qu'il va débarrasser le pays. Il en est temps, ma foi. Il y serait la risée de tout le voisinage, et cela ne m'étonnerait pas si Lance Outram le coiffait quelque jour d'un bois de cerf; ce qui serait un tour de son métier.

— Vous n'avez pas grand sujet de vous dépiter, Ellesmere, dit lady Peveril. Dans cette lettre, il n'est pas question de mariage; mais il paraît que M. Bridgenorth, étant sur le point de nous quitter, a pris Débora à son service pour avoir soin de sa fille, et, dans l'intérêt d'Alice, j'en suis très contente.

— Et moi, dans mon intérêt, et dans celui de toute la maison, reprit la duègne, j'en suis contente aussi. Alors, Votre Seigneurie pense qu'il n'en fera pas sa femme, ce qui serait une fière sottise de sa part; mais peut-être en fera-t-il quelque chose de pis. Elle m'écrit de lui envoyer ses effets, comme si j'étais chargée de sa garde-robe, et elle recommande M. Julien à ma vieille expérience, comme si le cher bijou avait besoin d'être recommandé. Mais je vais faire un paquet de ses loques et l'expédier là-bas, avec la réponse qu'elle mérite.

— Soyez polie, surtout, et dites à Whitaker de lui envoyer ses gages, avec une guinée en sus. Quoiqu'elle ait une tête de linotte, elle a bien soigné les enfants. Ah! écrivez-lui d'embrasser la petite Alice pour moi, et d'offrir mes vœux au major Bridgenorth pour son bonheur dans ce monde et dans l'autre.

Lady Peveril se mit à réfléchir, avec un vif sentiment de compassion, sur la lettre du major, qu'une longue suite de malheurs domestiques et une dévotion sincère, mais exagérée, avaient jeté dans une douloureuse misanthropie; elle eut plus d'une inquiétude au sujet de la petite Alice, qui allait être élevée sous l'influence d'un tel père. Tout considéré pourtant, elle s'applaudit de l'éloignement du puritain; car, tant qu'il serait resté dans le pays, il y avait à craindre qu'une rencontre accidentelle, en le mettant aux prises avec le châtelain, n'eût des suites plus funestes que la dernière.

En même temps, elle exprima au docteur Dummerar combien elle était surprise et affligée que tout ce qu'elle avait fait pour établir la paix et la bonne intelligence entre les factions opposées eût produit le contraire de ce qu'elle avait espéré.

— Sans ma malheureuse invitation, dit-elle, Bridgenorth ne serait pas venu au château le lendemain de la fête; il n'aurait pas vu la comtesse, et encouru le ressentiment de mon mari. Et sans le retour du roi, événement que nous attendions avec une si vive impatience, comme devant terminer toutes nos calamités, ni ma noble parente ni nous-mêmes ne serions tombés dans ce dédale de difficultés.

— Très honorable dame, répondit le docteur, si les affaires de ce monde devaient être implicitement dirigées par la sagesse humaine, ou si elles devaient toujours marcher conformément aux calculs de notre prévoyance, les événements cesseraient bientôt de dépendre du temps et des circonstances auxquels nous sommes tous soumis, puisque, d'un côté, nous agirions, par notre seule habileté, avec la certitude de réussir, et que, de l'autre, nous réglerions notre conduite d'après une prescience infaillible. Mais l'homme, dans cette vallée de larmes, ressemble, pour ainsi dire, à un joueur de boules ignorant qui croit

atteindre le cochonnet en lançant sa boule droit devant lui, sans se douter de l'effet caché, qui la fera probablement dévier.

Après avoir ainsi parlé d'un air sentencieux, le docteur prit son chapeau en forme de bateau, et se rendit sur la pelouse du manoir pour y faire, avec Whitaker, une partie de boules, suggérée sans doute par cette réflexion remarquable sur l'incertitude des événements de la vie humaine.

Deux jours plus tard, arriva le châtelain. Il avait appris en route, les détails du banquet donné par ses ordres, et, malgré la grande déférence qu'il témoignait à sa femme dans tous ses faits et gestes, il blâma vivement les égards qu'elle avait eus pour le parti presbytérien.

— J'aurais admis volontiers Bridgenorth, dit-il à part soi, pourvu qu'il eût consenti à porter la santé du roi comme un franc compagnon ; mais inviter cette pie borgne de Solsgrace, avec toute sa canaille de mendiants à longues oreilles, pour tenir un conventicule dans la maison de mon père, les laisser tout régenter à leur guise, c'est ce que jamais je n'aurais permis, même quand ils portaient si haut la crête !

Mais la colère du bon chevalier s'évanouit, à la vue de son aimable femme, dont le visage rayonnait de tendresse et de joie. En la serrant dans ses bras, il sentit qu'il lui pardonnait sa faute, avant de lui en avoir parlé.

— Tu m'as joué un tour, Margot, lui dit-il avec un bon sourire, et tu devines comment. Enfin, une dévote sincère, comme toi, n'a pu agir en cette affaire que dans la folle visée de maintenir en paix ces coquins de Têtes-Rondes. N'en parlons plus. J'aimerais mieux voir Martindale mutilé encore une fois par leurs boulets, que de recevoir aucun de ces misérables sous le toit de l'amitié. J'excepte toutefois Bridgenorth, quand la raison lui sera revenue.

Lady Peveril se vit alors dans la nécessité de lui apprendre la disparition de la gouvernante avec Alice, et elle lui remit la lettre de Bridgenorth. Sir Geoffroy secoua d'abord la tête, puis il pouffa de rire à l'idée que le puritain pût soupirer un instant pour Débora.

— Épouser sa servante ou celle d'autrui, dit-il, quelle fin digne d'un sectaire ! Débora est une assez gentille créature et sur le bon côté de la trentaine, si je ne me trompe.

— Vous n'êtes pas plus charitable qu'Ellesmere ; je suis sûre, moi, qu'au fond il a été guidé par l'amour de sa fille.

— Ta ! ta ! ta ! les femmes ne songent qu'aux enfants ; mais parmi les hommes, ma chère, plus d'un caresse un enfant pour embrasser celle qui le porte. Et puis où serait le mal ou la merveille quand Bridgenorth épouserait cette friponne ? Elle a pour père un gros fermier, d'une famille qui possède le même bien depuis la bataille de Bosworth ; cette généalogie vaut bien celle du pétit-fils d'un brasseur de Chester, je pense. Mais voyons comment il plaide sa cause : s'il y a rien dans cette lettre qui sente l'amour ou la coquinerie, je saurai bien le flairer, bien que cela ait pu échapper à votre innocence, dame Marguerite.

Le chevalier se mit à lire l'épître, dont le style ampoulé ne laissa pas de l'embarrasser par moments. Lorsqu'il eut fini :

— En somme, reprit-il, le pauvre Bridgenorth va nous quitter. Cela me fait peine, vraiment, quoique je ne l'aie jamais vu plus d'une fois par jour, et que je lui aie rarement adressé plus d'une ou deux phrases. Tiens, je vois ce qui en est : il a sur le cœur ce petit coup d'épaule qui l'a désarçonné. Pourtant, Margot, je l'ai enlevé de selle aussi gentiment que je pourrais t'y mettre toi-même, et j'ai pris garde de le blesser. Je ne le croyais pas assez chatouilleux sur le point d'honneur pour s'inquiéter beaucoup d'une telle misère. Encore un coup, je vois clairement où le bât le blesse ; et je te promets que j'arrangerai les choses de manière qu'il reste à Moultrassie et qu'il rende à Julien sa petite compagne. Sur ma parole, je suis fâché moi-même de perdre cette mignonne, et d'avoir à choisir, le matin, une autre promenade, avec cette halte là-bas et ce bonjour par la fenêtre.

— S'il était possible de vous réconcilier avec ce digne homme, j'en serais charmée ; mais...

— Tais-toi, Margot, tu n'entends rien à ces affaires-là. Je sais, moi, de quel pied il boite, et tu le verras sous peu marcher plus droit que jamais.

Lady Peveril ne pouvait imaginer quel était le moyen de réconciliation trouvé par son mari, qui n'était pas un juge très fin de l'espèce humaine et de ses manies. Ce moyen, dont il faisait mystère, n'allait-il pas envenimer la blessure au lieu de la guérir ? Mais sir Geoffroy évita de s'expliquer plus clairement ; il avait été assez longtemps colonel d'un régiment en campagne, pour apprécier le droit de commander chez lui en maître absolu.

Un domestique entra et lui remit un gros paquet, adressé à l'honorable sir Geoffroy Peveril, juge de paix, titre qui lui avait été conféré aussitôt après la restauration du roi. En ouvrant le paquet, ce qu'il fit avec un air pénétré de sa nouvelle importance, il trouva l'ordre qu'il avait sollicité pour le rétablissement du docteur Dummerar dans la paroisse dont on l'avait expulsé pendant l'usurpation.

Peu d'événements pouvaient causer plus de satisfaction à sir Geoffroy. Il pardonnait volontiers à un sectaire robuste et audacieux de vouloir prouver sur le champ de bataille le mérite de ses doctrines, en déchargeant force coups sur les casques et cuirasses des Cavaliers; mais sa mémoire vindicative lui rappelait l'entrée triomphante d'Hugues Peters dans son château par la brèche; et depuis, sans faire la moindre distinction entre les sectaires et leurs ministres, il regardait tous ceux qui montaient en chaire sans la permission de l'Église anglicane comme des perturbateurs de la tranquillité publique.

Il communiqua avec joie cette heureuse nouvelle à lady Peveril, qui s'efforça de lui persuader que cette circonstance lui ouvrait une voie de réconciliation avec son voisin, s'il consentait à exécuter avec douceur l'ordre en question, après un délai convenable et avec tous les égards dus aux convictions de Solsgrace et de ses ouailles. « Une telle conduite, assurait-elle, n'était pas pour nuire au docteur Dummerar; loin de là, elle contribuerait à lui ramener des esprits qui peut-être s'éloigneraient de lui pour toujours, à la suite d'une brutale dépossession de leur ministre favori. »

Il y avait beaucoup de raison et de prudence dans cet avis, et, en tout autre temps, sir Geoffroy aurait eu assez de bon sens pour le suivre. Malheureusement, quel homme sait se conduire avec sagesse à l'heure du triomphe? L'expulsion trop précipitée de M. Solsgrace eut toute l'apparence d'une persécution, et le ministre parut lui-même désirer de la rendre aussi éclatante que possible. Il tint bon jusqu'au dernier moment; et le dimanche qui suivit la notification de son renvoi, il tenta de se frayer un chemin jusqu'à la chaire, soutenu, comme de coutume, par le procureur de Bridgenorth, Gagne-la-Bataille, et suivi de quelques fougueux adhérents.

Comme ils entraient, d'un côté, dans la cour de l'église, arrivait, de l'autre, le docteur Dummerar, en habits sacerdotaux, et accompagné de Peveril, de Cranbourne et de plusieurs Cavaliers de distinction. Afin de prévenir une querelle scandaleuse dans l'église, les marguilliers de la paroisse coururent s'opposer à l'entrée du ministre, à quoi ils réussirent, sans autre dommage qu'une tête cassée, celle du procureur de Chesterfield, sous le gourdin de Roger Raine, l'aubergiste.

Contraint à la retraite par une force supérieure, Solsgrace, toujours inébranlable, rentra au presbytère. Invoquant un moyen de chicane suggéré par M. Gagne-la-Bataille, fort mal nommé ce jour-là, il essaya de s'y maintenir en verrouillant les portes et barricadant les fenêtres, mais non en s'entourant d'armes à feu, comme on le dit faussement. Ce fut alors un beau tapage. Sir Geoffroy, prévenu, se rendit sur les lieux, avec quelques gens armés : il enfonça les portes, fit irruption dans les appartements, et n'y trouva d'autre garnison que le ministre et le procureur, lesquels renoncèrent à l'occupation du local, après avoir protesté contre la violence qui leur était faite.

Toute la populace du pays étant alors en mouvement, sir Geoffroy, autant par prudence que par bonté d'âme, jugea nécessaire d'escorter ses prisonniers (car on pouvait les qualifier ainsi) jusqu'à Moultrassie-House, qu'ils avaient choisi pour s'y retirer.

Le départ du châtelain laissa le champ libre aux instincts de désordre, qu'il aurait assurément contenus s'il eût été là. On déchira et on jeta au vent les livres du pasteur, comme un grimoire de sédition et de félonie. On se soûla de sa bière, à la santé du roi et de Peveril du Pic. Enfin, les garçons, qui ne lui pardonnaient pas d'avoir interdit les jeux de quilles, de ballon, etc., et qui, de plus, se souvenaient de la longueur impitoyable de ses prêches, attifèrent un mannequin avec sa robe, son rabat et son chapeau pointu; après l'avoir promené dans le village, ils le brûlèrent à l'endroit même où s'élevait jadis un mai majestueux, que Solsgrace avait abattu de ses respectables mains.

Indigné de ces excès, sir Geoffroy envoya offrir au ministre une indemnité pour ce qu'il avait perdu; mais celui-ci répondit :

— Depuis une aiguillée de fil jusqu'à un lacet de soulier, je n'accepterai rien de ce qui est à toi. Garde la honte de tes œuvres!

De nombreux murmures s'élevèrent contre Peveril, accusé d'avoir déployé en cette occurrence une hâte et une sévérité hors de saison; et la renommée eut soin, comme à l'ordinaire, de greffer ses mensonges sur la réalité. Ainsi, l'on répéta couramment que le terrible Cavalier, à la tête d'une bande de soudards, était tombé sur de paisibles presbytériens dans l'exercice de leur culte; qu'il en avait tué plusieurs et blessé davantage, qu'il avait poursuivi le ministre jusqu'à son presbytère, et réduit la maison en cendres. Au dire de certains, le prédicant aurait péri dans les flammes; mais, suivant un récit des plus modérés, il n'était parvenu à s'échapper qu'en arrangeant sa robe et son chapeau près d'une fenêtre, de manière à faire croire qu'il était entouré de flammes, tandis qu'il s'enfuyait par une porte de derrière.

Quoique peu de gens crussent à la lettre aux atrocités mises sur le compte de notre loyal chevalier, il en rejaillit sur lui assez d'odieux pour amener plus tard des conséquences fort sérieuses.

CHAPITRE IX.

Bessus. C'est un cartel, Monsieur, n'est-ce pas?
Le gentleman. C'est une invitation à vous rendre sur le pré.

BEAUMONT ET FLETCHER, *le Roi qui n'est pas roi.*

N matin, Bridgenorth, fatigué de divers détails relatifs à l'arrangement de ses affaires, se reposait dans son fauteuil de cuir, près de la fenêtre à petits carreaux. Par une association naturelle d'idées, cette position lui remit en mémoire le temps où il attendait, avec une douce impatience, la visite matinale de sir Geoffroy et les nouvelles de son enfant.

— Certes, dit-il tout haut, il n'y avait point de péché dans mon amitié pour cet homme.

Solsgrace, qui se trouvait dans la chambre, soupçonnant ce qui se passait dans l'esprit de son ami, dont il connaissait toute l'histoire, s'écria aussitôt :

— Lorsque Dieu commanda aux corbeaux de nourrir Élie, caché près du torrent de Cherith, nous n'avons pas ouï dire qu'il eût caressé les oiseaux impurs, qu'un miracle forçait, contre leur nature carnassière, à lui venir en aide.

— Cela se peut, répliqua Bridgenorth, mais le battement de leurs ailes devait être agréable à l'oreille du prophète affamé, comme l'était à la mienne le pas de son cheval. Cette tâche finie, les corbeaux revinrent sans doute à leur nature sauvage; il en a fait autant... Écoutez! ajouta-t-il en tressaillant, c'est encore le même pas, je le reconnais.

Il était rare que les échos de cette maison silencieuse fussent éveillés par le piétinement des chevaux : c'était pourtant ce qui arrivait. Bridgenorth et Solsgrace, également surpris de ce bruit, étaient disposés à y voir l'annonce d'un nouvel acte d'oppression de la part du gouvernement, quand le vieux domestique du major introduisit sans cérémonie, un homme de haute taille, ayant passé de beaucoup le midi de la vie, et dont le costume, les longs cheveux, le chapeau rabattu et la plume tombante annonçaient un Cavalier. Il s'inclina d'un air raide et cérémonieux, et dit qu'il se nommait Gaspard Cranbourne; il était chargé d'un message spécial pour M. Ralph Bridgenorth, de la part de sir Geoffroy Peveril, et désirait savoir s'il plaisait à M. Bridgenorth de le recevoir là ou ailleurs.

— Tout ce que sir Geoffroy Peveril peut avoir à m'apprendre, répondit Bridgenorth, peut être dit à l'instant, et devant mon ami, pour qui je n'ai pas de secrets.

— La présence de tout autre ami, loin d'être un motif d'objection, serait la chose du monde la plus désirable, reprit sir Gaspard après un instant d'hésitation et en regardant Solsgrace; Monsieur n'appartient-il pas au clergé ?

— Je n'ai pas de secrets, répéta Bridgenorth, et ne souhaite d'en avoir aucun qui ne puisse être connu d'un membre du clergé.

— A votre aise. La confiance, autant que j'en sais, n'est pas mal placée; car vos ministres — soit dit avec votre permission, — ont prouvé qu'ils n'étaient point ennemis des affaires du genre de celle qui m'amène vers vous.

— Continuez, Monsieur, dit Bridgenorth d'un ton sévère, et veuillez vous asseoir, à moins qu'il ne vous plaise de rester debout.

— Il faut, en premier lieu, que je m'acquitte de ma petite commission, reprit sir Gaspard en se redressant; et c'est d'après la façon dont vous l'accueillerez que je saurai si je dois ou non m'asseoir à Moultrassie-House. Monsieur Bridgenorth, sir Geoffroy Peveril a mûrement réfléchi sur les malheureuses circonstances qui vous ont divisés ces jours-ci comme voisins. Il se rappelle plusieurs exemples des temps anciens (je répète ses propres paroles), qui le disposent à faire tout ce qui peut s'accorder avec son honneur pour effacer jusqu'à la dernière trace de mésintelligence entre vous; et, dans ce but désirable, il est prêt à vous montrer une déférence à laquelle vous ne pouviez vous attendre, et qui, sans nul doute, vous causera grande satisfaction.

— Permettez-moi de vous dire, sir Gaspard, répondit Bridgenorth, que ce préambule est inutile. Je ne me suis pas plaint de sir Geoffroy; je n'ai exigé de lui aucune réparation. Je suis sur le point de quitter le pays, et les affaires que nous avons ensemble peuvent se régler par d'autres aussi bien que par nous-mêmes.

— En un mot, ajouta le ministre, le digne major Bridgenorth a eu un assez long commerce avec les impies, et il ne consentira, sous aucun prétexte, à le reprendre.

— Messieurs, reprit sir Gaspard, s'inclinant de nouveau avec une politesse imperturbable, vous vous méprenez étrangement sur la nature de ma mission, et je vous engage à m'écouter jusqu'au bout avant de me répondre. Je présume, Monsieur Bridgenorth, que vous n'avez pas oublié votre lettre à lady Peveril, lettre dont j'ai sur moi une copie, et dans laquelle vous vous plaignez du traitement rigoureux que vous avez éprouvé de la part de sir Geoffroy, et surtout de la manière dont il vous a renversé de cheval. Or, sir Geoffroy a une assez bonne opinion de vous pour croire que, sans l'énorme distance que le rang et la naissance ont mis entre vous et lui, vous auriez cherché à régler cette affaire comme il est d'usage entre gentilshommes, comme le seul moyen de laver honorablement l'outrage que vous avez reçu. En conséquence, vous verrez, par le contenu de ce billet, qu'il vous offre, dans sa générosité, ce que votre modestie s'est abstenue de lui demander; car il n'attribue pas votre silence à autre chose. De plus, je vous apporte la mesure de son épée, et quand vous aurez accepté le cartel que je suis chargé de vous offrir, je serai prêt à fixer avec vous le lieu, l'heure et autres détails de votre prochaine rencontre.

— Et moi, dit Solsgrace, d'une voix solennelle, si l'auteur de tout mal tentait mon ami d'accepter la proposition d'un homme aussi altéré de sang, je serais le premier à prononcer sur sa tête la sentence d'excommunication majeure.

— Ce n'est pas à vous que je m'adresse, révérend docteur. Il est assez naturel que, dans votre intérêt, vous ayez plus d'égards pour la vie de votre patron que pour son honneur; mais c'est de lui seul que je dois apprendre ce qu'il préfère.

Là-dessus, et avec un salut gracieux, il tendit le cartel à Bridgenorth. La voix de l'honneur et celle de la religion se livraient un combat terrible dans l'âme du major; ce fut la dernière qui l'emporta. Il repoussa, d'un air calme, le billet que lui présentait sir Gaspard, et voici quelle fut sa réponse :

— Vous ignorez probablement, sir Gaspard, que, depuis l'introduction du christianisme en Angleterre, beaucoup de bons esprits ont douté que l'action de répandre le sang d'un de nos semblables pût jamais être justifiée. Cette règle me semble difficilement applicable à notre situation dans ce monde d'épreuves, puisque la non-résistance, si elle était générale, mettrait nos droits civils et religieux à la merci du premier tyran qui oserait y porter atteinte. Cependant, j'ai été et je suis encore disposé à limiter l'usage des armes charnelles à certains cas exceptionnels, tels que la défense de notre personne, la protection de notre patrie contre l'invasion étrangère, le maintien de nos lois, de nos biens et de notre liberté de conscience contre tout pouvoir usurpateur. Et comme je n'ai jamais montré de répugnance à tirer l'épée pour aucune de ces causes, vous m'excuserez si je persiste à la laisser dans le fourreau, alors que celui dont j'ai reçu une grosse injure me provoque en duel, soit par un vain point d'honneur, soit par pure bravade, ce qui est plus vraisemblable.

— Je vous ai écouté avec patience, repartit le vieux gentilhomme, et maintenant, Monsieur Bridgenorth, ne trouvez point mauvais que je vous supplie de réfléchir mûrement à cette affaire. Votre honneur est blessé, vous en convenez; eh bien, je prends le ciel à témoin que sir Geoffroy, en daignant vous ménager une loyale rencontre, qui vous donne la chance de guérir cette blessure, a été vivement touché de votre situation, et animé du désir sincère d'effacer la tache qui vous flétrit.

Il ne s'agit que de croiser le fer pendant l'espace de quelques minutes, et vous aurez la satisfaction de vivre ou de mourir en noble et digne gentilhomme... D'ailleurs, l'extrême habileté du chevalier dans l'art de l'escrime peut le mettre en état, comme l'y portera son bon cœur, de vous désarmer simplement, avec une égratignure dans les chairs, d'où il résultera peu de mal pour votre personne et

beaucoup de bien pour votre honneur.

En manière de conclusion à ce discours, débité d'un ton pathétique, sir Gaspard tira sa rapière du fourreau, et passant la pointe dans le fil de soie qui fermait le cartel, il le présenta avec grâce, et cette fois littéralement à la pointe de l'épée. Bridgenorth fit le même geste de refus, mais la rougeur au front et par un violent effort sur lui-même, recula d'un pas et rendit son salut à sir Gaspard.

— Puisqu'il en est ainsi, dit ce dernier, je prendrai sur moi de violer le sceau de la lettre de mon honorable ami et je vous la lirai moi-même, afin de remplir mon devoir jusqu'au bout, et de vous faire connaître les généreuses intentions de sir Geoffroy à votre égard.

— Si le contenu de cette lettre, fit observer le major, n'a trait qu'à ce que vous m'avez déjà dit, il est inutile de prolonger la cérémonie : ma résolution est prise.

— N'importe, reprit l'envoyé en brisant le cachet, il est dans l'ordre que je vous en fasse lecture.

Et il lut ce qui suit :

« *Au digne Ralph Bridgenorth, écuyer, de Moultrassie-House,*

« Par l'honorable entremise de Sa Seigneurie Gaspard Cranbourne, chevalier, de Long-Mallington.

« Monsieur Bridgenorth,

« La lettre que vous avez écrite à notre épouse affectionnée, dame Marguerite Peveril, nous a donné à entendre que vous interprétiez certains incidents survenus récemment entre vous et moi, comme si votre honneur avait été blessé, en quelque sorte, par ce qui a eu lieu. Quoique vous n'ayez pas jugé à propos de vous adresser directement à moi pour réclamer la satisfaction qu'en pareil cas un homme de condition doit à un autre, je suis convaincu néanmoins qu'il faut n'attribuer cette réserve qu'à un sentiment de modestie, ayant pour motif l'inégalité de nos rangs, et non le manque de courage, puisque vous avez fait vos preuves, et je voudrais pouvoir ajouter : au service de la bonne cause. C'est pourquoi j'ai décidé de vous assigner, par l'entremise de mon ami, sir Gaspard Cranbourne, un rendez-vous, pour la satisfaction que vous ne pouvez manquer de souhaiter. Sir Gaspard vous communiquera la longueur de mes armes, et règlera avec vous l'heure et les détails de la rencontre, qui aura lieu le soir ou le matin, à pied ou à cheval, au sabre ou à l'épée. Je vous laisse le choix, ainsi que tous les privilèges appartenant à la personne appelée, vous priant seulement, si mes armes ne vous conviennent point, de m'envoyer sans délai la longueur et la largeur des vôtres. Et dans l'assurance que l'issue de cette rencontre mettra fin, de façon ou d'autre, à toute animosité entre proches voisins,

« Je demeure votre humble et obéissant serviteur,

« GEOFFROY PEVERIL DU PIC. »

Donné en mon pauvre château de Martindale, ce... 1660.

— Portez mes respects à sir Geoffroy Peveril, dit le major. Ses intentions à mon égard peuvent être bonnes, selon sa lumière; mais dites-lui que notre querelle a pris naissance dans une agression toute volontaire de sa part, et que, malgré mon désir de vivre en esprit de charité avec le prochain, je ne tiens pas à son amitié au point de violer les lois de Dieu, et de courir le risque d'être assassin ou assassiné pour la regagner. Quant à vous, Monsieur, il me semble que votre âge et vos malheurs auraient dû vous éclairer sur la folie de semblables messages.

— Je m'acquitterai de votre commission, Monsieur Ralph Bridgenorth, répondit l'envoyé, et je m'efforcerai ensuite d'oublier votre nom, comme indigne d'être prononcé par un homme d'honneur ou conservé dans sa mémoire. En attendant, en retour de votre conseil peu poli, veuillez en recevoir un autre : puisque votre religion vous empêche de donner satisfaction à un gentilhomme, elle devrait aussi vous apprendre à éviter de l'offenser.

A ces mots, et avec un regard de souverain mépris, adressé d'abord au major, puis au ministre, l'envoyé de Peveril enfonça son chapeau sur sa tête, remit son épée au fourreau, et quitta l'appartement; un peu plus tard, les pas de son cheval se perdirent dans l'éloignement.

Bridgenorth, qui était resté le front appuyé sur sa main, releva la tête, et une larme de colère et de honte roula sur sa joue.

— Il va porter ma réponse au château de Martindale, dit-il, et l'on pensera désormais à moi comme à un misérable, battu, déshonoré, comme à un lâche que chacun peut bafouer et honnir à son gré! Ah! je fais bien d'abandonner la maison de mon père!

Solsgrace s'approcha de son ami et lui pressa affectueusement la main.

— Noble frère, dit-il avec une sensibilité qui ne lui était pas ordinaire, bien que je sois un homme de paix, je sais apprécier ce qu'un tel sacrifice a coûté à ton âme énergique. Mais notre soumission aux décrets du ciel ne doit pas être imparfaite. Nous ne devons mettre à part, à l'exemple d'Ananias et Saphira, ni convoitise ni péché favori tandis que nous prétendons immoler toutes nos affections terrestres. A quoi nous servira de dire que nous n'avons mis en réserve que bien peu de chose, si ce peu est coupable et maudit? Croirais-tu te justifier dans tes prières en disant : « Je n'ai pas tué cet homme pour l'amour du gain comme un voleur, pour la conquête du pouvoir comme un tyran, pour assouvir ma soif de vengeance comme un sauvage; mais parce que la voix impérieuse de l'honneur mondain me disait : Va, tue ou sois tué? » Songes-y bien, et vois combien une telle justification est impossible; et, si tu trembles à la seule idée de t'excuser pour un blasphème, n'oublie pas de rendre grâces au ciel qui t'a donné la force de résister à une si forte tentation.

— Cher et respectable ami, répondit Bridgenorth, vous parlez le langage de la vérité, je le sens. Combien il est plus amer et difficile de supporter la honte que de combattre vaillamment pour la vérité ! Mais Dieu commande, et je me trouve heureux d'avoir, au moins pour quelque temps, dans mon voyage à travers le monde, un compagnon dont le zèle et l'amitié soutiendront ma faiblesse.

Tandis que les habitants de Moultrassie-House raisonnaient ainsi au sujet de la visite de Gaspard Cranbourne, ce digne gentilhomme excitait au plus haut degré l'étonnement de sir Geoffroy, en lui racontant le succès de son ambassade.

— Je l'avais pris pour un homme d'une autre trempe, dit celui-ci, et je l'aurais même juré, si l'on m'avait appelé en témoignage. Mais allez donc faire une bourse de soie avec l'oreille d'une truie ! J'ai commis pour lui une sottise que je ne recommencerai pas, celle de croire qu'un presbytérien se battrait sans la permission de son prédicant. Subir un sermon de deux heures, hurler un psaume sur un ton pire que les cris d'un chien fouetté, puis se démener comme des batteurs en grange, voilà leur affaire; quant à se rendre sur le terrain avec calme et sang-froid, bras dessus bras dessous, en bons voisins, ils n'ont pas assez d'honneur pour cela. N'en parlons plus. Sir Gaspard, vous resterez à dîner avec nous, et vous verrez si la cuisine de dame Marguerite est bien fournie;

et après dîner, nous irons voir ensemble le vol d'un faucon à longues ailes. Il n'est pas à moi, mais à la comtesse de Derby ; elle l'a apporté sur le poing, depuis Londres jusqu'à Martindale, malgré la précipitation de son voyage, et elle me l'a laissé pour qu'il restât tout l'été au perchoir.

Cette partie fut vite arrangée, et dame Marguerite vit s'éteindre la colère du bon chevalier, avec le même plaisir qu'on éprouve à entendre se perdre au loin les derniers grondements du tonnerre.

CHAPITRE X.

Cléopâtre. Donnez-moi de la mandragore à boire, afin que je puisse abréger le cours du temps.

SHAKESPEARE, *Antoine et Cléopâtre.*

EU de temps après l'échec de la proposition bizarre imaginée par Peveril comme un moyen de réconciliation, Bridgenorth avait quitté Moultrassic-House, en y laissant sa vieille femme de charge; et personne ne savait où il était allé. Il avait emmené avec lui M. Solsgrace, sa fille Alice et Débora, installée officiellement dans les fonctions de gouvernante. L'opinion la plus générale fut qu'ils étaient partis pour la Nouvelle-Angleterre, alors le refuge de ceux qui avaient pris trop de part aux affaires des derniers temps, ou que le désir de jouir d'une liberté de conscience illimitée engageait à s'exiler de la Grande-Bretagne.

Lady Peveril ne pouvait s'empêcher de nourrir le vague soupçon que Bridgenorth n'était pas si éloigné. L'ordre parfait qui régnait dans la maison abandonnée semblait indiquer que l'œil du maître n'était pas tellement loin, qu'on n'en eût à craindre le contrôle, d'un moment à l'autre. Il est vrai que ni les domestiques ni le procureur ne répondaient jamais à aucune question sur la résidence du major; mais ils avaient, quand on les interrogeait, un air de mystère qui en disait plus que l'oreille ne pouvait en entendre.

Environ cinq ans après que M. Bridgenorth eut disparu, il arriva dans le pays un événement singulier. Sir Geoffroy s'était rendu aux courses de Chesterfield, et lady Peveril, qui avait l'habitude de se promener souvent seule dans les environs, était sortie, un soir, pour aller voir, dans une chaumière isolée, une pauvre femme, attaquée d'une fièvre qu'on supposait contagieuse. Le chemin était beaucoup plus long qu'elle ne l'avait cru, et différentes circonstances avaient contribué à prolonger sa visite.

Ce fut par un brillant clair de lune d'automne qu'elle se disposa à regagner le château, à travers une suite de hauteurs boisées et de clairières. Elle n'avait aucune inquiétude dans ce pays tranquille et retiré, et sur une route qui traversait presque entièrement ses terres. D'ailleurs, elle avait pris, pour l'escorter, le fils de la malade, jeune garçon de quinze ans. La distance était de près d'une lieue, il est vrai; mais on pouvait l'abréger de beaucoup en passant par une avenue qui dépendait du domaine de Moultrassie; elle avait évité de la suivre en allant, parce que cela aurait déplu à son mari, et non à cause du bruit absurde qu'elle était hantée par des revenants. Toutefois, en raison de l'heure tardive, elle se dirigea de ce côté. Quand le petit paysan qui l'accompagnait, un bâton d'épine à la main, sifflant gaiement, et le chapeau sur l'oreille, comprit son intention, il donna des signes de frayeur, et lui dit en pleurnichant : « Oh! Milady, n'allez pas par là! n'allez pas par là! » La bonne dame, qui n'entrevoyait aucun danger, pensa qu'il serait cruel de contraindre ce jeune poltron à la suivre dans un lieu si redoutable pour lui : elle lui donna donc une pièce d'argent et lui permit de retourner chez sa mère.

Souriant d'une terreur qu'elle trouvait si ridicule, elle passa la barrière et s'engagea dans l'avenue. Bientôt, la clarté de la lune fut interceptée par les rameaux entrelacés et touffus des grands ormes qui formaient, au-dessus de la route, une immense voûte de feuillage. C'était un lieu propre à inspirer des pensées graves et solennelles, et la lumière lointaine que l'on apercevait à l'une des nombreuses croisées de Moultrassie semblait également calculée pour exciter la mélancolie. Lady Peveril songea tout d'abord à Mme Bridgenorth, avec qui elle s'était souvent promenée dans cette avenue; elle repassa ensuite dans son esprit les pertes cruelles de cette malheureuse femme, sa mort prématurée, le désespoir de son mari, l'exil volontaire de ce dernier, l'avenir incertain de leur enfant, orpheline pour laquelle elle éprouvait encore, même après un intervalle de plusieurs années, une tendresse presque maternelle.

Arrivée au milieu de l'avenue, elle crut apercevoir, à la lueur intermittente et douteuse qui filtrait à travers le feuillage, quelque chose de semblable à une figure humaine. Elle s'arrêta un instant, le cœur oppressé; puis, repoussant toute idée d'apparition surnaturelle, elle se remit en marche et vit avec satisfaction que la figure suspecte lui cédait la place. Pourtant elle ne put s'empêcher de presser le pas, à la pensée que ce rôdeur de nuit pouvait, devait même être là tout près, et elle le fit avec si peu de précaution que, son pied heurtant contre une branche d'arbre, cassée par le vent et jetée à terre, elle tomba, en poussant un grand cri. Une main vigoureuse, qui la saisit aussitôt pour l'aider à se relever, accrut encore son effroi, et une voix, qui ne lui était pas étrangère, prononça ces paroles :

— N'est-ce pas vous, lady Peveril?

— Oui, c'est moi, répondit-elle en réprimant sa surprise et sa frayeur; et si mon oreille ne m'abuse pas, je parle à M. Bridgenorth?

— Je me nommais ainsi, dit-il, tant que l'oppression m'a laissé un nom.

Il n'ajouta rien de plus, et marcha en silence à ses côtés. La situation était embarrassante, et, pour en sortir, autant que par sympathie véritable, elle lui demanda comment se portait sa filleule Alice.

— Une filleule, Madame? répondit-il, je ne connais pas cela; encore un de ces mots imaginés pour corrompre et avilir les décrets de Dieu! Quant à l'enfant qui doit à Votre Seigneurie, comme on vous appelle, d'avoir échappé à la maladie et à la mort, c'est aujourd'hui une fillette bien venante et pleine de santé, d'après ce que m'ont appris ceux qui en ont la charge. C'est le souvenir de vos bontés pour elle, joint à l'émotion que j'ai eue de votre chute, qui m'a poussé à me montrer à vous, dans un moment où le soin de ma sûreté eût commandé le contraire.

— Votre sûreté, Monsieur Bridgenorth! je n'aurais jamais cru qu'elle fût en danger.

— Alors vous avez du nouveau à apprendre, Madame. Demain, vous saurez pourquoi il me faut craindre de paraître ouvertement, jusque sur mes propriétés, et, par conséquent, de faire connaître à aucun des habitants du château le lieu de ma retraite.

— Vous étiez autrefois prudent et circonspect; j'espère que vous ne vous êtes pas laissé entraîner à quelque démarche précipitée, à des projets téméraires...

— Pardon, Madame, si je vous interromps. Je ne suis plus le même, il est vrai, et je n'ai plus le même cœur. Dans les temps auxquels il plaît à Votre Seigneurie de faire allusion, j'étais encore un homme de ce monde, et je lui dévouais toutes mes pensées, toutes mes actions, sauf quelques pratiques religieuses de pure forme; je ne cherchais guère à savoir quels sont les devoirs d'un chrétien, et jusqu'où doit s'étendre le sacrifice de sa personne. De là vient que je m'adonnais surtout aux choses charnelles, comme d'ajouter champ sur champ, richesses sur richesses; de ménager les différents partis, de m'assurer un ami d'un côté sans en perdre un de l'autre. Le ciel m'a puni de cette apostasie, d'autant plus que j'abusais du nom de la religion en poursuivant, d'un culte aveugle, la recherche de mon intérêt. Mais je rends grâces à celui qui m'a tiré enfin de la terre d'Égypte.

De nos jours, quoique nous ayons parmi nous beaucoup d'exemples de fanatisme, nous n'en soupçonnerions pas moins d'hypocrisie ou de démence quiconque en ferait un aveu si franc et si subit; mais, d'après les mœurs du temps, il n'était pas rare de voir des gens professer hautement de telles opinions comme étant la règle de leur conduite.

Lady Peveril fut donc plus fâchée que surprise d'entendre le major s'exprimer de la sorte; et elle en conclut avec raison que la société qu'il avait vue depuis quelque temps, ainsi que les circonstances, avaient développé en une flamme ardente l'étincelle qui couvait dans son sein. Rappelons qu'il tenait de son père un caractère mélancolique, qu'il avait essuyé un grand nombre de malheurs, et que nulle passion, quand on s'y abandonne, ne grandit aussi rapidement que cette espèce d'enthousiasme dont il donnait alors les preuves. Elle se borna donc à lui répondre avec calme, que, sans doute, l'expression de ses sentiments ne l'avait point mis en danger ou en état de suspicion.

— Non seulement, Madame, s'écria-t-il, je me suis rendu suspect, mais je cours le plus grand danger. Si votre mari me rencontrait en ce moment, moi Anglais de naissance, et marchant sur mes propres terres, j'ai la conviction qu'il ferait de son mieux pour m'offrir en sacrifice au Moloch de la superstition romaine, qui poursuit maintenant avec fureur le peuple de Dieu.

— Ce langage me surprend, Monsieur Bridgenorth.

Elle commençait à désirer d'être délivrée de sa compagnie, et se mit, en conséquence, à presser un peu le pas; mais Bridgenorth, hâtant aussi le sien, continua de marcher à côté d'elle.

— Ne savez-vous pas, reprit-il, que Satan est venu sur terre, animé d'une colère terrible, parce que son règne doit être court? L'héritier de la couronne est un papiste avoué; et qui oserait assurer, excepté les sycophantes et les flatteurs, que celui qui la porte n'est pas prêt aussi à se courber devant Rome, s'il n'était tenu en respect par quelques nobles esprits de la Chambre des communes? Vous ne me croirez pas peut-être : il est pourtant vrai que, dans mes promenades solitaires et nocturnes, en songeant à vos bontés pour les morts et les vivants de ma famille, j'ai plus d'une fois supplié le ciel de m'accorder les moyens de vous avertir; et le ciel m'a entendu.

— Vous aviez coutume d'être modéré dans vos sentiments, relativement parlant du moins, et vous aimiez votre religion, sans haïr celle des autres.

— Ce que j'étais jadis, abreuvé du fiel de l'amertume et chargé des liens de l'iniquité, il est inutile de le rappeler. Je fondais mes espérances sur les biens de la terre, et je n'offrais à l'autel que de la paille et du chaume. Dieu, dans son amour, a reconnu la nécessité de me châtier : il m'a dépouillé de tout ce qui m'attachait à la terre ; il m'a ravi ce qu'on appelle honneur ; il m'a condamné à l'exil, loin de la maison de mes pères, seul, désolé, humilié, vaincu, déshonoré. Hélas! qui peut sonder les voies de la Providence? Tels sont les moyens qu'elle a choisis pour faire de moi un champion de la vérité, un homme qui compte la vie pour rien si la vérité en exigeait le sacrifice. Mais ce n'est pas là ce que je voulais vous dire. Vous avez sauvé la vie temporelle de mon enfant, je veux assurer le salut éternel du vôtre.

Lady Peveril garda le silence. Ils approchaient alors du point où l'avenue aboutissait à la grand'route. A ce moment, il posa la main sur son bras, et lui demanda de s'arrêter ; c'était un ordre plutôt qu'une prière : elle obéit. Il lui montra alors un énorme chêne, de la plus grande taille, qui s'élevait sur l'une des hauteurs de la plaine située au bout de l'avenue, et qui semblait placé là tout exprès pour servir de perspective. La lune répandait une éblouissante clarté hors de l'avenue, et l'arbre vénérable, mis en pleine lumière, laissait voir, à son tronc dépouillé en partie, qu'il avait été frappé de la foudre.

— Vous rappelez-vous, demanda Bridgenorth, la dernière fois que nous vîmes ce chêne ensemble? J'arrivais à cheval de Londres, porteur du sauf-conduit que m'avait donné le comité pour votre mari. Au moment où je passai sous cet arbre, je vous aperçus ici, à l'endroit où nous sommes... Vous étiez avec cette Alice que j'ai perdue... et les deux derniers de mes enfants chéris folâtraient à vos côtés. Je mis pied à terre... Pour elle j'étais un époux, pour eux un père, pour vous un protecteur bienvenu et respecté!... Que suis-je maintenant pour qui que ce soit?

Il porta la main à son front et poussa un gémissement déchirant. Il n'était pas dans la nature de lady Peveril d'entendre l'expression de la douleur sans essayer de l'alléger.

— Monsieur Bridgenorth, dit-elle, tout en suivant fidèlement ma religion, je ne blâme celle de personne, et je me réjouis que vous ayez cherché dans la vôtre des consolations à vos afflictions temporelles ; mais toutes les croyances chrétiennes ne nous apprennent-elles pas également que l'affliction doit adoucir le cœur ?

— Oui, femme, répondit Bridgenorth d'un air sombre, comme la foudre a amolli le tronc de ce chêne, dont il a fracassé les branches. Le bois sec est le plus propre à mettre en œuvre ; de même, le cœur endurci et desséché est aussi celui qui peut le mieux supporter la tâche que nous impose le malheur des temps. Ni Dieu ni les hommes ne souffriront la dissolution sans bornes des libertins, les railleries de l'impie, le mépris des lois divines, l'infraction des lois humaines. Le temps demande des justiciers et des vengeurs, et il n'en manquera pas.

— Je ne nie pas la gravité du mal, dit la châtelaine, faisant effort pour répondre et se remettant à marcher ; d'après ce que j'ai ouï dire, et, Dieu merci, sans l'avoir vu de mes yeux, je suis convaincue de la corruption du temps. Espérons toutefois qu'on n'aura pas besoin, pour y remédier, d'avoir recours à la violence. Une autre guerre civile serait une entreprise désespérée.

— Le fer et la flamme sont des remèdes violents, mais ils purgent et purifient.

— Hélas ! vous si sage, si modéré dans votre jeunesse, auriez-vous adopté, dans l'âge mûr, les principes et le langage des gens qui ont conduit la nation et eux-mêmes au bord de l'abîme ?

— J'ignore ce que j'étais alors, et vous ignorez ce que je suis à présent.

A la clarté de la lune qui frappait en ce moment sur leurs personnes, lady Peveril jeta un coup d'œil sur son interlocuteur. Elle remarqua qu'il était armé d'un couteau de chasse, et qu'il avait à sa ceinture un poignard et des pistolets, précaution fort extraordinaire de la part d'un homme qui autrefois ne portait une rapière que les jours de cérémonie. Il y avait aussi dans l'expression de son visage quelque chose de résolu et de farouche, bien que son air eût toujours été plus sévère qu'affable.

— Ah ! mon Dieu, s'écria-t-elle dans l'émotion du premier mouvement, vous êtes bien changé, Monsieur Bridgenorth !

— Vous ne voyez que l'apparence ; c'est bien autre chose à l'in-

Bridgenorth montra alors à lady Peveril un chêne de la plus grande taille.

térieur. Mais ce n'était pas de moi que je voulais parler. On dit que vous avez dessein d'envoyer le jeune Julien dans cette île de sang, pour y être élevé sous la protection de votre parente ; est-ce vrai?

— Oui, mon mari et moi nous sommes d'avis que Julien ne pourrait être mieux formé que chez la comtesse de Derby aux leçons et exercices qui conviennent à sa naissance.

— Sous la malédiction de Dieu et la bénédiction du pape de Rome!

— Ma parente est catholique, je le sais, et je sais aussi que son fils est élevé dans les principes de l'Église anglicane, conformément aux ordres de feu son époux.

— Est-il vraisemblable que celle qui n'a pas craint de verser le sang du juste, sur le champ de bataille et sur l'échafaud, ait égard à une promesse que sa religion l'autorise à violer ? Et la remplirait-elle, qu'y aura gagné votre fils, s'il reste dans le bourbier où est enfoncé son père? Les dogmes de vos évêques sont-ils autre chose que du pur papisme? La seule différence, c'est que vous avez pris pour pape un tyran temporel, et substitué une messe en anglais à celle que vos prédécesseurs disaient en latin. Quel dommage que celle qui a reçu du ciel des formes si belles, un cœur si parfait, soit sourde, aveugle et ignorante, comme tout ce qui tient à ce monde périssable!

— Nous ne saurions être d'accord sur un tel sujet, Monsieur Bridgenorth, dit lady Peveril, plus impatiente que jamais d'échapper à un entretien aussi étrange, quoiqu'elle ne sût trop ce qu'elle avait à redouter; permettez que je vous dise adieu.

— Un instant! dit-il en posant de nouveau la main sur son bras. Je vous arrêterais si je vous voyais sur le bord d'un précipice; laissez-moi donc vous mettre en garde contre un danger plus grand encore. Mais comment agir sur votre esprit incrédule? Vous dirai-je que la dette du sang répandu par la maison sanguinaire de Derby reste encore à payer? et persisteras-tu, femme, à envoyer ton fils parmi ceux de qui on en exigera le paiement?

— Vous cherchez vainement à m'alarmer; quelle peine peut-on imposer à la comtesse pour une action téméraire, il est vrai, mais dont elle a été punie, il y a déjà longtemps, par une amende?

— C'est une erreur. Croyez-vous qu'une misérable somme d'argent, donnée pour entretenir les débauches royales, puisse expier la mort d'un Christian, d'un homme également précieux au ciel et à la terre ? Ce n'est pas à de pareilles conditions que le sang du juste doit être répandu. Chaque heure de délai est comptée comme un surcroît d'intérêt à l'énorme dette, dont le paiement sera exigé un jour de cette femme altérée de sang.

On entendit au loin un bruit de chevaux sur la route où avait lieu ce singulier dialogue. Bridgenorth s'arrêta pour écouter.

— Oubliez que vous m'avez vu, ajouta-t-il précipitamment; ne parlez de moi à âme qui vive... Renfermez mes conseils dans le secret de votre cœur; profitez-en, et vous vous en féliciterez.

A ces mots, il la quitta brusquement, et, se glissant à travers une haie, il s'enfonça dans l'obscurité du taillis.

Le bruit des chevaux qui s'avançaient au grand trot devenait de plus en plus fort, et lady Peveril aperçut en arrière, quoique indistinctement, plusieurs cavaliers qui montaient la colline. Ils l'aperçurent également, et deux d'entre eux, prenant le galop, arrivèrent près d'elle en criant : « Halte! qui va là? » Mais le plus rapproché ajouta aussitôt : « Merci de ma vie, c'est notre maîtresse! »

Sir Geoffroy, qui survint au même instant, lui dit :

— Quoi! c'est vous, Marguerite? Que faites-vous si loin du château et à cette heure de la nuit?

Lady Peveril lui raconta la visite qu'elle avait faite à la chaumière, mais ne jugea pas nécessaire de lui parler de son entrevue avec le major Bridgenorth.

— La charité est une belle et bonne chose, répondit le chevalier; mais vous avez tort de courir les champs, comme un rebouteux, sur l'appel de la première vieille qui a un accès de colique, surtout à une pareille heure, et quand le pays est si peu sûr.

— Je l'ignorais.

— Oui, il s'agit d'un nouveau complot machiné par les Têtes-Rondes. Et qui s'est le plus compromis? notre ancien voisin Bridgenorth. On le cherche de tous côtés, et si on le trouve son vieux compte lui sera réglé, je vous le promets.

— Alors, je suis certaine, ou plutôt j'espère qu'on ne le trouvera pas.

— Et moi, j'ai bon espoir du contraire, et ce ne sera pas ma faute si on n'y parvient pas. C'est pour cela que je me rends à Moultrassie, afin d'y faire une visite minutieuse, conformément à mon devoir. Quant à vous, ma chère, montez en croupe derrière Saunders, comme cela vous est déjà arrivé, et il vous reconduira au château.

Lady Peveril obéit en silence, de peur d'être trahie par le tremblement de sa voix, tant elle était émue et déconcertée de la nouvelle qu'elle venait d'apprendre. Aussi vit-elle, avec un grand soulagement, rentrer son mari sans ramener aucun prisonnier. Il lui expliqua alors en détail, qu'un exprès, arrivé de la cour à Chesterfield, y avait apporté la nouvelle qu'une insurrection était projetée par les anciens partisans de la république, notamment par ceux qui avaient servi dans l'armée, et que Bridgenorth, caché dans le comté de Derby, passait pour l'un des principaux chefs.

Quelque temps après, on ne parla plus de cette conspiration; les mandats d'arrêt furent révoqués, et il ne fut plus question du major, qui disparut de la scène.

Vers la même époque, et non sans verser bien des larmes, lady Peveril se sépara de Julien, qui fut envoyé dans l'île de Man, pour y être élevé avec le jeune comte de Derby. Quoique les prédictions funestes de Bridgenorth revinssent quelquefois à l'esprit de la bonne dame, elles n'eurent pas assez de poids sur elle pour triompher des avantages que la protection de la comtesse assurait à son fils.

Ce plan parut réussir à tous égards; et lorsque, de temps en temps Julien venait visiter la maison paternelle, sa mère avait la satisfaction de voir qu'il se formait de jour en jour à son avantage, sans cesser de s'appliquer aux plus solides études. Il devint un gentilhomme accompli, et fit sur le continent, en compagnie du jeune comte, un voyage qui leur donna quelque connaissance du monde.

Lady Derby avait sévèrement défendu à son fils de se montrer à la cour de Charles II; mais, ayant atteint sa majorité, il ne crut pas nécessaire d'obéir à cette injonction, et alla passer quelques mois à Londres, où il se livra au plaisir, avec la fougue d'un jeune homme qui avait grandi dans une retraite presque absolue. Pour se réconcilier avec sa mère, il consentit à faire auprès d'elle un long séjour dans son île favorite, et lui en abandonna presque entièrement l'administration.

Julien Peveril était revenu à Martindale au lieu de suivre son ami à Londres, et à l'époque à laquelle notre histoire est arrivée, ils habitaient tous deux, avec la comtesse, le château de Rushin, dans l'antique royaume de Man.

CHAPITRE XI.

<small>Mona resta longtemps cachée aux matelots.</small>
<small>COLLINS.</small>

'ILE de Man, au milieu du dix-septième siècle, était, comme lieu de résidence, fort différente de ce qu'elle est aujourd'hui. La société se bornait aux naturels de l'île, et à quelques marchands qui pratiquaient la contrebande. Les amusements étaient rares et monotones, et le jeune comte, de caractère vif et léger, ne tarda pas à s'ennuyer de la vie qu'on menait dans ses domaines.

Les insulaires, devenus trop graves pour être heureux, n'avaient plus goût aux jeux innocents et tant soit peu puérils qui avaient fait les délices de leurs pères. Le mois de mai ne ramenait plus le débat imaginaire entre la reine de l'hiver et celle du printemps. La Noël passait de même, sans que les cloches fissent retentir leurs appels discordants. Les courses de chevaux, qui intéressent en général les gens de toutes conditions, n'avaient plus lieu, parce que personne n'y trouvait plus de l'intérêt. L'esprit de parti, en se glissant parmi ce peuple naïf, avait détruit sa gaieté, en lui laissant son ignorance. Des haines, jusque-là inconnues, divisaient les gentilshommes, et chacun dédaignait de partager un plaisir que recherchaient ceux de la faction contraire.

Julien était assis dans l'embrasure de l'une des fenêtres du manoir, et, les bras croisés, il regardait, avec un air de contemplation profonde, le vaste Océan, dont les vagues venaient, l'une après l'autre, frapper le rocher sur lequel s'élevait l'antique édifice. Le comte, accablé d'ennui, tantôt feuilletait un volume d'Homère, tantôt sifflait, quelquefois se balançait sur sa chaise, puis se promenait dans l'appartement; à la fin, il s'arrêta devant son compagnon, dont il parut admirer la tranquillité.

— Roi des hommes! s'écria-t-il, en répétant l'épithète favorite qu'Homère donne à Agamemnon, j'ose croire, pour l'honneur de l'ancien roi de la Grèce, qu'il avait une place plus divertissante que celle du roi de Man.

— Que n'êtes-vous un peu plus roi? répondit Julien, en sortant de sa rêverie; vos États vous sembleraient plus agréables.

— Détrôner Sémiramis! aussi enchantée de jouer à la reine que si elle l'était réellement! Et c'est vous qui me conseillez de la sorte?

— Votre mère, vous le savez bien, verrait avec plaisir que vous preniez quelque intérêt aux affaires de l'île.

— Oui, elle me permettrait d'être roi, à la condition de gouverner tout le monde et moi-même. Qu'elle exerce le pouvoir, puisqu'elle en a la passion; pour moi, je ne me mêlerai de rien, à moins qu'il ne lui plaise de tenir encore une haute cour de justice, car je n'ai pas le moyen de payer une autre amende à mon frère le roi Charles. Mais j'oublie que ce sujet vous est pénible.

— C'est-à-dire, il l'est pour la comtesse, et je m'étonne de vous en entendre parler.

— Ma foi, je n'en veux pas plus que vous à ce pauvre homme, et, bien que ce ne soit pas pour les mêmes raisons, j'ai voué une sorte de vénération à sa mémoire. Le jour où on le conduisit à la mort fut celui du premier congé que j'aie eu de ma vie. O Julien, si vous n'aviez pas été vous enterrer dans les castels et les cavernes du comté de Derby, nous ne manquerions pas de délicieux sujets de conversation: les spectacles, le palais du roi, celui du duc, la promenade du Parc, et les beautés de Londres, qui l'emportent sur toutes celles de l'univers !

— Parlez, Milord ; je suis tout oreilles.

— Eh bien, mon ami... Mais par où commencerai-je ?

— Commencez par Cynthia, l'enchanteresse.

— Puisque vous me le demandez, j'en conviendrai franchement, je ne sais que vous en dire, si ce n'est que j'y pense vingt fois plus souvent qu'à toutes les beautés dont je vous ai parlé. Et cependant elle n'est ni aussi belle, il s'en faut de beaucoup, que la moins belle de ces reines de cour, ni aussi spirituelle que la plus simple d'entre elles, ni aussi à la mode, ce qui est le grand point, que la plus obscure. Je ne saurais dire pourquoi j'en raffole, peut-être parce qu'elle est fantasque autant que son sexe tout entier.

— Un faible mérite à mes yeux !

— Cela vous plaît à dire. Mais je m'aperçois que vous avez envie d'aller à la pêche. Bonne chance ! Moi, je vais prendre la barque de parade : la mer et les vents sont moins inconstants que la rivière sur laquelle vous vous êtes embarqué.

Les jeunes gens se séparèrent ; tandis que le comte allait faire une partie d'agrément, Julien s'habillait en homme qui veut goûter le plaisir de la pêche. Le chapeau de feutre fut échangé contre un bonnet de drap gris, le manteau richement galonné contre une jaquette de même couleur et des culottes semblables. Puis, une ligne à la main, un panier sur le dos, et monté sur un joli bidet du pays, le jeune Peveril se dirigea rondement vers l'une des belles rivières qui descendent des monts de Kirk-Merlagh.

Arrivé à l'endroit où il avait l'intention de goûter son plaisir favori, il rendit la liberté à son petit coursier. Celui-ci, accoutumé à ce manège, le suivait comme un chien ; de temps à autre, s'interrompant de brouter l'herbe de la vallée que traversait le cours d'eau, il venait se placer près de son maître ; et, comme s'il eût été grand amateur de pêche, il semblait regarder curieusement les truites qui frétillaient sur le rivage où Julien les déposait. Ce jour-là, le maître de Fairy ne montra pas la patience d'un véritable pêcheur à la ligne, et il eut peu d'égard à la recommandation que fait le vieil auteur, Isaac

Walton, de pêcher dans le courant des rivières pouce par pouce. A vrai dire, il cherchait, de l'œil d'un connaisseur, les endroits favorables, ceux par exemple où l'eau butait en écumant contre quelque grosse pierre, abri naturel de la truite, et ceux où l'eau sortait en bouillonnant d'un courant rapide, soit pour former un tranquille remous sous quelque rive escarpée, soit pour se précipiter en cascade. Par ce choix intelligent des lieux où il pouvait le mieux exercer son adresse, le panier presque plein de notre amateur prouva bientôt que la pêche n'avait point été pour lui un prétexte, et, dès qu'il s'en fut assuré, il remonta lestement le cours de la rivière, jetant çà et là sa ligne dans l'eau, pour tromper l'œil de ceux qui l'auraient observé des hauteurs voisines.

C'était un vallon verdoyant et solitaire, où courait un sentier à peine visible. A quelque distance, s'étendait, à droite, une prairie qui offrait le plus riche pâturage.

Sur la partie la plus élevée du vallon, il y avait place pour une vieille maison, de construction singulière, un jardin en terrasse et, par derrière, deux ou trois pièces de terre en culture. Jadis les Danois et les Norvégiens avaient bâti en cet endroit une bastille, nommée Black-Fort (le Fort noir), d'après la couleur d'une roche énorme qui fermait le val de ce côté. Il y avait longtemps qu'elle était tombée en ruine, et les matériaux, fort grossiers, avaient servi à construire le nouvel édifice. C'était une fondation monastique du quinzième siècle, comme l'indiquaient assez la maçonnerie des fenêtres, laissant à peine une issue aux rayons du jour, et deux arcs-boutants massifs, en saillie sur la façade de devant, et percés de niches. Les pieuses statues qui les occupaient avaient été remplacées par des pots de fleurs, et tout autour grimpaient plusieurs espèces de plantes, taillées et arrangées avec art. Le jardin était bien tenu, et, dans ce lieu presque désert, on remarquait partout un air d'aisance, de commodité, d'élégance même, qu'il était, en général, fort rare de rencontrer à cette époque dans les habitations de l'île.

Avec beaucoup de circonspection, Julien s'approcha du petit porche, couvert de lierre et de fleurs, qui défendait l'entrée de la maison contre les intempéries auxquelles sa situation l'exposait. Un anneau de fer, disposé de manière qu'en le soulevant, il frappait, à la retombée, contre la barre à laquelle il était attaché, servait de marteau. Julien le mit en mouvement, sans recevoir de réponse; on eût dit que la maison était inhabitée. Son impatience l'emportant à la fin, il essaya d'ouvrir la porte, et comme elle n'était fermée qu'au loquet, il y parvint aisément. Il traversa une petite salle, basse et voûtée, au fond de laquelle était un escalier, et tournant sur la gauche, il ouvrit la porte d'un salon d'été, lambrissé de chêne noir, et simplement meublé de tables du même bois et de sièges garnis de cuir. Cette pièce était fort sombre, le jour n'y pénétrant que par une de ces croisées lourdement encadrées dont nous avons parlé.

Au-dessus du manteau de la cheminée, en chêne noir comme la boiserie, était suspendu le seul ornement de la pièce : c'était le portrait d'un officier, revêtu d'un justaucorps vert, costume national des insulaires de Man. Le collet qui tombait sur la cuirasse, l'écharpe de couleur orange, et surtout les cheveux coupés très court autour de la tête, montraient clairement auquel des deux partis politiques il avait appartenu. Sa main gauche était appuyée sur la garde de son épée, et de la droite il tenait une petite Bible, portant cette inscription : *In hoc signo*. Il avait le visage ovale, le teint clair et pâle, et des yeux bleus d'une beauté presque féminine ; bref, une de ces physionomies auxquelles, sans les trouver déplaisantes, on attache naturellement une idée de mélancolie et d'infortune. Sans doute, elle était bien connue de Julien ; car, après l'avoir regardée quelque temps, il ne put s'empêcher de dire à demi-voix :

— Que ne donnerais-je pas pour que cet homme n'eût jamais vécu, ou pour qu'il vécût encore !

— Comment ? que signifie cela ? s'écria une femme qui entra tout à coup. Vous ici, Monsieur Peveril, en dépit de mes avis et remontrances ? Vous, installé chez les gens quand ils ne sont pas là, et parlant tout seul !

— Oui, Débora, répondit-il, c'est moi qui reviens encore, malgré votre défense et au risque d'un mauvais parti. Où est Alice ?

— Où vous ne la verrez jamais, Monsieur Julien, vous pouvez en être certain.

Débora Debbitch — c'était, en effet, cette respectable gouvernante, — se laissa tomber sur un fauteuil, et commença à s'éventer avec son mouchoir et à se plaindre de la chaleur, en singeant les personnes de qualité.

Si les apparences annonçaient chez elle un changement considérable de fortune, sa figure offrait des signes moins flatteurs du passage des années. Au reste, comme esprit et manières, elle était restée à peu près la même qu'au temps où elle bataillait avec dame Ellesmere, à Martindale, c'est-à-dire volontaire, têtue et coquette, au demeurant, assez bonne créature. Quoique habillée en femme d'un rang au dessus du sien, il était clair, d'après la coupe modeste de ses vêtements et l'uniformité de leur couleur, qu'elle appartenait à une secte qui condamnait le superflu et l'élégance ; mais aucune règle, pas même celle d'un couvent de nonnes ou d'une société de quakers, ne saurait empêcher une femme, qui n'a point encore abdiqué tout désir de plaire, d'accuser dans ses ajustements un grain de coquetterie. Toute la toilette de Débora était arrangée de manière à faire valoir, autant que possible, une femme de bonne mine, dont l'extérieur annonçait l'aisance et une belle santé, qui se donnait trente-cinq ans, et qui aurait eu le droit, si elle l'avait voulu, de s'en donner douze ou quinze de plus.

Julien fut obligé de supporter l'ennui de tous ses manèges et lubies, et d'attendre avec patience qu'elle eût fini de s'attifer et de s'épingler, de tirer ses coiffes en avant, puis en arrière, de respirer une petite fiole d'essence, de clore à demi les yeux comme une oie qui se pâme, et qu'ayant dévidé le fil de ses minauderies, elle daignât entamer la conversation.

— Ces allées et venues me feront mourir, Monsieur Peveril, dit-elle; et tout cela à cause de vous. Ah! si dame Christian apprenait que vous vous avisez de faire des visites à sa nièce, miss Alice et moi nous serions forcées de chercher gîte ailleurs, comme je vous le dis.

— Allons, Débora, un peu de bonne humeur. Après tout, notre intimité n'est-elle pas votre ouvrage? N'est-ce pas vous qui vous êtes fait connaître à moi, la première fois que je suis venu rôder par ici, ma ligne à la main, en me rappelant que vous étiez ma première gouvernante, et qu'Alice avait été ma petite amie d'enfance? Quoi de plus naturel alors que de revenir le plus souvent possible auprès de deux personnes si aimables?

— Oui, mais je ne vous ai pourtant pas dit de tomber amoureux de l'une de nous et de proposer le mariage soit à Alice, soit à moi.

— D'accord, et je vous rends justice là-dessus. Qu'importe! ces choses-là viennent sans qu'on y pense. Je suis sûr que vous avez reçu cinquante propositions de ce genre, quand vous vous y attendiez le moins.

— Fi! fi! Monsieur Peveril. J'ai toujours su me conduire, croyez-le bien, et les plus malins y auraient regardé à deux fois avant de me parler, et auraient réfléchi à la manière dont ils allaient s'y prendre avant de m'adresser de pareilles propositions.

— J'en suis convaincu, Débora; mais tout le monde n'a pas votre discrétion. Et puis Alice Bridgenorth est une enfant, une véritable enfant; et ne demande-t-on pas toujours à une enfant comme elle : Voulez-vous être ma petite femme? Allons, je sais que vous me pardonnerez, car vous êtes une bonne âme, la meilleure du monde, et vous m'avez répété vingt fois que nous étions faits l'un pour l'autre.

— Oh! non, non, non. Que vos fortunes se conviennent, j'ai pu le dire; et certes il est naturel à une femme qui sort, ainsi que moi, d'une vieille souche d'honnêtes vassaux de Peveril du Pic, de souhaiter qu'elles n'en fassent plus qu'une comme autrefois; ce qui arriverait forcément si vous épousiez Alice Bridgenorth. Mais il y a le chevalier votre père, milady votre mère; il y a le père d'Alice, dont la religion a brouillé la cervelle; il y a la tante, avec son éternelle robe noire, à cause de ce fâcheux Christian; enfin, il y a la comtesse de Derby, qui nous accommoderait tous à la même sauce, si nous nous avisions de songer à rien qui pût lui déplaire. Il y a encore autre chose : vous avez faussé parole à miss Alice, et tout est fini entre vous. Il vaut mieux que tout soit fini, voyez-vous, Monsieur Julien, et peut-être aurais-je dû y songer plus tôt, avant qu'une enfant comme Alice me mit martel en tête; mais je suis si bonne!

Il n'y a pas de flatteur pareil à un amant qui veut parvenir à son but.

— Vous êtes un cœur d'or, ma chère Débora... A propos, vous n'avez pas vu la bague que j'ai rapportée pour vous de Paris : je veux vous la passer au doigt moi-même. Ne suis-je pas un peu votre nourrisson, celui que vous aimiez tant, et dont vous avez pris tant de soins?

Il réussit sans trop de peine, et avec une affectation marquée de galanterie, à passer un bel anneau d'or au gros doigt de miss Débora Debbitch, qui avait une de ces âmes vulgaires, comme on en trouve souvent dans le peuple et même au-dessus : sans être précisément vénale ou facile à corrompre, elle était néanmoins très âpre au gain, et singulièrement portée, peut-être à son insu, à s'écarter de la ligne du devoir, par amour des petites prévenances, des petits cadeaux et des flatteries de bas étage.

Après avoir tourné et retourné la bague sur son doigt, elle murmura entre les dents :

— En vérité, comment refuser un jeune monsieur tel que vous, avec cela que les jeunes messieurs sont si obstinés ! Ainsi donc, autant vous dire que miss Alice est de retour et qu'elle vient de rentrer à la maison en même temps que moi.

— Pourquoi ne me l'avoir pas dit plus tôt? Où est-elle?

— Vous feriez mieux de me demander pourquoi je vous le dis maintenant; car j'agis contre ses ordres, je vous l'assure; et vous ne sauriez rien si je n'avais eu pitié de vous. Mais quant à vous voir, elle n'y consentira pas; elle est dans sa chambre à coucher, derrière une bonne porte de chêne, fermée à clef et au verrou, excellente sauvegarde, du reste. Par ainsi, tout abus de confiance de ma part — c'est le reproche qu'elle me ferait, la petite friponne, — devient tout à fait impossible.

— Peut-être, Débora. Allez-y, seulement pour essayer... Priez-la de m'entendre... Dites-lui que j'ai cent raisons de lui désobéir... que j'ai la certitude de lever tous les obstacles au château de Martindale.

— Peine perdue, je vous le répète. Quand j'ai aperçu votre bonnet et votre ligne dans la salle je n'ai fait que dire : « Le voilà encore ! » et tout de suite elle a monté l'escalier quatre à quatre, elle a tourné la clef et poussé le verrou, avant que j'aie pu la retenir. Vous n'avez donc rien entendu?

— Non, parce que je suis toujours le même, un sauvage, un rêveur, un fou qui laisse s'envoler toutes les minutes d'or que sa malheureuse étoile lui offre si rarement ! Eh bien, allez lui dire que je pars... que je pars pour toujours... que je vais dans un lieu d'où elle n'entendra plus parler de moi, d'où personne n'en entendra jamais parler.

— O père du ciel, écoutez-le ! Et que deviendra sir Geoffroy, et votre mère, et moi, et la comtesse, si vous allez aussi loin que cela? Et que deviendra aussi la pauvre Alice? Elle vous aime plus qu'elle ne dit, j'en jurerais. Ne va-t-elle pas s'asseoir près de la fenêtre, les yeux fixés sur le chemin que vous prenez pour remonter la rivière, et, de temps en temps, ne demande-t-elle pas si la journée sera bonne pour la pêche? Pendant que vous étiez en voyage, à peine a-t-elle souri une seule fois, excepté quand elle a reçu les deux longues et belles lettres qui venaient de l'étranger.

— C'est de l'amitié, Débora, de l'amitié pure; c'est la tranquille souvenance d'un garçon qui, grâce à vos bontés, a pu se glisser à la sourdine dans votre solitude pour vous donner des nouvelles du monde vivant. Une fois, pourtant, j'ai cru... mais tout est fini. Adieu!

En parlant ainsi, il couvrit son visage d'une main, et tendit l'autre à Débora, comme pour prendre congé. Le sensible cœur de la gouvernante n'eut pas la force de résister au spectacle de son affliction.

— Allons, ne soyez pas si pressé, dit-elle. Je remonte chez miss Alice, je lui rapporte où vous en êtes, et je la déciderai à descendre, s'il est au pouvoir d'une femme de le faire.

En proie à la fièvre de l'attente, notre amoureux se mit à arpenter le salon à grands pas jusqu'au retour de Débora, dont l'absence fut assez longue pour nous donner le temps d'expliquer à la suite de quelles circonstances une telle situation s'était produite.

CHAPITRE XII.

> Hélas! dans tout ce que j'ai pu lire ou apprendre, par conte ou histoire, le véritable amour n'a jamais eu un cours tranquille!
>
> SHAKESPEARE, *Songe d'une nuit d'été.*

E passage célèbre qui sert d'épigraphe à ce chapitre est fondé sur l'expérience. Le moment où le premier amour se fait sentir avec le plus de force est rarement celui où l'on a beaucoup d'espoir de le conduire à un heureux dénouement. L'état artificiel de la société oppose aux mariages précoces mille obstacles compliqués, et il arrive le plus souvent que ces obstacles deviennent insurmontables. En fait, bien peu de gens peuvent remonter le cours de leur jeunesse sans retrouver la trace d'une tendre affection repoussée, ou trahie, ou contrariée par des circonstances funestes. Ces souvenirs de notre histoire intime laissent au fond du cœur une teinte de romanesque, qui nous permet à peine, dans un âge plus avancé, même au milieu des affaires, d'écouter avec une indifférence absolue le récit d'un amour pur et véritable.

Julien Peveril avait placé justement ses affections de manière à s'assurer sa part complète de cette opposition à laquelle se heurtent les premiers attachements de la jeunesse. Cependant, rien de plus naturel que sa conduite. Au commencement de son séjour dans l'île, dame Debbitch avait rencontré, par hasard, le fils de son ancienne maîtresse, en train de pêcher dans la petite rivière qui arrosait le vallon où elle demeurait avec Alice Bridgenorth. Elle eut bientôt fait de découvrir qui il était; et, à part l'intérêt que les femmes de sa condition portent aux jeunes gens qu'elles ont élevés, elle fut enchantée d'avoir l'occasion de parler du temps passé, du château de Martindale, et des amis qu'elle y avait; de sir Geoffroy et de sa digne épouse, et par ci par là de Lance Outram, le garde forestier.

Le seul plaisir de satisfaire la curiosité de Débora n'eût certes pas suffi à ramener Julien dans la maison solitaire; mais la gouvernante avait une compagne, une jeune et jolie fille, élevée dans la retraite et avec les goûts simples et modestes qu'elle inspire; spirituelle et questionneuse aussi, elle écoutait, le sourire aux lèvres et l'œil pétillant, toutes les histoires que le jeune pêcheur racontait du château et de la ville.

Les visites de Julien à Black-Fort furent d'abord accidentelles; car Débora montrait une prudence qui n'était peut-être que le résultat de la crainte de perdre sa place, en cas d'une fâcheuse découverte. Elle se fiait beaucoup, il est vrai, à la croyance profondément enracinée, et touchant presque à la superstition, du major Bridgenorth, à savoir que sa fille continuerait de se bien porter si elle recevait, d'une personne instruite par lady Peveril, les soins qui l'avaient sauvée de la maladie tant redoutée. Avec une simplicité astucieuse, Débora s'était appliquée à fortifier cette croyance, parlant toujours d'un ton d'oracle de la santé dont elle était chargée, et faisant allusion à certaines règles mystérieuses indispensables pour la maintenir dans un état favorable.

C'est par cet artifice qu'elle avait obtenu, pour Alice et pour elle, une habitation séparée à Black-Fort; car l'intention du major était d'abord de les loger toutes deux à Kirk-Truagh, sous le même toit que la belle-sœur de sa défunte femme, la veuve de l'infortuné Christian. Mais cette dame, que le chagrin avait vieillie avant l'âge, le convainquit sans peine que cette maison serait un séjour fort triste pour sa fille. Toutefois, en l'installant à Black-Fort, ancienne propriété de Christian, il entendait qu'elle se regardât toujours comme sous les ordres et la surveillance de la veuve; état d'assujétissement que Débora ne manqua pas d'adoucir de tout son pouvoir, en prenant autant de liberté qu'elle osa se le permettre.

Cette tendance à n'en faire qu'à sa tête lui suggéra l'idée de procurer secrètement à Alice les moyens d'acquérir certains talents, que les principes sévères du puritanisme auraient proscrits. Elle se hasarda à lui faire apprendre la musique et même la danse; et le portrait du grave colonel Christian ballottait contre la boiserie, tandis qu'Alice, légère comme une sylphide, et la pesante Débora exécutaient ensemble des chassés et des pas de bourrée, au son d'une pochette qui résonnait aigrement, sous l'archet de M. Pigal, moitié contrebandier, moitié maître de danse. Le bruit de cette abomination parvint aux oreilles de la veuve, qui s'empressa d'en instruire Bridgenorth : l'arrivée subite de ce dernier prouva l'importance qu'il attachait à cette nouvelle. Si Débora eût perdu confiance en elle-même, c'eût été le dernier jour de son autorité; mais elle sut faire usage de ses armes habituelles.

— La danse, dit-elle, est un exercice réglé et mesuré par la musique, et le simple bon sens fait voir qu'il est le plus salutaire de tous pour une jeune personne délicate, surtout parce qu'on peut s'y livrer chez soi, quelque temps qu'il fasse au dehors.

Bridgenorth écoutait en fronçant le sourcil, quand Débora, joignant l'exemple au raisonnement, décrocha sa viole, dont elle jouait assez bien, commença le rondeau de Sellenger, et dit à Alice d'exécuter sur cet air une vieille danse anglaise. Confuse et charmée à la fois, la jeune fille, âgée d'environ quatorze ans, se pliait gracieusement à la cadence, sous l'œil de son père, qui suivait, en quelque sorte malgré lui, chacun de ses pas légers et voyait avec joie les couleurs brillantes de ses joues. Lorsqu'elle eut fini, il la serra dans ses bras, écarta doucement les boucles de cheveux qui tombaient en désordre sur son front, y déposa un baiser en souriant, et partit sans prononcer un seul mot pour interdire un exercice si salutaire. Il ne jugea pas à propos de communiquer à mistress Christian le résultat de sa visite à Black-Fort; mais elle ne tarda pas à l'apprendre de la bouche même de Débora.

— C'est fort bien, dit la vieille dame d'un ton sévère, mon frère Bridgenorth vous a permis de faire de sa fille une Salomé en lui apprenant à danser; il ne vous reste plus qu'à lui choisir un mari. Allez, je ne veux plus me mêler de rien.

La rusée gouvernante resta donc, à son grand contentement, maîtresse de diriger, comme elle l'entendrait, l'éducation d'Alice et le ménage, choses auxquelles la vieille tante s'était jusqu'alors vivement intéressée.

Elles vivaient dans cet état d'indépendance quand Julien fit sa première visite à leur habitation; et il fut d'autant plus encouragé à revenir que Débora, toujours par esprit de contradiction, voyait en lui le dernier des hommes avec lequel mistress Christian aurait voulu que sa nièce entretînt des relations. Elle n'agit pas toutefois à l'étourdie. Il lui fallait se mettre en garde non seulement contre un retour d'intérêt ou de curiosité de la part de la veuve, mais contre l'arrivée soudaine du maître, qui ne manquait jamais de venir une fois par an à Black-Fort, au moment où on l'attendait le moins, et d'y rester quelques jours. Aussi exigea-t-elle de Julien que ses visites fussent rares et convenablement espacées; qu'il consentît à passer pour un de ses parents aux yeux des deux servantes et du jeune gars qui composaient toute leur maison; et qu'il vînt toujours en habit de pêcheur, vêtu de simple *loughtan*, espèce d'étoffe de laine couleur chamois.

Ces précautions parurent suffire dans les commencements, alors que Julien et Alice n'étaient pas sortis de l'adolescence. Mais le moment arriva où Débora elle-même eut conscience du danger qu'offrait la continuation d'une pareille intimité. Elle saisit une occasion de révéler à Julien ce qu'était miss Bridgenorth, ainsi que les circonstances qui avaient amené la discorde entre leurs pères. L'histoire de cette querelle, qui lui était inconnue, l'intéressa et le surprit tout ensemble. Son imagination s'enflamma; et, loin de céder aux prudentes remontrances de Débora et de cesser peu à peu le cours de ses visites, il déclara, sans hésiter, qu'il regardait sa rencontre avec

Alice comme une manifestation de la volonté du ciel, qui les destinait l'un à l'autre, en dépit des obstacles que la passion et les préjugés pourraient élever entre eux. Ils avaient été amis d'enfance, et il se rappelait bien le chagrin que lui avait causé la disparition subite et inattendue de sa petite compagne, qu'il devait retrouver un jour dans le premier éclat de la beauté, sur une terre étrangère.

Débora resta confondue, en voyant que le moyen sur lequel elle avait compté devenait un aliment à la flamme qu'elle s'était flattée d'éteindre. Elle n'avait pas une tête à résister aux arguments mâles et énergiques d'un amour passionné. Elle se récria, elle gémit, et sa molle opposition aboutit à un flux de pleurs, à des élans de sympathie, et à une déroute finale. « Que Julien continue de venir, dit-elle enfin, mais en ami, et rien de plus. »

La dame fit alors une foule de réflexions encourageantes. Il était clair à ses yeux que les deux jeunes gens semblaient faits pour être unis, aussi bien que les domaines de Moultrassie et de Martindale. Quelques réparations suffiraient à mettre le château en bon état ; on laisserait la maison tomber en ruine, ou, ce qui vaudrait mieux, quand l'heure de sir Geoffroy serait venue (car le bon chevalier avait du service et devait être bien cassé), cette maison pourrait servir de douaire à lady Peveril, qui s'y retirerait avec Ellesmere. Quant à elle, Débora Debbitch, souveraine de l'office et du garde-manger, elle régnerait comme femme de charge au château, et placerait peut-être la couronne matrimoniale sur la tête de Lance Outram, pourvu qu'il ne fût ni trop caduc, ni trop gras, ni trop ivrogne.

Le départ de Julien pour le continent vint interrompre ses visites ; et s'il soulagea quelque peu dame Débora de ses craintes secrètes, il répandit en même temps sur les traits d'Alice un air de langueur et d'abattement, qui renouvela toutes les transes de Bridgenorth sur la santé de sa fille. Débora lui promit qu'elle aurait meilleur visage le lendemain, et elle tint parole. Elle avait retenu par devers elle une lettre que Julien lui avait envoyée pour sa jeune amie. La remettre comme billet doux pouvait être dangereux ; mais, de même que pour la danse, il n'y avait pas d'inconvénient à l'administrer comme remède salutaire. En effet, le résultat fut complet, et, le jour suivant, les joues d'Alice reprirent les couleurs de la rose. En montant à cheval, son père, tout à fait rasséréné, glissa une bourse dans la main de Débora, et lui recommanda de ne rien épargner de ce qui pouvait contribuer au bonheur de sa fille et au sien.

Cette marque de générosité et de confiance, de la part d'un homme aussi méfiant et réservé que Bridgenorth, donna un nouvel essor aux espérances de la gouvernante, et l'enhardit non seulement à remettre une seconde lettre de l'absent, mais encore à encourager, plus ouvertement que jamais, la liaison des deux amants, lorsque Julien fut de retour. Celui-ci, plus versé dans la connaissance du monde, ne tarda pas à sentir que ses visites réitérées, ses promenades avec une personne jeune et belle, pouvaient trahir le secret de son amour, et nuire surtout à celle qui en était l'objet.

Frappé de cette idée, il s'abstint plus longtemps que de coutume de paraître à Black-Fort; mais la première fois qu'écoutant le besoin de son cœur, il osa revenir dans le lieu qu'il n'aurait jamais voulu quitter, le changement survenu dans les manières d'Alice, le ton avec lequel elle sembla lui reprocher sa négligence, pénétrèrent jusqu'à son âme, et lui enlevèrent tout à coup l'empire que jusque-là il avait conservé sur lui-même. Il lui suffit de quelques phrases énergiques pour faire comprendre à Alice la force de ses sentiments, et l'éclairer sur la nature de ceux qu'elle éprouvait. Elle versa des larmes en abondance; mais toutes ne furent pas amères. Elle écouta, dans une attitude passive et silencieuse, le récit passionné des événements qui avaient divisé leurs familles; car tout ce qu'elle en avait su, c'était que M. Peveril, attaché à la maison de la grande comtesse, devait employer quelques précautions pour aller voir la parente de l'infortuné Christian. Lorsque Julien eut terminé son récit par les protestations brûlantes d'un éternel amour :

— Mon pauvre père! s'écria-t-elle, voilà donc à quoi ont abouti toutes tes précautions? à me faire tenir un tel langage par le fils de celui qui t'a outragé et banni!

— Vous vous trompez, Alice, vous vous trompez, répliqua vivement Julien. Si je vous tiens ce langage, si le fils de Peveril parle ainsi à la fille de votre père, s'il implore à vos genoux le pardon des injures qui ont eu lieu pendant notre enfance, voyez-y la preuve que la volonté du ciel est d'éteindre en notre affection la querelle de nos parents. Autrement, pourquoi réunirait-il dans une vallée de l'île de Man ceux qu'il avait séparés enfants dans les montagnes de Derby?

Quelque nouvelle que fût cette scène pour Alice, scène d'un intérêt si poignant, elle était douée au plus haut degré de cette délicatesse

exquise gravée au cœur des femmes pour les avertir de ce qui pourrait, en certains moments, blesser les convenances.

— Levez-vous, Monsieur Peveril, dit-elle, et ne soyez pas injuste envers vous ni envers moi. Nous avons eu tort tous les deux, grand tort; mais ma faute à moi vient de l'ignorance. O Dieu! mon pauvre père qui a besoin de tant de consolations, me faut-il encore ajouter à ses infortunes! Levez-vous! répéta-t-elle d'un ton plus ferme. Si vous gardez plus longtemps cette attitude peu convenable, je sortirai de l'appartement, et vous ne me reverrez jamais!

Ce ton d'autorité imposa à l'impétuosité de son amant, qui obéit en silence et alla s'asseoir à quelque distance d'elle.

— Julien, lui dit-elle d'un air plus doux, en voyant qu'il se disposait à reprendre la parole, vous en avez assez dit, et plus qu'assez. Je vivais dans un songe agréable, qui me permettait de vous écouter toujours ; que ne m'y avez-vous laissée ? A présent, voici l'heure du réveil.

Peveril attendait la suite de son discours comme un criminel attend sa sentence ; il avait conscience qu'une réponse faite avec autant de fermeté et non sans émotion, ne devait pas être interrompue.

— Oui, nous avons eu tort, grand tort, reprit-elle ; et, si maintenant nous nous séparons pour toujours, la douleur que nous ressentirons sera le juste châtiment de notre faute. Nous n'aurions jamais dû nous rencontrer, et il faut nous quitter le plus tôt possible. Prolonger notre liaison ne ferait qu'ajouter au chagrin de nous séparer. Adieu, Julien ; oubliez que nous nous sommes connus.

— Oublier ? jamais ! jamais ! Pour vous, c'est un mot facile à dire, une pensée facile à avoir peut-être ; pour moi, essayer l'un ou l'autre, autant me préparer à mourir. Pourquoi douteriez-vous que l'inimitié de nos parents, comme tant d'autres dont nous avons ouï parler, cède à la force de notre tendresse ? Vous êtes ma seule et unique amie ; je suis le seul ami que le ciel vous ait donné : est-ce à nous d'expier par une rupture les fautes commises par autrui ?

— Vaines paroles, Julien ! J'ai pitié de vous, et de moi aussi, car c'est moi qui, de nous deux, ai le plus besoin de pitié. Une fois parti, vous verrez de nouvelles scènes, de nouvelles figures, et vous m'aurez bientôt oubliée, tandis que moi, dans cette solitude, comment pourrai-je oublier jamais ?... Mais il ne s'agit pas de cela ; je supporterai ce que le sort me réserve, et il ordonne que nous nous séparions.

— Écoutez-moi encore un moment, dit Peveril. Ce malheur n'est pas, ne saurait être sans remède. J'irai trouver mon père, j'aurai recours à ma mère, à laquelle il ne peut rien refuser ; j'obtiendrai leur consentement... Ils n'ont que moi d'enfant, et ils se résigneront à dire oui, sinon ils ne me verront plus. Eh bien, Alice, si je vous rapporte le consentement de mes parents, direz-vous encore avec ce ton touchant et triste, et d'une résolution si inconcevable : « Il faut nous séparer ? » Et comme elle gardait le silence, il ajouta : Cruelle fille! ne daignerez-vous pas me répondre?

— On ne répond pas à ceux qui parlent en rêve, dit Alice. Vous me demandez ce que je ferais : quel droit avez-vous de supposer l'impossible et de me questionner là-dessus?

— J'ai l'espérance, Alice, l'espérance! le dernier soutien des malheureux, et que vous n'auriez sans doute pas le courage de m'ôter! L'espérance n'est-elle pas toujours là pour lutter contre les obstacles, les incertitudes, les dangers, quand même elle ne doit pas triompher? Encore une fois, si je reviens à vous au nom de mon père, au nom de ma mère, à qui vous devez presque la vie, que me répondrez-vous ?

— Je vous renverrais à mon père, dit-elle en détournant les yeux; puis les relevant tristement sur lui, elle répéta d'un ton plus ferme : Oui, Julien, je vous renverrais à mon père, et vous verriez alors que votre pilote, l'espérance, vous a trompé et qu'il vous a sauvé d'un banc de sable pour vous écraser contre un rocher.

— Que ne puis-je en faire l'épreuve! Il me semble que je convaincrais votre père qu'aux yeux du monde une alliance avec ma famille n'est pas à dédaigner. Nous avons de la fortune, un rang, une longue suite d'aïeux, tout ce qu'un père peut désirer dans celui qui recherche la main de sa fille.

— Tout cela ne vous servirait de rien : l'esprit de mon père est tourné vers les choses de l'autre monde; et s'il consentait à vous entendre, ce serait probablement pour dire qu'il rejette vos offres.

— Vous n'en savez rien, Alice, rien du tout. Le feu peut fondre le fer; le cœur de votre père ne peut être assez dur pour que je ne trouve quelque moyen de l'attendrir. Oh! ne me défendez pas, ne me défendez pas du moins de le tenter!

— Je n'ai pas le droit de vous rien défendre; mais si vous êtes sage, et si vous voulez m'en croire, ici même, à cette place, nous nous séparerons pour toujours.

— Non, de par le ciel! s'écria Julien, dont le caractère impétueux s'inquiétait à peine des obstacles pour atteindre le but de ses désirs. Nous allons nous séparer, soit, mais c'est afin que je puisse revenir armé du consentement de mes parents. Ils voudraient me voir marié, ils m'en pressaient encore dans leur dernière lettre : eh bien, leur désir sera satisfait; et jamais bru semblable à celle que je présenterai n'aura honoré leur maison depuis que le roi Guillaume lui a donné naissance! Adieu, Alice, adieu, et à bientôt!

— Adieu! répéta-t-elle, adieu pour toujours!

Une semaine après cette entrevue, Julien était au château de Martindale, dans le dessein de parler à cœur ouvert. Les occasions ne lui manquèrent pas ; en effet, dès la première promenade qu'il fit avec son père, le chevalier remit sur le tapis la question du mariage, y donnant pour unique condition que la future serait d'une famille loyale et honorable.

— Si elle a de la fortune, dit-il, ce sera bel et bien, ou plutôt ce sera mieux que bien ; si elle n'en a pas, il reste encore quelques os à ronger dans le vieux domaine, et dame Marguerite et moi nous saurons nous contenter de la part la plus petite. Je tourne à l'économie, Julien ; vois la lourde rosse qui me sert de monture. Ah! ce n'est plus là mon vieux Black-Hastings, qui n'avait qu'un défaut, celui de vouloir toujours enfiler l'avenue de Moultrassie.

— Était-ce donc un si grand défaut, mon père? demanda Julien d'un air d'indifférence affectée, tandis que son cœur semblait lui battre jusque dans la gorge.

— Oui, parce que cela me rappelait ce vil, ce méprisable presbytérien de Bridgenorth ; j'aimerais autant entendre parler d'un crapaud venimeux. On dit qu'il s'est fait Indépendant pour mettre le comble à sa coquinerie. Sachez, Gill, que j'ai renvoyé le petit vacher pour avoir cueilli des noisettes dans ses bois, et je ferais pendre un chien qui y étranglerait un lièvre... Mais qu'avez-vous, mon fils? vous pâlissez.

Julien fit une réponse évasive; mais il comprit trop bien, d'après le ton et le langage de son père, que ses préventions contre celui d'Alice étaient profondes et envenimées, comme il arrive souvent à la campagne entre propriétaires voisins qui, ayant peu de chose à faire et à penser, sont tout portés, pour tuer le temps, à entretenir de misérables sujets de querelle.

Dans le cours de la même journée, il parla, comme par hasard, des Bridgenorth à sa mère; aussitôt celle-ci le conjura de ne pas prononcer ce nom, surtout en présence de son père.

— Ce major Bridgenorth, dont j'ai entendu parler, était-il donc un si méchant voisin? demanda Julien.

— Je ne dis pas cela, répondit lady Peveril; il nous a même rendu plus d'un service à l'époque de nos malheurs; mais votre père et lui se sont brouillés par suite d'un malentendu, et à un tel point qu'au moindre souvenir de cette vieille affaire, il perd la tête et s'emporte d'une façon extraordinaire, ce qui m'alarme quelquefois, surtout à présent que sa santé n'est plus si bonne. Pour l'amour du ciel! mon cher Julien, évitez avec soin de faire allusion à Moultrassie et à aucun de ses habitants.

Cette recommandation, faite d'un ton sérieux, le força de reconnaître que s'il parlait de son projet, c'était un moyen certain de le voir échouer. Il retourna à l'île de Man, la mort dans l'âme.

Cependant, il eut la hardiesse de tirer parti de son voyage pour solliciter d'Alice une entrevue, afin de lui faire part de ce qui la concernait. Elle l'accorda, non sans difficulté, et montra un assez vif déplaisir en apprenant que tout se bornait à lui dire que lady Peveril conservait encore une opinion favorable du major Bridgenorth, opinion que Julien ne manqua pas de lui représenter comme le présage heureux de leur prochaine réconciliation.

— Je ne croyais pas, Monsieur Peveril, dit Alice d'un air digne, que vous chercheriez à m'abuser ainsi; dorénavant, j'y prendrai garde. Cessez entièrement vos visites, et vous, Débora, ne les autorisez d'aucune façon; sans cela, le résultat d'une telle persécution serait de me forcer à demander à ma tante et à mon père un changement de demeure et peut-être une compagne plus prudente.

Frappée de terreur à cette menace déguisée, Débora se joignit à Alice pour exiger de Julien qu'il s'éloignât à l'instant, et il fut obligé d'obéir à cette requête. Mais le courage d'un jeune amant n'est pas facile à dompter : Julien, après avoir cherché, selon l'usage, à oublier son ingrate maîtresse, ne résista pas au désir de faire à Black-Fort la visite dont nous avons parlé dans le chapitre précédent.

Nous l'avons laissé en proie à l'anxiété et redoutant presque une entrevue que la gouvernante était allée solliciter; il se promenait à grands pas dans le salon, et tel était le trouble de son esprit, qu'il lui semblait voir les regards mélancoliques du portrait de Christian suivre tous ses mouvements et se fixer sur lui comme un présage de malheur.

CHAPITRE XIII.

<small>Les parents ont des cœurs de roche; les pleurs ne sauraient les émouvoir.

OTWAY.</small>

 ORSQUE Alice Bridgenorth entra dans le salon où son amant l'attendait avec tant d'impatience, ce fut d'un pas lent et d'un air composé. Il y avait dans sa toilette un arrangement méticuleux, qui en faisait ressortir la simplicité puritaine, et qui parut à Julien d'un mauvais augure.

La robe de couleur sombre, la coiffe pincée et plissée, qui renfermait exactement une forêt de longs cheveux bruns, la petite collerette et les longues manches auraient déparé une taille moins gracieuse que celle d'Alice ; mais ses formes exquises, dont les contours n'avaient point encore atteint la rondeur parfaite, pouvaient supporter ce costume ingrat, et même lui prêter du charme. Sa peau blanche et fine, ses yeux bruns, son front d'albâtre, offraient des beautés moins régulières que sa taille. On remarquait une vivacité spirituelle dans son enjoûment et une sensibilité profonde dans sa gravité, qui la rendaient, dans la conversation, si séduisante par son langage et ses manières, si touchante par la simplicité et la pureté de ses pensées, qu'elle eût éclipsé les beautés les plus brillantes. Il n'était donc pas étonnant qu'un caractère ardent comme celui de Julien, subjugué par de tels charmes et par l'attrait du mystère qui présidait à toutes ses relations avec Alice, préférât la recluse de Black-Fort à toutes les femmes aimables qu'il avait pu rencontrer dans le monde.

Son cœur battit violemment lorsqu'elle parut; à peine eut-il la force de proférer un mot, et son salut respectueux prouva seul qu'il s'apercevait de sa présence.

— C'est une dérision, Monsieur Peveril, dit Alice, en s'efforçant de prendre un ton de fermeté que secondaient assez mal les accents de sa voix tremblante; oui, une dérision, et bien cruelle. Vous venez dans ce lieu solitaire, habité seulement par deux femmes, trop simples pour vous ordonner d'en sortir, trop faibles pour vous y contraindre; vous venez en dépit de mes instantes prières, au mépris de vos intérêts, et peut-être au préjudice de ma réputation, et vous croyez vous en tirer par des révérences! Cette conduite est-elle honorable? est-elle juste? Et après un moment d'hésitation, elle ajouta : Est-elle d'un ami?

Le son de voix mal assuré avec lequel ces derniers mots furent prononcés, et l'accent de doux reproche qui les accompagnait, allèrent droit au cœur de Julien.

— Alice, dit-il, s'il existait un moyen de vous prouver, au péril de ma vie, mon estime, mon respect, mon tendre dévouement, le danger me serait plus cher que ne le fut jamais le plaisir.

— Vous m'avez souvent dit ces choses-là, repartit Alice, et elles sont de nature telle que je ne dois plus, que je ne désire plus les entendre. Je n'ai point de tâche à vous dicter, point d'ennemis à vaincre, nul besoin de protection; nulle envie, Dieu le sait! de vous exposer à aucun danger. C'est seulement à votre présence ici que le danger s'attache. Réprimez votre caractère fougueux, tournez d'un autre côté vos pensées et vos soins, et je n'aurai plus rien à demander au ciel, plus rien à souhaiter. Faites appel à votre raison, et souffrez que je vous conjure encore une fois, en termes clairs, de vous éloigner d'ici jusqu'à ce que... jusqu'à ce que...

— Jusqu'à quand, Alice? jusqu'à quand? interrompit vivement Julien.

Imposez-moi une absence aussi longue que votre rigueur l'exigera ; mais qu'elle ne soit point éternelle ! Dites-moi de partir pour des années, mais de revenir ensuite, et quelque lent, quelque pénible qu'en soit le cours, la pensée qu'elles auront un terme me donnera la force d'y survivre. Laissez-moi vous supplier, Alice, de fixer un terme à cette séparation.

— Eh bien, jusqu'au moment où vous ne verrez plus en moi qu'une sœur.

— C'est donc une sentence de bannissement perpétuel ! Appelez-vous mettre un terme à mon exil que d'y attacher une condition impossible à remplir ?

— Et pourquoi le serait-elle, Julien ? demanda-t-elle d'une voix persuasive. N'étions-nous pas plus heureux avant que vous eussiez levé le masque qui cachait votre personne et déchiré le voile qui me couvrait les yeux ? Nous revoir, nous entretenir, nous quitter même, rien n'était une cause de chagrin, parce que notre conscience était sans reproche. Revenons à cet état d'heureuse ignorance, et vous n'aurez aucune raison de m'appeler cruelle. Mais puisque vous formez des projets dont je connais la vanité, que vous m'adressez des discours pleins de violence, vous me pardonnerez si je vous déclare à présent, et une fois pour toutes, que si l'imprudence de Débora m'expose à de telles persécutions, j'écrirai à mon père qu'il ait à me choisir une autre résidence.

— Écoutez-moi, fille impitoyable, dit Peveril, écoutez-moi, et vous verrez combien je suis disposé à vous obéir. Vous étiez heureuse, dites-vous, lorsque nous ne parlions pas du sujet qui nous occupe aujourd'hui : eh bien ! je saurai étouffer mes propres sentiments, et ce temps fortuné renaîtra. Dans nos entrevues, dans nos promenades, je serai avec vous comme un frère avec sa sœur, comme un ami avec son ami. Mes pensées, qu'elles soient d'espérance ou de désespoir, resteront ensevelies dans mon âme, et ma bouche ne les trahira pas ; je ne pourrai donc plus vous offenser. Débora sera toujours près de vous, et sa présence m'arrêtera sur toute pente dangereuse. La seule grâce que j'implore, c'est de ne pas me faire un crime de ces pensées, qui sont la partie la plus chère de mon existence ; car, croyez-moi, il y aurait plus de justice, plus de charité à m'arracher l'existence même.

— Je n'ai pas de confiance dans le plan que vous me proposez, pas de confiance dans votre résolution, et je n'en ai pas davantage dans la protection de Débora. Jusqu'à ce que vous soyez capable de renoncer, franchement et sans retour, aux vœux que vous m'avez exprimés, nous devons être étrangers l'un à l'autre ; et même, puissiez-vous y renoncer dès aujourd'hui, le meilleur parti serait encore de nous séparer pour un long temps. Peut-être est-il déjà trop tard pour prévenir quelque événement fâcheux... Mais quel est ce bruit ?

— C'est Débora sans doute... Puisque cette entrevue doit être la dernière, pourquoi abréger des instants qui passent si vite ? Le bourreau ne presse pas le malheureux agenouillé sur l'échafaud de hâter sa prière. Ne voyez-vous pas — je raisonnerai aussi froidement qu'il vous plaira, — ne voyez-vous pas que vous manquez vous-même à votre parole en détruisant l'espérance que vous m'avez donnée ?

— Quelle parole, quelle espérance vous ai-je donnée, Julien ? C'est vous seul qui vous créez un chimérique espoir.

— N'avez-vous pas dit que, si nos parents consentaient à notre union, vous cesseriez d'être contraire à mes vœux ?

— Non, non, non, s'écria Alice, le visage couvert de rougeur, je n'ai rien avancé de pareil. C'est votre folle imagination qui a interprété ainsi mon silence. En vérité, Julien, vous ne devriez pas me tourmenter de la sorte. Seule, sans protection, vous portant intérêt, beaucoup d'intérêt, pourquoi me solliciter de dire ou de faire ce qui pourrait m'humilier à mes propres yeux ? Pourquoi vouloir m'arracher l'aveu d'une affection que le sort m'a défendu de partager ? C'est de la barbarie ; c'est chercher pour vous seul une jouissance égoïste et passagère aux dépens de ce que l'honneur me commande.

— C'en est assez, interrompit le jeune homme, les yeux étincelants ; je ne vous presserai pas davantage. Mais vous vous exagérez les obstacles qui nous séparent : ils disparaîtront.

— Vous le croyez, et votre propre témoignage vous condamne. Vous n'avez pas osé vous expliquer avec votre père ; comment tenteriez-vous de le faire avec le mien ?

— Le major Bridgenorth, si j'en crois ma mère, est un homme digne et estimable. Je lui rappellerai que c'est à ma mère qu'il doit ce précieux trésor, la consolation de sa vie, et je lui demanderai si, pour prix de ces tendres soins, il doit la priver de son fils. Que je sache seulement où le trouver, Alice, et bientôt vous apprendrez si j'ai craint de plaider ma cause devant lui.

— Hélas! répondit Alice, vous savez l'ignorance où je suis moi-même sur le lieu que mon père habite. Que de fois je l'ai supplié ardemment de me laisser partager sa solitude, ou d'être la compagne de sa vie errante! Mais ses courtes et rares visites

sont les seules occasions où il me soit permis de jouir de sa société; et pourtant, je pourrais adoucir, j'en suis sûre, la tristesse qui l'accable.

— Nous y travaillerions ensemble. Avec quelle joie je vous aiderais dans une si douce tâche! Grâce à nous, plus de souvenirs pénibles; l'amitié du temps passé refleurirait. Si vous ne savez pas où il est, apprenez-moi par quels moyens vous lui faites parvenir vos lettres, j'entreprendrai sur l'heure de découvrir le lieu de sa résidence

— De temps en temps, mes lettres lui parviennent par l'intermédiaire de ma tante Christian, mais son adresse, je l'ignore.

— Eh bien! de par le ciel, reprit Julien, j'épierai son arrivée dans l'île, dans cette maison; et, avant qu'il vous ait serrée dans ses bras, Alice, il aura répondu à ma demande.

— Faites-la donc tout de suite, car vous avez devant vous Ralph Bridgenorth.

Sur ces mots, la porte s'ouvrit, et le major en personne entra, de son pas lent et mesuré. Il ôta son chapeau et, debout au milieu du salon, jeta sur chacun des jeunes gens un regard pénétrant.

— Mon père! s'écria Alice, surprise et effrayée à la fois de cette apparition subite en un pareil moment, mon père, je ne suis pas coupable.

— Nous parlerons de cela tout à l'heure, Alice, dit Bridgenorth; en attendant, retirez-vous dans votre appartement. Ce que j'ai à dire à ce jeune homme ne saurait avoir lieu en votre présence.

— En vérité, mon père, en vérité, dit Alice, alarmée de ce que ces paroles semblaient annoncer, Julien n'est pas plus coupable que moi! C'est le hasard, le hasard seul qui nous a rapprochés. Se précipitant alors vers son père, elle jeta ses bras autour de lui : Oh! ne le traitez pas sévèrement; il n'a pas voulu me faire d'injure. O mon père, vous avez toujours été un homme sage, religieux, paisible...

— Et pourquoi ne le serais-je plus, Alice? répondit-il, en relevant sa fille, presque tombée à ses genoux dans l'ardeur de ses supplications. Sais-tu quelque chose, mon enfant, qui doive m'inspirer contre ce jeune homme une colère que la raison et la religion ne puissent réprimer? Va, remonte dans ta chambre; calme tes passions, apprends à les gouverner, et laisse-moi causer avec ce jeune entêté.

Alice se releva et sortit du salon à pas lents et la tête basse. Julien la suivit du regard jusqu'à ce que le dernier pli de sa robe eût disparu derrière la porte, qui se referma. Alors il leva les yeux sur le major, et les baissa aussitôt. Celui-ci continuait de l'examiner en silence, mais sans nulle apparence de colère et de haine. Il fit signe à Julien de prendre un siège, en prit un lui-même, et entama la conversation en ces termes :

— Tout à l'heure, jeune homme, vous paraissiez désireux de savoir où me trouver ; du moins, je l'ai présumé, d'après le peu de mots que j'ai entendus par hasard.

— J'ose me flatter, Monsieur, répondit Julien, rappelant tout son courage dans un moment qui lui semblait décisif, que vous n'avez rien entendu de ma part qui ait pu offenser un homme auquel je dois tant de respect, quoiqu'il m'ait été jusqu'à présent inconnu.

— Au contraire, reprit Bridgenorth avec le même ton de gravité formaliste ; je suis content de voir que vous voulez avoir affaire à moi plutôt qu'à ma fille ; seulement, il aurait mieux valu m'en parler d'abord, puisque cela me regarde uniquement.

Malgré l'extrême attention qu'il mettait à le suivre, Julien ne put distinguer si Bridgenorth parlait sérieusement ou avec ironie. Doué néanmoins de plus de sagacité qu'on n'en aurait attendu de son peu d'expérience, il résolut à part soi d'étudier le caractère de son interlocuteur. Dans ce dessein, réglant sa réponse sur l'observation qui venait de lui être faite, il dit que, n'ayant pas l'avantage de connaître le lieu qu'il habitait, il était venu s'en informer auprès de sa fille.

— Que vous avez vue aujourd'hui pour la première fois ? demanda Bridgenorth. Est-ce ainsi que je dois l'entendre ?

— Non, répondit Julien en baissant les yeux ; je suis connu de votre fille depuis plusieurs années ; et ce que je désirais vous dire concerne son bonheur et le mien.

— Je dois donc interpréter votre langage à la façon des hommes charnels, quand il s'agit entre eux des choses de ce monde. Vous êtes attaché à ma fille par les liens de l'amour, je le sais depuis longtemps.

— Vous, Monsieur !

— Oui, jeune homme. Pensez-vous que moi, père d'une enfant unique, le seul gage qui me reste de la tendresse d'une épouse bien-aimée, j'aurais pu me résoudre à la confiner dans cette solitude, sans me réserver un moyen sûr d'être instruit de toutes ses actions ? J'ai été moi-même témoin des vôtres et des siennes plus que vous ne l'imaginez, et, quand j'étais absent de corps, on exerçait, par d'autres voies, la même surveillance. Il se peut qu'un amour tel que celui que vous avez pour ma fille apprenne à être ingénieux ; mais, croyez-moi, il ne saurait donner plus de clairvoyance que l'amour paternel.

Le cœur de Julien palpitait d'allégresse.

— Puisque vous connaissez depuis si longtemps nos relations, dit-il, puis-je espérer que vous ne les avez point désapprouvées?

— A certains égards, non, assurément, répondit le major, après un instant de réflexion. S'il en était autrement, si j'avais remarqué, de votre côté ou de celui de ma fille, la moindre chose qui tendît à rendre vos visites dangereuses pour elle ou désagréables pour moi, elle n'aurait pas longtemps habité cette maison ni cette île. Cependant, ne vous hâtez pas de supposer que tout ce que vous désirez à cet égard puisse s'accomplir soit promptement, soit avec facilité.

— S'il y a des difficultés, et j'en prévois du reste, dit Julien, j'espère qu'avec votre bienveillante adhésion, il me sera possible de les surmonter. Mon père est généreux, ma mère bonne et sensible ; ils vous aimaient autrefois, ils vous aimeront encore. Je servirai de médiateur entre vous...

Bridgenorth accueillit cette tirade par un de ces sourires étranges qui faisaient grimacer sa figure sombre et mélancolique.

— Ma fille, répliqua-t-il, avait bien raison de dire tout à l'heure que vous étiez un songe-creux, un faiseur de plans fantastiques. Ce que vous sollicitez de moi, jeune homme, est fort grave : la main de ma fille, mon unique enfant, tout ce qui fait mon bonheur ici-bas. Et que m'offrez-vous, qu'avez-vous à m'offrir en retour?

— Je ne sens que trop, dit Peveril déconcerté, la grandeur de votre sacrifice.

— Fort bien ; mais ne m'interrompez pas, jusqu'à ce que je vous aie fait connaître la valeur de ce que vous avez à m'offrir en échange d'un don que vous désirez ardemment. Peut-être avez-vous ouï dire que, dans ces derniers temps, j'ai combattu les principes de votre père et de sa faction profane ; mais je n'ai pas été son ennemi personnel.

— J'ai ouï dire tout le contraire, et il n'y a qu'un instant je vous rappelais que vous aviez été son ami.

— Oui, et quand nous étions, lui dans l'affliction, moi dans la prospérité, je n'ai manqué ni de bonne volonté ni de pouvoir pour lui prouver que j'étais son ami. Eh bien, la roue de la fortune a tourné, les temps ont changé. Un homme paisible et inoffensif pouvait espérer d'un voisin, devenu puissant à son tour, la protection qu'ont droit d'attendre, même de ceux qui lui sont étrangers, tous les sujets du même royaume, quand ils marchent dans les sentiers de la loi. Qu'arrive-t-il ? Je poursuis, au nom du roi et de la justice, une femme dont les mains sont teintes du sang d'un de mes proches parents ; et j'avais, en pareil cas, le droit de réclamer le concours de tout citoyen fidèle. Mon voisin, mon ancien ami, était tenu, comme homme et magistrat, de prêter main forte à la justice ; il était tenu, par la reconnaissance et les obligations dues à un ami, de respecter mes droits et ma personne. Loin de là : il se jette entre moi, moi le vengeur du sang, et celle que je devais arrêter ; il m'attaque, me renverse, met ma vie en danger, et souille mon honneur, du moins aux yeux des hommes. Puis, sous sa protection, la femme madianite, semblable à l'aigle de mer, atteint l'aire qu'elle s'est construite parmi les rochers, et s'y cache jusqu'à ce que l'or, habilement distribué à la cour, ait effacé le souvenir de son crime. C'est là qu'elle ose braver la vengeance qui est due à la mémoire du plus vaillant et du meilleur des humains. Mais, ajouta-t-il en se tournant vers le portrait de Christian, tu n'es pas encore oublié, et si la vengeance qui poursuit tes meurtriers marche lentement, elle n'en est que plus sûre.

Il s'arrêta quelques instants, et Julien, impatient de savoir à quelle conclusion le major voulait arriver, se garda bien de l'interrompre.

— Si je parle des choses du passé avec amertume, poursuivit-il, ce n'est point dans un intérêt personnel, et encore moins par rancune, bien qu'à leur suite j'aie été banni de la demeure de mes pères. Il y a d'autres motifs d'inimitié entre votre père et moi, et ceux-là touchent à l'intérêt public. Qui fut plus actif que lui à exécuter l'édit fatal du jour de la Saint-Barthélemi, jour odieux où les prédicateurs de l'Évangile furent chassés, par centaines, de leurs foyers, de leurs autels, de leurs églises, pour faire place à des goinfres et à des larrons ? Quand une poignée de fidèles tentèrent de faire triompher la cause du Seigneur, qui fut le plus empressé à ruiner leur projet, à les poursuivre, à les arrêter ? Quel est celui qui me traqua, l'épée dans les reins, tandis que j'errais comme un voleur dans les ténèbres? C'était sir Geoffroy, votre père. Qu'avez-vous à répondre à tout cela, et comment vos désirs peuvent-ils s'en arranger?

Julien, pour toute réponse, se borna à faire observer que ces événements s'étaient passés il y avait bien des années, qu'ils étaient dus à la violence des factions et des esprits, et que M. Bridgenorth avait l'âme trop chrétienne pour en garder un vif ressentiment, lorsqu'une voie de réconciliation s'ouvrait devant lui.

— Paix, jeune homme! dit Bridgenorth; tu parles de ce que tu ne connais pas. Pardonner nos injures personnelles, c'est le devoir d'un chrétien; mais il n'est pas ordonné de pardonner celles qui ont été faites pour la cause de la religion et de la liberté; nous n'avons pas le droit d'absoudre ceux qui ont versé le sang de nos frères ou de leur serrer la main.

Il jeta de nouveau les yeux sur le portrait de Christian, se tut quelques minutes, comme s'il eût craint d'aller plus loin qu'il ne voulait, et reprit la parole d'un ton plus doux :

— Je vous ai dit tout cela, Julien, afin de vous prouver combien serait impossible, aux yeux d'un mondain, l'union que vous recherchez. Mais le ciel ouvre quelquefois une porte là où l'homme n'apercevait aucune issue. Votre mère, Julien, pour une femme qui a les yeux fermés à la vérité, n'en est pas moins une des meilleures et des plus vertueuses que je connaisse; et la Providence, qui l'a douée de tant d'attraits, ne souffrira pas, je l'espère, qu'elle continue d'être jusqu'à la fin un vase de colère et de perdition. Quant à votre père, je n'en dis rien; il est ce qu'ont dû le faire le temps, l'exemple d'autrui et les conseils d'un prêtre dominateur. Encore une fois, je ne dis rien de lui, sauf que j'ai sur lui un pouvoir dont il aurait déjà ressenti les effets, s'il n'avait à ses côtés un être qui aurait souffert de ses souffrances. Je ne désire pas la ruine de votre ancienne famille, humiliée aujourd'hui, et je la respecte même jusque dans son abaissement.

— La maison de Peveril n'a jamais été humiliée, protesta Julien, froissé de ces dernières paroles.

— Dites plutôt que les fils de cette maison n'ont jamais été humbles, reprit Bridgenorth, et vous seriez plus près de la vérité. Vous-même, ne subissez-vous pas un véritable état d'humiliation? n'êtes-vous pas ici le laquais d'une femme hautaine, le compagnon des jeux d'un jeune évaporé? Si vous quittez cette île pour aller à la cour d'Angleterre, vous verrez quel égard on y aura pour cette gothique généalogie qui vous fait descendre de rois et de conquérants. Quelque grossière ou obscène plaisanterie, un air insolent, un manteau brodé, une poignée d'or, et l'aplomb nécessaire pour la jouer sur un dé ou une carte, vous profiteront plus vite à la cour de Charles II, que l'ancien nom de votre père, et le dévouement servile avec lequel il a sacrifié son sang et sa fortune pour la cause de Charles Ier.

— Cela n'est que trop probable, j'en conviens, dit Peveril; mais la cour ne sera jamais mon élément. Je vivrai, comme mes ancêtres, au milieu de mes vassaux, pour veiller à leurs besoins, pour juger leurs différends...

— Pour planter un mai et danser autour, n'est-ce pas? ajouta le puritain, avec un de ces sourires ironiques et sombres qui passaient quelquefois sur son visage, comme la clarté d'une torche funéraire sur les vitraux d'une église obscure. Non, Julien, nous ne sommes pas en un temps où l'on peut être utile à son pays en jouant le rôle d'un petit seigneur de village. De grands desseins sont formés, et il faut que l'on se prononce entre Dieu et Baal. L'ancienne superstition commence à relever la tête et à tendre ses pièges, sous la protection des princes de la terre; mais on l'observe, on la surveille. Des milliers de véritables Anglais n'attendent que le signal convenu pour se lever comme un seul homme, et prouver aux rois la vanité de leurs combinaisons!

— Puisque vous me connaissez, vous n'ignorez pas que j'ai vu de trop près les jongleries du papisme pour souhaiter qu'elles se propagent dans mon pays.

— Oui, et, sans cela te parlerais-je ainsi à cœur ouvert? Ne sais-je pas avec quelle présence d'esprit tu as déjoué les tentatives astucieuses du confesseur de cette femme criminelle pour te détourner de la foi protestante? Ne sais-je pas encore que tu as soutenu la foi chancelante de ton ami? N'ai-je pas dit : « Il ne connaît à présent que la lettre morte; mais la semence ne tardera pas à germer, et l'esprit la vivifiera? » Laissons ce sujet. Pour aujourd'hui, cette maison est la tienne ; je ne verrai en toi ni le serviteur de cette fille de Baal, ni le fils de celui qui a attenté à ma vie et terni mon honneur. Tu seras pour moi l'enfant de celle qui a sauvé ma race de la mort.

Ce disant, il tendit à Julien sa main maigre et osseuse ; mais il y avait dans son invitation quelque chose de lugubre ; et malgré la joie qu'il éprouvait de rester près d'Alice, malgré la nécessité de se concilier les bonnes grâces de son père, il sentit néanmoins qu'auprès de lui, son cœur était, pour ainsi dire, glacé.

CHAPITRE XIV.

<blockquote>Que ce jour du moins soit tout à l'amitié ; à demain la reprise de notre querelle.

OTWAY.</blockquote>

Débora, appelée par son maître, parut alors, son mouchoir sur les yeux, ayant l'air d'une personne au désespoir.

— Il n'y a pas eu de ma faute, pleurnicha-t-elle. Comment aurais-je pu l'empêcher? qui se ressemble s'assemble... Le garçon voulait venir, la fille voulait le voir...

— Silence, sotte que vous êtes! et écoutez ce que j'ai à vous dire.

— Je sais, de reste, ce que Votre Honneur doit avoir à me dire, continua-t-elle. Je le vois bien, de nos jours service n'est pas héritage. Il y a des gens plus avisés que d'autres ; si je n'avais pas cédé à des cajoleries pour quitter Martindale, j'aurais aujourd'hui une bonne maison à moi, et...

— Te tairas-tu, bavarde! Crois-tu donc que je n'aie pas été instruit des visites de ce jeune homme, et que, si elles m'avaient déplu, je n'aurais pas su y mettre fin?

— Et moi donc, ne savais-je pas que Votre Honneur savait tout?

s'écria d'un air triomphant Débora, qui, suivant l'habitude des gens de sa condition, trouvait bon, pour se défendre, de recourir à un mensonge, quelque invraisemblable qu'il fût. Oui, je le savais; autrement, aurais-je donné ma permission? Vrai, je ne sais pour qui me prend Votre Honneur! Si je n'avais été sûre que c'était la chose que Votre Honneur désirait le plus au monde, est-ce que j'aurais fait la sottise d'y prêter les mains? Informez-vous si jamais j'ai laissé entrer un jeune monsieur qui ne soit pas lui. Après tout, Votre Honneur est un homme sage, et les brouilles, ça ne dure pas toujours. L'amour commence souvent où la haine finit, et, sans mentir, ils s'aiment comme s'ils étaient nés l'un pour l'autre ; d'ailleurs, les domaines de Moultrassie et de Martindale vont ensemble comme le couteau et la gaîne.

— Assez, insupportable perroquet! s'écria Bridgenorth, dont la patience était presque épuisée. Allez débiter vos sornettes à la cuisine et faites préparer le dîner au plus vite, car M. Peveril est loin de sa demeure.

— Je vais le faire, et de tout mon cœur ; et, s'il y a dans l'île une paire de poulets plus gras que ceux qui vont être servis sur votre table, vous pourrez ajouter le nom d'oie à celui de perroquet.

A ces mots, elle sortit de l'appartement.

— Et c'est à une pareille créature, dit le major à Julien, en la suivant des yeux d'un air de dégoût, que vous avez pu croire que j'aurais confié mon unique enfant! Allons faire un tour de promenade, tandis qu'elle s'occupera de choses qui sont plus à la portée de son intelligence.

Il sortit de la maison, suivi de Julien Peveril, et bientôt ils se promenèrent côte à côte, comme s'ils eussent été d'anciennes connaissances.

Évitant avec soin le sujet dont il avait déjà été question entre eux, le major mit la conversation sur ses voyages à l'étranger, sur les merveilles qu'il avait vues en des contrées lointaines, et qu'il paraissait avoir observées avec l'attentive curiosité du philosophe. Cet entretien fit passer le temps avec rapidité ; car, bien qu'anecdotes et réflexions prissent la teinte de l'esprit grave et sombre du narrateur, elles étaient pleines d'intérêt, et de nature à charmer l'oreille d'un jeune homme.

Elles plurent donc à Julien, pour qui le romanesque et le merveilleux n'étaient pas sans attrait.

La promenade terminée, ils revinrent à Black-Fort par un chemin différent de celui qu'ils avaient pris pour descendre la vallée. L'exercice et le ton général de la conversation avaient dissipé jusqu'à un certain point l'embarras et la timidité que Peveril avait d'abord éprouvés en présence de Bridgenorth.

Le dîner promis par Débora fut bientôt sur la table; et la simplicité, la propreté, le bel ordre qu'on y remarquait, justifiaient le titre de bonne ménagère auquel elle prétendait. Sur un seul point, il semblait y avoir de l'inconséquence, peut-être un peu d'affectation : la plupart des plats et des assiettes étaient d'argent, au lieu de la vaisselle de bois et d'étain dont Peveril avait vu faire usage dans les repas, à Black-Fort.

Ce fut avec l'impression d'un songe délicieux, d'où l'on craint de sortir, et dont le plaisir est mêlé d'étonnement et d'incertitude, que Julien Peveril se trouva assis entre Alice et son père, entre l'être qu'il aimait le plus au monde, et celui qu'il avait toujours considéré comme le plus grand obstacle à leur union. Le trouble de son esprit était tel, qu'il pouvait à peine répondre aux civilités importunes de Débora, qui, admise à table en qualité de gouvernante, était chargée de faire les honneurs des mets préparés sous ses yeux. Quant à Alice, elle semblait avoir formé la résolution de jouer le rôle d'une muette.

Ce fut donc sur Bridgenorth que tomba le soin d'entretenir la conversation, et, contre son ordinaire, il ne parut nullement s'y refuser. Il parlait non seulement avec aisance, mais presque avec bonne humeur, quoique de temps en temps ses discours fussent entremêlés de certaines expressions empreintes de mélancolie. Quelques saillies d'enthousiasme brillaient aussi par intervalle, semblables à l'éclair qui colore d'un jet de vive lumière le crépuscule d'un soir d'automne, et prête à tout ce qu'il découvre un caractère étrange, mais imposant. En général, les remarques de Bridgenorth étaient claires et frappantes; et, comme il ne visait point aux grâces du langage, elles tiraient tout leur mérite de cette conviction qui l'animait et qui se communiquait à ses auditeurs. Par exemple, lorsque Débora, dans un accès de vanité vulgaire, eut appelé l'attention de Julien sur l'argenterie dont la table était ornée, Bridgenorth jugea convenable de s'excuser au sujet de cette dépense superflue. Ce qui l'amena à parler de la guerre, qu'il regardait comme un mal où il se mêlait un peu de bien.

— La société ne connaît ni ne peut connaître, ajouta-t-il, les trésors intellectuels qui sommeillent dans son sein, avant que la nécessité et la force des circonstances aient fait sortir l'homme d'État et le guerrier des ténèbres d'une vie ignorée, pour qu'ils jouent le rôle dont la Providence les a chargés. Ainsi s'éleva Cromwell, ainsi s'éleva Milton, ainsi s'élevèrent tant d'autres hommes dont les noms ne sauraient être mis en oubli. Les malheurs des temps, enfin, sont comme la tempête qui force le marin à déployer toute son habileté.

— Il faudrait donc, à votre avis, dit Julien, regarder une calamité nationale comme un avantage?

— Il me semble que cela doit être ainsi dans cette vie d'épreuves continuelles, où tout mal temporel est accompagné ou suivi de quelque bien, où ce qui est bien est intimement lié à ce qui est mal en soi.

— Ce doit être un noble spectacle, dit Julien, de voir l'énergie assoupie d'une grande âme s'éveiller tout à coup et reprendre sur les esprits d'un ordre inférieur l'autorité à laquelle elle a droit de prétendre.

— J'ai assisté une fois à quelque chose d'approchant, répondit le major; et, comme l'histoire est courte, je vais vous la dire.

Dans mes courses errantes, je n'ai pas oublié de visiter nos colonies d'Amérique, et celle surtout de la Nouvelle-Angleterre. Là, des milliers de nos concitoyens, les meilleurs et les plus justes, se sont établis dans les déserts, parmi d'ignorants sauvages, plutôt que de s'abaisser, dans leur patrie opprimée, à éteindre la lumière divine qui éclaire leur âme. J'y restai pendant les guerres que la colonie eut à soutenir contre Philippe, grand chef indien, ou *Sachem*, comme on le nommait, qui semblait un messager de persécution envoyé contre elle par Satan.

J'étais par hasard dans un petit village, au milieu des bois, à plus de dix lieues de Boston. C'était un dimanche matin, et nous étions assemblés pour prier dans la maison du Seigneur. Notre temple n'était construit que de troncs d'arbres; mais jamais les voix de chantres à gages, ni les sons de l'orgue au fond d'une cathédrale, ne monteront vers le ciel avec autant d'accord et de douceur que les psaumes dans

Bridgenorth raconte à table, un épisode de son séjour aux colonies.

lesquels nous unissions et nos cœurs et nos voix. Un homme excellent et vénérable, qui fut longtemps le compagnon de mon pèlerinage et qui s'est endormi dans le sein du Seigneur, Néhémie Solsgrace, venait de commencer la prière, lorsqu'une femme, le regard effaré et les cheveux en désordre, se précipite dans la chapelle en criant : « Les Indiens ! les Indiens ! »

Dans ce pays, nul n'ose se séparer de ses moyens de défense, et, soit en plein champ ou dans les forêts, chacun a ses armes près de lui. Nous sortîmes à la hâte, armés de fusils et de piques, et nous entendîmes les hurlements de ces démons incarnés, qui, occupant déjà une partie du village, exerçaient leur cruauté sur le petit nombre d'habitants que la maladie ou d'autres motifs graves avaient empêchés d'assister au service. Notre apparition les fit d'abord reculer; mais la confusion où nous avait jetés cette surprise et l'absence d'un chef pour nous commander, tournèrent à l'avantage de cette bande infernale. C'était chose déchirante que d'entendre les gémissements des femmes et des enfants au milieu des coups de fusil, du sifflement des balles et des hurlements féroces que ces barbares appellent leur cri de guerre. Ils mirent le feu à plusieurs maisons, et le pétillement des flammes, le craquement des poutres embrasées, augmentaient l'horreur de cette effroyable scène, tandis que la fumée que le vent chassait de notre côté donnait un avantage de plus à l'ennemi, qui combattait, pour ainsi dire, invisible et à couvert.

Dans cet état de confusion, et au moment où nous allions prendre la résolution désespérée d'évacuer le village, il plut au ciel de nous envoyer un secours inespéré. Un homme d'une haute taille, d'un aspect vénérable, que nul ne connaissait, parut subitement au milieu de nous, pendant que nous discutions en tumulte la question de battre en retraite. Il était vêtu de peaux d'élan et armé d'un sabre et d'un fusil; ses longs cheveux blancs, qui se mêlaient à une longue barbe de même couleur, donnaient à son visage un grand air de majesté.

« Hommes et frères ! s'écria-t-il d'une voix impérieuse et persuasive à la fois. Pourquoi perdre courage ? pourquoi désespérer ? Craignez-vous que le Dieu que nous servons nous abandonne à la fureur de ces païens ? Suivez-moi et vous verrez aujourd'hui un chef dans Israël ! »

Puis, il donna quelques ordres brefs et précis, du ton d'un homme habitué à commander; et telle fut l'influence de son aspect, de sa fière contenance et de sa présence d'esprit, qu'à l'instant tous ces hommes qui ne l'avaient jamais vu s'empressèrent d'obéir. Sur son ordre, nous nous divisâmes en deux corps; l'un reprit la défense du village avec un redoublement d'ardeur, en se postant dans des positions plus abritées; l'autre, sous la conduite de l'inconnu, tourna l'ennemi et l'attaqua par derrière.

Cette surprise produisit, comme à l'ordinaire, un effet terrible sur les sauvages : le succès fut complet. Ils ne doutaient pas qu'ils ne fussent assaillis à leur tour, et placés, par l'arrivée subite d'un détachement de la milice, entre deux partis hostiles. Les Indiens s'enfuirent en désordre, en laissant sur le champ de bataille un si grand nombre des leurs, que leur tribu n'a jamais pu réparer cette perte. Ah! je n'oublierai pas de sitôt l'attitude de notre respectable chef au moment où nos hommes, et non seulement eux, mais leurs femmes et leurs enfants, qu'il avait sauvés du tomahawk et du couteau à scalper, se réunirent autour de lui, plus disposés peut-être à l'adorer comme un ange de bénédiction qu'à le remercier comme un simple mortel.

« Ne m'attribuez pas la gloire, dit-il; je ne suis qu'un instrument, fragile comme vous, entre les mains du Dieu fort et libérateur. Donnez-moi à boire pour rafraîchir mon gosier desséché, avant d'offrir des actions de grâces à celui qui en est le seul digne. »

J'étais près de lui tandis qu'il parlait, et ce fut moi qui lui présentai à boire. Nous échangeâmes un regard, et il me sembla reconnaître un noble ami, que depuis longtemps je croyais dans le sein de la gloire éternelle. Comme par prudence, il ne me laissa pas le temps de lui rien dire. Fléchissant le genou, il nous fit signe de l'imiter, et adressa au ciel d'énergiques actions de grâces qui, articulées d'une voix claire et retentissante comme le son d'une trompette de guerre, firent tressaillir jusqu'aux moelles chacun des auditeurs. J'ai assisté à bien des actes de dévotion dans ma vie, et plût au ciel que j'en eusse profité! mais une prière comme la sienne, prononcée au milieu des morts et des mourants, avec l'accent ineffable du triomphe et de l'adoration, était au-dessus de tout : elle ressemblait au chant de la prophétesse inspirée qui habitait sous le palmier, entre Ramah et Bethel. Quand il eut cessé de parler, nous restâmes pendant quelques minutes courbés vers la terre... Nous levâmes enfin les yeux, cherchant notre libérateur : il n'était plus parmi nous, et jamais on ne le revit dans le village qu'il avait sauvé.

— Tu vois, ami, conclut Bridgenorth, que les hommes doués de valeur et de discernement sont appelés à commander dans les circonstances critiques, quoique souvent leur existence même soit ignorée de ceux qu'ils sont destinés à sauver.

— Que pensa-t-on de ce mystérieux étranger? demanda Julien, qui avait écouté avec émotion une histoire si propre à exciter l'intérêt d'un jeune homme ardent et brave.

— Bien des choses, répondit Bridgenorth, mais qui, suivant l'usage, n'avaient pas le sens commun. L'opinion la plus générale fut que l'étranger était réellement un être surnaturel. D'autres le regardèrent comme un champion inspiré, transporté miraculeusement de quelque pays lointain pour nous montrer le chemin du salut; d'autres enfin virent en lui un solitaire, que des motifs graves avaient déterminé à vivre au désert, loin de la face des hommes.

— Et, s'il m'est permis de vous le demander, laquelle de ces opinions était la vôtre?

— La dernière s'accordait le mieux avec la pensée qui me vint au coup d'œil rapide que j'avais jeté sur l'étranger. As-tu jamais entendu parler de Richard Whalley?

— Le régicide! s'écria Julien en tressautant.

— Donne à son action le nom que tu voudras, dit Bridgenorth, il n'en fut pas moins le sauveur de ce village. Oui, Richard Whalley, l'un des juges du feu roi, était l'homme dont je viens de parler. Je reconnus son front élevé, quoique le temps l'eût rendu plus chauve, et le regard plein de feu de ses yeux gris. La meute altérée de son sang fut longtemps à sa poursuite; grâce au secours des amis que le ciel avait suscités pour le sauver, il put se dérober à toutes les recherches, et ne reparut, le jour du combat, que pour exécuter les desseins de la Providence. Peut-être sa voix se ferait-elle entendre encore sur le champ de bataille, si l'Angleterre avait besoin d'un de ses plus nobles enfants.

— A Dieu ne plaise! dit Julien.

— *Amen!* répondit le major.

C'était un avis de se retirer, Julien le savait ; pourtant, il lui fut impossible de s'armer de toute la résolution nécessaire pour rompre le charme qui le retenait. Le langage de Bridgenorth était nouveau pour lui, et en même temps si contraire aux principes dans lesquels il avait été élevé, qu'il se serait cru obligé, en toute autre circonstance, de le combattre, même par les armes. Mais le major énonçait ses opinions avec tant de sang-froid, elles paraissaient tellement le résultat de sa conviction, que, si elles frappèrent Julien de quelque étonnement, elles ne l'excitèrent point à contredire avec aigreur. ni à s'en offenser, quand même il n'aurait pas vu en lui le père d'Alice, qualité qui exerçait, à son insu, une influence singulière sur ses esprits.

Sur ces entrefaites, une malice de Fairy, sa petite jument, vint lui rappeler qu'il avait prolongé sa visite au delà des convenances. Accoutumée aux excursions de son maître, elle paissait en liberté dans une prairie voisine de la maison. La visite, ce jour-là, lui parut sans doute un peu longue, et, pour exprimer son impatience de partir, elle poussa un hennissement aigu, en passant sa tête à travers la fenêtre ouverte du vestibule.

— Fairy me rappelle, dit Julien, qu'il est l'heure de me retirer.

— Un mot encore, lui dit le major, en l'entraînant vers l'embrasure d'une fenêtre gothique. Vous ne m'avez pas appris le motif de vos visites à Black-Fort... Après tout, c'est un détail inutile ; je n'ai pas encore oublié les jours de ma jeunesse et ces liens de tendresse qui n'attachent que trop l'humanité fragile aux objets de ce monde! Ne trouverez-vous aucune parole pour me demander le trésor que votre cœur ambitionne, et dont peut-être vous n'eussiez pas hésité à vous assurer la possession à mon insu et sans mon consentement? Oh! ne cherchez pas à vous justifier, mais écoutez-moi. Le patriarche Jacob acheta sa bien-aimée par quatorze années de service chez Laban, et ces quatorze années s'écoulèrent pour lui comme des jours. Celui qui veut obtenir ma fille n'a, en comparaison que quelques jours à me servir, mais en des affaires d'une si haute importance, qu'ils vaudront des années entières. Ne me répondez pas à présent : partez, et que la paix soit avec vous !

A ces mots, il se retira si promptement, que Peveril n'eut pas, en effet, le temps de lui répondre.

Il sortit de la maison, comme un homme qui marche en dormant. Il monta à cheval, et, agité de mille pensées, il reprit le chemin de Castle-Rushin, où il se présenta avant la nuit.

Tout y était en mouvement. La comtesse et son fils, à la réception de certaines nouvelles, s'étaient retirés, avec la plus grande partie de leur maison, dans la forteresse d'Holm-Peel. Julien se remit en route pour cette résidence, et il était assez tard quand il y arriva. Ayant appris que la cloche de nuit du château avait été sonnée de meilleure heure que de coutume, et qu'on avait établi une garde extraordinaire, il ne voulut pas troubler la garnison en se présentant si tard, et alla demander l'hospitalité dans le village.

CHAPITRE XV.

L'ombre d'une tête portait l'ombre d'une couronne royale.

MILTON, *Paradis perdu.*

SODOR ou Holm-Peel, tels sont les noms du château vers lequel Julien Peveril se dirigea le lendemain matin, est un des monuments remarquables de cette île intéressante et singulière. Il occupe la superficie totale d'un rocher fort élevé, qui forme une péninsule, ou plutôt une île, car il est complètement isolé à la marée haute, et à peine accessible quand elle s'est retirée. Tout cet espace est entouré de doubles murailles, d'une épaisseur et d'une force peu communes ; et, au dix-septième siècle, on n'avait accès dans l'intérieur que par deux escaliers étroits et escarpés, séparés l'un de l'autre par une grosse tour, renfermant un corps-de-garde.

L'étendue de terrain qu'environnent les murailles comprend près d'un hectare et renferme un grand nombre d'antiquités. Indépendamment du château, il s'y trouvait deux cathédrales, dédiées l'une à saint Patrice, l'autre à saint Germain, et deux églises plus petites ; mais toutes les quatre, à cette époque, étaient déjà plus ou moins tombées en ruine. Il y avait un monticule, de forme carrée, dont les angles faisaient face aux quatre points cardinaux : c'était une de ces *mottes*, sur lesquelles jadis les tribus du Nord élisaient ou reconnaissaient leurs chefs, et où elles tenaient leurs assemblées populaires. On y voyait aussi une de ces tours rondes, assez communes en Irlande, et dont la destination véritable paraît encore cachée dans la nuit des siècles : celle d'Holm-Peel avait été transformée en tour du guet. Quelques monuments runiques portaient des inscriptions indéchiffrables, consacrées à la mémoire de héros dont les noms seuls avaient été préservés de l'oubli. Mais la tradition, toujours empressée de parler lorsque l'histoire se tait, avait suppléé à son silence par des contes de rois de la mer, de pirates, de chefs hébrides et de conquérants norvégiens, qui jadis avaient attaqué ou défendu ce château fameux.

Au milieu de ces ruines des temps passés, s'élevait le château, qui, sous le règne de Charles II, avait bonne garnison, et se trouvait encore, sous le rapport militaire, dans l'état le plus satisfaisant. Cet édifice, vénérable par son ancienneté, contenait divers appartements d'une hauteur et d'une grandeur suffisantes pour leur donner une apparence de noblesse ; mais, lors de la reddition de l'île par Christian, l'ameublement en avait été en grande partie détruit ou pillé par les soldats de la république, de manière que son état actuel, comme nous l'avons déjà dit, le rendait peu propre à former la résidence de son noble propriétaire. Cependant, il avait souvent été le séjour non seulement des seigneurs de Man, mais encore des prisonniers d'État que les rois d'Angleterre confiaient à leur garde.

Ce fut dans l'une des vastes salles presque démeublées de l'antique château, que Julien Peveril, à son arrivée, trouva son ami, le comte de Derby, qui venait de s'asseoir devant un déjeuner, composé de diverses sortes de poisson.

— Soyez le bienvenu, très illustre Julien, lui dit-il ; soyez le bienvenu dans notre forteresse royale, où nous ne sommes pas encore sur le point de mourir de faim, quoique nous y soyons presque morts de froid.

Julien répondit en lui demandant le motif d'un changement de domicile si précipité.

— Sur ma parole, vous en savez presque autant que moi, reprit le comte. Ma mère ne m'a rien dit à cet égard, craignant sans doute que je ne cédasse enfin à un mouvement de curiosité ; sur quoi, elle se trompe fort. Je m'en rapporte à sa souveraine sagesse et ne veux point lui donner la peine de rendre compte de ses actes.

— Allons, allons, c'est de l'affectation, mon cher ami, dit Julien ; l'occasion est bonne pour montrer un peu plus de souci.

— A quel propos? Pour entendre de vieilles histoires sur les lois de Tinwald, sur les droits opposés des lords et du clergé, et tout le reste de cette barbarie celtique, qui entre par une oreille et sort par l'autre?

— Tenez, Milord, vous n'êtes pas aussi indifférent que vous voudriez le faire croire. Vous mourez d'envie de savoir quelle est la cause de ce déplacement inattendu ; seulement, vous vous imaginez qu'il est de bon ton de fermer les yeux sur vos propres affaires.

— Et que diable y aurait-il là-dedans? une discussion de parti entre le ministre de Notre Majesté, le gouverneur Nowel, et nos vassaux? ou peut-être quelque chicane entre la juridiction ecclésiastique et celle de Notre Majesté? fariboles dont Notre Majesté se soucie aussi peu qu'aucun roi de la chrétienté?

— N'aurait-on pas reçu des nouvelles d'Angleterre? On m'a dit hier soir qu'un courrier en a apporté de mauvaises.

— Il est certain qu'il ne m'a rien apporté d'agréable. J'attendais quelques nouveautés, telles qu'un livre de Saint-Évremond ou d'Hamilton, une comédie de Dryden ou de Lee, des satires ou des chansons du café de la Rose ; et le drôle ne m'a remis qu'un paquet de traités relatifs aux protestants et aux papistes, et un in-folio des billevesées que cette vieille folle, la duchesse de Newcastle, appelle ses *conceptions*.

— Chut! Milord, j'entends la comtesse, et vous savez comme elle prend feu à la moindre licence contre son ancienne amie.

La comtesse de Derby entra, tenant dans sa main une liasse de papiers. Elle portait encore le grand deuil, et la longue traîne de sa robe de velours était soutenue par une petite suivante, sourde-muette, que, par compassion, elle avait prise à son service : et, par suite de son penchant naturel au romanesque, elle avait donné à cette jeune infortunée le nom de Fenella, qui fut sans doute celui de quelque ancienne princesse de l'île. Lady Derby n'était guère changée depuis l'époque où nous l'avons présentée au lecteur. L'âge avait ralenti sa démarche, sans lui ôter de sa majesté, et le temps, en creusant quelques rides sur son front, n'avait point affaibli l'éclat de ses yeux noirs. Les jeunes gens se levèrent à son entrée, avec ces marques de respect et ces formes cérémonieuses qu'ils savaient lui être agréables, et elle les accueillit l'un et l'autre avec une égale bonté.

— Cousin Peveril, dit-elle — car elle avait coutume de nommer ainsi Julien, par égard pour sa mère qui était parente de son mari, — vous avez eu tort de vous absenter hier au soir, car nous avions besoin de vos conseils.

Julien répondit, en rougissant, que la chasse l'avait entraîné fort loin dans les montagnes; et qu'étant revenu assez tard, il avait jugé plus convenable de passer la nuit dans le village.

— C'est bien, dit la comtesse; et pour vous rendre justice, Julien, je dois dire que vous manquez rarement de rentrer à l'heure de la retraite, quoiqu'il vous arrive quelquefois, comme à toute la jeunesse d'aujourd'hui, de consacrer à vos amusements des loisirs qui pourraient être mieux employés. Quant à votre ami Philippe, c'est un ennemi déclaré du bon ordre, et il semble se faire un plaisir de gaspiller le temps sans même en retirer la moindre satisfaction.

— Cette fois, du moins, j'en ai goûté une agréable, répliqua le jeune homme en se levant de table. Ces mulets tout frais sont délicieux, et j'en dis autant du lacryma-christi. Asseyez-vous là, Julien, et profitez des friandises dont ma royale prévoyance s'est pourvue. Pour l'eau-de-vie, jamais roi de Man n'a été plus près de se voir à la merci de l'exécrable liqueur de ses États. Dans la hâte de notre déménagement nocturne, le vieux Griffiths n'aurait pas eu assez de bon sens pour se munir de quelques flacons, si je n'avais attiré son attention sur cet objet important. Mais la présence d'esprit, au milieu du tumulte et du danger, est un trésor que j'ai toujours su conserver.

— Plaise à Dieu, Philippe, que vous en fassiez un meilleur usage! dit la comtesse en souriant à demi, malgré son mécontentement; car elle avait pour son fils toute l'indulgence de l'amour maternel. Prêtez-moi votre sceau, à moins qu'il ne vous paraisse utile, ce qui m'étonnerait, de lire ces dépêches arrivées d'Angleterre, et de rendre exécutoires les mandats que j'ai jugé nécessaire de faire dresser en conséquence.

— Mon sceau est à votre service, Madame, et de tout mon cœur ; mais épargnez-moi l'ennui de reviser des choses que vous êtes bien plus capable d'ordonner que moi. Je suis, comme vous savez, un vrai roi fainéant, qui s'est fait une loi de ne jamais contrarier les volontés de son maire du palais.

La comtesse signifia, par gestes, à la jeune fille qui portait la queue de sa robe, d'aller chercher de la cire et une bougie allumée.

— Philippe ne se rend pas justice, ajouta-t-elle en s'adressant à Peveril. Pendant votre absence, il a soutenu une discussion animée avec l'évêque, qui, non content des censures spirituelles, voulait emprisonner une pauvre malheureuse dans le souterrain de la chapelle.

— Ma mère a oublié de vous dire que la coupable est la jolie Peggy, de Ramsey, et que son crime est ce que, dans les cours d'amour, on eût appelé une peccadille.

— Ne vous faites pas pire que vous n'êtes, répliqua Peveril, qui vit le rouge monter au visage de la comtesse ; vous auriez agi de même pour une vieille ou une maritorne. Le cachot en question est situé sous le cimetière de la chapelle, et, à ce que je crois, sous l'Océan même, car on y entend le mugissement des vagues ; personne n'y pourrait rester longtemps sans perdre la raison.

— C'est un trou infernal, dit le comte, et je le ferai combler un jour, rien n'est plus certain... Arrêtez ! Pour l'amour de Dieu, Madame, qu'allez-vous faire ? Examinez le sceau avant de l'apposer sur le mandat, et vous verrez que ce sceau précieux est un camée antique, qui représente Cupidon à cheval sur un poisson volant. Je l'ai acheté vingt sequins du signor Furabosco, à Rome. C'est un morceau curieux pour un antiquaire, mais qui ajoutera peu d'autorité au mandat du souverain de cette île.

— Comment pouvez-vous plaisanter ainsi, jeune fou ? dit la comtesse, vivement contrariée. Donnez-moi votre sceau, ou plutôt prenez ces papiers et scellez-les vous-même.

— Mon sceau, mon sceau... Ah ! vous voulez parler de ce cachet monté sur trois pieds monstrueux, et qui fut imaginé, je suppose, comme le moyen le plus ridicule de figurer notre très absurde Majesté de Man. Ce sceau, ma foi, je ne l'ai pas vu depuis le jour où je l'ai donné, pour jouer, à mon singe gibbon : il se lamentait si piteusement pour l'avoir! Espérons qu'il n'aura pas eu envie d'enrichir les eaux verdâtres de l'Océan du symbole de ma souveraineté!

— Grand Dieu! s'écria la comtesse tremblante et rougissant de colère; c'était le sceau de votre père! le dernier gage d'amour qu'il m'envoya, avec sa bénédiction pour vous, la nuit qui précéda son assassinat à Bolton!

— Ma mère! ma mère chérie! s'écria le comte, sortant de son apathie ordinaire, et lui prenant la main, qu'il baisa tendrement ; je plaisantais : le sceau est en sûreté, Peveril le sait bien. Allez le chercher, Julien, pour l'amour du ciel; voici mes clefs... il est dans le tiroir de gauche de mon nécessaire de voyage... Maintenant, ma mère, pardonnez-moi, ce n'était qu'une mauvaise plaisanterie, bien mal imaginée, désobligeante, de mauvais goût, je le reconnais ; une des mille folies de Philippe, enfin. Regardez-moi, ma mère bien-aimée, et dites que vous me pardonnez.

Elle leva sur lui des yeux pleins de larmes.

— Philippe, dit-elle, vous me soumettez à des épreuves trop dures. Si les temps sont changés, comme vous le prétendez, si la dignité du rang et les généreux sentiments de l'honneur et du devoir ont fait place à des coquecigrues et à des passe-temps frivoles, souffrez que moi, du moins, qui vis retirée du monde, je meure sans m'apercevoir de ces changements, surtout chez mon propre fils ; laissez-moi croire que, lorsque j'aurai cessé de vivre...

— O ma mère, ne parlez pas ainsi, de grâce! Je ne puis, il est vrai, vous promettre de ressembler à mon père, et encore moins aux siens, car nous portons des habits de soie, au lieu d'armures de fer, et des chapeaux à plumes en guise de casques. Cependant, quoiqu'il ne soit pas dans ma nature de devenir un Palmerin d'Angleterre, jamais fils ne chérit sa mère plus que moi, et ne fut plus disposé à lui plaire. Afin de vous en donner sur-le-champ une preuve, je vais sceller ces mandats, au risque de brûler ma précieuse peau, après les avoir lus d'un bout à l'autre, ainsi que les dépêches qui s'y rapportent.

Une mère s'apaise vite, même quand elle est le plus offensée, et ce fut avec un cœur épanoui que la comtesse vit la belle figure de son fils prendre, tandis qu'il lisait ces papiers, une expression sérieuse qu'elle y voyait bien rarement; il lui semblait alors démêler, dans cet air de gravité, une ressemblance plus frappante avec son brave et malheureux père.

La lecture achevée, le comte se leva, en disant à Julien de le suivre.

— Votre père m'associait jadis à ses délibérations, fit observer la comtesse, stupéfaite; ne croyez pas toutefois que je veuille m'imposer aux vôtres; je suis trop heureuse de vous voir enfin penser et agir par vous-même, comme je vous ai si souvent sollicité de le faire. Néanmoins, l'expérience de celle qui exerce depuis longtemps votre autorité dans l'île ne serait peut-être pas de trop dans l'affaire d'aujourd'hui.

— Excusez-moi, très chère mère, répliqua le comte d'un air grave. Ce n'est pas moi qui ai cherché à intervenir là-dedans. Si vous aviez agi comme à votre ordinaire, sans me consulter, je l'aurais trouvé bon; mais puisque j'ai pris connaissance de cette affaire, qui me paraît assez importante, je dois la mener à fin du mieux que je pourrai.

— Va donc, mon fils, et que le ciel t'éclaire, puisque tu refuses mon aide! J'espère, cousin Peveril, que vous lui conseillerez ce qui est dans l'intérêt de son honneur, en lui rappelant qu'il n'y a qu'un lâche qui abandonne ses droits, et un fou qui se fie à ses ennemis.

Le comte ne répondit rien; mais, prenant Peveril par le bras, il le conduisit, par un escalier en spirale, dans son appartement, et de là dans une tourelle, où, au bruit des vagues mugissantes, il eut avec lui l'entretien qui suit.

— Je ne me plains pas, dit-il, d'avoir parcouru ces papiers. Ma mère joue son rôle de reine de façon à compromettre à la fois ma couronne, dont je ne me soucie guère, et ma tête, ce qui me gênerait beaucoup, si peu qu'elle vaille.

— De quoi s'agit-il? demanda Peveril.

— Il paraît que la vieille Angleterre, qui, de temps à autre, est saisie d'un transport au cerveau, tant au bénéfice de ses médecins que pour éviter de s'endormir dans une trop grande prospérité, est sur le point de déraisonner tout à fait au sujet d'un complot papiste, réel ou supposé. J'ai lu le roman imaginé là-dessus par un drôle, nommé Titus Oates, et il m'a semblé d'une monstrueuse bouffonnerie. Mais ce rusé coquin de Shaftesbury et quelques autres courtisans ont pris les

rênes de l'affaire et la mènent d'un train à crever les chevaux. Le roi, qui a juré de ne jamais faire usage de l'oreiller sur lequel son père est allé s'endormir, temporise et cède à la force du courant qui l'entraîne. Son frère le duc d'York, suspect et détesté à cause de sa religion, est au moment d'être chassé sur le continent. Plusieurs des chefs catholiques sont déjà renfermés dans la Tour; et la nation, semblable à un taureau furieux, est assaillie de tant de mensonges et de dénonciations qu'elle a pris le mors aux dents et ne se laisse plus gouverner.

— Cela ne doit pas être nouveau pour vous; je suis surpris que vous ne m'en ayez rien dit.

— J'allais vous en toucher deux mots quand ma mère est entrée. D'après ce que je viens de lire, quelques délateurs — métier fort à la mode depuis qu'on y gagne de l'argent — ont osé signaler la comtesse elle-même comme un agent dudit complot, et cette sottise a été recueillie par des oreilles complaisantes.

— Vous prenez tous deux la chose avec beaucoup de sang-froid, et surtout votre mère, qui n'avait pas l'air empressé de vous communiquer les nouvelles.

— Ma bonne mère aime le pouvoir, bien qu'il lui ait coûté cher; et, de plus, elle craignait qu'en face du danger qui nous menace, mon opinion ne fût pas d'accord avec la sienne, en quoi elle a eu raison de le supposer.

— Et ce danger, quel est-il ?

— Parbleu, vous allez le savoir. Je n'ai pas besoin de vous rappeler l'affaire du colonel Christian. Cet homme, outre sa veuve, qui possède des propriétés considérables, a laissé un frère nommé Édouard Christian, que vous n'eûtes jamais occasion de voir. Or, ce frère... Mais je suis sûr que vous connaissez toute l'histoire.

— Non, sur mon honneur; vous n'ignorez pas que la comtesse y fait rarement allusion.

— Hum! je me doute pourquoi : au fond du cœur elle est quelque peu honteuse du vaillant acte de royauté et de juridiction suprême dont les conséquences ont si cruellement rogné mes domaines. Eh bien donc, cousin, ce même Édouard Christian était un des juges de cette époque, et rien de plus naturel qu'il n'eût aucune envie d'approuver la sentence qui condamnait son aîné à être tué comme un chien. Ma mère, qui ne souffrait pas la contradiction, aurait volontiers accommodé le juge à la même sauce que l'accusé, s'il n'avait eu le bon esprit de s'esquiver. Depuis, on a, de part et d'autre, laissé dormir l'affaire. Christian, nous le savons, est revenu plus d'une fois dans l'île, en compagnie de quelques enragés puritains de son espèce, notamment d'un fourbe nommé

Bridgenorth et beau-frère du défunt. Jusqu'ici, ma mère a eu le bon sens, grâce au ciel, de fermer les yeux sur ces menées, bien qu'elle paraisse avoir certaines raisons de se défier particulièrement de Bridgenorth.

— Et pourquoi, dit Peveril, désagréablement surpris de ce qu'il apprenait, pourquoi la comtesse renonce-t-elle aujourd'hui à une conduite si sage?

— Ah! c'est qu'à présent le cas est tout différent. Il ne suffit plus à ces coquins d'être tolérés, ils veulent dominer. En ce moment d'effervescence populaire, ils ont rencontré des appuis. Le nom de ma mère, avec celui de son confesseur, le jésuite Aldrick, a été mentionné dans le mirifique roman de ce complot, auquel, s'il existe, elle est aussi étrangère que vous et moi. Mais elle est catholique, et cela suffit. Que nos gaillards parviennent à mettre le grappin sur notre avorton de royaume et à nous couper le cou, et, cela n'est pas douteux, la chambre actuelle des communes leur votera des remerciements d'aussi bon gré que le parlement croupion vota les siens au colonel Christian, pour un service de même nature.

— De quelle source tenez-vous ces renseignements?

— Le père Aldrick a vu le duc d'York en secret. Son Altesse Royale, qui a pleuré en lui avouant l'impuissance où il est de défendre ses amis, l'a chargé de nous engager à veiller à notre sûreté, attendu qu'Édouard Christian et Bridgenorth sont dans cette île, porteurs d'ordres secrets et sévères, qu'ils y ont un parti nombreux, et qu'ils seront avoués et protégés dans tout ce qu'ils pourront entreprendre contre nous. Les gens de Ramsey et de Castle-Town sont mécontents de quelques nouveaux règlements sur les impôts; et je suis à peu près convaincu qu'ils nous auraient bloqués dans le château de Rushin, où nous n'aurions pu tenir, faute de vivres. Ici, du moins, on est mieux approvisionné; et, comme nous sommes sur nos gardes, il est probable que l'insurrection projetée n'aura pas lieu.

— Que faire alors?

— Voilà précisément la question, gentil cousin. Ma mère ne voit qu'un moyen : mettre en branle l'autorité royale. Voici les mandats qu'elle avait préparés pour rechercher, saisir et appréhender au corps Édouard

Christian et Ralph Bridgenorth, et les faire passer tout de suite en jugement, c'est-à-dire les amener dans la cour du château, avec une douzaine de vieilles arquebuses braquées sur eux. Telle est sa méthode pour résoudre une difficulté soudaine.

— Méthode que vous n'adoptez pas, Milord?

— Assurément non. La mort de Guillaume Christian m'a déjà coûté la plus belle moitié de mon héritage; et je n'ai nulle envie d'encourir le déplaisir de mon royal frère Charles, par une nouvelle équipée du même genre. Certes, mieux vaudrait que les coquins se missent en branle; étant plus forts qu'eux, nous en viendrions à bout, et, puisqu'ils auraient commencé, le bon droit serait de notre côté. En attendant, j'ai envoyé des ordres pour qu'on s'emparât des habitants de l'île sur le secours desquels comptent les meneurs; et si l'on peut mettre la main sur Leurs Seigneuries Christian et Bridgenorth, il ne manque pas de sloops dans le port, et je prendrai la liberté de les embarquer pour un si joli voyage au long cours, que les affaires seront arrangées avant qu'ils soient revenus pour en rendre compte.

En ce moment, un soldat de la garnison s'approcha des deux jeunes gens en faisant force révérences, et tendit à Julien une lettre, qui lui avait été remise, disait-il, par une jeune femme, avec une pièce d'argent pour la porter à son adresse.

— Tu es un heureux coquin, lui dit le comte. Avec ton air grave et ton renom de sagesse précoce, tu rends les filles amoureuses avant de leur faire la cour, et moi, leur très humble esclave, je perds mon temps et mes paroles sans obtenir un mot aimable, un regard, encore moins un billet doux.

Cependant, la lettre donnait aux pensées de Peveril un cours bien différent de celui que soupçonnait son ami. Elle était de la main d'Alice et contenait le peu de mots qui suivent :

« Ce que je vais faire n'est pas bien, j'en ai peur; mais il faut que je vous parle. Trouvez-vous, à midi, près du rocher de Goddard-Crovan, le plus secrètement possible. »

La lettre n'était signée que des initiales A. B.; mais Julien reconnut sans peine l'écriture, qu'il avait vue souvent et qui était fort belle. Il resta un moment indécis, car il sentait qu'il n'était ni convenable de s'absenter du château à cette heure de péril imminent, et, d'autre part, manquer à l'assignation, il n'y fallait pas songer. Cette perplexité le tenait immobile et muet.

— Est-ce à moi de deviner le mot de l'énigme? demanda le comte. Eh bien, allez où l'amour vous appelle. Je vous excuserai auprès de ma mère. Seulement, austère anachorète, soyez à l'avenir plus indulgent pour les faiblesses du prochain, et ne blasphémez plus contre le pouvoir du petit dieu.

— Oh! cousin... balbutia Julien.

Ne sachant réellement que dire, il se tut. Garanti par une passion vertueuse de l'influence corruptrice du temps, il avait vu avec regret son noble parent se livrer à des écarts qu'il désapprouvait sincèrement, et parfois il avait joué le rôle de censeur. Les circonstances semblaient donner au comte le droit de prendre sa revanche. Il tint les yeux fixés sur Julien, comme s'il eût attendu la fin de sa phrase, puis il s'écria :

— Quoi! cousin?... vous l'êtes jusqu'à la mort. O sage et judicieux Peveril, avez-vous tellement épuisé votre sapience en ma faveur, qu'il ne vous en reste plus pour vous-même? Allons, soyez franc : dites-moi le nom, la demeure, ou seulement la couleur des yeux de cette beauté incomparable! que j'aie le plaisir, au moins, de vous entendre dire : « J'aime! » Avouez que vous avez aussi une dose de la fragilité humaine ; conjuguez avec moi le verbe *amo*, et je vous accorderai, comme le père Richard avait coutume de dire, lorsque nous étions sous sa férule, *licentia exeundi*.

— Égayez-vous à mes dépens, Milord. En toute franchise, j'aurais besoin, si cela ne messied pas à votre sécurité, d'une permission de deux heures, et la façon dont je les emploierai contribuera grandement à la tranquillité de l'île.

— C'est très vraisemblable, j'ose le dire, répliqua le comte en riant. Vous êtes mandé, je gage, par quelqu'une de nos belles politiques pour discuter sur les lois de Cythère. Enfin, n'importe, partez, et partez promptement, afin de revenir aussi vite que possible. Je ne m'attends pas à une explosion soudaine de la grande conspiration. Quand les coquins nous verront sur nos gardes, ils y regarderont à deux fois avant d'éclater. Seulement, je vous le répète, hâtez-vous.

Peveril se promit de suivre cet avis, et, content de pouvoir se dérober aux railleries de son cousin, il se dirigea vers la porte du château, dans l'intention de passer par le village, et d'y prendre son cheval pour courir au rendez-vous.

CHAPITRE XVI.

Acaste. Ne peut-elle parler?
Oswald. Si parler consiste seulement à articuler des sons avec la langue et les lèvres, la jeune fille est muette; mais s'il s'agit de traduire la pensée par un regard intelligent et prompt, par des gestes et des mouvements expressifs, on peut dire qu'elle possède cette faculté merveilleuse; car ses yeux, brillants comme les étoiles du ciel, ont un langage intelligible, quoique dépourvu de la parole et des sons.
Vieille Comédie.

ur la plate-forme du premier escalier, qui conduisait à l'entrée difficile et bien défendue du château d'Holm-Peel, Julien fut arrêté tout à coup par la suivante de la comtesse.

Cette jeune fille, une des plus sveltes et des plus mignonnes créatures de l'espèce féminine, offrait dans toutes ses formes une perfection exquise; une tunique de soie verte, d'une coupe particulière, contribuait à faire ressortir la grâce de ses proportions. Elle avait la peau plus brune que ne l'est d'ordinaire celle des femmes de l'Europe, et sa longue et fine chevelure, qui, déployée, tombait jusqu'à la cheville, semblait aussi dénoter une origine étrangère. Tout en elle réalisait l'idée de la plus adorable miniature ; il y avait, en outre, dans la physionomie de Fenella, surtout dans son regard, une vivacité, un feu qu'elle devait à l'imperfection de ses autres organes, puisque ce n'était que par celui de la vue qu'elle pouvait s'instruire de ce qui se passait autour d'elle.

La jolie muette possédait plusieurs talents que la comtesse lui avait fait enseigner pour la dédommager de sa triste situation, et qu'elle avait acquis avec une promptitude étonnante. Elle était, par exemple, d'une adresse consommée à tous les ouvrages de l'aiguille, et si habile, si ingénieuse dans l'art du dessin, que, à l'instar des anciens Mexicains, il lui arrivait parfois de crayonner rapidement une esquisse pour exprimer ses idées, soit par figuration directe, soit par signes emblématiques. Elle excellait surtout dans l'écriture ornée, qui était fort à la mode à cette époque.

Outre ces divers talents, Fenella avait encore un esprit fin et subtil, et une intelligence remarquable. Elle était la favorite de lady Derby et des deux jeunes gens, avec lesquels elle causait familièrement au moyen d'un système de signes qui suffisait aux besoins ordinaires de leurs relations.

Mais, quoique heureuse de l'indulgence et de la faveur de sa maîtresse, dont il était rare qu'elle se séparât, Fenella n'était nullement la favorite du reste de la maison. Dans le fait, son caractère, aigri peut-être par le sentiment de son infortune, ne répondait pas à ses autres qualités. Elle avait dans les manières une hauteur extrême, même à l'égard des principaux officiers de la maison, et l'humeur irascible et vindicative. Ce dernier penchant avait été encouragé, il est vrai, par les deux cousins, et surtout par le comte, qui s'amusait quelquefois à la taquiner. A son égard, elle ne se permettait que de pétulantes et bizarres démonstrations d'impatience ; mais, vis-à-vis des inférieurs, l'expression de sa colère avait quelque chose d'effrayant, tant les sons qu'elle articulait, les contorsions, les gestes auxquels elle avait recours, étaient extraordinaires ! Les domestiques, pour qui elle était généreuse presque au delà des moyens qu'elle paraissait avoir, lui témoignaient de la déférence et du respect, bien plus par crainte que par un attachement véritable.

Il résulta de ces diverses particularités des conjectures tout à fait conformes à l'esprit de superstition, qui régnait parmi les insulaires. Croyant aveuglément à toutes les légendes de fées, si chères aux tribus celtiques, ils tenaient pour avéré que les lutins avaient coutume d'enlever les petits humains avant le baptême, pour y substituer ceux de leur race, auxquels il manquait toujours un des organes propres à l'humanité. Telle devait être l'origine de Fenella et la petitesse de sa taille, la couleur de son teint, ses longs cheveux soyeux, la bizarrerie de ses manières et les caprices de son humeur, étaient, selon leurs idées, les attributs de cette race irritable, volage et dangereuse dont ils la supposaient issue.

Une foule d'histoires circulaient touchant *la Fée* de la comtesse, comme on l'appelait dans l'île. Dans l'opinion des protestants les plus sévères, il n'y avait qu'une papiste et une malintentionnée qui pût garder près d'elle une créature d'une origine aussi douteuse. Aux yeux du peuple, Fenella, sourde et muette pour les habitants de ce monde, allait chanter avec les sirènes au clair de la lune, sur les sables qui bordent la mer, ou danser avec les fées dans le vallon enchanté de Glenmoy, ou sur les montagnes de Snowfell.

Telle était, au physique et au moral, la petite créature qui, tenant dans sa main une légère baguette d'ébène de forme antique, se présenta subitement devant Julien.

Se plaçant au milieu de l'étroit escalier, de manière à barrer le passage, Fenella se mit à le questionner, à l'aide d'une pantomime que nous essaierons de décrire. Elle étendit d'abord la main, en accompagnant ce geste du regard expressif et pénétrant dont elle accentuait chacune de ses questions. Cela voulait dire : Allez-vous loin? Julien, à son tour, étendit à moitié le bras, pour lui faire entendre qu'il allait à une distance assez petite. Elle prit un air grave, secoua la tête, et montra l'une des fenêtres de l'appartement de la comtesse; mais il fit signe, en souriant, qu'il n'y avait aucun danger à quitter sa maîtresse pour si peu de temps. La jeune fille toucha alors une plume d'aigle qu'elle portait dans ses cheveux, emblème par lequel elle désignait le comte, et parut demander : Va-t-il avec vous? Peveril répondit *non* de la tête, et, assez contrarié de cet interrogatoire qui le retenait malgré lui, il fit un effort pour passer. Fenella fronça le sourcil, frappa la terre de sa baguette d'ébène, et secoua de nouveau la tête comme pour lui défendre de partir. Le voyant persister dans son dessein, elle recourut à un moyen plus doux : elle saisit d'une main le bord de son manteau, et leva l'autre comme pour l'implorer, tandis que tous les traits de son charmant visage marquaient une instante supplication, et que le feu de ses grands yeux noirs, trop étincelant d'ordinaire, parut s'éteindre un moment dans les grosses larmes suspendues aux longs cils de ses paupières.

Il s'en fallait beaucoup que Julien n'eût aucune sympathie pour la pauvre muette, qui, en s'opposant à son départ, ne paraissait avoir d'autre motif qu'une affectueuse inquiétude pour le salut de sa maîtresse. Il s'efforça de la rassurer par ses sourires et par tous les signes qu'il put imaginer; puis, étant parvenu à dégager son manteau des mains de Fenella, il passa brusquement devant elle, et descendit l'escalier aussi vite qu'il le put, afin d'éviter de nouvelles importunités.

Mais la muette l'emportait sur lui en agilité. Au risque de se briser les membres ou de perdre la vie, elle se laissa couler, d'une assez grande hauteur, le long de la rampe d'une batterie de flanc, où étaient placés deux pierriers destinés à nettoyer le passage, dans le cas où quelque ennemi parviendrait jusque-là. Julien avait à peine eu le temps de s'effrayer de cette scabreuse descente, qu'il aperçut Fenella, debout et sans blessure, en face de lui, sur la plate-forme inférieure. Il essaya, par son attitude et ses regards sévères, de lui faire entendre à quel point il blâmait sa témérité. Peines perdues! après avoir repoussé de la main, pour ainsi dire, et le danger et la réprimande, elle renouvela avec plus de vivacité les instances muettes, mais énergiques, par lesquelles elle s'efforçait de le retenir au château.

Julien se sentit presque ébranlé par son opiniâtreté. « Quelque danger menacerait-il la comtesse? pensa-t-il; et cette pauvre fille, toujours en éveil, aurait-elle deviné ce qui a échappé aux autres? »

Il fit signe à Fenella de lui donner les tablettes et le crayon qu'elle portait ordinairement sur elle, et il écrivit cete question :

— Votre maîtresse est-elle en danger pour que vous m'arrêtiez ainsi?

— Oui, ma maîtresse est en danger, répondit Fenella; mais il y en a davantage dans votre projet.

— Comment? quoi? que savez-vous de mon projet? s'écria Julien oubliant que celle à laquelle il parlait n'avait ni oreilles pour entendre ni voix pour répondre.

Cependant, elle avait repris ses tablettes, et y dessina rapidement une scène qu'elle montra à Julien. Quelle fut sa surprise en reconnaissant la roche de Goddard-Crovan, assez fidèlement esquissée, près de laquelle se tenaient un homme et une femme dont les traits, quoique indiqués seulement par de légers coups de crayon, offraient quelque ressemblance avec les siens et ceux d'Alice-! Fenella reprit ensuite les tablettes, posa un doigt sur le dessin d'un air grave et solennel, et fronça le sourcil comme pour lui défendre d'aller au rendez-vous.

Quoique déconcerté, Julien n'était en aucune façon disposé à se conformer à cette défense. Pour mettre fin à la résistance de Fenella, il l'enleva brusquement entre ses bras avant qu'elle pût se douter de son projet, la posa derrière lui sur les marches de l'escalier, et descendit à toutes jambes. Ce fut alors que la petite muette donna un libre cours à toute la violence de son caractère : frappant des mains à plusieurs reprises, elle exprima sa déconvenue par un cri si discordant, qu'il ressemblait plutôt à celui d'un animal sauvage qu'à la voix d'une créature humaine. Ce cri, répété par les échos, émut le jeune homme au point de l'arrêter dans sa course pour s'assurer qu'il ne lui était rien arrivé de fâcheux. Les traits enflammés et défigurés par la colère, elle trépigna, lui montra le poing et tourna le dos ; puis, sans plus de cérémonie, elle remonta l'escalier de pierre avec la légèreté d'une chèvre qui gambade parmi les rochers. A la seconde plate-forme, elle fit halte et se retourna.

Julien ne put éprouver que surprise et compassion à la vue de la rage impuissante d'un être séparé, par son propre malheur, du reste de ses semblables, et privé, dans son enfance, des instructions salutaires par lesquelles nous apprenons à dompter le désordre de nos passions avant qu'elles aient acquis toute leur force. Il lui adressa, de la main, un adieu amical ; mais elle n'y répondit qu'en le menaçant de nouveau du poing, et achevant, en quelques bonds, de gravir les marches, elle disparut.

Sans plus de réflexions sur ce qui venait de se passer, Julien se hâta de courir au village, où étaient situées les écuries du château, monta sur sa jument Fairy et s'achemina rapidement vers le lieu du rendez-vous. « D'où vient un tel revirement dans la conduite d'Alice, pensait-il, puisque, au lieu de m'enjoindre de me tenir à l'écart, ou de quitter l'île, elle m'assigne d'elle-même un rendez-vous ? » Sous l'impression favorable ou non des idées qui lui traversaient le cerveau, tantôt il pressait les flancs de son coursier, tantôt il le touchait légèrement de sa houssine, quelquefois il l'excitait de la voix ; mais l'ardent animal n'avait besoin ni du fouet ni de l'éperon, et parcourut, en une heure, les quatre lieues qui séparaient le château d'Holm-Peel de la roche de Goddard-Crovan.

Cette pierre monumentale, destinée à transmettre le souvenir de quelque exploit d'un ancien roi de Man, depuis longtemps oublié, flanquait un des côtés d'une vallée étroite et solitaire, ou plutôt d'une gorge, cachée à tous les regards par les hauteurs escarpées qui l'environnent. Sur une espèce de plate-forme naturelle, s'élevait, isolée, la roche informe et colossale, telle que le squelette d'un géant, au-dessus des ondes murmurantes d'un humble ruisseau.

CHAPITRE XVII.

> Est-ce là un rendez-vous d'amour? La fille pleure et l'amant, consterné, courbe la tête. Il a dû se passer entre eux autre chose que les doux chagrins d'amour.
>
> *Vieille Comédie.*

EN approchant de Goddard-Crovan, Julien jeta des regards inquiets de côté et d'autre, afin de s'assurer s'il n'avait point été devancé au lieu du rendez-vous. Bientôt, le flottement d'une mante agitée par le vent, et le mouvement que fit celle qui la portait pour l'assujettir sur ses épaules, l'avertirent de la présence d'Alice. En un clin d'œil, il sauta à bas de son cheval, qu'il laissa, la bride sur le cou, libre de paître l'herbe des environs. L'instant d'après, il était à côté d'Alice.

Elle tendit une main à son amant, qui la saisit avec transport et la dévora de baisers, tandis que, de l'autre, elle cachait la rougeur de ses joues.

— Non, Julien, cessez, dit-elle en se dégageant, cela n'est pas bien ; si j'ai commis une imprudence en vous donnant un tel rendez-vous, ce n'est pas à vous à me le faire sentir.

Le cœur de Julien Peveril avait été embrasé de bonne heure par cette flamme pure et romanesque qui ôte à l'amour son égoïsme, et lui donne le caractère sublime d'un dévouement généreux et désintéressé. Il abandonna la main d'Alice avec autant de respect que s'il eût reçu cet ordre de la bouche d'une princesse. Lorsqu'elle se fut assise sur une espèce de banquette, couverte de mousse et de fleurs sauvages, et adossée à un bouquet d'arbres, il se plaça près d'elle, mais à une certaine distance, comme pour lui faire entendre qu'il n'était là que pour l'écouter et lui obéir. Alice reprit assurance en remarquant le pouvoir qu'elle exerçait sur son amant ; et cette soumission, que tant d'autres jeunes filles dans une situation semblable eussent déclarée incompatible avec une passion ardente, fut pour elle une preuve de la sincérité de son amour.

— Julien, lui dit-elle, votre visite d'hier, cette visite faite si mal à propos, m'a causé beaucoup de peine ; elle a égaré mon père, et vous a mis en danger. A tout prix, j'ai résolu de vous en avertir. Je ne pouvais vous voir, vous que je connais pourtant depuis si longtemps, vous qui dites avoir quelque penchant pour moi...

— Oh ! Alice, interrompit Peveril, quelle expression froide et insignifiante pour peindre la tendresse la plus vraie, la plus dévouée !

— Eh bien, reprit Alice d'un air mélancolique, ne nous querellons pas sur les mots. Je ne pouvais vous voir, dis-je, vous qui avez conçu pour moi un attachement sincère, quoique inutile, courir aveuglément vers un piège où vous tomberiez, séduit et trompé par ce même attachement.

— A quelle sorte de danger suis-je exposé ? Les sentiments que votre père m'a témoignés sont inconciliables avec des projets d'une nature hostile. Si, comme le prouve sa conduite, il n'est point offensé du vœu téméraire que j'ai osé former, je ne connais pas un homme sur la terre de qui je croie avoir moins de mal à redouter.

— Mon père a en vue le bien de son pays et le vôtre, Julien. Néanmoins, je crains quelquefois qu'il ne nuise à la bonne cause au lieu de la servir, et je crains encore plus qu'en essayant de vous associer à ses desseins, il n'oublie les liens qui doivent vous engager, et qui vous engageront, j'en suis sûre, dans une voie différente de la sienne.

— Les opinions politiques de votre père diffèrent totalement des miennes, je ne l'ignore pas ; mais, au milieu des horreurs de la guerre civile, combien a-t-on vu de gens dignes et respectables mettre de côté les préjugés de parti et se témoigner des égards, de l'amitié même, sans renoncer pour cela à leurs principes !

— C'est possible ; mais tel n'est pas le genre d'accord que mon père désire conclure avec vous, celui vers lequel il espère qu'une inclination mal placée vous portera.

— Et que pourrais-je donc risquer, avec la perspective d'une telle récompense ?

— La trahison et le déshonneur, c'est-à-dire tout ce qui vous rendrait indigne de l'objet auquel vous attachez quelque prix.

— Eh quoi, s'écria Peveril, en cédant malgré lui à l'impression qu'Alice voulait produire, celui dont les idées de devoir sont si sévères, pourrait-il désirer de me mêler à rien de déshonorant ?

— Vous m'entendez mal, Julien. Mon père est incapable d'exiger rien de vous qui ne soit, à ses yeux, conforme à la justice et à l'honneur ; bien plus, il pense ne réclamer de vous que le payement d'une dette dont vous êtes redevable comme créature à votre Créateur et comme homme à vos semblables.

— Avec une telle garantie, où donc est le danger de notre liaison ? Si nous sommes déterminés tous deux, lui à ne demander, moi à n'accorder que ce qui est conforme à la justice et à l'honneur, qu'ai-je à craindre, Alice, et comment mes relations avec votre père sont-elles dangereuses ?

— Julien, je ne suis qu'une jeune fille, mais les circonstances m'ont appris à penser par moi-même, et à étudier le caractère de ceux qui m'entourent. Les opinions de mon père, en religion et en politique, lui sont aussi chères que la vie, et il n'estime la vie uniquement que pour la consacrer à leur défense. Ces opinions, à peine modifiées, l'ont accompagné partout. Il fut une époque où elles le conduisirent à la prospérité ; et, quand elles ne convinrent plus à l'esprit du temps, il fut victime de sa fidélité pour elles. S'il ne vous les montre pas d'abord dans toute leur rigidité, ne croyez pas qu'elles en aient moins de puissance. Celui qui cherche à faire des prosélytes doit agir avec mesure. Mais qu'il sacrifie à un jeune homme sans expérience, dirigé par une passion qu'il traitera d'enfantillage, la moindre parcelle de ces principes conservés par lui comme un trésor, et qui ont fait tour à tour sa gloire et son crime, non, jamais ! ne vous abandonnez point à ce rêve insensé. Si vous vous trouvez jamais ensemble, il faut que vous soyez la cire et lui le cachet ; il donnera l'empreinte, et vous la recevrez.

— Cela ne serait ni juste, ni raisonnable. Je ne suis nullement l'esclave des opinions de mon père, quel que soit le respect que j'aie pour lui. Mais espérer que je pourrais renoncer aux principes dans lesquels j'ai été élevé, ce serait me supposer capable d'abandonner ma bienfaitrice et de briser le cœur de mes parents.

— Tel aussi je vous ai jugé. C'est pourquoi je vous ai demandé cette entrevue, afin de vous supplier de rompre toute relation avec ma famille, de retourner vers vos parents, ou, ce qui vaudrait encore mieux, de voyager une seconde fois sur le continent, et d'y attendre que Dieu envoie de plus heureux jours à l'Angleterre.

— Est-ce vous, Alice, dit Julien en lui prenant une main qu'elle ne retira point, vous qui me donnez ce conseil, et cela dans mon intérêt ? M'enfuir, par crainte de dangers auxquels mon devoir à moi, homme, noble, sujet, est de faire face ; abandonner lâchement parents, amis, patrie ; déchoir d'un rang honorable pour devenir un fuyard, dire un éternel adieu à vous et au bonheur ? Non, c'est impossible.

— Il n'y a point de remède, répondit-elle avec un soupir, aucun ! Dans les circonstances où nous sommes, quand la guerre est à la veille d'éclater entre nos parents, il ne reste plus qu'à nous souhaiter réciproquement d'être heureux, comme de paisibles, de sages amis, forcés de se séparer ici même, sur l'heure, et pour ne jamais se revoir !

Sous l'influence de ses propres sentiments et de l'émotion que sa compagne cherchait en vain à dissimuler, Peveril protesta avec feu :

— Non, de par le ciel ! point de séparation !... Soyons unis, Alice. S'il me faut partir, vous m'accompagnerez... Qu'avez-vous à perdre ? Votre père ? La bonne vieille cause, comme il l'appelle, lui est plus chère que mille filles; et, votre père excepté, quel lien vous attache à cette île stérile?

— O Julien, pourquoi rendre mon devoir plus pénible par des chimères que vous ne devriez pas me faire entrevoir, par un langage que je ne devrais pas écouter? Vos parents... mon père... non, non, cela ne se peut!

— Ne craignez rien de mes parents, Alice, répondit Julien, en se hasardant à passer son bras autour de sa taille; ils m'aiment, et ils apprendront bientôt à aimer dans Alice le seul être qui, sur la terre, puisse rendre leur fils heureux. Puisque vous me condamnez à partir, partez avec moi, car vous seule, oui, vous seule, pouvez me réconcilier avec l'exil et l'inaction, et rendre heureux celui qui est disposé à renoncer pour vous à l'honneur.

— Encore une fois, c'est impossible... Je ne le dois pas... non, Julien, pour l'amour de vous, je ne le dois pas.

— Si vous voulez faire quelque chose pour l'amour de moi, dites *oui*; si vous n'osez le dire, laissez tomber sur mon épaule cette tête chérie... un signe, un clin d'œil m'annoncera votre consentement. Dans une heure, tout sera prêt : un ministre nous unira, et nous irons, loin d'ici, chercher une meilleure fortune.

Mais pendant qu'il parlait, dans le joyeux espoir de vaincre la résistance d'Alice, celle-ci était parvenue à reprendre possession d'elle-même. Se dégageant des bras qui la retenaient encore, elle se leva et repoussa les tentatives que faisait son amant pour se rapprocher d'elle; puis, sur le ton d'une simplicité digne, elle lui dit :

— Julien, j'avais la conviction que je m'exposais beaucoup en vous demandant cette entrevue; mais que je pousserais la cruauté envers moi-même comme envers vous jusqu'à laisser voir à quel point je vous aime mieux que vous ne m'aimez, je ne le soupçonnais guère. Puisque vous le savez à présent, apprenez aussi combien l'amour d'Alice est désintéressé. Jamais elle n'apportera dans votre antique famille un nom sans dignité. S'il doit y avoir, un jour, parmi vos descendants, quelqu'un qui trouve les prétentions de la hiérarchie ecclésiastique trop exorbitantes, les privilèges de la couronne trop étendus, on ne dira point que de telles idées ont été puisées dans le sang de son aïeule Alice Bridgenorth, la fille d'un républicain.

— Comment pouvez-vous employer de telles expressions? Ne voyez-vous pas que c'est l'orgueil, bien plus que l'amour, qui vous fait rejeter notre bonheur commun?

— Non, Julien, non, répondit Alice, les yeux pleins de larmes, c'est le devoir qui nous commande à tous deux, le devoir qui nous maintient sous sa loi, au risque de nous perdre en ce monde et dans l'autre. Pensez à ce que j'éprouverais, moi, la cause de tout le mal, en voyant votre père froncer le sourcil, votre mère s'affliger, vos nobles amis rester à l'écart, et vous-même faire la pénible découverte que vous avez encouru le mépris et le ressentiment d'eux tous pour satisfaire une passion de jeunesse, tandis que l'objet de votre égarement verrait ses faibles attraits décliner, chaque jour, sous l'influence de la douleur et des regrets. Je ne veux pas courir une telle aventure. Suivons chacun notre chemin, c'est le plus sage... Adieu donc, Julien! Mais, d'abord, écoutez l'avis solennel pour lequel je vous ai mandé ici : fuyez mon père; vous ne pouvez marcher dans les mêmes voies que lui et rester fidèle à la reconnaissance et à l'honneur. Encore une fois, je vous en avertis, évitez mon père. Quittez cette île, qui sera bientôt bouleversée par d'étranges événements ; tant que vous y resterez, soyez sur vos gardes, méfiez-vous de tout, même de ceux qui semblent à l'abri du soupçon; ne vous confiez pas même aux pierres de l'appartement le plus secret d'Holm-Peel, car elles ont des ailes qui porteraient au loin vos confidences.

Alice s'arrêta tout à coup, en poussant un cri étouffé : un homme venait de sortir du buisson qui l'avait caché, et cet homme, c'était son père.

Pour la seconde fois, les entretiens secrets des deux amants étaient interrompus par l'apparition inattendue du major Bridgenorth. En cette occasion sa physionomie exprimait un courroux qui avait quelque chose de solennel; mais la colère la plus violente ne se manifestait en lui que par une froide réserve dans les manières et le langage.

— Je vous remercie, Alice, dit-il à sa fille, de la peine que vous avez prise de contrecarrer mes projets touchant ce jeune homme et vous-même. Je vous remercie des insinuations que vous avez glissées dans son esprit; si je ne m'étais montré, vous auriez sans doute poussé les choses jusqu'à mettre ma vie et celle de bien d'autres à la merci d'un jeune fou, qui, ayant devant lui la cause de Dieu et de son pays, n'a en tête qu'une figure de poupée comme la vôtre!

D'une pâleur de morte, et les yeux baissés vers la terre, Alice n'essaya pas de répondre un mot aux reproches ironiques de son père.

— Et vous, Monsieur, continua ce dernier en s'adressant à Peveril, vous avez bien payé la généreuse confiance que j'avais placée en vous avec si peu de réserve. J'ai aussi à vous remercier de m'avoir donné une leçon; cela m'apprendra à me contenter du sang plébéien qui coule dans mes veines et de la grossière éducation que j'ai reçue de mes parents.

— Je ne vous comprends pas, Monsieur, balbutia Julien, hors d'état de trouver autre chose à dire.

— Oui, Monsieur, je vous remercie, reprit le major, toujours maître de lui; grâce à vous, je sais à présent que la violation de l'hospitalité, le manque de bonne foi, et autres misères semblables, ne sont pas tout à fait étrangers au cœur et à la conduite de l'héritier d'une noble famille qui compte vingt générations. C'est une grande leçon pour moi, Monsieur; car jusqu'ici j'avais cru, avec le vulgaire, que la noblesse du sang n'allait pas sans celle des sentiments. Peut-être la courtoisie est-elle une vertu trop chevaleresque pour être prodiguée dans la fréquentation d'un fanatique de Tête-Ronde comme moi.

— Major Bridgenorth, objecta Julien, tout ce qui s'est passé ici, tout ce qui a pu vous déplaire, a pour cause l'exaltation du moment; rien n'a été prémédité.

— Pas même votre rendez-vous, je suppose? Vous, Monsieur, avez flâné par ici, ma fille est sortie en promenade, et le hasard, sans doute, vous a réunis près de la roche de Goddard-Crovan? Jeune homme, ne vous déshonorez pas par de telles justifications, elles sont plus qu'inutiles. Et vous, jeune fille, qui, par crainte de perdre un amant, avez failli compromettre la vie d'un père, retournez à Black-Fort; là, je vous parlerai plus à loisir, et je vous enseignerai la pratique de ces devoirs que vous semblez avoir oubliés.

— Sur mon honneur, Monsieur, votre fille n'est coupable d'aucune offense envers vous; elle a repoussé tout ce que la violence d'un amour opiniâtre m'a porté à lui proposer.

— Bref, ce n'est pas à la demande d'Alice que vous êtes venu dans ce lieu écarté?

Peveril ne savait que répondre, et le major fit de nouveau signe à sa fille de se retirer.

— Je vous obéis, mon père, dit Alice, qui avait eu le temps de revenir de sa terreur, je vous obéis; mais, le ciel m'en est témoin, vous seriez plus qu'injuste en me supposant capable de trahir vos secrets, lors même qu'il s'agirait de sauver ma vie ou celle de Julien.

Vous marchez dans une route dangereuse, je le sais; vous y marchez les yeux ouverts, en pleine connaissance des motifs qui vous guident et de ce qu'ils valent. Mon seul désir était d'empêcher ce jeune homme de s'exposer aveuglément aux mêmes périls; et j'avais le droit de l'avertir puisque les sentiments qui l'égarent se rapportent directement à moi.

— Fort bien, mignonne. Vous avez dit ce que vous vouliez; retirez-vous maintenant, et laissez-moi achever la conférence que vous avez si sagement commencée.

— Je pars, Monsieur. Julien, c'est à vous que s'adresseront mes dernières paroles, et je vous les répéterais à mon dernier soupir : adieu, et soyez prudent!

A ces mots, elle entra dans le bois et disparut.

— Voilà bien les femmes! dit son père en la regardant s'éloigner; elles risqueraient la cause des nations, plutôt que de mettre en danger un cheveu de la tête de leur amant. Et vous, Monsieur Peveril, vous pensez probablement, comme elle, que le meilleur amour est celui qui se met en sûreté?

— Si je n'ai que des dangers à craindre, répondit Julien, fort étonné du ton radouci avec lequel cette observation lui fut faite, il en est peu que je ne veuille braver pour... pour mériter votre bonne opinion.

— Ou plutôt pour obtenir la main de ma fille, dit Bridgenorth. Eh bien, jeune homme, une chose m'a plu dans votre conduite, quoique j'aie bien des raisons de me plaindre de vous: oui, une chose m'a plu. Vous avez franchi cette extrême barrière de l'orgueil aristocratique, derrière laquelle votre père et les siens se tenaient retranchés, comme dans l'enceinte d'une forteresse féodale; vous l'avez franchie hardiment, en ne refusant pas de vous allier à une famille que votre père méprise comme obscure et de basse naissance.

Quelque favorable que lui parût cette ouverture, Julien en déduisit clairement quelles seraient, auprès de ses parents, les conséquences de l'union qu'il recherchait. Voyant Bridgenorth tranquillement déterminé à attendre sa réponse, il recueillit assez de courage pour lui dire :

— L'affection que j'ai conçue pour votre fille est de nature à faire négliger bien des considérations auxquelles, dans tout autre cas, je regarderais comme un devoir de me soumettre avec respect. Les préjugés de mon père s'élèveraient fortement, en effet, contre une pareille alliance; toutefois, il y renoncerait, j'en suis convaincu, s'il venait à connaître le mérite d'Alice et à comprendre qu'elle seule peut faire le bonheur de son fils.

— En attendant, vous désirez vous unir à elle sans le consentement de vos parents, sauf à l'obtenir ensuite? Je le comprends ainsi, d'après la proposition que vous avez faite tout à l'heure à ma fille.

Ondoyante est la nature de l'homme et ses passions n'ont ni règle ni certitude. Quelques minutes auparavant, Julien pressait Alice de conclure un mariage secret et de le suivre à l'étranger, comme l'unique moyen d'assurer le bonheur de sa vie; il trouva moins de charmes à cette proposition quand le major la lui renouvela, de sa voix calme et tranchante. Au lieu d'être l'effet d'un amour enthousiaste, qui s'élève au-dessus de toute considération, ce n'était plus que le sacrifice, nettement imposé, de l'honneur de sa maison, le triomphe de Bridgenorth sur Peveril. Aussi hésita-t-il à répondre, cherchant en vain des mots qui pussent concilier son adhésion et la dignité de sa famille.

Ce silence éveilla les soupçons de Bridgenorth; son œil étincela, et ses lèvres tremblèrent.

— Écoutez, jeune homme, lui dit-il, agissez franchement avec moi dans cette affaire, sinon vous me forcerez à vous regarder comme un exécrable scélérat, qui voulait séduire une malheureuse enfant au moyen de promesses qu'il n'avait pas dessein d'accomplir. Ah! si seulement j'en avais le soupçon, vous verriez à l'instant, que l'orgueil et la généalogie de votre famille ne vous sauveraient pas de la juste vengeance d'un père.

— Vous me faites injure, major Bridgenorth; je suis incapable de l'infamie que vous supposez. La proposition que j'ai faite à votre fille était aussi sincère que jamais homme puisse en faire à une femme. Si j'ai hésité à répondre, c'est parce que vous jugez nécessaire de m'examiner sévèrement, et que vous voulez connaître à fond mes sentiments et mes projets, sans me laisser entrevoir les vôtres.

— Votre proposition se réduit donc à ceci : vous êtes prêt à emmener ma fille en exil, pour lui donner un droit à la tendresse et à la protection d'une famille qui la méprisera, vous le savez, à condition que je consente à joindre au don de sa main une fortune suffisante pour égaler celle de vos ancêtres, alors qu'ils avaient plus de raison d'être orgueilleux de leurs richesses. La balance ne serait pas égale. Et pourtant, ajouta-t-il, après un moment de réflexion, je mets si peu de prix aux biens de ce monde, qu'il ne serait pas entièrement hors de votre pouvoir d'obtenir mon consentement à ce mariage, quelque inégal qu'il puisse paraître.

— Si je connaissais les moyens de vous plaire, je m'empresserais de suivre vos avis et de souscrire à vos conditions.

— Ils se résument en quelques mots : être honnête homme et ami de son pays.

— Personne n'a jamais douté que je fusse l'un et l'autre.

— Pardonnez-moi, car jusqu'ici vous n'en avez donné aucune preuve à personne. L'époque où vous avez vécu, succédant aux agitations de la guerre civile, a rendu les hommes indifférents aux affaires publiques. Mais nous sommes Anglais, et le réveil ne saurait tarder. Déjà la plupart des chauds partisans de Charles Stuart le regardent comme un roi que le ciel, importuné de nos supplications, nous a donné dans sa colère. Sa licence effrénée, trop facilement imitée par les jeunes fous qui l'entourent, a dégoûté les gens honnêtes et bien pensants. Le ciel a frappé de stérilité sa couche nuptiale; et dans le caractère fanatique de son frère, on prévoit quelle espèce de prince lui succédera sur le trône. C'est un temps critique, et le devoir prescrit à chacun de se placer en avant, chacun à son rang, afin de secourir le pays qui nous a vus naître.

Peveril se rappela l'avis que lui avait donné Alice, et baissa les yeux sans répondre.

— Qu'est-ce à dire? poursuivit Bridgenorth. Jeune comme vous l'êtes, n'étant pas attaché par les liens de la débauche aux ennemis de la patrie, seriez-vous assez endurci pour rester sourd à son appel au moment du danger?

— Mon pays, dit Julien, ne peut me faire un appel que je ne sois prêt à y répondre sur-le-champ, au risque de ma vie. Mais quelle est la nature de cet appel? par qui doit-il être fait? quels doivent en être les résultats? Car vous avez vu de trop près les maux de la guerre civile, pour souhaiter d'en réveiller les horreurs au milieu d'un pays heureux et tranquille.

— Ceux qui tombent en léthargie par l'effet d'un poison narcotique doivent être réveillés au bruit de la trompette. Mieux vaut mourir bravement les armes à la main, en Anglais né libre, que descendre dans la tombe pacifique mais ignominieuse que l'esclavage ouvre à ses vassaux. Toutefois, les maux dont l'Angleterre gémit aujourd'hui ne sont pas tels qu'on ne puisse y remédier par l'exécution salutaire des lois qu'on y tolère encore. Ces lois n'ont-elles pas droit à l'appui de quiconque vit sous leur protection? n'ont-elles pas droit au vôtre?

— Je n'ai pas ouï dire que les lois d'Angleterre soient devenues si faibles qu'elles aient besoin d'un appui tel que le mien. Du reste, elles sont sous la garde de juges intègres et éclairés, de notre gracieux monarque...

— Et de la chambre des communes, interrompit le major. Cette chambre, qui ne cessait de radoter sur les mérites de la restauration, a ouvert les yeux, comme par un coup de foudre, sur les périls de notre religion et de notre liberté. J'en appelle à votre conscience, Peveril : qu'elle me dise si ce réveil n'a pas eu lieu à temps, puisque vous savez mieux que personne quels pas rapides Rome a faits secrètement pour ériger son Dagon d'idolâtrie sur notre terre protestante.

— J'ai été élevé, il est vrai, se hâta de répliquer Julien, qui croyait voir le but où tendait son interlocuteur, j'ai été élevé dans une famille où la foi romaine est professée par une personne que j'honore, et j'ai voyagé depuis dans les pays catholiques; mais ces circonstances même m'ont mis à portée de voir de trop près le papisme, pour que j'en adopte ou favorise les dogmes. Comme ma mère, j'espère vivre et mourir dans la foi de l'Église réformée d'Angleterre.

— Hélas! telle qu'elle est constituée à présent, l'Église d'Angleterre n'usurpe guère moins que celle de Rome sur nos consciences et nos libertés ; et, cependant, c'est de la faiblesse de cette Église à demi réformée qu'il peut plaire à Dieu de faire sortir avec éclat la délivrance de l'Angleterre. Tu ne possèdes pas les lumières de pure doctrine ; mais il me suffit que tu sois préparé à la recevoir, quand l'étincelle dessillera tes yeux. A présent, tes préjugés occupent ton esprit, comme le gardien de la maison dont il est parlé dans l'Écriture ; mais il s'en présentera un plus fort que lui, qui forcera l'entrée et déploiera sur les murailles le signe de la foi sans lequel il n'est point de salut. Veille, espère, et prie, afin que l'heure puisse arriver.

Ils se turent un moment, et ce fut Peveril qui, le premier, rompit le silence :

— Vous m'avez parlé par énigmes, major Bridgenorth, et je ne vous ai demandé aucune explication. Écoutez, à votre tour, un avis, dicté par l'intérêt le plus sincère. Vous êtes ici, ou du moins vous êtes supposé y être, avec des projets dangereux pour le maître de cette île. Ce danger retombera sur vous, si vous y prolongez votre séjour. Prenez garde et partez : il est temps.

— Et laissez votre fille sous la protection de Julien Peveril : n'est-ce pas sous-entendu? Fiez-vous à ma prudence pour ce qui me regarde. J'ai été habitué à me guider à travers des périls plus redoutables que ceux qui m'environnent. Je vous remercie néanmoins de l'avis, et je le crois désintéressé, en partie du moins.

— Vous ne me quittez donc pas avec colère?

— Non, mon fils, je te quitte avec une tendre amitié. Quant à ma fille, tu dois renoncer à la voir autrement que de mon aveu. Je ne refuse pas de te la donner un jour, je ne le promets pas non plus ; sache seulement que celui qui veut devenir mon fils doit se montrer d'abord le fils dévoué de son pays abusé et opprimé. Adieu, tu entendras parler de moi plus tôt que tu ne penses.

Il serra cordialement la main de Peveril, et le laissa sous une impression confuse de plaisir, de doute et d'étonnement.

Il sortit, rappela le petit cheval, et, après avoir rajusté ses sangles et replacé le mors, il se mit en selle, et reprit le chemin du château de Holm-Peel, non sans appréhender qu'il y fût arrivé quelque chose d'extraordinaire pendant son absence.

L'antique édifice apparut bientôt à ses yeux, sombre, imposant et calme au milieu de l'Océan qu'on eût dit assoupi. La bannière qui annonçait la présence des seigneurs de l'île pendait immobile dans les airs. Les sentinelles se promenaient sur les remparts en fredonnant ou sifflant quelque refrain du pays. Julien, ayant laissé Fairy dans l'écurie du village, rentra au château et retrouva toutes choses dans l'ordre accoutumé.

CHAPITRE XVIII.

<small>Maintenant dites-moi, cher frère, dites-moi où je trouverai
un messager à envoyer en Angleterre.
Ballade du roi Estmère.</small>

Dès son retour au château, la première rencontre que fit Julien fut celle du jeune comte, qui l'accueillit avec sa gaieté ordinaire.

— Soyez trois fois le bien venu, chevalier des dames! lui dit-il. Vous errez galamment, et comme il vous plaît, à travers nos États, en quête de rendez-vous et d'amoureuses aventures, tandis que nous sommes condamné à siéger dans nos appartements royaux, aussi ennuyé, aussi immobile que si Notre Majesté était sculptée en bois sur la poupe de quelque bâtiment contrebandier de notre île, et baptisée le Roi Arthur de Ramsey.

— Je vois avec plaisir, dit Julien, que vous n'avez eu aucune occupation désagréable. Les alarmes de ce matin se sont dissipées?

— Tout à fait, mon ami, et après les plus exactes informations, nous n'avons trouvé aucun motif d'appréhender une révolte. Quant à Bridgenorth, il paraît certain qu'il est dans l'île, pour affaires d'importance, dit-on, mais d'un intérêt privé, et je ne me soucie nullement de le faire arrêter sans avoir la preuve que ses amis ou lui s'occupent de complots. Je crois, en vérité, que nous avons pris l'alarme trop vite. Notre retraite a été peu royale, et, à l'instar du coupable, nous avons décampé avant qu'on nous coure après. Cette idée afflige ma mère, qui, comme reine douairière, régente, héroïne, et femme surtout, serait extrêmement mortifiée de penser que sa fuite précipitée l'expose à être tournée en ridicule par les insulaires : elle est donc déconcertée et de mauvaise humeur. Pendant votre absence, je n'ai eu d'autre amusement que les grimaces et les gestes bizarres de la muette Fenella, qui est plus revêche, et partant plus risible, que vous ne l'avez jamais vue. Morris prétend que c'est parce que vous l'avez poussée du haut en bas de l'escalier du rocher.

— Morris s'est trompé : je l'ai forcée, au contraire, à remonter les marches. Par je ne sais quel caprice, elle avait résolu de m'empêcher de sortir du château, et cela avec tant d'obstination que je n'ai eu que ce seul moyen de me débarrasser de son importunité.

— Elle avait supposé sans doute que votre départ, dans un moment si critique, était dangereux pour notre garnison. Dieu merci ! voici enfin la cloche du dîner. Au dire des philosophes, c'est temps perdu que d'aimer la bonne chère ; qu'ils inventent donc un passe-temps de moitié aussi agréable.

Le repas, que le jeune comte avait attendu comme un moyen de faire passer les heures qu'il trouvait si lentes, fut bientôt terminé, aussitôt du moins que le permit la gravité du cérémonial qui régnait dans la maison de la comtesse. Accompagnée des dames de sa suite, elle se retira dès qu'on eut desservi, et laissa les deux amis seuls. Le vin n'avait, en ce moment, de charmes ni pour l'un ni pour l'autre : après s'être passé la bouteille une ou deux fois, ils se retirèrent chacun dans une des embrasures des fenêtres de la salle à manger. Le comte de Derby s'assit et se mit à feuilleter quelques nouvelles publications envoyées de Londres ; ses fréquents bâillements prouvaient combien cette lecture avait peu d'attraits, et ses regards s'en détournaient pour se porter sur la vaste étendue de la mer, qui ne présentait d'autre variété que le vol d'une nuée de mouettes ou d'un cormoran solitaire.

Peveril, de son côté, tenait également une brochure à la main, mais sans la lire, sans même y jeter les yeux par contenance. Son esprit était entièrement occupé de l'entrevue qu'il venait d'avoir avec Alice et son père ; et il cherchait à résoudre ce dilemme : pourquoi la fille, à laquelle il n'avait aucune raison de se croire indifférent, désirait-elle si fort leur séparation éternelle, et le père, dont il avait tant redouté l'opposition, semblait-il voir son amour avec indulgence ? S'il était en son pouvoir de servir ou d'entraver quelque entreprise obscure de Bridgenorth, il craignait, d'après les discours d'Alice, d'avoir à gagner les bonnes grâces de celui-ci au prix d'une abdication de principes. Ensuite quel genre de service attendait-on de lui ? Conspirer contre la comtesse, ou troubler la paix de son petit royaume ? Ce serait une action tellement infâme, qu'il ne pouvait croire que qui que ce fût vînt la lui proposer, sans être préparé à lui rendre raison sur-le-champ, l'épée à la main, d'une insulte si grave faite à son honneur.

Tandis que Peveril s'efforçait en vain de tirer des insinuations du père et de celles de la fille des conséquences à peu près probables, et qu'il travaillait, en véritable amoureux, à concilier sa passion avec son honneur et sa conscience, il sentit qu'on le tirait doucement par son manteau. Détournant les yeux de la vague perspective de la mer et des côtes, sur lesquelles ils s'étaient machinalement fixés, il aperçut près de lui Fenella. Elle était assise sur un petit carreau ou tabouret, et se tenait là depuis quelque temps, attendant sans doute qu'il s'aperçût de sa présence ; mais, ennuyée de n'être point remarquée, elle avait, à la fin, sollicité son attention, comme nous l'avons dit.

Ses longs cheveux flottaient librement sur ses épaules, et, tombant jusqu'à terre, enveloppaient non seulement son visage, mais encore sa taille fine et svelte. A travers cette espèce de voile, on apercevait son teint brun, ses traits mignons et réguliers, et l'éclat de ses grands yeux noirs. Elle avait, dans toute son attitude, l'air suppliant d'une personne qui doute de l'accueil qu'elle va recevoir. Sa physionomie, si impressionnable et si mobile, ne respirait qu'une touchante mélancolie, accentuée par l'expression de ses regards humides.

Attribuant l'air extraordinaire de Fenella au repentir de la conduite qu'elle avait tenue dans la matinée, Julien s'efforça de rappeler sa gaieté

Fenella s'assit auprès de Julien.

en lui faisant comprendre qu'il n'en conservait aucun souvenir désagréable. Il lui sourit avec amitié, prit sa main dans l'une des siennes, et avec la familiarité d'un homme qui la connaissait depuis l'enfance, il passait l'autre dans les longues boucles de sa chevelure. Elle baissa la tête, comme honteuse à la fois et flattée de cette caresse. Il la continuait, lorsque tout à coup il sentit son autre main, qui tenait encore celle de Fenella, effleurée par les lèvres de la muette, et mouillée d'une larme.

A l'instant, et pour la première fois de sa vie, il éprouva la crainte que ces témoignages de simple amitié ne fussent mal interprétés par une jeune fille étrangère aux ressources du langage. Il retira sa main, changea d'attitude, et lui demanda, par un signe convenu, si elle lui apportait quelque message de la part de la comtesse. La contenance de Fenella changea aussitôt. Elle tressaillit, reprit sa première posture sur le tabouret, et, relevant, en un tour de main, ses beaux cheveux, les arrangea gracieusement sur sa tête. Ses joues brunes étaient encore couvertes du coloris de la pudeur; mais l'expression languissante et mélancolique de ses regards avait fait place à cette vivacité singulière qui leur était habituelle, et qui, dans ce moment, parut s'animer davantage. Elle répondit à la question de Julien en posant la main sur son cœur, geste par lequel elle désignait toujours sa maîtresse; puis se dirigeant vers l'appartement de cette dernière, elle fit signe au jeune homme de la suivre.

La distance n'était pas grande entre la salle à manger et celle où le conduisait son guide muet; et pourtant, il eut le temps de souffrir de la crainte pénible que cette jeune infortunée n'eût mal interprété la bienveillance qu'il lui témoignait d'ordinaire, et n'eût en conséquence conçu pour lui un sentiment plus tendre que celui de l'amitié. Le malheur dans lequel une telle passion pouvait plonger une pauvre créature, déjà tant à plaindre, lui paraissait si déplorable qu'il s'efforça d'en écarter la pensée; en même temps, il forma la résolution de se conduire désormais à l'égard de Fenella de manière à réprimer un sentiment dangereux et inutile, si, en effet, elle était assez malheureuse pour l'avoir conçu.

La comtesse était occupée à écrire, lorsque Julien entra dans l'appartement. Elle le reçut avec sa bonté ordinaire, et, l'ayant invité à prendre un siège, elle fit signe à la muette de se remettre au travail. Fenella s'assit à l'instant devant un métier à broder ; sans le mouvement de ses doigts agiles, elle aurait pu passer pour une statue, tant elle était attentive à son ouvrage. Comme sa présence ne gênait en rien les conversations les plus confidentielles, la comtesse se mit à entretenir Peveril aussi librement que s'ils eussent été en tête à tête.

— Julien, lui dit-elle, je n'ai pas dessein de me plaindre à vous des sentiments et de la conduite de Derby. Il est votre ami, il est mon fils. Il a un excellent cœur, de la vivacité, des talents ; mais quand donc le sentiment du devoir sera-t-il plus puissant que l'attrait des plaisirs futiles et communs dans lesquels s'écoulent ses heures d'oisiveté? Le caractère de son père était d'une autre trempe : que de fois n'ai-je pas été forcée de le supplier de s'épargner, et de prendre le repos nécessaire pour réparer sa santé et ses forces !

— Convenez cependant, Madame, répondit Peveril, que les devoirs imposés par les circonstances à votre honorable époux étaient d'une nature plus pressante que ceux que votre fils est destiné à remplir.

— Je n'en conviens pas, dit la comtesse. La roue semble tourner de nouveau, et l'époque actuelle peut ramener des scènes semblables à celles dont ma jeunesse a été témoin. Soit ! elles ne trouveront pas Charlotte de la Trémouille sans courage, malgré le poids des années qui l'accable. C'est même à ce sujet que j'ai à vous parler, mon jeune ami. Depuis le premier moment de notre connaissance, depuis que je vous vis si brave quand, sous vos yeux d'enfant, je sortis de ma cachette, semblable à une apparition, je me suis plu à vous regarder comme un digne rejeton des Stanley et des Peveril. L'éducation que vous avez reçue chez moi a répondu, je l'espère, à l'estime que j'ai conçue pour vous... Paix ! je ne veux point de remercîments... J'ai à vous demander, en retour, un service assez dangereux peut-être, mais que nul, si ce n'est vous, n'est en état de rendre à ma famille dans les circonstances actuelles.

— Vous avez toujours été pour moi une bonne, une noble maîtresse, une tendre protectrice, et je pourrais dire une mère. Vous avez le droit de commander à tout ce qui a dans les veines du sang des Stanley, et ce droit, vous l'avez au centuple sur moi.

— Les avis que je reçois d'Angleterre, reprit la comtesse, ressemblent bien plus au rêve d'un malade qu'aux informations régulières que j'aurais dû attendre de correspondants tels que les miens. On a, dit-on, découvert un complot, réel ou supposé, parmi les catholiques ; il s'étendrait fort loin, et inspire une terreur plus difficile à calmer que celle du 5 novembre. Les détails qu'on en donne semblent incroyables ; ils ne sont attestés que par le témoignage de misérables, vil rebut de la société, et cependant le peuple anglais les accueille avec la crédulité la plus opiniâtre. Pour moi, quoique catholique, j'appréhende depuis longtemps que le zèle de nos prêtres à multiplier les conversions n'attire sur eux les soupçons de la nation anglaise. Leurs efforts ont redoublé d'énergie depuis que le duc d'York s'est déclaré en faveur de la foi catholique ; événement qui a augmenté la haine des protestants. Bien plus, il est possible, à mon avis, qu'on ait raison de soupçonner le duc d'être meilleur catholique que bon Anglais, et de se laisser entraîner par la bigoterie, comme le roi, son frère, par son avarice et son avidité prodigue, à s'engager avec la France dans des relations préjudiciables à l'Angleterre. Mais les contes grossiers et ridicules de conspiration et de meurtre, de ravages à feu et à sang, les armées imaginaires, les prétendus massacres, forment une collection de mensonges qui semblaient de nature à être rejetés même du vulgaire, malgré son goût pour l'horrible et le merveilleux. Cependant, ils sont accueillis comme des vérités par les deux chambres du parlement ; et aucun des membres n'a garde de les mettre en doute, de peur de s'exposer au titre odieux d'ami des papistes et à l'accusation de favoriser leurs plans cruels et diaboliques.

— Que disent les catholiques anglais, corps considérable et riche, et qui compte tant de nobles noms ?

— Leurs cœurs sont comme paralysés ; ils ressemblent à des moutons parqués dans l'abattoir, pour que le boucher puisse choisir ses victimes. Ils ne font que hâter leur ruine et la nôtre, tant l'abattement est général, le désespoir universel !

— Mais le roi et les protestants royalistes, que disent-ils de l'orage qui s'approche ?

— Charles, toujours prudent et égoïste, cède à l'orage ; il laissera la corde et la hache faire leur office sur les plus innocents personnages de ses États, plutôt que de perdre une heure de plaisir en essayant de les sauver. Quant aux royalistes, ou ils sont tombés dans le délire qui s'est emparé des protestants en général, ou ils gardent la neutralité, n'osant montrer de l'intérêt pour les malheureux catholiques, de peur d'être confondus avec eux, et mis au nombre des conspirateurs. C'est, en vérité, une tempête effroyable; et, quelque éloignés que nous soyons de la région où gronde la foudre, il faut nous attendre à en ressentir bientôt les effets.

— Lord Derby m'a touché un mot de tout cela; il a même parlé d'agents qui seraient venus ici attiser le feu.

— Ah! si l'on m'eût écoutée, ils auraient été pris sur le fait et traités de manière à servir d'exemple aux autres. Mais mon fils, si peu soucieux à l'ordinaire des affaires de son petit royaume, a jugé à propos d'intervenir dans ce moment de crise.

— Les mesures qu'il a prises n'ont-elles pas eu pour conséquence de déjouer la conspiration?

— Oui, pour le moment, mais elles auraient dû être de nature à faire trembler le plus téméraire à la seule idée d'une rébellion nouvelle. Le plan de mon fils a des dangers plus grands, et pourtant il a quelque chose de chevaleresque qui me plaît.

— Quel est ce plan, Madame? et en quoi puis-je y concourir?

— Son dessein est de partir à l'instant pour Londres. Il est, dit-il, non seulement le chef féodal d'une île, mais aussi un des nobles pairs d'Angleterre; et à ce titre, il ne doit pas rester ici dans une lâche tranquillité, tandis que son nom et celui de sa mère sont calomniés devant son roi et ses concitoyens. Il veut aller prendre sa place dans la chambre des pairs, et y demander publiquement justice de l'insulte faite à sa maison par des dénonciateurs intéressés et parjures.

— C'est une résolution généreuse, et digne de mon ami. Je l'accompagnerai, et son sort sera le mien, quoi qu'il advienne.

— Insensé! autant vaudrait demander pitié à un lion affamé que justice à un peuple furieux et prévenu! Si Derby va à Londres, tandis que ces limiers altérés de sang sont en pleine chasse, suspect comme il est, et comme je l'ai rendu par ma foi religieuse et par ma conduite dans cette île, il mourra de la mort de son père. Et cependant à quel autre parti se résoudre?

— Souffrez que je parte pour Londres, Madame, dit Peveril, fort ému de la douleur de sa protectrice. Vous avez daigné quelquefois compter sur mon jugement. J'agirai pour le mieux, je me concerterai avec ceux que vous me désignerez, avec eux seulement; et j'espère vous apprendre sous peu que cette illusion, quelque forte qu'elle puisse être, est sur le point de se dissiper. Au pis aller, je vous avertirai du danger, s'il y en avait pour vous ou votre fils, et peut-être vous indiquerai-je les moyens de le détourner.

La comtesse l'écoutait avec anxiété, partagée entre son affection maternelle et la noblesse de son caractère.

— Que me demandez-vous là, Julien? répondit-elle avec un soupir; puis-je exposer la vie du fils de mon amie à des périls que je redoute pour le mien?

— Mais moi, Madame, répliqua Julien, je ne cours pas les mêmes risques : je suis inconnu à Londres; mon rang, quoiqu'il ne soit pas obscur dans mon pays, est ailleurs trop ignoré pour qu'il me fasse remarquer dans le vaste assemblage de ce que la capitale offre de plus noble et de plus riche; enfin, je suis protestant, et l'on ne peut m'accuser d'aucune relation, directe ou indirecte, avec l'Église de Rome. En un mot, je n'ai rien à craindre là où le comte aurait, lui, de grands périls à redouter.

— C'est le dévouement qui vous inspire, Julien. Il est possible que vous ayez raison, mais à qui le faire entendre, sinon à une mère, et une mère veuve?

— Pensez à moi comme à un frère cadet de mon cousin. Vous avez toujours rempli à mon égard les devoirs d'une mère, et vous avez droit à ce que je vous serve comme un fils, fallût-il courir un risque dix fois plus grand que celui d'un voyage à Londres. Je vais à l'instant prévenir le comte.

— Arrêtez, Julien! Si vous devez entreprendre ce voyage dans notre intérêt (et je ne me sens point, hélas! assez de générosité pour refuser votre noble proposition), il faut que vous partiez seul, sans en informer Derby. Je le connais : la légèreté de son esprit ne s'allie point au vil égoïsme; et, pour le monde entier, il ne souffrira pas que vous quittiez l'île sans lui. S'il partait avec vous, votre dévouement serait inutile, vous ne feriez que partager sa ruine.

— Je ferai ce qu'il vous plaira, Madame, et je serai prêt à partir dans une demi-heure.

— Cette nuit donc, dit la comtesse après un instant de silence, cette nuit, je prendrai des mesures secrètes pour que vous mettiez à exécution votre généreux projet; car je veux prévenir les soupçons qui ne manqueraient pas de s'élever aussitôt contre vous, si l'on apprenait que vous avez quitté cette île et sa souveraine papiste, à une heure si tardive. Vous ferez peut-être bien de prendre à Londres un nom supposé.

— Pardonnez-moi, Madame, je ne ferai rien qui puisse attirer l'attention sur moi sans nécessité. Prendre un nom supposé, ou recourir à un déguisement, au lieu de vivre très simplement, ce serait, je crois, une imprudence et une faiblesse; et il me serait difficile de trouver un motif qui s'accordât avec la pureté de mes intentions, si j'y étais forcé.

La comtesse réfléchit encore un moment.

— Oui, vous avez raison, dit-elle. Sans doute vous irez faire une visite à Martindale?

— Je le voudrais, Madame; cela dépendra du temps et des circonstances.

— Vous en jugerez vous-même. La célérité est nécessaire, assurément; toutefois, vous éveillerez moins le soupçon, en arrivant du château de votre père à Londres, que si vous vous y rendiez directement sans faire une visite à votre famille. Au surplus, en cela, comme en tout, laissez-vous guider par votre propre sagesse. Allez, mon cher fils (car vous m'êtes aussi cher qu'un fils), allez, et disposez tout pour votre voyage. Je vais, de mon côté, préparer quelques dépêches, et vous donner l'argent nécessaire. Point d'objections! ne suis-je pas votre mère, et n'allez-vous pas me servir comme un fils? Ne me contestez donc pas le droit de pourvoir à vos dépenses. Ce n'est pas tout : comme je m'en rapporte à votre zèle et à votre prudence pour nous être utile selon la circonstance, je vous remettrai des lettres de recommandation pour nos parents et amis, que je prierai de vous accorder tous les secours dont vous pourrez avoir besoin, soit pour votre propre sûreté, soit pour l'heureux succès de vos démarches.

Peveril ne s'opposa pas davantage à un arrangement que l'état de ses finances rendait presque indispensable, à moins d'avoir recours à son père. La comtesse lui remit plusieurs lettres de change, tirées sur un négociant de la Cité, jusqu'à concurrence de deux cents livres sterling. Puis elle le congédia, en l'avertissant que, dans une heure, elle le ferait rappeler.

Les préparatifs de son voyage n'étaient pas de nature à le distraire des pensées qui l'assiégeaient. Il avait suffi d'un entretien d'une demi-heure pour changer radicalement ses projets et son train de vie. Le service qu'il allait rendre à la comtesse l'obligeait à se séparer d'Alice Bridgenorth, au moment où l'aveu mutuel de leur amour la lui rendait plus chère que jamais. Son imagination la lui présentait telle qu'il l'avait vue le matin même, quand il la pressait sur son cœur; il croyait entendre sa voix lui demander s'il était bien vrai qu'il lui fût possible de s'éloigner d'elle au moment d'une crise que tout semblait annoncer comme prochaine.

Mais, quoique jeune, il avait conscience de ses devoirs. Écartant la séduisante vision, il prit résolument la plume et écrivit la lettre suivante :

« Je pars, ma bien chère Alice, je vous quitte, ainsi que vous l'avez voulu, sans prétendre aucun mérite à ma soumission ; car, si des raisons impérieuses n'étaient venues à l'appui de vos ordres, je ne me serais pas senti le courage d'y obéir. Des affaires de famille, d'une grande importance, me forcent à m'absenter de l'île, et pour plus d'une semaine, j'en ai peur. Mes pensées, mes espérances, mes désirs se porteront sans cesse vers l'heureux moment qui me ramènera à Black-Fort et dans sa plaisante vallée. Qu'il me soit permis d'espérer que les vôtres auront parfois pour objet l'exilé solitaire, que rien n'aurait pu décider à partir, sinon la voix de l'honneur et du devoir. Ne craignez pas que j'aie dessein de vous engager dans une correspondance clandestine, et votre père n'a pas à le craindre davantage. Il me semble que je vous aimerais moins sans la candeur et la franchise de votre caractère, et je ne demande pas que vous cachiez au major Bridgenorth une syllabe de ce que je vous écris. Sur toute autre matière, il ne saurait lui-même désirer plus ardemment que moi le bien de notre patrie commune. Nous pouvons différer d'avis sur les moyens de l'obtenir; mais, en principe, je suis persuadé qu'un même esprit nous anime tous deux; et je ne dois pas refuser d'écouter les conseils de son expérience et de sa sagesse, quand même il ne parviendrait pas finalement à me convaincre.

« Adieu, Alice, adieu! Que de choses je pourrais ajouter à ce triste mot! mais où trouver des expressions pour peindre l'amertume que je sens en l'écrivant? Et pourtant, je l'écrirais encore bien des fois pour prolonger le dernier entretien que je dois avoir avec vous, d'ici à quelque temps. Ma seule consolation est de penser que mon absence ne sera pas assez longue pour vous donner le temps d'oublier celui qui ne vous oubliera jamais. »

Il tint sa lettre entre ses mains après l'avoir pliée, examinant en hâte si les termes conciliants dont il s'était servi ne fortifieraient pas le major dans l'espoir de le rallier à ses projets. D'un autre côté, avait-il le droit de conclure de ses discours que leurs opinions fussent diamétralement opposées et inconciliables? et lui-même, fils de Cavalier, page de la comtesse de Derby, n'était-il pas, en principe, hostile aux privilèges de naissance et ami des libertés populaires? Ces considérations firent taire en lui les scrupules du point d'honneur, bien que sa conscience lui murmurât que le langage conciliateur de sa lettre eût été dicté surtout par la crainte qu'en son absence le major ne fût tenté de faire changer de résidence à sa fille, et peut-être de la soustraire complètement à ses recherches.

Après avoir cacheté sa lettre et l'avoir mise à l'adresse de Débora Debbitch, il sonna son domestique, et lui ordonna de la porter dans une maison du village de Rushin, où l'on déposait les paquets et les messages destinés à Black-Fort. L'ayant fait monter à cheval sur-le-champ, il se débarrassa ainsi d'un homme qui eût été, en quelque sorte, l'espion de tous ses mouvements. Alors il changea de costume pour se revêtir d'un habit de voyage, prépara sa valise, et prit pour armes une excellente épée à deux tranchants et une bonne paire de pistolets, qu'il eut soin de charger double. Ces dispositions faites, il mit dans sa bourse vingt pièces d'or, serra dans un portefeuille les traites que lui avait données la comtesse, et attendit ses derniers ordres pour partir.

Les vivantes espérances de la jeunesse, un moment glacées par l'effet des circonstances pénibles où il se trouvait, reprirent alors toute leur vigueur. L'imagination lui vint en aide pour éloigner les sombres perspectives. Il allait entrer dans la vie au moment d'une crise politique, où les talents et le courage devaient presque à coup sûr faire la fortune de celui qui en donnerait des preuves. Pouvait-il débuter sur le bruyant théâtre du monde d'une manière plus honorable, chargé qu'il était de représenter une des illustres familles d'Angleterre, et de défendre ses intérêts? Et, s'il parvenait à remplir une telle mission avec prudence et courage, n'aurait-il pas, grâce aux événements, l'occasion de se rendre utile à Bridgenorth, et d'acquérir ainsi des droits à sa reconnaissance ainsi qu'à la main de sa fille?

Tout occupé de ces riantes visées, il ne put retenir cette exclamation : « Oui, Alice, je veux te conquérir noblement! » A peine avait-il laissé échapper ces mots qu'il entendit un profond soupir à la porte de sa chambre, restée entr'ouverte. Il y alla, et Fenella parut devant lui.

Les yeux rouges de larmes, et plongée dans un abattement profond, la jeune muette, posant la main sur son cœur, lui fit signe que la comtesse désirait le voir. En la suivant à travers les passages sombres et voûtés qui servaient de communication entre les diverses parties du château, il remarqua que son allure vive et légère s'était changée en une démarche traînante, qu'elle accompagnait de gémissements sourds et inarticulés, en se tordant les mains et avec tous les signes d'une extrême affliction.

Une idée traversa son esprit, et le fit involontairement frissonner, en dépit de sa raison.

Né dans le comté de Derby et élevé dans l'île de Man, il n'ignorait pas la plupart des légendes qui couraient l'un et l'autre pays, et particulièrement la croyance populaire qui attribuait à la puissante famille des Stanley un démon familier, du sexe féminin; ce démon avait coutume, disait on, de pleurer et de gémir lorsqu'il devait mourir quelque personne de distinction appartenant à la famille. Pendant un instant, Julien put à peine se défendre de croire que la forme plaintive qui marchait devant lui, une lampe à la main, n'appartînt au génie de la race de sa mère, et ne fût venu lui annoncer son destin. Une autre réflexion naquit de la première, c'était que, si le soupçon qu'il avait conçu à l'égard de Fenella était fondé, son funeste attachement pour lui ne pouvait, comme celui de l'esprit prophétique de sa famille, présager que malheur et désolation.

CHAPITRE XIX.

<small>Or ça, levez l'ancre, camarades, et que la voile s'enfle
largement aux caresses du vent!</small>

<small>*Anonyme.*</small>

EN présence de la comtesse, les fantômes superstitieux qui avaient abusé l'imagination de Julien se dissipèrent, et il prêta toute son attention aux choses de la vie réelle.

— Voici vos lettres de créance, lui dit-elle, en lui remettant un petit paquet enveloppé d'une peau de veau marin. Vous ferez bien de ne les ouvrir qu'à votre arrivée à Londres. Ne soyez pas surpris d'en trouver deux adressées à des gens de ma religion; celles-là, dans notre intérêt commun, vous les remettrez avec précaution.

— J'exécuterai vos ordres, quels qu'ils soient, répondit Peveril; toutefois, il est douteux que des relations avec les catholiques, à présent surtout, soient profitables à nos affaires.

— Mon prudent ami, dit la comtesse en souriant, l'adresse de ces lettres est si bien déguisée, comme du reste la personnalité des destinataires, que vous ne courrez aucun risque de vous compromettre. Et puis, de qui, sinon d'eux, obtiendriez-vous les renseignements que vous allez chercher? Nul ne sait mieux d'où le vent souffle que le pilote dont le vaisseau est battu de la tempête. D'ailleurs, quoique vous autres protestants, vous refusiez à nos prêtres l'innocence de la colombe, vous êtes assez disposés à leur accorder la prudence du serpent; en termes clairs, ils ont, pour se renseigner, des moyens fort étendus, et savent très bien s'en servir. Je désire donc que vous tiriez parti de leurs informations et de leurs avis, s'il est possible.

— Comptez, Madame, que je me conformerai fidèlement à vos instructions. Qu'avez-vous décidé relativement à mon départ?

— Il doit être subit et secret. L'île est remplie d'espions, et je ne voudrais pas qu'aucun d'eux apprît que j'ai envoyé un de mes gens à Londres. Serez-vous prêt à partir demain matin?

— Ce soir même, à l'instant si vous l'ordonnez; j'ai fait tous mes préparatifs.

— Tenez-vous prêt, dans votre chambre, à deux heures après minuit. J'enverrai quelqu'un vous avertir. Votre passage est retenu à bord d'un sloop étranger. Vous vous rendrez ensuite à Londres par Martindale, ou par telle autre route qui vous paraîtra convenable. Lorsqu'il sera temps d'annoncer votre départ, je dirai que vous êtes allé voir vos parents. Encore un mot : après avoir débarqué, vous voyagerez naturellement à cheval. Vous avez des lettres de change, il est vrai; mais avez-vous assez d'argent comptant pour vous procurer une bonne monture?

— J'en ai suffisamment, Madame, et le Cumberland abonde en excellents chevaux; il y a des gens qui savent s'en procurer de fort bons à un prix raisonnable.

— Ne vous fiez pas à cela. Voici de quoi acheter la meilleure bête du pays. Auriez-vous l'enfantillage de me refuser? ajouta-t-elle, en le forçant d'accepter une bourse bien garnie. Un bon cheval, Julien, et une bonne épée, sont, après un bon cœur et une bonne tête, ce qui convient le mieux à un cavalier accompli.

— Je vous baise les mains, Madame, et vous prie humblement de croire que, s'il me manque quelque chose pour réussir dans mon entreprise, ce ne sera pas la ferme volonté de servir ma noble parente, ma bienfaitrice.

— Je le sais, mon ami, je le sais; et puisse Dieu me pardonner si mes inquiétudes pour mon fils vous exposent à des dangers qui devraient être les siens! Allez, et que les saints du paradis vous protègent! Fenella se chargera d'apprendre à Philippe que vous êtes resté dans votre appartement. Pour moi, je serais incapable, ce soir, de soutenir les regards de mon fils. Je suis loin de m'attendre à des remerciements de sa part, quand il saura que c'est à vous que je me suis adressée. Mais je suis une pauvre veuve délaissée, Julien, et le malheur m'a rendue égoïste.

— Au nom du ciel, Madame, ne parlez pas ainsi. Les périls que vous prévoyez peuvent ne point exister, et, s'ils existent réellement, ils sont beaucoup moins à craindre pour moi que pour mon noble ami. Que toutes les bénédictions du ciel vous accompagnent! Rappelez-moi au souvenir de mon cousin, et faites-lui mes excuses.

Ils se séparèrent après des adieux affectueux, plus affectueux encore de la part de la comtesse, qui, dans la générosité de son cœur, ne pouvait se réconcilier avec l'idée qu'elle exposait Peveril à la place de son fils.

Julien se retira dans son appartement. Un domestique lui apporta du vin et des rafraîchissements, et malgré les graves préoccupations de son esprit, il s'efforça d'y faire honneur. Ce fut en vain qu'enveloppé dans son manteau, il se jeta sur son lit pour chercher le sommeil : mille vagues appréhensions agitaient son sang et l'empêchaient de goûter aucun repos. Tantôt il s'étendait dans un grand fauteuil en bois de chêne, prêtant l'oreille au bruit des vagues, qui venaient se briser sous ses fenêtres; tantôt il se promenait à pas lents dans la chambre, s'arrêtant parfois pour contempler la mer, toute blanche sous les clartés de la pleine lune. Telles furent les seules distractions qu'il put imaginer, et il passa l'heure qui suivit dans l'attente inquiète du départ.

Enfin, l'ordre arriva. Un léger coup frappé à la porte, et suivi d'un bruit de sons inarticulés, lui fit soupçonner que la comtesse avait encore employé sa suivante muette comme l'agent le plus sûr de ses volontés. Il sentit quelque chose d'inconvenant dans ce choix, et ce fut avec un mouvement d'impatience qu'il aperçut, en ouvrant la porte, la jeune fille devant lui. A la clarté de la lampe qui donnait en plein sur son visage, celle-ci y reconnut probablement une expression de contrariété, car, baissant les yeux et n'osant plus le regarder en face, elle lui fit signe de la suivre. Il ne prit que le temps nécessaire pour assurer ses pistolets dans sa ceinture, s'envelopper dans son manteau, et mettre sa valise sous son bras. Puis, ils sortirent du donjon, le seul quartier habité du château, par une longue suite de passages obscurs conduisant à une poterne.

Ils se trouvèrent alors dans la cour du château, éclairée par la lune, dont la lumière blafarde et lugubre, tombant sur les parties délabrées de l'édifice, donnait à ce lieu l'apparence d'un ancien cimetière plutôt que celle d'une place fortifiée. La haute tour ronde, le monticule taillé en carré, la cathédrale en ruines, semblaient avoir, aux clartés de la nuit, des formes encore plus fantastiques.

Fenella se dirigea vers l'une des vieilles églises, décorée jadis du titre de cathédrale, et Julien la suivit, non sans une secrète répugnance. C'était par un passage secret de cette église qu'autrefois la garde extérieure du château communiquait avec le donjon, et qu'on apportait, tous les soirs, les clefs de la place au gouverneur. Depuis le règne de Jacques Ier, on avait renoncé à cette coutume, et le passage avait été abandonné, à cause de la légende du chien Mauthe, lutin ou démon, qui hantait cet endroit, sous la forme d'un gros mâtin noir.

En dépit des terreurs que cette légende avait entretenues dans les esprits, Fenella, suivie de Peveril, traversa hardiment les voûtes disjointes, guidée seulement, au milieu des décombres, tantôt par la lueur incertaine de la lampe qu'elle portait, tantôt par les rayons de la lune, qui pénétraient çà et là par les brèches faites aux murailles, ou par d'étroites et longues fenêtres. En parcourant ces nombreux détours, Peveril ne put s'empêcher d'admirer la connaissance que sa singulière compagne paraissait en avoir, et de la hardiesse avec laquelle elle s'enfonçait dans ce labyrinthe. Il n'était pas assez affranchi des préjugés de son temps pour n'éprouver aucune appréhension de tomber dans le repaire de l'esprit dont il avait si souvent entendu parler; et dans chaque rafale du vent, il croyait distinguer les aboiements du terrible chien, contre les intrus qui venaient troubler le silence de son ténébreux royaume. Rien, pourtant, ne les interrompit dans leur marche, et, au bout de quelques minutes, ils arrivèrent au corps de garde abandonné. Les pans de murs qui en restaient servirent à les dérober à la vue des sentinelles, dont l'une, à moitié endormie, était adossée à la porte basse du château,

tandis que l'autre, assise sur les marches de pierre qui conduisaient au parapet du mur de clôture, dormait paisiblement auprès de son mousquet. Fenella fit signe à Peveril d'avancer avec précaution, lui montra, à sa grande surprise, une barque avec quatre rameurs, amenée par la marée haute jusqu'au pied du roc qui servait d'assise au château, et lui fit comprendre qu'il devait y descendre par une échelle très longue, appuyée contre la fenêtre du vieux corps de garde.

Julien fut mécontent de la négligence des sentinelles, qui avaient laissé faire de semblables préparatifs sans donner l'alarme, et il balança s'il avertirait l'officier de garde combien il était facile, à l'aide d'une poignée de gens résolus, de surprendre la forteresse, malgré la force naturelle de sa position. Fenella parut deviner sa pensée, avec cette finesse d'observation qui la dédommageait des sens dont elle était privée : elle lui toucha le bras, et mit un doigt sur ses lèvres, comme pour lui imposer silence, et Julien, sachant qu'elle agissait d'après les ordres directs de la comtesse, se soumit sans hésiter.

Il descendit l'échelle avec précaution, car les échelons étaient inégaux, en partie rompus, humides et glissants. S'étant assis à la poupe de la barque, il fit signe aux rameurs de pousser au large, et se retourna pour dire adieu à son guide. Mais quelle fut sa stupéfaction en voyant Fenella glisser le long de l'échelle périlleuse, plutôt que la descendre! au moment où la barque s'éloignait, elle y sauta en s'élançant du dernier échelon, avec une agilité sans pareille. Il ordonna aux matelots de se rapprocher de l'échelle ; et, donnant à sa physionomie l'expression d'un mécontentement véritable, il s'efforça de faire comprendre à Fenella qu'elle devait retourner vers sa maîtresse. Mais elle, les bras croisés, le regarda avec un sourire hautain, marque d'une résolution inébranlable. Peveril, fort embarrassé, craignait à la fois d'offenser la comtesse, et de déranger son plan en donnant l'alarme. Comme il était évident que tous les gestes du monde ne feraient aucune impression sur la muette, il s'agissait seulement de savoir comment, si elle partait avec lui, il parviendrait à se débarrasser d'une compagnie si singulière et si peu convenable.

Les matelots décidèrent la question : après s'être reposés sur leurs rames garnies de linge, et avoir échangé quelques mots, ils se mirent à ramer vigoureusement, et furent bientôt à bonne distance du château.

Après un quart d'heure de navigation, ils abordèrent le petit sloop. Le patron attendait Peveril sur le tillac, et il lui offrit des rafraîchissements. Quelques mots que lui dirent les rameurs le détournèrent de ces soins officieux, et il courut à la coupée pour empêcher Fenella de monter à bord. L'échelle de commandement fut retirée, mais elle saisit le bout d'une corde, s'y cramponna, et se hissa sur le navire avec la rapidité d'un matelot. Une fois sur le pont, elle tira le patron par la manche et l'emmena vers l'avant, où ils parurent s'entretenir par signes, comme gens qui se comprennent bien l'un l'autre.

Peveril oublia bien vite la présence de la jeune muette, et se mit à réfléchir sur sa situation, et sur la probabilité qu'il allait être séparé pour un assez long temps de l'objet de ses affections. « J'aurai de la constance, se dit-il; oui, j'en aurai. » Et, par une sorte de rapport avec le sujet de ses rêveries, il arrêta ses regards sur l'étoile polaire, qui scintillait plus lumineuse par cette claire nuit d'été, comme l'emblème d'une passion pure et d'une volonté ferme. A contempler cette lumière invariable, ses pensées prenaient un plus haut essor. Contribuer au bonheur de son pays en lui assurant les bienfaits de la paix, s'acquitter avec zèle des devoirs que lui imposaient la reconnaissance et l'amitié, considérer son amour pour Alice comme l'étoile protectrice qui devait le guider à de nobles exploits : telles étaient les résolutions qu'il formait, et qui plongeaient son âme dans une mélancolie romanesque, préférable peut-être aux plus vifs transports de la joie.

Il fut distrait de ses réflexions par le frôlement d'un corps léger, qui se serrait contre lui. Il tourna la tête, et vit Fenella assise à son côté, les regards fixés sur la même étoile.

Ce ne fut pas d'abord sans un certain déplaisir ; mais il était impossible d'en vouloir longtemps à un être si malheureux sous tant de rapports, si intéressant sous d'autres, et dont l'émotion semblait prendre sa source dans une tendresse digne au moins de l'indulgence de celui qui en était l'objet. Profitant de l'occasion pour remontrer à la jeune fille l'étrangeté de sa conduite, Julien lui prit la main d'un air bienveillant, mais sérieux, et montra la barque, puis le château, à peine visible à cette distance, voulant par là lui intimer l'obligation de retourner à Holm-Peel. Elle baissa les yeux et secoua la tête en manière de refus, et, comme il insistait en invoquant le souvenir de la comtesse, elle répondit par des pleurs. Enfin, comme poussée à bout par ses remontrances, elle le saisit tout à coup par le bras, jeta un regard à la ronde pour s'assurer qu'elle n'était point observée, et passant l'autre main en travers sur son propre cou, elle désigna la barque et le château, et fit encore signe que non.

Tout ce qu'il put conclure de cette pantomime, c'est qu'il était menacé de quelque danger personnel, dont elle croyait que sa présence pouvait le préserver. Quel que fût son projet, elle semblait y tenir opiniâtrément et, du moins, il devenait clair pour Julien qu'il n'avait aucun moyen de l'en détourner. Il fallait attendre la fin de la traversée et, jusque-là, l'éloigner de soi autant que possible. En conséquence, il lui conseilla par geste, en appuyant sa tête sur sa main, d'aller se reposer, et demanda qu'on le conduisît à sa chambre.

On s'empressa de le satisfaire, et il se jeta dans son hamac pour y chercher le repos que l'exercice et l'agitation du jour précédent, ainsi que l'heure avancée de la nuit, lui rendaient si nécessaire. Il ne tarda pas à tomber dans un sommeil profond, dont il fut brusquement tiré par les cris d'une femme. Il se dressa, mal éveillé, sur son hamac, et reconnut, au balancement du navire, qu'il était abusé par un rêve. Cependant, il doutait, tant l'impression qu'il venait d'éprouver avait été vive! Les cris : « Julien Peveril, au secours! Julien Peveril! » retentissaient encore à son oreille. La voix était bien celle d'Alice, et il avait peine à se persuader que son imagination l'avait trompé. Était-il possible qu'elle fût à bord du même vaisseau? Le caractère de son père et les intrigues où il était engagé ne démentaient pas trop cette conjecture. Mais, en ce cas, à quel péril était-elle exposée, pour qu'elle l'appelât à haute voix à son secours?

Afin de savoir à quoi s'en tenir, il s'élança de son hamac, à demi vêtu, et marcha à tâtons dans la chambre, où il faisait nuit noire, et ne pouvant ouvrir la porte, il appela le matelot de quart. Le patron était le seul homme de l'équipage qui parlât anglais.

— Quel est ce bruit? demanda Julien.

— C'est la jeune femme qu'on emmène dans la barque, répondit le patron; il y a eu des pleurnicheries en quittant le bord, voilà tout.

Cette explication satisfit Julien, qui ne s'étonna pas qu'un peu de violence eût été nécessaire pour enlever Fenella; et quoiqu'il se réjouît de n'en avoir pas été témoin, il ne fut pas fâché qu'on eût employé ce moyen. L'obstination de la jeune muette à rester sur le bâtiment et la difficulté qu'il aurait eue à se délivrer d'elle une fois à terre, lui avaient donné des inquiétudes que ce coup hardi fit cesser. Son rêve se trouvait ainsi pleinement expliqué : les cris violents et inarticulés de Fenella qu'on entraînait malgré elle, son imagination les avait convertis en paroles en leur prêtant la voix d'Alice.

Il se rendormit d'un sommeil tranquille, et la matinée était déjà assez avancée lorsque le patron l'appela pour déjeuner

CHAPITRE XX.

Quel est cet être qui me poursuit comme mon ombre,
et qui ressemble à un esprit errant au clair de la lune ?
Ben Jonson.

EVERIL trouva le patron du bâtiment moins grossier que ne le sont d'ordinaire les gens de sa profession, et il reçut de lui pleine satisfaction touchant le sort de Fenella, sur laquelle le marin fit pleuvoir une nuée de malédictions, pour l'avoir obligé à mettre en panne jusqu'au retour de la barque qui devait la reconduire à terre.

— J'espère, dit Julien, qu'il n'a pas fallu employer la force pour la déterminer à partir ? elle n'a pas fait de résistance ?

— Pas de résistance ! répéta le patron. *Mein Gott* (mon Dieu) ! elle s'est débattue comme un diable ; elle criait à se faire entendre du rivage ; elle grimpait aux agrès comme un chat sur une cheminée ; après ça, c'était un tour de son ancien métier.

— De quoi voulez-vous parler ?

— Oh ! *mein Herr* (Monsieur), je la connais mieux que vous. Je l'ai connue petite, toute petite; quand la comtesse de là-bas eut le bonheur de l'acheter, elle était avec un *seiltänzer*.

— Comment dites-vous?

— Eh bien, oui, un danseur de corde, un bateleur, un fin matois. Il s'appelait Adrien Brackel, et débitait des poudres bonnes à vous vider l'estomac et à remplir sa bourse. Si je l'ai connu, Adrien Brackel! Ah! *mein Gott*, j'ai fumé plus d'un paquet de tabac avec lui.

Peveril se ressouvint alors que la comtesse avait ramené Fenella à la suite d'un voyage qu'elle avait fait sur le continent, et pendant que le jeune comte et lui étaient en Angleterre. Elle ne leur avait jamais dit où elle l'avait trouvée, donnant seulement à entendre qu'elle s'en était chargée par compassion, afin de la tirer d'une situation très misérable. Julien fit part de ces détails au patron.

— Si elle était misérable, je n'en sais rien, dit-il, sinon que Brackel la rouait de coups quand elle ne voulait pas danser, et qu'il la nourrissait à peine, quand elle voulait bien, pour l'empêcher de grandir. La comtesse avait loué mon sloop pour son voyage, et c'est moi qui ai conclu le marché avec le faiseur de tours. Lui seul aurait pu dire d'où venait la petite. A Ostende, la comtesse la vit danser en public. Par pitié de sa triste condition et de la vie qu'on lui faisait, elle me chargea d'acheter la pauvre créature à son maître, en me recommandant de n'en parler à personne de sa suite. Aussi, je tiens ma langue quand je suis dans les eaux de Man; mais, une fois au large, ma langue est à moi. Les sottes gens de l'île disent que c'est une *wechsel-balg*, ce que vous appelez, vous autres, un lutin, un enfant supposé. Est-ce qu'ils n'ont jamais vu de *wechsel-balg*? J'en ai vu une à Cologne, moi : elle était deux fois grosse comme cette fille, grugeait les pauvres diables avec qui elle vivait, dévorait tout, comme fait le coucou dans le nid du moineau. Eh bien, cette Fenella ne mange pas plus que les autres filles. Non, non, ce n'est pas une *wechsel-balg*.

Des raisonnements tout différents avaient conduit Julien à la même conclusion, et il s'en réjouissait de bon cœur. En outre, il réfléchissait que cette infortunée devait l'étonnante souplesse de son corps et l'agilité de ses mouvements aux rudes leçons d'Adrien Backel, et qu'elle avait reçu, en courant le monde, le germe de ses passions capricieuses. Il demanda au patron du sloop d'autres détails sur le même sujet. Mais celui-ci n'en savait pas plus long. Il ignorait quelle était la famille de la jeune muette : seulement il fallait que son père fût un misérable, un damné coquin, pour avoir vendu sa chair et son sang à Adrien Brackel; car ce n'était qu'à prix d'argent que le jongleur était devenu maître de son élève.

Cette conversation dissipa les doutes qui avaient commencé à s'élever dans l'esprit de Peveril sur la fidélité du patron, puisqu'il connaissait depuis longtemps la comtesse et avait en quelque part à sa confiance. Le geste menaçant de Fenella ne lui parut mériter aucune attention, et il le regarda comme une nouvelle preuve de son caractère irritable.

Le vent, qui venait de passer au nord-ouest, était tout à fait contraire à la marche que le bâtiment devait suivre, et le patron, après beaucoup d'efforts pour y résister, déclara que son sloop, assez mauvais voilier, était hors d'état de gagner le port de Whitehaven, et qu'il allait se diriger vers Liverpool. Peveril ne fit aucune objection. Le bâtiment fut mis sous le vent, et marcha avec rapidité. Toutefois, le patron, alléguant des raisons de prudence, refusa d'entrer, de nuit, dans l'embouchure de la Mersey; et ce fut le lendemain que Peveril eut la satisfaction d'aborder sur le quai de Liverpool, qui montrait déjà les symptômes de cette prospérité commerciale parvenue depuis à un si haut degré. Le patron, qui connaissait parfaitement cette ville, indiqua à Julien une auberge passable, fréquentée principalement par les gens de mer, et se sépara de lui, après avoir obstinément refusé le prix du passage à son bord.

L'auberge était pleine d'étrangers, de marins et de marchands. Leurs bruyantes conversations roulaient presque toutes sur des affaires de négoce, auxquelles se mêlait un sujet différent, qui semblait intéresser chacun des interlocuteurs; par exemple, au milieu des discussions sur le fret, le tonnage, le droit de demeurance, etc., on distinguait ces mots, lancés avec colère : « Noir complot... abominable complot... scélérats de papistes... le roi est en danger... la potence est trop douce pour eux... » et ainsi de suite.

Il était évident que la fermentation qui régnait à Londres s'était étendue jusqu'à ce port éloigné, et qu'elle s'y développait avec cette violence orageuse qui donne aux habitants des bords de la mer quelque analogie avec les vagues et les vents auxquels ils ont surtout affaire. Mais, dans les classes inférieures, le zèle est souvent en raison inverse des connaissances, et les marins se montraient d'autant plus

ardents pour le protestantisme, qu'ils ne comprenaient pas un mot à la controverse des deux Églises. Quant aux marchands, ils étaient presque tous ennemis jurés de la noblesse des comtés voisins, dont la plus grande partie était encore attachée à la foi romaine.

D'après le peu que Peveril recueillit des opinions du peuple de Liverpool, il jugea prudent de s'en éloigner au plus tôt. Mais, pour continuer son voyage, il fallait qu'il achetât un cheval; dans cette intention, il eut recours à un maquignon, fort connu à cette époque, et qui demeurait dans un des faubourgs de la ville.

Les écuries de Joe Bridlesley offraient un nombreux assemblage de bons chevaux; car ce commerce était alors beaucoup plus considérable qu'il ne l'est à présent. Julien, qui était assez bon connaisseur, choisit une bête vigoureuse et la fit conduire dans la cour, afin de juger si son allure répondait à son extérieur. Tout paraissant lui convenir, il ne restait qu'à débattre le prix. Un marché de cette nature attire ordinairement un cercle d'oisifs, toujours prêts à donner leur avis ou leur témoignage. Parmi eux se trouvait, en ce moment-là, un individu maigre, d'une taille au-dessous de la moyenne, et mesquinement vêtu, mais qui parlait d'un ton d'assurance et en connaissance de cause. Le prix d'achat ayant été convenu à quinze livres sterling, prix considérable pour l'époque, il y avait encore à s'entendre sur celui de la selle et de la bride. Le critique inconnu trouva presque autant à dire sur ce sujet que sur l'autre. Comme chacune de ses remarques était toujours faite dans l'intérêt de l'acheteur, Peveril en conclut que c'était un de ces oisifs qui, ne pouvant pas ou ne voulant pas satisfaire leurs goûts à leurs propres dépens, se procuraient une sorte de dédommagement par une complaisance officieuse pour les autres. Dans l'espoir d'obtenir d'un tel homme quelques renseignements utiles, il allait lui offrir poliment de vider une bouteille avec lui, quand il s'aperçut qu'il avait disparu.

Au même instant, plusieurs chalands entrèrent dans la cour, et leurs façons rogues et hautaines attirèrent toute l'attention de Bridlesley et de son armée de jockeys et de palefreniers.

— Trois bons chevaux sur-le-champ! cria celui qui conduisait la bande, un grand et gros homme dont la respiration pleine et sonore annonçait à la fois l'embonpoint et l'importance. Trois bons et robustes chevaux pour le service des Communes d'Angleterre!

— Il y a dans mes écuries, répondit le maquignon, plusieurs chevaux dignes d'être montés au besoin par le président même des Communes; mais, pour dire la vérité en chrétien, je viens de vendre le meilleur au gentilhomme ici présent, qui s'empressera de renoncer au marché, puisqu'il s'agit du service de l'État.

— Bien parlé, l'ami, repartit le personnage.

S'avançant aussitôt vers Julien, il le requit, avec beaucoup d'arrogance, de lui céder le cheval en question. Notre voyageur, blessé d'une demande si déraisonnable, eut la tentation de la refuser nettement; mais la conscience de sa propre situation lui conseilla d'être circonspect, et il répondit simplement qu'après avoir vu l'ordre qui autorisait la réquisition des chevaux, il renoncerait tout de suite au sien.

Le nouveau venu, affectant des airs de grand seigneur, tira de sa poche et mit entre les mains de Peveril un mandat, signé par le président de la chambre des communes, autorisant Charles Topham, huissier de la verge noire, à poursuivre et arrêter certains individus désignés dans cet écrit, ainsi que toutes autres personnes qui étaient ou seraient accusés, par témoins compétents, d'être fauteurs et complices de la conspiration infernale et abominable des papistes, conspiration tramée dans le sein même du royaume. L'écrit se terminait par la sommation, faite à tout loyal et fidèle sujet, de prêter sur-le-champ aide et assistance audit Charles Topham dans l'exécution de son mandat.

Lecture faite de ce grave document, Peveril n'hésita plus à résilier son marché. Cet acte de condescendance lui valut les bonnes grâces du redoutable fonctionnaire : avant de choisir des montures pour ses acolytes, il lui permit de s'arranger d'un cheval gris, bien inférieur, il est vrai, à celui qu'il venait de céder, mais dont le prix ne fut guère moins élevé. Julien paya sans s'amuser à marchander, car il avait vu dans le mandat de M. Topham, le nom de son père, écrit tout au long, sir Geoffroy Peveril, de Martindale-Castle, comme étant l'un des individus qui devaient être arrêtés.

Instruit de ce fait important, Julien n'avait rien de plus pressé que de quitter Liverpool pour se rendre dans le comté de Derby et donner l'alarme à son père. Il se hâta de régler avec Bridlesley, et prit enfin son cheval gris par la bride pour l'emmener; mais il était à peine hors de la cour du maquignon, qu'il éprouva une nouvelle inquiétude en entendant la conversation suivante, dont il paraissait être l'objet.

— Quel est ce jeune homme? demanda Everett, d'une voix lente et douce, celui des deux recors de Topham qui avait l'air d'un marchand ruiné. M'est avis que je l'ai déjà vu quelque part. Est-il de ce pays?

— Non pas que je sache, répondit Bridlesley, qui, de même que tous les habitants de l'Angleterre à cette époque, répondait aux questions de ces drôles avec le même respect qu'on avait en Espagne pour celles d'un inquisiteur. Il n'est pas de chez nous, pas du tout. C'est la première fois que je le vois. Un jeune poulain sauvage, j'en réponds : il connaît aussi bien que moi la bouche d'un cheval.

— Je commence à croire, reprit Everett, que j'ai vu une figure comme la sienne à l'assemblée des jésuites, qui se tient à la taverne du *Cheval Blanc*.

— Et moi, dit l'autre acolyte, un capitaine Dangerfield, espèce de matamore moustachu, à face rubiconde, portant un habit galonné hors d'usage et un immense chapeau; et moi, je crois me souvenir...

— Allons, allons, mes maîtres, cria la voix impérieuse de Topham, on n'a que faire de vos souvenirs à présent; nous savons d'avance à quoi ils mènent. En attendant, retenez ceci : vous ne devez courir le gibier que lorsque vous n'êtes plus en laisse. Le jeune monsieur est un gars de bonne mine, qui a cédé son cheval en galant homme pour le service des Communes. Il sait comment se conduire envers des supérieurs, je vous le garantis, et, d'ailleurs, je doute qu'il ait assez d'argent dans sa bourse pour payer les frais de son arrestation.

Ainsi finit l'entretien que Peveril crut devoir écouter jusqu'au bout, à cause de la conclusion qu'il pouvait avoir. Sortir de la ville sans se faire remarquer, et se rendre, par le plus court chemin, au château de son père, tel fut le plan qu'il jugea le plus sage. Il espérait arriver à Martindale avant l'honorable M. Topham, dont la selle avait besoin d'être rembourrée, et qui, une fois à cheval, marcherait probablement avec toutes les précautions d'un homme qui redoute les conséquences d'un trot rude et fatigant.

Après avoir suivi la route qui lui parut la plus directe à travers un pays dont il n'avait que des notions superficielles, il se vit obligé de faire halte près d'Altringham et s'occupa de chercher un endroit tranquille et isolé pour se reposer. Il crut l'avoir trouvé sous l'aspect d'un groupe de maisonnettes, dont la principale était à la fois un moulin et une auberge. L'enseigne, qui annonçait la double et honnête profession du propriétaire, John Whitecraft, représentait un chat (fidèle allié du meunier pour la défense des sacs de farine), mais un chat botté comme le Grimalkin des contes de fées, et jouant du violon pour se donner plus de grâce.

Cet endroit promettait au voyageur qui voulait passer inaperçu, sinon toutes ses commodités, du moins une retraite plus sûre qu'une hôtellerie fréquentée. Julien descendit donc de cheval à l'auberge du *Chat qui joue du violon.*

CHAPITRE XXI.

> Dans ces temps de troubles, chacun redoute les stratagèmes sanguinaires des têtes ardentes.
>
> OTWAY.

EN mettant pied à terre, Julien reçut l'accueil empressé réservé d'ordinaire aux voyageurs qui se présentent dans ces maisons d'un ordre inférieur. Son cheval fut conduit par un rustre en guenilles dans une espèce d'étable, où pourtant il ne manqua ni de foin ni de litière.

Après s'être assuré qu'on avait convenablement pourvu aux besoins de l'animal dont sa sûreté dépendait, Peveril entra dans la cuisine, qui servait en même temps de salle à manger, et il demanda ce qu'on pouvait lui donner pour se réconforter. Il apprit, à sa grande satisfaction, qu'il n'y avait qu'un étranger dans l'auberge ; mais cette satisfaction diminua beaucoup, quand on lui dit qu'il fallait partir sans dîner, ou se résoudre à partager avec l'étranger les seules provisions disponibles, à savoir un plat de truites et d'anguilles, pêchées par l'hôte dans le courant qui faisait tourner la roue de son moulin.

A la requête particulière de Julien, l'hôtesse consentit à ajouter un plat substantiel d'œufs au lard, ce qu'elle n'eût pas fait volontiers, si l'œil perçant de Peveril n'eût découvert la tranche de lard, suspendue dans sa retraite enfumée.

C'était une commère avenante, d'une trentaine d'années, dont l'air propret et réjoui faisait honneur au bon goût du joyeux meunier, son époux. Assise sous le manteau d'une vaste et antique cheminée, centre de ses opérations, elle travaillait avec activité à réparer les forces du voyageur fatigué. L'air distingué, la figure agréable et les manières civiles du nouveau venu attirèrent son attention, et, tout en s'occupant des préparatifs du repas, elle jetait sur lui, de temps à autre, un regard de complaisance, ou plutôt d'intérêt compatissant. L'épaisse fumée qui s'exhalait du lard et des œufs se répandit dans la cuisine, et le frémissement de cette friture faisait chorus avec le bouillonnement de la casserole, où mijotait le poisson. La table fut couverte d'une nappe fort propre, de grosse toile, et tout était prêt quand le convive étranger entra dans la salle.

Du premier coup d'œil, Julien reconnut en lui, à sa grande surprise, ce même individu maigre et assez mal accoutré qui, pendant son premier marché avec Bridlesley, avait donné son avis d'une manière si officieuse. Mécontent d'être obligé de subir la compagnie d'un étranger qui pourrait élever des prétentions à sa connaissance, il lui tourna le dos et feignit de s'amuser à regarder par la fenêtre.

Pendant ce temps, l'étranger s'avança droit vers l'hôtesse, et lui demanda à quoi elle songeait de faire cuire des œufs au lard, quand il lui avait positivement recommandé de n'apprêter que du poisson. L'hôtesse, avec l'air d'importance de toute cuisinière dans l'exercice de ses fonctions, fit la sourde oreille au reproche qu'on lui adressait et, quand il lui plut d'y répondre, ce fut d'un ton magistral :

— Si vous n'aimez pas le lard, du lard de notre cochon, bien nourri de son et de pois; si vous n'aimez pas les œufs au lard, des œufs tout frais, que j'ai dénichés moi-même au poulailler, en ce cas-là, tant pis pour Votre Honneur et tant mieux pour qui les aime !

— Cela veut-il dire que nous serons deux à table, ma brave femme ?

— Pas de brave femme, Monsieur, avant que je vous dise brave homme, et, bien des gens, ma foi, rechigneraient à le dire à qui n'aime pas des œufs au lard un vendredi.

— Voyons, ma bonne hôtesse, ne faites pas d'allusion à mon endroit. Vos œufs au lard sont excellents, j'en suis sûr; seulement, c'est un plat trop lourd pour mon estomac.

— Ou pour votre conscience, peut-être. A présent que j'y songe, vous désiriez sans doute votre matelote à l'huile, au lieu de la bonne graisse que j'y ai mise. Je ne vois pas bien clair dans tout cela; mais notre constable saurait y voir quelque chose, lui.

Il y eut un moment de silence. Julien, un peu inquiet de la tournure que prenait la conversation, s'avisa d'épier les interlocuteurs. Inclinant la tête à gauche, sans quitter son poste à la fenêtre, il crut remarquer que l'étranger glissait dans la main de l'hôtesse une pièce de monnaie. Le changement de ton de la meunière le confirma dans cette supposition.

— Au surplus, dit-elle, ma maison est le château de la liberté, et il en doit être de même chez tout aubergiste. Ce que mangent ou boivent les beaux messieurs, ça ne me regarde pas. Il y a de braves gens, et pas mal, dont l'estomac ne peut supporter le lard ou la graisse, un vendredi surtout; mais en quoi ça me regarde-t-il, je vous le répète, si l'on me paye honnêtement de mes peines? Seulement, ce que je tiens à dire, c'est que d'ici à Liverpool on ne trouverait pas meilleur, en fait d'œufs ou de lard, et ça, voyez-vous, je le soutiendrai, la tête sur le billot.

Là-dessus, l'étranger, se tournant vers Julien : — Monsieur, dit-il, qui est sans doute mon compagnon de table, trouvera de son goût, je le souhaite, les bonnes choses que je ne puis partager avec lui.

— Je vous assure, Monsieur, dit Peveril, qui se vit alors forcé de se retourner et de répondre, que ce n'est pas sans peine que j'ai décidé l'hôtesse à mettre un couvert de plus, et à préparer ces œufs au lard qu'il lui tarde à présent de voir manger.

— Les deux plats sont prêts, dit l'hôtesse, et cuits à point. Alice! Alice!

Ce nom bien connu fit tressaillir Julien; mais l'Alice qui vint à cet appel était une grosse dondon, en savates, chargée des basses besognes de l'auberge. Elle aida sa maîtresse à mettre les plats sur la table, et un broc de bière mousseuse, brassée au moulin, au milieu. Dame Whitecraft répondit de sa qualité :

— Car, dit-elle, nous savons par expérience que trop d'eau noie le meunier, et nous l'épargnons dans notre bière comme sous la roue de notre moulin.

— Je bois à votre santé, dame Whitecraft, dit l'étranger, ainsi qu'à la noyade de toute chicane entre nous, et je vous remercie de votre excellent poisson.

— Vous êtes bien honnête, Monsieur, et je vous remercie de même. Quant à boire, je n'ose pas; à ce que dit notre homme, cette bière est trop forte pour les femmes. De temps en temps, j'avale une goutte de vin d'Espagne avec les voisines ou quelque voyageur qui en a envie.

— Vous en boirez bien un verre avec moi, dit Peveril, si vous voulez m'en donner un flacon.

— Vous l'aurez, Monsieur, et aussi bon qu'aucun de ceux qui aient jamais été bus, mais il faut que j'aille au moulin demander la clef à notre homme.

En parlant ainsi, elle retroussa ses cottes neuves, afin de ne pas les salir, et courut au moulin, qui était à deux pas.

> — Elle est gentille et dangereuse
> La jeune épouse du meunier,

dit l'étranger en regardant Peveril. N'est-ce pas ainsi que s'exprime le vieux Chaucer?

— Je... je crois que oui, répondit Julien, qui n'avait jamais lu Chaucer et fort étonné, d'ailleurs, d'entendre une pareille citation sortir de la bouche d'un homme d'aussi piètre mine.

— Oui, comme la jeunesse du jour, vous connaissez mieux Cowley et Waller; je ne saurais être du même avis. Vous offrirai-je de cette matelote?

— Non, Monsieur, répondit Julien, qui n'était pas fâché de montrer aussi ce qu'il savait; je pense, avec un personnage de Shakespeare, qu'il faut se battre quand on ne peut faire autrement, et ne pas manger de poisson.

L'étranger jeta autour de lui un regard inquiet à cette opinion, que Julien avait risquée pour découvrir, s'il était possible, la véritable qualité de son vis-à-vis, dont le langage était si différent de celui qu'il avait tenu chez le maquignon. Quoique ses traits fussent assez ordinaires, pour ne pas dire communs, sa physionomie avait cet air d'intelligence que l'éducation donne à la figure la moins agréable; et ses manières étaient si naturelles, si pleines d'aisance, qu'elles prouvaient clairement une grande habitude de la société, et de celle même du plus haut rang. Le trouble qu'il avait manifesté ne fut que passager, et presque au même instant il lui dit avec un sourire :

— Soyez assuré, Monsieur, que vous n'êtes pas en dangereuse compagnie; car, malgré mon dîner maigre, je suis tout à fait disposé à goûter de votre mets savoureux, si vous voulez bien me le permettre.

Peveril servit à l'étranger ce qui restait des œufs au lard, et il le vit en avaler une bouchée ou deux avec un certain plaisir. L'instant d'après, il se mit à jouer avec son couteau et sa fourchette, en homme dont l'appétit est satisfait; puis il but un grand verre de bière, et tendit son assiette à un énorme mâtin qui, alléché par l'odeur du dîner, était venu se poster devant lui, se léchant le museau, et suivant de l'œil chaque morceau qu'il portait à sa bouche.

— Voici le vin d'Espagne, Messieurs, dit l'hôtesse en rentrant; notre homme a arrêté le moulin pour venir vous servir lui-même; il n'y manque jamais quand la compagnie boit du vin.

— Et cela pour avoir la part de l'hôte, ou plutôt la part du lion, fit observer l'étranger.

— Cela me regarde, dit Julien; si mon hôte veut sa part du flacon, j'en demanderai de bon cœur un autre pour lui et pour vous, Monsieur. J'aime à pratiquer les vieux usages.

Maître Whitecraft, qui entrait en ce moment dans la salle, était un gros et fort gaillard, type des gens de son dur métier, prêt à jouer le rôle d'hôte civil ou bourru, selon que la compagnie serait plus ou moins agréable. Il n'eut pas plutôt entendu les paroles de Julien qu'il ôta son bonnet poudreux, et secoua sa manche couverte de farine; puis, s'asseyant au bout d'un banc, à trois pieds de la table, il remplit un verre de vin d'Espagne, et but à la santé de ses hôtes, en particulier à celle de ce noble gentilhomme, ajouta-t-il à l'adresse de Peveril, qui avait commandé l'extra.

Julien répondit à cette politesse en buvant à la santé du meunier, et en lui demandant quelle nouvelle courait dans le pays.

— Aucune, Monsieur, aucune, hormis le complot, comme on l'appelle, à cause de quoi l'on poursuit les papistes. Mais cela fait venir l'eau à mon moulin, dit le proverbe. Les courriers qu'on envoie çà et là, les gardes et les prisonniers qu'on trimballe de côté et d'autre, les voisins qui s'accoutument à venir causer des nouvelles, tous les soirs, au lieu d'une fois par semaine, tout ça fait tourner le robinet, Messieurs, et le magot s'arrondit. Aussi, comme constable et bon protestant, j'ai mis en perce au moins dix tonneaux en sus de l'ordinaire, sans compter un débit de vin très suffisant pour un trou de village.

— Ma foi, dit Julien, je ne serais pas fâché d'apprendre, d'un homme sensé comme vous, quelque chose de ce complot dont on parle tant et que l'on paraît comprendre si peu.

— Si peu! dites-vous? C'est le plus infernal complot, une épouvantable horreur, quoi! Mais arrêtez un peu, mon brave Monsieur : d'abord, croyez-vous qu'il y a un complot? Je l'espère pour vous; autrement, la justice aurait deux mots à vous dire, aussi vrai que mon nom est John Whitecraft.

— Nous n'en viendrons pas là, mon cher hôte; car, je vous l'assure, je crois au complot, aussi fermement qu'homme puisse croire à ce qu'il ne saurait comprendre.

— A Dieu ne plaise que qui que ce soit veuille le comprendre! Il est à cent piques au-dessus de moi, a déclaré notre juge de paix, un malin pourtant, et plus que bien d'autres. Mais on peut croire sans comprendre, et c'est ce que disent aussi les papistes. Ah! nous sommes dans un temps de fier remue-ménage pour les juges, les témoins et les constables, voilà le plus sûr!

— Allons donc, John, dit sa femme, ne vous rabaissez pas vous-même, en mêlant ainsi les témoins avec les juges et les constables : tout le monde sait comment ils gagnent leur argent.

— Fort bien; mais tout le monde sait qu'ils le gagnent, femme, et c'est toujours une consolation.

— Je n'entends rien à leurs manigances, moi, et quand même une centaine de jésuites viendraient tenir une assemblée dans ma maison, je ne me croirais pas du tout obligée de témoigner contre eux, s'ils avaient bien bu et bien payé.

— Très bien, dit l'étranger, voilà ce que j'appelle une bonne conscience d'aubergiste. Ainsi donc, recevez mon écot; je vais continuer mon bonhomme de chemin.

Peveril demanda aussi ce qu'il devait, et s'acquitta si largement que le mari l'aspergea de farine en tirant son bonnet et que la femme lui fit une révérence jusqu'à terre.

Les chevaux ayant été amenés, nos voyageurs les montèrent et se disposèrent à partir ensemble. On but le coup de l'étrier, et ce fut l'hôtesse qui offrit au jeune homme un verre de sa liqueur favorite; elle était montée sur un banc de pierre, et, comme elle avait les mains embarrassées, il ne fut pas difficile à Julien de répondre à sa politesse en lui dérobant un baiser. Au moment où il approchait son visage du sien, elle lui glissa ce mot dans l'oreille : « Méfiez-vous ! » mot effrayant dans un temps de trahisons et de pièges. Il lui serra la main en signe d'intelligence, et elle pressa vivement la sienne, avec un « Dieu vous protège ! »

Julien ne fut pas précisément charmé de voir que sa nouvelle connaissance suivait la même route que lui. Beaucoup de raisons lui faisaient désirer de voyager seul, et l'avis de la meunière résonnait encore à son oreille. Si cet individu possédait autant de finesse que ses propos versatiles le donnaient à penser; si, sous des habits, qui n'étaient pas ceux de sa condition, se cachait un missionnaire travaillant à la grande tâche de convertir les Anglais du nord, il ne pouvait avoir un compagnon plus dangereux dans sa situation. En effet, la moindre apparence de relation avec lui ne manquerait pas d'accréditer le bruit qui s'était répandu de l'attachement de sa famille au parti catholique. Mais comment se débarrasser honnêtement de la compagnie d'un homme qui paraissait résolu, qu'il lui parlât ou non, à ne pas le quitter ?

Peveril mit d'abord son cheval au pas; l'autre ralentit la marche du sien. D'un coup d'éperon, Julien fit reprendre le trot à sa bête; alors l'étranger, silencieux jusque-là, lui fit observer que, pour faire assaut de vitesse avec lui, il n'était pas aussi bien monté qu'il aurait pu l'être, s'il n'eût pas renoncé au premier marché qu'il avait conclu le matin.

Peveril en convint d'un ton sec, ajoutant que l'animal suffirait à ce qu'il voulait en faire; mais qu'il craignait fort de n'être pas en état

de suivre un cavalier mieux monté que lui.

— Peu m'importe, reprit poliment l'étranger; j'ai tant voyagé dans ma vie que j'ai pris l'habitude de mettre mon cheval à l'allure qui convient le mieux à mes compagnons.

— Serait-il indiscret de vous demander, dit Julien, si nous tiendrons longtemps la même route?

— C'est ce que je ne saurais dire, à moins que je ne sache où vous allez.

— Ma foi, je ne sais pas trop jusqu'où j'irai ce soir, dit Julien, feignant de n'avoir pas compris.

— Et moi de même. Quoique mon cheval vaille beaucoup mieux que le vôtre, je crois qu'il sera prudent de le ménager; et pour peu que nous allions encore de compagnie, il est probable que nous souperons ensemble comme nous avons dîné.

C'était parler net. Julien garda le silence, en ruminant à part soi, si le meilleur parti n'était pas d'en venir à une explication péremptoire, qui mît l'entêté en demeure de le laisser seul. Mais il lui répugnait de pousser les choses à l'extrême avec une personne bien élevée, dont il avait peut-être méconnu le caractère; et, dans ce cas, repousser grossièrement la société d'un honnête protestant, ce serait donner autant d'importance aux soupçons que de voyager aux côtés d'un jésuite déguisé. Après quelques réflexions de ce genre, il résolut de supporter la société de l'intrus jusqu'à ce qu'il se présentât une occasion favorable de s'en délivrer et d'agir, en attendant, avec circonspection.

En approchant des montagnes du comté de Derby, les chemins devinrent plus mauvais. Le cheval de Julien, en passant sur un terrain inégal et pierreux, broncha plusieurs fois, et il serait certainement tombé s'il n'eût pas été retenu par la main de son cavalier.

— Les temps actuels nous contraignent de marcher avec précaution, Monsieur, dit l'étranger; et à la manière dont vous êtes en selle et dont vous maniez la bride, on voit que vous paraissez le comprendre.

— Il y a longtemps que je monte à cheval, répondit Peveril.

— Et longtemps que vous voyagez, n'est-ce pas? Seriez-vous par hasard d'avis qu'il faut brider la bouche de l'homme comme celle d'un cheval? On le croirait à votre excès de réserve.

— De plus sages que moi ont pensé qu'il était prudent de se taire quand on n'avait rien à dire, ou pas grand'chose.

— Je ne les approuve pas. D'où vient l'instruction? Des rapports qu'on a, soit avec les morts soit avec les vivants, par les livres ou par la conversation, et ce dernier moyen est le plus agréable. Le sourd-muet est seul privé de cette ressource, et certes sa situation n'est pas assez digne d'envie pour que nous cherchions à l'imiter.

A cette comparaison, qui éveilla un souvenir dans le cœur de Peveril, le jeune homme jeta sur son compagnon un regard inquisiteur; mais il ne découvrit rien, dans la tranquillité de sa contenance et dans le calme de son œil bleu, qui pût lui faire croire que ses dernières paroles eussent un sens caché.

— Vous semblez doué, Monsieur, d'une vive intelligence, dit-il, et j'aurais cru que, dans ces temps de méfiance, vous auriez senti qu'on peut, sans mériter de blâme, désirer d'éviter toute relation avec des étrangers. Vous ne me connaissez pas, et vous m'êtes tout à fait inconnu; il n'y a donc pas lieu d'échanger beaucoup de paroles.

— Vous êtes comme les anciens Romains, qui donnaient au mot *étranger* le double sens d'ennemi. Eh bien, je n'en veux plus être un pour vous : mon nom est Ganlesse; ma profession, prêtre catholique romain; je voyage pour sauver ma vie, et je suis enchanté de vous avoir pour compagnon.

— Je vous remercie de tout mon cœur d'une pareille confidence, et pour en profiter de mon mieux, je vous prierai ou de prendre l'avance, ou de rester derrière, ou de suivre un chemin de côté, selon ce qu'il vous plaira. Je ne suis point catholique; je voyage pour une affaire de haute importance, et je m'exposerais à des retards, à des périls même, en restant dans une compagnie suspecte. Ainsi, Monsieur Ganlesse, allez votre chemin, je prendrai l'inverse, car je vous demande la permission de me séparer de vous.

En parlant ainsi, il arrêta son cheval tout court.

L'étranger partit d'un éclat de rire.

— Quoi! s'écria-t-il, me fausser compagnie pour un petit inconvénient? Par saint Antoine! comme le sang ardent des Cavaliers est glacé dans les veines des jeunes gens d'aujourd'hui! Ce jeune gaillard a, j'en suis sûr, un père qui a couru plus d'aventures pour des prêtres persécutés, qu'aucun chevalier errant pour des beautés en détresse.

— Cette raillerie est inutile, Monsieur, et je vous invite à poursuivre votre chemin.

— Mon chemin est le vôtre, et nous voyagerons plus sûrement en restant ensemble. J'ai la recette de la graine de fougère, jeune homme, et je sais me rendre invisible. D'ailleurs, comment vous quitterais-je sur cette route, où il n'y a de chemin ni à droite ni à gauche?

Peveril se remit en marche, voulant éviter une rupture violente, que le ton insouciant de l'étranger ne justifiait réellement pas. Celui-ci, s'obstinant à l'accompagner, tenait avec soin la bride haute, comme pour se ménager un avantage en cas de querelle.

— Vous n'êtes pas juste envers moi, pas plus qu'envers vous-même, dit-il du même air dégagé. Savez-vous seulement où loger ce soir? Laissez-moi donc vous guider. Je connais, à une lieue d'ici, un antique manoir, qui a pour seigneur châtelain un vieux chevalier Pantalon; pour châtelaine une dame Barbe bien empesée, et pour sommelier un jésuite, qui dit le bénédicité et les grâces. On vous servira la bataille d'Edgehill ou celle de Worcester pour assaisonner un pâté froid de venaison, une bouteille de bordeaux couverte de toiles d'araignée; puis, un lit dans la cachette du prêtre, et une jolie servante pour vous le faire.

— Cela ne me séduit pas, répondit Julien, qui s'amusait, en dépit de lui-même, de l'esquisse rapide que l'étranger venait de tracer des vieux châteaux du Chester et du Derby, dont les maîtres conservaient la foi romaine.

— Allons, si je ne peux vous séduire de cette façon, reprit son compagnon, jouons une autre musique. Je ne suis plus Ganlesse, le prêtre catholique, — et il ajouta en prenant une voix nasillarde : — je suis Simon Canter, pauvre ministre de la parole divine, parcourant le monde pour appeler les pécheurs au repentir, et faire fructifier la vérité parmi les fidèles dispersés. Que dites-vous de cela?

— J'admire votre humeur versatile, Monsieur, et en tout autre moment, je m'en divertirais; à présent, la sincérité serait plus de mise.

— La sincérité! un sifflet d'enfant, qui n'a que deux notes : oui, oui, et non, non. Peuh! les quakers eux-mêmes y ont renoncé : ils ont pris à la place un brave flageolet, nommé Hypocrisie, assez semblable à la sincérité pour la forme, d'une portée bien plus grande, et qui embrasse la gamme entière. Allons, laissez-vous conduire; soyez pour ce soir un disciple de Simon Canter, et je vous mène chez un grand raffineur de sel; il attend ledit Canter pour lui préparer une forte saumure, où puisse mariner une âme tant soit peu corrompue par ses vilaines relations avec ce méchant monde. Qu'en dites-vous?

Il a deux filles. Jamais plus beaux yeux n'ont brillé sous une simple cornette; et, quant à moi, j'estime qu'il y a plus de feu dans ces âmes pétries d'amour et de dévotion que chez vos belles dames qui s'éparpillent en mille folies. Vous ne connaissez pas le plaisir d'être le directeur de la conscience d'une charmante dévote, qui fait presque au même instant l'aveu de ses faiblesses et celui de son amour! Peut-être avez-vous, d'autre façon, connu ce plaisir-là, hein? Il commence à faire trop noir pour que je vous voie rougir, mais je gagerais que vos joues sont brûlantes.

— Vous prenez de grandes libertés, Monsieur, dit Peveril, comme ils allaient entrer dans une vaste plaine, et vous escomptez plus que de raison ma patience. Nous voici hors de ce défilé qui nous a forcés à marcher de compagnie depuis une demi-heure; pour en finir, je vais tourner sur la gauche, et si vous me suivez, ce sera à vos risques et périls. Vous voyez que je suis bien armé, et que les chances d'une lutte ne seraient pas égales.

— Qu'en savez-vous? riposta l'autre, d'un air provoquant. Grâce à mon bon cheval, je vous échapperai par des voltes autant qu'il me plaira; et voici — ajouta-t-il en tirant un pistolet de son sein, — un texte, de la longueur d'un empan, qui décharge, à la moindre pression de l'index, une doctrine irrésistible et propre à faire disparaître ce que vous appelez l'inégalité d'âge et de force. Point de querelle entre nous; voici la prairie : prenez un côté, je prendrai l'autre.

— Je vous souhaite le bonsoir, Monsieur. Veuillez me pardonner si je vous ai fait injure en quelque chose; mais les temps sont difficiles, et la vie d'un homme dépend quelquefois des gens qu'il rencontre.

— C'est la vérité; mais, dans votre position, le danger que vous craignez n'est plus à courir. Vous avez voyagé assez longtemps avec moi pour fournir une belle page à l'histoire du grand complot. Quelle figure ferez-vous en voyant paraître un gros in-folio, sous ce titre : *Narration de Simon Canter, autrement dit Richard Ganlesse, touchant l'horrible Conspiration des papistes pour le meurtre du Roi et le massacre de tous les Protestants; exposant comme quoi le jeune Julien Peveril du Pic de Martindale a pris part à ladite...*

— Eh quoi, Monsieur! Que signifie?...

— C'est le titre de mon livre; ne m'interrompez pas. Maintenant que Titus Oates et Bedloe ont remporté les grands prix, les délateurs subalternes ne peuvent trouver de bénéfice que dans le débit de leurs délations imprimées; tous les libraires vous diront que le titre est la moitié de l'ouvrage. Or, le mien aura pour but de mettre au jour les divers projets que vous m'avez communiqués, à savoir, débarquer dix mille hommes de l'île de Man sur la côte du comté de Lancastre, marcher sur le pays de Galles, y joindre les dix mille pèlerins envoyés d'Espagne, et consommer ainsi la destruction de la foi protestante et de la ville de Londres. Vraiment! je crois qu'une telle narration, bien assaisonnée d'horreurs et publiée *cum privilegio Parlamenti,* pourrait, malgré l'abondance de cette denrée, valoir encore vingt ou trente pièces d'or.

— Vous paraissez me connaître, Monsieur, et, s'il en est ainsi, j'ai le droit de savoir dans quel dessein vous persistez à m'accompagner, et ce que signifie tout ce persiflage.

— Vous prenez feu en pure perte. Si j'appartenais à l'honorable société de faux témoins et de délateurs avec lesquels me confond votre imagination, vous seriez déjà enveloppé dans les périls que vous avez raison de craindre. Allons, du calme, et venez avec moi. Il y a, ici près, une auberge, où vous passerez la nuit en toute sûreté.

Peveril ne pouvait s'empêcher d'admirer l'air d'aisance avec lequel cet homme singulier semblait défier tous les hasards. La hardiesse et la liberté de son langage n'allaient guère de pair avec le métier dangereux mais lucratif que tant de gens faisaient à cette époque, celui de délateur. Il répondit donc, après un moment de réflexion :

— J'accepte votre proposition, Monsieur, quoiqu'en agissant ainsi, ce soit vous accorder une confiance peut-être imprudente.

— Et que fais-je moi-même? ne vous donné-je pas la preuve d'une confiance semblable?

— Mais au contraire : je ne connais rien de vous, et vous m'avez nommé. Me connaissant pour Julien Peveril, vous savez que vous n'avez rien à craindre de ma part.

— Du diable si je le sais! Je voyage avec autant de sécurité que si j'avais à côté de moi un pétard toujours près d'éclater. N'êtes-vous pas le fils de Peveril du Pic, dont le nom s'allie étroitement au papisme? et ne venez-vous pas de chez la comtesse de Derby, une papiste, portant dans vos poches, à ce que j'imagine, une armée entière de soldats de Man avec armes, bagages, munitions et train d'artillerie?

— Si j'étais chargé d'un tel fardeau, il est probable que je n'aurais pas une si pauvre monture, dit Julien en riant. Mais conduisez-moi, Monsieur : il faut, je le sens, que j'attende votre confiance jusqu'à ce que vous jugiez à propos de me l'accorder; car vous êtes si bien au courant de mes affaires, que je n'ai rien à vous offrir en échange.

Ils doublèrent le pas, et arrivèrent bientôt en vue de la petite auberge solitaire dont l'étranger avait parlé.

Ils mirent pied à terre sous un grand chêne touffu, qui ombrageait la table autour de laquelle avait siégé, quelques heures auparavant, la nombreuse assemblée des politiques du village. Gaulesse siffla d'une manière particulière, et on lui répondit de l'intérieur de la maison.

CHAPITRE XXII.

> Le camarade était vêtu comme un paysan, et pourtant, à le voir découper le coq de bruyère, aucun des habitués de la table n'eût trouvé à redire.
>
> *La Table d'hôte.*

A personne qui se présenta à la porte de l'auberge pour recevoir Ganlesse, chanta, en s'avançant, ce couplet d'une vieille ballade :

> Bonsoir à vous, l'ami Dickon !
> Le voyage a-t-il été bon ?
> Apportez-vous la belle fille
> Au festin de son joyeux drille ?

Ganlesse répondit sur le même ton :

> Console-toi, brave Robin !
> Qui t'apporte sa charge pleine
> D'un chevreuil, au lieu d'un lapin,
> N'a point à regretter sa peine.

— Vous avez donc manqué votre coup? demanda l'autre, en manière de réponse.

— Je ne l'ai pas manqué, te dis-je; mais tu ne songes jamais qu'à ton métier. Le souper est-il prêt?

— Il fume comme un sacrifice. Chaubert a fait de son mieux. Ce drôle est un trésor : donnez-lui une chandelle d'un sou, et il vous en fricotera un bon souper. Entrez, Monsieur; l'ami de mon ami est bien venu, comme on dit dans mon pays.

— Il faut d'abord songer à nos chevaux, dit Peveril, qui commençait à se méfier de son entourage.

Ganlesse siffla une seconde fois, et un valet d'écurie parut, qui se chargea des chevaux.

Alors nos deux voyageurs entrèrent.

La salle publique de cette humble auberge paraissait avoir subi certains changements pour être en état de recevoir des hôtes d'un rang distingué. On y voyait un buffet, un lit de repos, et quelques autres meubles d'un style qui contrastait avec l'apparence du lieu. La nappe, déjà mise, était du damassé le plus fin; les cuillers, les fourchettes, etc., étaient d'argent. Peveril regardait tous ces apprêts avec surprise. Examinant de nouveau Ganlesse d'un œil attentif, il remarqua avec plus de force que, sous des dehors mesquins, il y avait dans toute sa personne et dans ses manières cette aisance indéfinissable qui n'appartient qu'aux gens d'une haute naissance, ou à ceux qui ont l'habitude de fréquenter la meilleure société. Son ami, qu'il appelait Will Smith, quoique grand, d'assez bonne mine, et beaucoup mieux vêtu que lui, n'avait pas le même usage du monde, et était obligé d'y suppléer par une dose proportionnée d'assurance.

Après avoir parlé un moment à voix basse, Smith dit à son compagnon :

— Allons donner un coup d'œil à nos bêtes, et laissons Chaubert à son poste.

— Ne viendra-t-il pas nous servir?

— Qui lui? changer une assiette ou présenter un verre? vous oubliez de qui vous parlez. Un tel ordre suffirait pour qu'il se perçât de son épée. Il est déjà presque au désespoir, parce qu'on n'a pu avoir d'écrevisses.

— Quel malheur! s'écria Ganlesse. Le ciel me préserve d'ajouter à une telle calamité! Allons donc à l'écurie; nous verrons si nos coursiers mangent leur provende pendant qu'on nous prépare la nôtre.

Ils se rendirent en conséquence à l'écurie, qui, bien que misérable, avait été fournie à la hâte de tout ce qui pouvait être nécessaire à quatre excellents chevaux, parmi lesquels était celui que venait de monter Ganlesse; le valet s'occupait à l'étriller, à la lueur d'un gros cierge.

— Voilà comme je suis catholique, dit Ganlesse, en riant. Mon cheval est un saint, et je lui brûle un cierge.

— Sans réclamer, dit Peveril, une si grande faveur pour le mien, que je vois là-bas, derrière cette vieille cage à poulets, je vais du moins le débarrasser de sa selle et de sa bride.

Tandis qu'il dessellait son cheval, et qu'il étendait un peu de litière sous l'animal fatigué, il entendit les deux compagnons échanger les propos suivants :

— Sur ma foi, Dick, tu es tombé dans la même méprise que le pauvre Slender, disait Smith; tu as manqué Anne Page, et tu nous amènes un grand flandrin à la place.

— Chut! il t'écoute, répondit Ganlesse. J'ai mes raisons, tout va bien; mais, je t'en prie, dis à ton groom d'aider ce garçon.

— Moi, demander à Tom Beacon, à Tom de Newmarket, à tous les Toms du monde, de toucher à une pareille rosse? Je serais bien reçu. C'est tout ce qu'il a pu faire que de se charger du vôtre, mon cher ami; et si vous n'avez pas plus d'égards pour lui, il est probable que, demain matin, vous n'aurez d'autre palefrenier que vous-même.

— Quelle vermine tu traînes après tes chausses, Will! Les plus inutiles drôles, les plus coquins, les plus insolents qui aient jamais mangé les revenus d'un pauvre gentilhomme!

— Inutiles? oh! pour ça, non; chacun de mes drôles fait en perfection ceci ou cela, et il y aurait péché à lui demander autre chose. C'est vos propres à tout qui ne sont bons à rien. Ah! voici le signal de Chaubert; le fat nous le donne sur son luth en jouant *Réveillez-vous, belle endormie!* Allons, Monsieur, dont je ne sais pas le nom, prenez de l'eau et lavez ces sales témoignages de la besogne que vous venez de faire; car la cuisine de Chaubert dit comme la tête de bronze du moine

Bacon : Il est temps, il fut temps, et bientôt il ne sera plus temps.

Laissant à peine à Julien le temps de tremper ses mains dans un baquet et de les essuyer à une housse de cheval, Smith l'entraîna hors de l'écurie et le ramena dans la salle.

Là, tout était préparé pour le souper avec une délicatesse d'épicurien, plus digne d'un palais que d'une misérable auberge. Une fumée savoureuse s'échappait de quatre plats d'argent, fermés par quatre cloches de même métal. Vers le bas bout de la table, un petit buffet supportait un régiment de flacons de cristal, qui dressaient leurs longs et gracieux cous de cygne au-dessus des verres et des gobelets. Un brillant couvert était placé devant chacun des trois convives; ainsi qu'un nécessaire de maroquin, garni d'argent, et rempli de fioles contenant les sauces les plus raffinées.

Smith, qui occupait la place inférieure, et qui paraissait agir comme président du festin, fit signe aux deux voyageurs de prendre place.

— Découvrons les plats, dit-il, et voyons ce qu'on nous a préparé. Hum! des pigeons farcis... un canard sauvage... une fricassée de poulets... des côtelettes de venaison... Le zèle du pauvre diable est chichement payé avec dix louis par mois.

— C'est une bagatelle, dit Ganlesse; mais, comme vous, Will, il sert un maître généreux.

Le repas commença, et quoique Julien eût vu souvent son ami le comte de Derby et d'autres seigneurs élégants affecter de grandes connaissances dans l'art de la cuisine, quoique lui-même ne fût pas ennemi des plaisirs de la table, il reconnut, en cette occasion, qu'il n'était qu'un novice. Ses deux compagnons semblaient se regarder comme engagés dans la seule affaire de la vie, la plus importante et la plus réelle, et ils y apportaient une exactitude minutieuse.

Enfin, Ganlesse fit une pause et déclara le souper succulent.

— Mais, ami Smith, ajouta-t-il, vos vins valent-ils la cuisine?

— Ne savais-je pas que je vous rencontrerais ici? Il faudra, par exemple, vous contenter de bordeaux et de champagne, car mon bourgogne n'aime pas à être dérangé. Pourtant, s'il vous plaisait de goûter au xérès ou au vin de Cahors, j'ai dans l'idée que Tom et Chaubert en ont apporté pour eux.

— Le champagne me suffira, faute de mieux.

Chacun but un grand verre du pétillant breuvage, et Julien eut assez de jugement pour en reconnaître l'excellence.

— Touchez là, jeune homme, dit Smith en lui tendant la main, voilà le premier mot de bon sens que vous ayez dit ce soir.

— La sagesse, Monsieur, répliqua Peveril, est comme la meilleure marchandise du colporteur; il ne la montre jamais qu'aux gens capables de l'apprécier.

— Voilà qui est piquant comme de la moutarde! Eh bien, soyez encore sage, noble colporteur : prenez un autre verre de ce même flacon, et buvez-le avant que la mousse tombe et que l'esprit s'évapore.

— Vous me faites honneur, Monsieur, répondit Peveril en acceptant un second verre. Je vous souhaite une meilleure place que celle d'être mon échanson.

— Aucune pourtant ne conviendrait mieux à Will, dit Ganlesse. Certaines gens trouvent un plaisir d'égoïste à savourer les jouissances sensuelles ; Will est heureux de les procurer à ses amis, et il y gagne.

— Mieux vaut aider au plaisir du prochain qu'à son malheur!

— Point d'humeur, Will, reprit Ganlesse, et ne parle pas trop vite, de peur de te repentir à loisir. Est-ce que je blâme l'intérêt que tu as aux plaisirs d'autrui? C'est une façon, mon cher, toute philosophique de multiplier les tiens. Un homme n'a qu'un gosier; il ne peut, en dépit de ses efforts, manger que cinq ou six fois par jour ; et toi, tu dînes avec chaque ami qui découpe un chapon, et tu entonnes le vin dans la gorge des autres depuis le matin jusqu'au soir, et ainsi du reste.

— Ami Ganlesse, prends-y garde, je t'en prie : tu sais que je coupe les gorges aussi bien que je les arrose.

— Oui, oui, répondit Ganlesse avec insouciance, je crois avoir vu ta flamberge menacer la gargoulette d'un gros Hollandais, qui l'ouvrait seulement pour y enfourner du pain de seigle, du fromage, des harengs salés, des oignons, du genièvre, enfin tout ce que tu as en horreur. Mais que cela ne nous empêche pas de boire cet excellent bordeaux à notre santé.

A mesure que le bordeaux circulait, la gaieté des convives augmentait. Smith, posant les plats vides sur le buffet, frappa le plancher du pied, et le petit meuble, s'enfonçant par une trappe, remonta presque aussitôt chargé d'olives, de langues fumées, d'anchois et d'autres hors-d'œuvre propres à exciter la soif et à faire vider les bouteilles.

— Vraiment, Will, dit Ganlesse, tu es un véritable sorcier! J'ad-

mire combien il t'a fallu peu de temps pour transporter dans ce pays tes changements à vue.

— Une corde et des poulies ne sont pas difficiles à trouver, et avec une scie et un rabot je puis monter cette mécanique en une demi-journée. Faire vite et sans bruit, c'est mon fort. Je bois à la santé de la belle dame que vous savez.

— Volontiers, répondit l'autre, et le flacon passa de main en main.

Julien ne jugea pas utile de refroidir leur entrain en se piquant de sobriété; car il espérait que, dans la chaleur de la conversation, il parviendrait à deviner quelque chose du caractère et des vues de ces étranges compagnons. Mais ce fut vainement qu'il tendit l'oreille. Leurs propos vifs et changeants avaient souvent rapport aux écrivains de l'époque; ils n'épargnaient guère la cour, non plus que cette classe nombreuse de gens qui passaient alors pour hommes d'esprit et de plaisir, et dont il était assez naturel de supposer qu'eux-mêmes faisaient partie.

A la fin, l'on parla du complot des papistes, sujet général de toutes les conversations. Ganlesse et Smith paraissaient avoir, à cet égard, les opinions les plus opposées. Si le premier ne croyait pas à toutes les révélations de Titus Oatès, il prétendait du moins qu'elles étaient confirmées, en grande partie, par le meurtre de sir Edmondsbury Godfrey et par les lettres de Coleman au confesseur du roi de France. Avec beaucoup plus de bruit et des arguments bien moins puissants, Smith n'hésitait pas à nier entièrement l'existence du complot, qu'il tournait en ridicule, comme une des paniques les plus absurdes qui se fussent jamais emparées des esprits.

— Je n'oublierai de ma vie, dit-il, les funérailles originales de sir Godfrey. Deux vigoureux ministres, armés de l'épée et du pistolet, montèrent en chaire pour veiller à ce que le troisième, qui prêchait, ne fût point assassiné à la face de la congrégation.

— Quoi donc! Will, êtes-vous du nombre de ceux qui croient que le bon chevalier s'est tué lui-même pour accréditer l'histoire du complot?

— Non, sur ma foi! mais quelque enragé de protestant a pu se charger de la besogne, afin de donner à l'affaire une couleur plus vraisemblable. J'en appelle à notre silencieux ami : cette solution n'est-elle pas la plus admissible?

— Je vous prie de m'excuser, Messieurs, dit Julien; je viens de débarquer en Angleterre, et j'ignore les circonstances particulières qui ont jeté le pays dans cet état de fermentation. D'ailleurs, pour être sincère, je vous avouerai que je suis fatigué; votre vin a plus de force que je ne m'y attendais, ou j'ai peut-être bu plus que je n'en avais l'intention.

— Si un petit somme suffit à vous rafraîchir, proposa Ganlesse, ne faites pas de cérémonie avec nous. Étendez-vous là, sur ce vieux canapé à la mode hollandaise. Demain matin, de bonne heure, nous serons prêts à partir.

— Et pour cela, dit Smith, je propose de rester à table toute la nuit. Il n'y a rien que je déteste plus qu'un lit dur. Débouchons une autre bouteille, et chantons quelque refrain nouveau pour nous aider à la vider.

Bien enveloppé dans son manteau, Julien s'était couché sur le canapé. Il regarda d'abord la table qu'il venait de quitter; peu à peu, la clarté des bougies lui parut moins vive, et le bruit des voix alla s'affaiblissant. Au bout de quelques minutes, il s'endormit.

CHAPITRE XXIII.

Alors Gordon sonna du cor et cria : Fuyez ! fuyez ! la maison de Rhodes est toute en feu ; il est temps de partir.

Ancienne ballade.

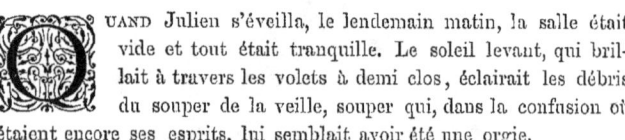UAND Julien s'éveilla, le lendemain matin, la salle était vide et tout était tranquille. Le soleil levant, qui brillait à travers les volets à demi clos, éclairait les débris du souper de la veille, souper qui, dans la confusion où étaient encore ses esprits, lui semblait avoir été une orgie.

Sans être ce qu'on appelle un bon vivant, Julien, comme les jeunes gens de cette époque, n'était point ennemi du vin, dont on usait alors d'une manière immodérée; mais comment ce qu'il en avait bu avait-il pu produire l'effet de libations multipliées? Il se leva, rajusta ses vêtements, et chercha vainement à se procurer de l'eau pour faire ses ablutions du matin. Il y avait encore du vin dans les flacons, et, près de la table, un siège renversé, comme s'il eût été jeté à bas dans la chaleur de la débauche. « Il fallait, pensa-t-il, que le vin eût été bien capiteux pour l'avoir rendu sourd au bruit que ses compagnons avaient dû faire avant de se séparer. »

Un soupçon traversa son esprit : il examina ses armes, et tâta la poche secrète où il avait serré le paquet de la comtesse. Tout était en ordre; et ce premier soin lui rappela ceux qui lui restaient à remplir.

Il entra dans un réduit voisin, d'aspect misérable, et aperçut, étendus côte à côte sur un grabat, et couverts d'un vieux tapis, deux hommes, dont les têtes reposaient fraternellement sur la même botte de foin. L'une était celle du groom à tignasse noire; l'autre, coiffée d'un bonnet de coton, laissait voir quelques mèches grisonnantes, une figure de casse-noisette, et appartenait sans doute au maître-queux français, dont on avait célébré les louanges. Ces honorables personnes semblaient avoir passé des bras de Bacchus dans ceux de Morphée, car on voyait autour d'eux des bouteilles brisées, et leurs ronflements sonores attestaient seuls qu'ils étaient encore de ce monde.

Ensuite, Julien descendit un escalier très raide, et essaya d'ouvrir une porte, qui était fermée. Il appela; point de réponse. C'était probablement là que reposaient ses compagnons de la veille. Les éveillerait-il ? à quoi bon ? L'occasion était favorable pour rompre avec une société suspecte et peut-être dangereuse.

En poussant une seconde porte entrebâillée, il se trouva dans une chambre à coucher, encombrée de pots de toutes sortes, celle de l'aubergiste, qui dormait au milieu des attributs de son métier. Cette découverte tira Peveril d'un embarras qui résultait de sa délicatesse. Il mit sur la table une pièce d'argent, suffisante, à ce qu'il crut, pour payer sa part du souper de la veille, ne se souciant pas de devoir quelque chose à des étrangers, qu'il allait quitter sans même leur dire adieu.

Débarrassé de ce scrupule de conscience, Peveril, le cœur plus léger, mais la tête un peu lourde, se rendit à l'écurie. Son cheval, bien reposé, et reconnaissant peut-être des soins qu'il lui avait rendus la veille, hennit en l'apercevant, ce que Peveril regarda comme un heureux augure pour son voyage. Il le paya par un picotin d'avoine, et alla faire quelques tours au grand air pour se rafraîchir le sang. Puis il sella et brida son cheval, et le conduisit dans la cour de l'auberge. Déjà il avait la main sur la crinière et le pied gauche dans l'étrier, quand la voix de Ganlesse l'arrêta.

— Eh! quoi, Monsieur Peveril, lui dit-il, est-ce là le fruit d'une bonne éducation? ou avez-vous appris en France à partir ainsi sans tambour ni trompette?

Julien tressaillit comme un coupable; mais un instant de réflexion l'assura qu'il n'avait rien à se reprocher.

— Je craignais de vous déranger, répondit-il, bien que j'aie été jusqu'à la porte de votre chambre. J'ai supposé qu'après notre débauche d'hier soir, vous et votre ami aviez plus besoin de repos que de politesses cérémonieuses. Moi-même, j'ai quitté mon lit avec plus de peine qu'à l'ordinaire et, comme mes affaires m'obligent à me remettre en chemin de bonne heure, j'ai cru qu'il valait mieux partir sans prendre congé de vous. Du reste, j'ai laissé mon écot à l'hôte sur la table de sa chambre.

— Ah! c'était bien inutile; le fripon a été largement payé. Mais quelle hâte avez-vous de partir? Quelque chose me dit qu'il vous serait plus profitable de venir avec moi à Londres au lieu de tirer d'un autre côté. Vous avez affaire, non à un homme de rien, mais à un esprit supérieur; ne l'avez-vous pas compris? Quant à l'étourneau qui m'accompagne, et dont je tolère les extravagances, il a aussi son mérite. Mais vous êtes d'une trempe différente, et je voudrais non seulement vous servir, mais même vous attacher à moi.

— Est-il surprenant, Monsieur, que, dans ma situation, si toutefois elle vous est connue, je refuse la compagnie d'un étranger, qui persiste à ne pas me dire pourquoi il désire la mienne?

— A votre aise, jeune homme. Seulement, n'oubliez pas plus tard que je vous ai fait une belle proposition, et je ne la ferais pas à tout le monde. Si nous nous retrouvons un jour, dans d'autres circonstances, et plus sombres, n'en imputez la faute qu'à vous seul, et non à moi.

— Le sens de votre menace m'échappe, si réellement c'en est une. Je n'ai rien fait de mal, je n'éprouve aucune crainte; où serait donc la raison de me repentir d'avoir éconduit un étranger qui semble exiger de moi une soumission aveugle?

— Adieu donc, seigneur Peveril du Pic, ou peu s'en faut! dit Ganlesse, en lâchant la bride du cheval de Julien.

— Que voulez-vous dire? s'écria Julien; et pourquoi me donnez-vous ce titre?

L'étranger sourit et se contenta de lui répondre :

— Ici doit se terminer notre entretien. Voici votre route : vous la trouverez plus longue et plus difficile que celle par laquelle je vous aurais conduit.

A ces mots, Ganlesse regagna la maison. Arrivé sur le seuil, il se retourna et voyant que Julien était resté immobile à la même place, il sourit de nouveau et lui fit un signe de tête. Julien, rappelé à lui-même, piqua son cheval et continua son voyage.

La connaissance qu'il avait du pays lui suffit pour regagner la route de Martindale, dont il ne s'était guère écarté que d'une demi-lieue environ. Mais les chemins ou plutôt les sentiers de cette région sauvage étaient compliqués ou difficiles à reconnaître; en dépit de ses efforts, et quoiqu'il se fût arrêté à peine le temps de réparer les forces de sa monture, il était nuit lorsqu'il eut atteint une hauteur, d'où les créneaux de Martindale auraient été visibles une heure plus tôt. Dans l'obscurité, il était possible de les apercevoir, grâce à un feu constamment entretenu au sommet du donjon; et ce fanal domestique était connu dans tous les environs sous le nom de *l'Étoile polaire de Peveril.*

On l'allumait régulièrement, chaque soir, à l'heure du couvre-feu, en y mettant assez de bois et de charbon pour qu'il durât jusqu'au lever du soleil; précaution toujours observée, si ce n'est pendant l'intervalle qui s'écoulait entre la mort d'un seigneur du château et son enterrement. Quand cette dernière cérémonie était terminée, on rallumait le fanal avec une certaine solennité. On ignore à quelle circonstance cet usage dut son origine. Selon les uns, c'était un signal hospitalier, qui jadis servait à guider vers un lieu de repos le chevalier errant ou le pèlerin fatigué; selon d'autres, une dame de Martindale avait allumé ce feu pour un époux tendrement aimé, qui s'était égaré pendant une nuit orageuse. Les gens moins bien disposés l'attribuaient à l'orgueil présomptueux des Peveril, qui avaient voulu rappeler de cette manière leur ancienne suzeraineté sur le pays environnant. Une chose certaine, c'est que tous les Peveril, de père en fils, avaient conservé cette coutume, comme intimement liée à la dignité de leur famille ; et sir Geoffroy n'était pas homme à la laisser tomber en désuétude.

Julien n'ignorait rien de tout cela. Ce fut donc avec autant de surprise que d'inquiétude qu'en portant ses regards dans la direction du château, il n'aperçut pas le feu de la tour. Il s'arrêta, se frotta les yeux, changea de position, et s'efforça vainement de se persuader qu'il s'était mépris sur le point d'où l'étoile polaire de sa maison était visible, ou qu'un obstacle nouvellement survenu, tel que la croissance de plusieurs arbres, ou la construction de quelque édifice, en interceptait la lumière. Mais la situation élevée du château de Martindale, qui dominait tous les environs, rendait cette supposition invraisemblable ; et la conséquence qu'il en tira fut que son père était mort, ou qu'une soudaine catastrophe avait fait oublier l'antique et solennelle coutume.

En proie à une anxiété indéfinissable, le jeune Peveril enfonça l'éperon dans les flancs de son cheval, et le força, malgré la fatigue, à descendre presque au galop le sentier escarpé qui conduisait au village de Martindale-Moultrassie. La grand'rue était déserte. A peine voyait-on, par ci par là, briller la lueur d'une chandelle ; par contre, les fenêtres de l'auberge des *Armes de Peveril* jetaient une lumière éclatante ; et le bruit de plusieurs voix annonçait la joie grossière de quelques rustauds.

Le coursier harassé s'arrêta résolument devant la porte de cette maison, guidé par l'instinct ou par l'expérience, qui fait reconnaître à tout cheval l'extérieur d'une auberge. Quoique Julien fût pressé, il mit pied à terre, jugeant qu'il valait mieux demander un cheval frais à Roger Raine, l'hôte, qui était un ancien partisan de sa famille. Il lui tardait, d'ailleurs, de se tirer d'inquiétude en faisant quelques questions sur l'état actuel du château et de ses habitants. Au moment d'entrer, il fut surpris d'entendre chanter, dans la salle publique, une chanson bien connue, composée sous la république par quelque bel esprit puritain contre les Cavaliers, et dans laquelle son père n'était pas épargné :

> Ils se disaient : « Est-il au monde
> « Rien d'assez fort pour nous dompter ?
> « Vive le vin ! vive la blonde ! »
> A présent, il faut déchanter :
> Les saints ont vaincu tout le monde.
>   Qui voudrait en douter ?
>
> Sire Geoffroy, qui, sans vergogne,
> Jure et boit comme un templier,
> Au diable va porter sa trogne ;
> Devant Cromwell, tout le premier,
> Il s'est enfui, le vieil ivrogne !
>   Qui voudrait en douter ?

Il fallait, pensa Julien, qu'il fût arrivé une étrange révolution au village et au château, pour que des chants d'une semblable grossièreté se fissent entendre, dans l'auberge même qui avait pour enseigne les armes de sa famille. Ne sachant pas jusqu'à quel point il serait prudent de se présenter devant ces buveurs mal disposés, il conduisit son cheval à une porte de derrière, qui communiquait avec la chambre de l'aubergiste, pour interroger d'abord ce dernier sur les affaires relatives au château.

Il frappa à plusieurs reprises, en appelant à demi-voix Roger Raine. Enfin, une voix de femme répondit par la question d'usage :

— Qui est là ?

— C'est moi, dame Raine, c'est Julien Peveril ; dites à votre mari qu'il vienne me parler tout de suite.

— Hélas ! Monsieur Julien, mon pauvre homme est dans un lieu d'où il ne peut venir parler à personne, et où sans doute nous irons tous le rejoindre.

— Ah ! il est mort. Je suis bien fâché...

— Oui, Monsieur Julien, mort depuis plus de six mois, et, sauf votre respect, c'est un temps bien long pour une femme seule.

— Eh bien, ouvrez-moi la porte ; j'ai besoin d'un cheval frais et je désire avoir des nouvelles du château.

— Du château ! hélas !... Chamberlain ! Matthieu Chamberlain !

Ce Matthieu n'était probablement pas très loin, car il répondit sur-le-champ, et Peveril, qui se tenait près de la porte, les entendit parler à voix basse. Il est bon de faire remarquer que dame Raine, accoutumée à fléchir sous l'autorité du vieux Roger, s'était trouvée si embarrassée de son état de veuve encore avenante et de sa liberté de fraîche date, qu'elle avait recours, en toute occasion, à l'expérience de Matthieu. Or, comme Matthieu, au lieu d'aller en savates et de se coiffer d'un bonnet de laine, portait des brodequins à l'espagnole et un chapeau à haute forme, au moins le dimanche, et que l'on commençait à l'appeler maître Matthieu, les gens du village en concluaient qu'on ne tarderait pas à voir du changement sur l'enseigne. C'était, en outre, une façon de puritain, et nullement l'ami du château.

— Voyons, Matthieu, dit la veuve, avisez-moi, si vous êtes un homme; car je veux mourir si ce n'est pas monsieur Julien lui-même qui est ici. Il demande un cheval, et je ne sais quoi, comme si tout allait de même qu'à l'ordinaire.

— Eh bien! dame Raine, si vous voulez mon avis, faites-le déguerpir; qu'il s'en retourne pendant que ses bottes sont graissées. Il ne faut pas s'échauder les doigts dans le bouillon des autres.

— Vous avez raison, pour sûr; mais, voyez-vous, Matthieu, nous avons mangé leur pain, et, comme disait mon pauvre homme...

— Bon! bon! dame Raine, ceux qui veulent les avis des morts n'ont pas besoin d'en demander aux vivants; par ainsi, faites à votre gré. Mais si vous voulez m'écouter, laissez choir le loquet, tirez le verrou, et dites-lui de s'adresser ailleurs. Voilà mon avis.

— Je ne veux savoir qu'une chose, maraud, cria Peveril: comment se porte sir Geoffroy?

La veuve se contenta de gémir, et à la suite d'un nouvel échange de paroles avec elle, Matthieu prononça d'un ton d'autorité :

— Monsieur, nous n'ouvrons pas la porte à cette heure de la nuit, c'est contre les règlements, et il pourrait nous en coûter notre patente. Quant au château, la route qui y mène est devant vous, et vous la connaissez, je pense, aussi bien que nous.

— Et vous aussi, dit Julien, je vous connais pour un rustre sans cœur, à qui, dès la première occasion, je ne manquerai pas de frotter les épaules.

Contrarié de ce délai et plus inquiet que jamais après avoir ouï ces propos de mauvais augure, il remonta à cheval; mais il eut beau jouer de l'éperon, l'animal épuisé refusa obstinément d'aller plus loin. Obligé encore une fois de quitter la selle, il se disposait à poursuivre son voyage à pied, malgré l'inconvénient des grosses bottes qu'il portait, suivant l'usage du temps, quand il s'entendit appeler tout bas d'une fenêtre. C'était la veuve qui, n'étant plus sous l'influence de son conseiller, n'écouta que son bon cœur et le respect dont elle avait l'habitude envers la famille Peveril.

— Psitt! psitt! dit-elle; êtes-vous parti, Monsieur Julien?

— Pas encore, quoique je ne sois pas le bienvenu ici, à ce qu'il paraît.

— Ah! mon jeune maître, c'est à cause des hommes, qui ont des idées si différentes! Mon pauvre vieux Roger aurait cru le coin de la cheminée trop froid pour vous, et voici Matthieu qui trouve que la rue est assez chaude.

— Laissons cela, dame Raine; parlez-moi plutôt de ce qui est arrivé à Martindale; le fanal est éteint.

— Vraiment? Oui, c'est probable. Alors le bon sir Geoffroy est allé rejoindre mon vieux Roger.

— Juste ciel! et depuis quand mon père était-il malade?

— Il ne l'a jamais été, que je sache, mais, il y a trois heures, il est arrivé au château des gens avec des jaquettes de buffle et des bandoulières, et un des messieurs du parlement, comme au temps de Cromwell. Mon vieux Roger leur aurait fermé la porte au nez; mais il est au cimetière, et Matthieu a dit que ça serait contre la loi. Alors ils sont venus se rafraîchir, les hommes et les bêtes, et ils ont envoyé quérir M. Bridgenorth, qui demeure à Moultrassie maintenant. Alors ils sont montés tous ensemble au château, et là, comme c'est probable, il y a eu du grabuge, car le vieux chevalier n'était pas homme à se laisser prendre au dépourvu, comme disait mon vieux Roger. Et les gens de justice auront eu le dessus, et avec raison, puisqu'ils ont la loi de leur côté comme dit Matthieu. Mais si l'étoile du château ne brille pas, à ce que dit Votre Honneur, c'est que le vieux chevalier est mort.

— Mon Dieu! à prix d'or ou par amitié, chère dame, procurez-moi un cheval pour aller là-bas!

— Y pensez-vous? Les Têtes-Rondes vous tueront comme ils ont tué votre père. Il vaut mieux vous glisser dans le bûcher, et je vous enverrai par Betty une couverture et de quoi souper. Ou plutôt, ma vieille jument est dans la petite écurie, à côté du poulailler; prenez-la et dépêchez-vous de sortir du village, car vous n'y êtes pas en sûreté. Entendez-vous ce qu'ils chantent dans la salle? Allez, prenez la jument et n'oubliez pas de laisser votre bête à la place.

Julien n'en demanda pas davantage, mit en hâte le harnais de son cheval sur le dos de la jument, l'enfourcha, et à grand renfort de coups de fouet et d'éperon, lui fit gravir le chemin montant qui conduisait à Martindale.

Il mit pied à terre devant la porte, restée ouverte, entra dans la cour et vit alors que les appartements du rez-de-chaussée étaient éclairés. Depuis les revers qu'avait éprouvés la famille, la porte d'honneur ne s'ouvrait que dans les occasions solennelles. Cependant, Julien la trouva également ouverte, circonstance qui eût suffi à l'alarmer, s'il n'eût été déjà prévenu. Le cœur lui battit violemment en traversant le vestibule, et ses craintes redoublèrent lorsqu'en approchant il entendit un bruit confus de voix. D'un mouvement brusque, il ouvrit la porte du salon à deux battants, et le spectacle qu'il eut sous les yeux confirma tous ses funestes pressentiments.

En face de lui était le vieux chevalier, debout, les bras fortement attachés par un ceinturon de cuir, qui entourait le corps; et, à droite et à gauche, deux individus de mauvaise mine le maintenaient par l'habit. Son épée nue jetée sur le plancher, et le fourreau vide, encore pendant au côté de sir Geoffroy, annonçaient que l'ancien Cavalier ne s'était pas laissé garrotter sans résistance. Trois personnes, assises, le dos tourné, autour d'une table, étaient occupées à écrire. Lady Peveril, pâle comme une morte, se tenait un peu en arrière de son mari, sur lequel elle concentrait ses regards avec une expression de douleur infinie.

— Merci du ciel! s'écria-t-elle en apercevant Julien. Mon fils!.. Notre malheur est complet.

Julien saisit un de ses pistolets et fit feu sur l'assaillant.

— Mon fils! répéta sir Geoffroy, qui, brusquement tiré de son abattement, lança un de ses jurons ordinaires. Tu es arrivé à propos, Julien... Allons, un bon coup... Fends-moi la tête de ce bandit, et puis nous verrons après.

— Misérables! cria le jeune homme aux deux satellites qui gardaient le chevalier; et se précipitant sur eux, l'épée haute, il les força de lâcher prise pour songer à se défendre.

— Débouclez le ceinturon, Marguerite, criait, de son côté, sir Geoffroy, et nous aurons trois bons coups à donner. Il faudra de fameux lurons pour venir à bout du père et du fils.

Mais l'un des hommes occupés à écrire s'était levé aux premières paroles de Julien, et il empêcha lady Peveril de rendre à son mari le service qu'il demandait, tandis qu'un autre contint aisément le chevalier, non sans recevoir de grands coups de botte dans les jambes.

Un troisième, qui vit Julien, jeune, actif, animé de la colère d'un fils qui combat pour son père, forcer les deux gardes à lâcher pied, le saisit au collet, et chercha à s'emparer de son épée. Julien, abandonnant cette arme, prit un de ses pistolets, et fit feu sur l'assaillant. Celui-ci ne fut point renversé par le coup; mais, chancelant comme un homme étourdi, il tomba sur une chaise, et découvrit aux regards de Peveril les traits du major Bridgenorth, noircis par l'explosion de la poudre, qui avait brûlé une partie de ses cheveux. Un cri de surprise lui échappa, et, dans le trouble et l'horreur de son émotion, il devint facile à ceux qu'il avait d'abord attaqués de l'arrêter et de le désarmer.

— Ne vous inquiétez pas, Julien, dit sir Geoffroy; peu importe, mon brave enfant!.. Ce coup de pistolet balancera nos comptes... Mais quoi!... au diable! il vit encore... Aviez-vous une charge de son, ou est-il à l'épreuve d'une balle?

L'étonnement du vieillard n'était pas sans motif, car, tandis qu'il parlait, le major, revenant à lui, se leva, et essuyant avec son mouchoir les marques que l'explosion avait laissées sur son visage, il s'approcha de Julien, et lui dit avec le sang-froid inaltérable qui le caractérisait :

— Jeune homme, vous devez rendre grâces à Dieu, qui vous a épargné aujourd'hui le remords d'un grand crime.

— Rends grâces au diable, fripon à grandes oreilles! reprit le chevalier. Il n'y a que le père de tous les fanatiques, le diable en personne, qui ait pu empêcher ta cervelle d'être fricassée comme les rinçures de la marmite à Belzébuth.

— Sir Geoffroy, répondit le major, je vous ai déjà dit que je ne voulais pas raisonner avec vous, attendu que je ne vous dois compte d'aucune de mes actions.

— Monsieur Bridgenorth, dit lady Peveril, faisant un violent effort sur elle-même pour parler, et pour parler avec calme, quelles que soient les représailles que votre conscience de chrétien vous permette d'exercer contre mon mari, moi... moi qui ai droit à quelque compassion de votre part, puisque j'en ai eu pour vous lorsque la main du ciel s'est appesantie sur votre tête, je vous supplie de ne pas envelopper mon fils dans notre malheur. Que la ruine du père et de la mère, ainsi que celle de notre antique maison, satisfasse le ressentiment des torts que mon mari a pu avoir à votre égard.

— N'allez pas plus loin, ma femme, dit le chevalier; vous parlez comme une folle, et vous vous mêlez de ce qui ne vous regarde pas. Moi, des torts envers lui? le lâche coquin n'a eu de moi que ce qu'il méritait! Si j'avais bâtonné ferme le vilain chien la première fois qu'il a aboyé après moi, il ramperait maintenant à mes pieds, au lieu de me sauter à la gorge. Ah! que je puisse me tirer d'affaire, comme je l'ai fait en des temps plus difficiles, et je jure de lui régler nos anciens comptes aussi bien que me le permettra le bois de pommier le plus dur et le mieux ferré.

— Sir Geoffroy, répliqua Bridgenorth, si la naissance, dont vous êtes si fier, a fermé vos yeux à la vraie lumière, elle aurait au moins dû vous apprendre la civilité. De quoi vous plaignez-vous? Je suis magistrat, et comme tel je fais exécuter le mandat qui m'est adressé par la première autorité de l'État. De plus, je suis votre créancier, et la loi me donne le droit de retirer ma propriété des mains d'un débiteur imprévoyant.

— Vous, magistrat! s'écria le chevalier; magistrat comme Noll était monarque. Vous êtes bouffi d'orgueil, je parie, d'avoir obtenu votre pardon du roi, et d'être rendu à vos fonctions de juge, tout exprès pour persécuter les pauvres papistes. Jamais il n'y a de troubles dans l'État sans que les fripons y trouvent leur profit; et c'est tout simple, quand le pot bout, l'écume surnage.

— Pour l'amour de Dieu, mon cher époux, dit lady Peveril, cessez de parler ainsi! Vous ne faites qu'irriter M. Bridgenorth, qui sans cela aurait peut-être égard, par charité...

— L'irriter! interrompit sir Geoffroy avec impatience; mordieu, Madame, vous me rendrez fou. Avez-vous si longtemps vécu dans ce monde pour attendre des égards et de la charité d'un vieux loup affamé comme celui-ci? Et quand même il en aurait, croyez-vous que moi, et vous, la femme de sir Peveril, nous devions recourir à sa charité? Julien, mon pauvre garçon, je suis fâché que tu sois venu si mal à propos, puisque ton pistolet était si mal chargé : voilà ta réputation de bon tireur perdue à jamais.

Ce furieux colloque, auquel présidait la colère, se passa si rapidement de part et d'autre, que Julien, à peine revenu de l'effarement où l'avait jeté une situation si dramatique, n'eut pas le temps de considérer de quelle manière il devait se conduire pour servir utilement ses parents. Ménager le père d'Alice lui parut le parti le plus sage, bien qu'il en coûtât à sa fierté de s'abaisser jusque-là; il s'y détermina pourtant et lui dit avec tout le sang-froid dont il fut capable :

— Monsieur Bridgenorth, puisque vous opérez en qualité de magistrat, je désire être traité conformément aux lois, et je demande à savoir de quoi l'on nous accuse et au nom de quelle autorité l'on nous arrête.

— Encore une fadaise! s'écria l'impétueux vieillard. La mère parle de charité à un puritain, et le fils parle de lois à un rebelle, à une Tête-Ronde. De qui veux-tu qu'il tienne son mandat, sinon du parlement ou du diable ?

— Qui parle du parlement? dit un nouveau personnage, en qui Julien reconnut Topham, l'huissier à la verge noire, qu'il avait rencontré à Liverpool, chez le marchand de chevaux. On a parlé du parlement? répéta-t-il. Je vous garantis, moi, qu'on a trouvé dans cette maison de quoi condamner vingt conspirateurs. Il y a d'abord les armes, et une fameuse provision : montrez-les, capitaine.

— Précisément, dit celui-ci en s'avançant, ce sont les mêmes que j'ai mentionnés dans ma *Narration* imprimée, qui a été déposée à l'honorable chambre des communes. Elles ont été achetées chez Van der Huys, de Rotterdam, par ordre de don Juan d'Autriche, pour le service des jésuites.

— La belle découverte! répondit le chevalier. Ce sont les piques, les mousquets et les pistolets qui ont été relégués au grenier après la bataille de Naseby!

— Et voici, dit Everett, l'inséparable compagnon du capitaine, voici tout l'attirail de la prêtraille, des chasubles, des missels, etc., avec même des images pour les prières et les salamalecs des papistes.

— La peste soit de ton glapissement nasillard! L'animal prend la vieille friperie de ma grand'mère pour des robes de prêtre et les caricatures d'Uylenspiegel pour un livre de messe!

— Mais qu'est-ce à dire, Monsieur Bridgenorth? demanda Topham. Votre Honneur a eu aussi de la besogne, et tandis que nous dénichions ces babioles, vous avez donc attrapé un autre coquin?

— S'il vous plaît, intervint Julien, de consulter le mandat dont vous êtes porteur, Monsieur, et qui doit, si je ne me trompe, contenir les noms des personnes que vous êtes chargé d'arrêter, je crois que vous n'avez aucun droit sur moi.

— Monsieur, répondit l'huissier, tout bouffi d'importance, je ne sais qui vous êtes, je voudrais que vous fussiez le plus haut personnage d'Angleterre, afin de vous apprendre le respect qui est dû à un mandat de la chambre. Il n'existe pas, dans le royaume, un seul homme que je n'aie le pouvoir d'arrêter en vertu de ce morceau de parchemin, et, en conséquence, je vous arrête. De quoi l'accusez-vous, Messieurs?

Dangerfield, avec des airs de bravache, s'approcha de Julien, et le regardant sous le nez :

— Le diable m'emporte, dit-il, si je ne vous ai déjà vu quelque part, l'ami, mais je ne sais plus où! Ma mémoire ne vaut pas une fève, depuis que je l'ai tant usée au service de mon pauvre pays. Mais je connais le paroissien, j'en jure sur mon salut éternel!

— Assurément, capitaine, dit son associé, plus doucereux et partant plus à craindre; c'est le jeune homme que nous avons rencontré hier chez le marchand de chevaux. Nous aurions même déposé contre lui, si M. Topham nous l'avait permis.

— Parlez maintenant, dit l'huissier, et ne vous gênez pas : il a blasphémé contre un mandat de la chambre. Vous l'avez donc vu quelque part?

— Oui, certes, je l'ai vu à Saint-Omer parmi les séminaristes; il ne quittait pas les régents.

— Recueillez vos souvenirs, Monsieur Everett. Vous m'avez dit, il me semble, que vous l'aviez vu à Londres, dans un conciliabule de jésuites.

— C'est moi qui l'ai dit, Monsieur Topham, affirma audacieusement le capitaine, et ma langue en fera le serment.

— Mon cher Monsieur Topham, dit Bridgenorth, vous pouvez suspendre cette enquête quant à présent; elle ne sert qu'à fatiguer et embarrasser la mémoire des témoins du roi.

— Vous êtes dans l'erreur, Monsieur Bridgenorth, répondit Topham, dans une erreur complète. Cela ne fait que les tenir en haleine, comme des lévriers avant de partir en chasse.

— Soit, reprit le major, sur le ton d'indifférence qui lui était ordinaire. Pour le moment, ce jeune homme doit être arrêté en vertu d'un mandat que je vais signer, pour m'avoir attaqué dans l'exercice de mes fonctions comme magistrat, et en vue de délivrer un de nos prisonniers. N'avez-vous pas entendu un coup de pistolet?

— Je suis prêt à le jurer, dit Everett.

— Et moi aussi, dit son copain.

— Un coup de pistolet! reprit Topham. Monsieur Bridgenorth, vous êtes un magistrat judicieux et un digne serviteur du roi. Plût au ciel que nous eussions partout d'aussi bons juges! Eh bien, dois-je emmener ce jeune coq avec ses parents, ou le garderez-vous pour l'interroger? Qu'en pensez-vous?

— Monsieur Bridgenorth, dit lady Peveril, en dépit des efforts de son mari pour l'interrompre; au nom du ciel! si vous avez jamais su ce que c'était que d'aimer un seul des nombreux enfants que vous avez perdus, ou la fille que vous avez encore, ne faites pas retomber votre vengeance sur la tête de mon pauvre fils! Je vous pardonnerai le reste, tout le mal que vous nous avez fait, et celui plus grand encore qui nous menace, mais ne soyez pas impitoyable envers celui qui ne vous a jamais offensé. Croyez que, si vous fermez l'oreille aux cris d'une mère au désespoir, celui dont l'oreille est toujours ouverte aux plaintes des malheureux entendra ma prière et votre réponse.

L'expression énergique et douloureuse avec laquelle lady Peveril prononça ces paroles sembla pénétrer le cœur de tous les assistants, endurcis, la plupart, à de semblables scènes. Chacun gardait le silence, lorsque lady Peveril, levant sur Bridgenorth ses yeux baignés de larmes, lui adressa un regard qui, par son éloquente anxiété, révélait une femme dont la vie ou la mort dépend de la réponse qu'elle va recevoir. L'inflexibilité de Bridgenorth lui-même parut en être ébranlée, et ce fut d'une voix un peu tremblante qu'il lui répondit :

— Plût à Dieu, Madame, que j'eusse en mon pouvoir les moyens de soulager votre détresse actuelle autrement qu'en vous recommandant de vous confier à la Providence, et de raffermir votre âme pour ne pas murmurer de l'épreuve qu'elle vous envoie! Quant à moi, je ne suis qu'une verge de châtiment entre les mains du fort, une verge qui ne frappe pas d'elle-même, mais qui cède au bras qui la tient.

— Comme moi et ma verge noire, que met en branle la chambre des communes, marmotta Topham, comblé d'aise par cette comparaison.

Julien jugea qu'il était temps de plaider sa propre cause, et s'adressant à Bridgenorth :

— Monsieur, commença-t-il, je ne conteste ni votre autorité, ni le mandat du parlement...

— En vérité! interrompit l'huissier. Oh! oh! mon jeune maître, je me doutais bien qu'on vous ramènerait bientôt à la raison.

— Alors, Monsieur Topham, voici ce que nous allons faire, s'il vous plaît, dit Bridgenorth. Vous partirez pour Londres au point du jour, avec sir Geoffroy et lady Peveril; et, pour qu'ils puissent voyager d'une façon honorable, vous les emmènerez, sous escorte, dans leur carrosse.

— J'y monterai aussi moi-même, dit Topham, car ces affreux chemins du Derby secouent trop rudement un cavalier, et j'ai les yeux las de voir ces montagnes pelées. En carrosse, du moins, je pourrai dormir comme à la chambre.

— Oui, oui, prenez vos aises. Quant à ce jeune homme, il viendra avec moi.

— Hum! je ne sais trop si cela est légal, car il se trouve sous le coup du mandat.

— Non, il n'a été arrêté que pour avoir essayé de délivrer un

prisonnier, et je vous conseille de ne pas vous en embarrasser, à moins d'avoir une escorte plus nombreuse. Sir Geoffroy est vieux et cassé; mais ce gaillard-là est dans la fleur de l'âge, et il aura pour lui tous les jeunes Cavaliers des environs. Vous ne traverserez pas le comté sans avoir à lutter contre une tentative d'enlèvement.

L'officier du parlement jeta sur Julien un regard de convoitise mêlé de regret, ainsi que pourrait le faire une araignée en voyant une guêpe tombée dans sa toile, et dont elle a tout à la fois peur et envie de s'emparer.

— J'ignore, dit Julien, si, en cherchant à nous séparer, vous avez de bonnes ou de mauvaises intentions, Monsieur Bridgenorth. Tout ce que je désire, c'est de partager le sort de mes parents, et je vous donne ma parole d'honneur de ne point m'évader, à la condition de rester avec eux.

— Ne parlez pas ainsi, Julien, dit sa mère; restez avec M. Bridgenorth. Mon cœur me dit qu'il ne nous veut pas autant de mal que la dureté de sa conduite pourrait nous le faire croire.

— Et moi, dit sir Geoffroy, je soutiens que, depuis les portes du château de mon père jusqu'à celles de l'enfer, il n'existe pas au monde un pareil scélérat; et, si je désire que mes bras redeviennent libres, c'est dans l'espoir d'asséner le coup de grâce à cette tête grise, qui a couvé plus de complots à elle seule que tout le parlement de Cromwell!

— Tais-toi, dit le zélé Topham, le parlement n'est pas un mot fait pour une bouche comme la tienne. Messieurs, ajouta-t-il en se tournant vers ses deux escogriffes, vous rendrez témoignage de ceci.

— De ce qu'il a insulté la chambre des communes? répondit l'un; oui, pardieu, j'en jure sur mon salut éternel.

— Et de plus, dit l'autre, comme il parlait du parlement en général, il a également insulté la chambre des pairs.

— Pauvres misérables, dont la vie est un mensonge et qui vous nourrissez de parjures, dit le chevalier, est-ce un parti pris de dénaturer d'innocentes paroles, à peine sorties de ma bouche? Je vous le dis, le pays est las de vous; et si les Anglais retrouvaient leur bon sens, la prison, le pilori, le fouet et le gibet seraient une punition trop douce pour des monstres tels que vous. Maintenant, Monsieur Bridgenorth, vous et les vôtres, vous pouvez faire ce qu'il vous plaira, car je n'ouvrirai plus la bouche pour proférer un seul mot, tant que je serai dans la compagnie d'une telle canaille.

— Peut-être, sir Geoffroy, répondit Bridgenorth, auriez-vous mieux entendu vos intérêts, en adoptant cette résolution un peu plus tôt. La langue n'est qu'un petit organe, mais elle cause un grand mal. Vous, Monsieur Julien, veuillez me suivre sans objections ni résistance; vous n'ignorez pas que j'ai les moyens de vous y contraindre.

Julien ne sentait que trop qu'il n'avait d'autre parti à prendre que de se soumettre à une force supérieure. Avant de quitter l'appartement, il s'agenouilla devant son père pour lui demander sa bénédiction ; le vieillard la lui donna, les yeux remplis de larmes, et en prononçant ces mots avec énergie :

— Que Dieu te bénisse, mon enfant ! et sois fidèle à l'Église et au roi, de quelque côté que souffle le vent !

Sa mère eut à peine la force de lui imposer les mains, et de le conjurer à voix basse de ne faire aucune tentative téméraire pour les secourir.

— Nous sommes innocents, mon fils, ajouta-t-elle ; et nous sommes entre les mains de Dieu. Que cette pensée nous console et nous protège !

Bridgenorth fit alors signe à Julien de le suivre, ce qu'il fit, accompagné ou plutôt conduit par les deux hommes qui l'avaient d'abord désarmé. Dans le vestibule, Bridgenorth demanda à Julien s'il voulait se considérer comme prisonnier sur parole, auquel cas il se dispenserait de prendre d'autre sûreté. Encouragé, en quelque sorte, à ne point désespérer par la modération de l'homme à la vie duquel il venait d'attenter, Julien répondit sans balancer qu'il lui donnait sa parole, pour vingt-quatre heures, d'être à sa discrétion.

— C'est parler sagement, répliqua Bridgenorth ; car, bien qu'il pût résulter quelque effusion de sang de vos efforts pour recouvrer la liberté, soyez assuré qu'une telle conduite ne serait d'aucune utilité pour vos parents. Holà ! des chevaux ! des chevaux dans la cour !

Quand les chevaux furent amenés, Julien monta sur celui qu'on lui présenta, et se prépara à quitter la maison de ses ancêtres, laissant prisonniers son père et sa mère, pour aller il ne savait où, sous la garde de l'ennemi invétéré de sa famille. Il fut assez surpris de voir que le major se disposait à partir avec lui sans aucune suite. En traversant la cour, ce dernier lui dit :

— Bien peu de gens, je crois, ne se soucieraient pas de compromettre leur sûreté en voyageant ainsi, de nuit et sans escorte, avec un jeune enragé qui voulait, il n'y a qu'un moment, m'ôter la vie.

— Je ne mentirais pas, répondit Julien, en affirmant que je ne vous avais pas reconnu quand j'ai levé mon arme sur vous ; et pourtant je dois ajouter que, même vous eussé-je reconnu, la cause qui me portait à cette violence m'eût peut-être empêché de respecter davantage votre personne. A présent, je vous connais : je n'ai aucune mauvaise intention à votre égard; je n'ai pas non plus à défendre la liberté d'un père. D'ailleurs, vous avez ma parole ; quand un Peveril y a-t-il jamais manqué ?

— Oui, un Peveril, un Peveril du Pic ! nom qui a longtemps résonné dans le pays comme une trompette de guerre, mais qui vient peut-être de lancer son dernier appel. Retournez-vous, jeune homme, et regardez les tours obscures de la demeure paternelle, qui s'élèvent aussi fièrement sur le faîte de la montagne que leurs maîtres s'élevaient au-dessus des fils de leurs vassaux. Votre père est prisonnier, vous-même êtes une espèce de fugitif, votre étoile est éteinte, votre gloire avilie, votre fortune ruinée. La Providence a soumis la destinée des Peveril à un homme que, dans leur orgueil aristocratique, ils regardaient comme un plébéien parvenu. Réfléchissez à tout cela ; et quand vous serez tenté de vous glorifier de vos ancêtres, souvenez-vous que celui qui élève les humbles peut aussi abaisser les superbes.

Julien, le cœur serré, leva un instant les yeux vers les murs de la maison paternelle, qu'on entrevoyait à peine, et sur lesquels se répandait la faible clarté de la lune, mêlée aux ombres allongées des tours et des grands arbres. Mais tout en reconnaissant avec tristesse la vérité de l'observation de Bridgenorth, il en fut indigné et le lui fit sentir.

— Si la fortune avait secondé le mérite, dit-il, le château de Martindale et le nom de Peveril ne seraient pas, pour leur ennemi, un sujet de frivole triomphe. Tout ce que je puis dire, c'est que du moins la maison de mon père ne s'est pas élevée sans honneur, et que, si elle doit tomber, elle ne tombera pas sans laisser de regrets. Vous dites que sa lumière est éteinte, mais Dieu peut la rallumer quand il lui plaira.

A peine avait-il proféré ces paroles, que le fanal protecteur de sa maison brilla soudain sur la tour du guet, éclipsant de ses flammes rougeâtres la pâle clarté de la lune. Ce fut avec une sorte de stupéfaction, et non, à ce qu'il semblait, sans laisser voir un peu d'inquiétude, que Bridgenorth remarqua cette illumination subite.

— Jeune homme, dit-il, il n'est guère permis de douter que le ciel ne vous destine à accomplir de grandes choses, tant il est singulier qu'un tel présage ait confirmé vos paroles !

Après avoir chevauché en silence par des chemins connus, en se retournant de temps en temps, comme pour s'assurer que le fanal de la tour était réellement allumé, ils mirent pied à terre devant Moultrassie-House. La porte du vestibule leur fut ouverte par une femme ; et, tandis que la voix grave du major appelait un domestique pour lui confier les chevaux, Julien entendit la douce voix d'Alice se féliciter de revoir son père sain et sauf.

CHAPITRE XXIV.

Nous nous rencontrâmes, comme on voit en rêve des fantômes, qui glissent, soupirent, s'agitent, et remuent les lèvres sans proférer le moindre son, si ce n'est un murmure vague et confus, qui ne forme ni paroles ni sens.

Le Chef de clan.

Julien, dont le cœur palpitait, suivit son conducteur dans une antichambre très éclairée, où celle qu'il aimait se précipita dans les bras de son père. En se retournant, elle aperçut l'hôte inattendu qu'il ramenait avec lui. A l'émotion qui se traduisit tour à tour sur son visage par une vive rougeur et une pâleur mortelle, il dut se convaincre que sa présence imprévue était loin de lui être indifférente. Il la salua profondément, politesse qu'elle lui rendit avec la même cérémonie; mais un brusque sentiment de réserve lui vint de leur situation délicate, et il n'osa aller plus loin.

Le major les regardait l'un après l'autre de son air froid et mélancolique.

— Il y a des gens à ma place, dit-il gravement, qui auraient évité une telle rencontre; moi, j'ai confiance en vous, malgré votre jeunesse et les pièges auxquels elle vous expose. Il se trouve ici des personnes qui doivent ignorer que vous vous êtes jamais vus ; soyez donc prudents et n'ayez pas l'air de vous connaître.

Les deux amants échangèrent furtivement un coup d'œil, pendant que le major se détournait pour décrocher une lampe ; regards peu consolants d'ailleurs, témoignant chez l'une la tristesse et la crainte, et chez l'autre une incertitude pleine d'anxiété. Mais ce fut une lueur d'éclair : Alice, courant à son père, lui prit la lampe des mains, et les précéda tous deux dans le grand salon à lambris de chêne, où Bridgenorth avait passé autrefois de si longues heures d'abattement.

Plusieurs personnes y étaient réunies, portant le costume simple et sévère qu'affectaient les puritains de cette époque, en mépris de l'extravagance des modes à la cour luxueuse de Charles II. Ce costume, presque uniforme, se composait d'un manteau noir et d'un pourpoint de même couleur, coupé droit et juste, sans galons ni broderies d'aucune espèce, d'un haut de chausses noir en drap de Flandre, et de souliers carrés et noués avec de larges rubans de serge. Deux ou trois d'entre eux étaient chaussés de bottes à chaudron, et presque tous avaient une longue rapière suspendue à un ceinturon uni, de peau de buffle ou de cuir noir. Quelques-uns des plus âgés, dont le temps avait éclairci la chevelure, avaient la tête couverte d'une calotte de soie ou de velours noir.

Ces graves personnages étaient rangés contre la boiserie, assis chacun sur une antique chaise à longs pieds, sans se regarder entre eux, sans paraître même causer ensemble.

Le major Bridgenorth, avec un maintien non moins grave, non moins sévère, pénétra sans bruit au milieu de cette société formaliste, et fit une pause devant chacun de ses membres, sans doute pour communiquer les nouvelles de la soirée et ce qui motivait la présence de l'héritier des Peveril. Tous parurent s'émouvoir en recevant ces courts détails : on eût dit une rangée de statues qui revenaient à la vie, chacune à son tour, à mesure qu'un talisman les touchait. La plupart jetaient sur le jeune homme un regard de curiosité, avec cet air d'insultant dédain que leur inspirait la conscience de leur supériorité spirituelle; deux ou trois pourtant laissèrent voir des sentiments d'une commisération sympathique.

Peveril aurait supporté cette espèce de défi muet avec moins de patience, si ses yeux n'avaient été occupés à suivre tous les mouvements d'Alice. Traversant le salon d'un pas léger, elle alla s'asseoir près d'une vieille dame, toute encapuchonnée, et s'entretint avec elle d'une manière si animée qu'elle put se dispenser de lever la tête, ou de regarder qui que ce fût de ceux qui étaient présents.

Son père lui fit une question, à laquelle elle fut pourtant obligée de répondre.

— Où est mistress Debbitch ? demanda-t-il.

— Elle est sortie après le coucher du soleil, répondit sa fille, pour aller voir quelques anciennes connaissances du voisinage. Elle n'est pas encore de retour.

Le major fit un geste de mécontentement, et il annonça qu'il était décidé à ne plus garder cette femme à son service; et il ajouta sans plus de souci de la présence d'étrangers : — Je ne veux chez moi que des gens qui sachent se tenir dans les bornes de la décence chrétienne. Quiconque prétend à plus de liberté doit s'éloigner de nous, car il ne fait pas partie des nôtres.

Un murmure sourd et emphatique, moyen dont les puritains se servaient pour témoigner leur approbation, sembla confirmer le renvoi de la pauvre gouvernante; à quoi notre amant lui-même s'associa intérieurement, parce qu'il souhaitait pour sa maîtresse une compagne de façons plus distinguées et d'une probité moins suspecte que mistress Debbitch.

Cet arrêt à peine rendu, un domestique en deuil ouvrit la porte du salon, et, allongeant son visage maigre et ridé, annonça, d'une voix qui ressemblait à une cloche d'enterrement, que la table était servie dans la chambre voisine. Bridgenorth, marchant gravement entre sa fille et la vieille puritaine, montra le chemin à ses hôtes qui le suivirent, sans trop de cérémonie, dans la salle à manger, où un repas substantiel les attendait. Peveril fut du nombre des derniers qui sortirent du salon ; il aurait même été le dernier tout à fait, si un des invités, qui se trouvait également à l'arrière-garde, ne l'eût salué en lui cédant le pas.

Cette marque de civilité porta naturellement Julien à examiner les traits de celui qui la lui faisait, et il tressaillit en reconnaissant, entre la calotte de velours et le petit collet carré, la figure de Ganlesse, son compagnon de voyage. Il l'envisagea plusieurs fois, surtout lorsque tous les convives eurent pris place autour de la table, et qu'il put, sans inconvenance, le considérer avec attention. D'abord, il eut des doutes, croyant à une erreur de mémoire : le costume était si différent que la physionomie devait s'en ressentir ; et puis, le visage n'avait rien de

saillant qui s'imposât au souvenir. Bientôt la première impression revenant avec plus de force, il étudia de plus près l'énigmatique individu qui l'avait produite en lui.

Pendant la prière qui précéda le repas, prière très longue, prononcée par une personne qu'à son rabat de Genève et à son pourpoint de serge, on pouvait prendre pour le chef d'une congrégation dissidente, l'inconnu observa le même air de réserve et de gravité qu'affectaient d'ordinaire les puritains. On ne voyait que le blanc de ses yeux, et son immense chapeau, qu'il tenait devant lui de ses deux mains, semblait par des mouvements de haut et bas, suivre en cadence la voix du prédicant et marquer ainsi les diverses phases de l'oraison. Quand chacun eut pris place sur sa chaise, les yeux de Julien rencontrèrent ceux de l'étranger, et il y surprit une expression railleuse et méprisante, qui laissait voir combien cet étalage de momeries lui semblait ridicule. Il aurait pu encore reconnaître son homme au son de la voix ; mais celui-ci parla peu et tout bas, à l'exemple des autres convives, qui avaient l'air d'assister à un repas de funérailles.

La chère était simple, quoique abondante; et, par conséquent, elle devait avoir peu d'attraits, dans l'opinion de Julien, pour un gourmet de profession. Aussi remarqua-t-il qu'il laissa sur son assiette tout ce qu'on lui servit, et que son souper se composa d'une croûte de pain et d'un verre de vin.

Le repas fut expédié avec la hâte de gens qui regardent comme une honte, sinon comme un péché, de changer une jouissance purement matérielle en un moyen de consumer le temps ou de se procurer du plaisir; et pour s'essuyer la bouche et les moustaches, l'étranger fit usage d'un mouchoir de fine batiste, ce qui ne s'accordait guère avec la simplicité presque grossière de son extérieur.

S'il était vrai que ce fût le même Ganlesse qu'il avait rencontré la veille, et qui s'était vanté de jouer à merveille tel ou tel rôle qu'il lui convenait, quel pouvait être le motif de ce dernier déguisement? C'était, s'il fallait l'en croire, un personnage de quelque importance, qui devait avoir de puissantes raisons pour s'assujétir à une mascarade de ce genre. A quel mobile obéissait-il ? sa présence se rapportait-elle à son père, à lui-même ou à la famille de Bridgenorth? Telles étaient les questions qui agitaient l'esprit de Peveril, et auxquelles il était incapable de répondre.

Après les actions de grâces, qui durèrent aussi longtemps que le bénédicité, la compagnie se leva de table et fut invitée à s'associer aux pratiques de dévotion de la famille. Une foule de domestiques, aussi graves et sombres que leurs maîtres, furent introduits, et se rangèrent au bas bout de la salle. La plupart d'entre eux étaient armés du sabre droit que portaient les soldats de Cromwell; plusieurs avaient des pistolets, d'autres des cuirasses, qu'on entendit résonner lorsqu'ils se mirent à genoux. Le maître de la maison lut un chapitre de Jérémie, en l'accompagnant de commentaires, pleins d'une mâle vigueur, mais empreints quelque peu de fanatisme. Sans avoir le don de la parole, il eut un véritable mouvement d'éloquence en traçant un parallèle entre l'abomination du culte de Baal et la corruption de l'Église catholique, sujet favori des puritains de cette époque.

La prière qui suivit, d'un style différent, fut faite par le même personnage qui avait rempli à table les fonctions de chapelain; il parla du ton d'un prophète de malheur et de destruction. Il n'oublia point les événements du jour, et, quand Julien l'entendit remercier le ciel de l'abaissement et de la ruine de ses parents, il fut violemment tenté de se lever pour l'accuser d'offrir devant le trône de la vérité un tribut souillé de mensonge et de calomnie. Il résista toutefois à cette impulsion, à laquelle il eût été insensé de céder, et sa modération ne resta pas sans récompense; car, lorsque sa belle voisine se leva, après une longue méditation, il vit ses yeux mouillés de pleurs, et le regard qu'elle attacha sur lui en ce moment prouva qu'il lui inspirait dans son infortune un redoublement d'intérêt et d'affection.

Consolé et fortifié par la conviction qu'il existait au moins dans cette compagnie un cœur qui sympathisait avec le sien, il soutint, sans broncher, la façon hautaine avec laquelle le toisèrent les membres de l'assemblée en passant devant lui, un à un, comme une marque de triomphe à la vue d'un ennemi captif. Alice passa aussi devant son amant, les yeux baissés, et lui rendit son salut sans le regarder.

Il ne resta plus dans la salle que Bridgenorth et son hôte ou son prisonnier, car il serait difficile de dire lequel de ces deux caractères pouvait s'appliquer à Peveril. Le major prit sur la table une vieille lampe de bronze, et dit à Julien qu'il allait le conduire dans un lieu de repos moins luxueux que celui dont il avait probablement l'habitude.

Julien le suivit en silence, et ils se dirigèrent vers une tourelle par un escalier en limaçon. Au dernier étage était une petite chambre, dont un lit modeste, deux chaises et une table de pierre formaient tout l'ameublement.

— Votre lit, dit Bridgenorth, comme s'il eût désiré prolonger l'entretien, n'est pas des plus doux, mais l'innocence dort aussi bien sur la paille que sur le duvet.

— Le chagrin, major, n'a pas plus de relâche sur l'un que sur l'autre. Dites-moi, car vous semblez attendre que je vous interroge, quel doit être le sort de mes parents, et pourquoi vous m'avez séparé d'eux?

Bridgenorth, pour toute réponse, lui montra du doigt la marque, que son front portait encore, de l'explosion du coup de pistolet.

— Non, répliqua Julien, la véritable cause de votre conduite envers moi n'est pas là. Il est impossible que vous, qui avez été soldat, et qui êtes un homme, vous soyez surpris ou offensé de ce que j'ai fait pour défendre mon père; et, avant tout, aurais-je levé la main contre vous, si j'avais eu le temps de vous reconnaître? Non, vous ne le croyez pas.

— Soit, dit Bridgenorth; mais à quoi vous servira ma bonne opinion, ou la facilité avec laquelle je vous pardonne d'avoir attenté à ma vie? Je réponds de vous comme magistrat; et vous êtes accusé de complicité dans le complot infâme, impie et sanguinaire, tramé pour le rétablissement du papisme, le meurtre du roi et le massacre général de tous les vrais protestants.

— Et sur quels motifs ose-t-on m'accuser, me soupçonner même, d'un tel crime? A peine ai-je entendu parler de ce complot, sinon par la rumeur publique, et, quoique tout le monde ne parle pas d'autre chose, personne ne s'avise de rien dire là-dessus de positif.

— Il me suffira de vous répondre un mot, et peut-être ce mot est-il de trop. Vos intrigues sont dévoilées; vous êtes porteur de messages entre la comtesse papiste de Derby et le parti catholique de Londres. Vous n'avez pas conduit vos affaires avec assez de discrétion. On a des preuves, et votre complicité sera mise au grand jour. A cette accusation, dont vous ne pouvez contester la vérité, Everett et Dangerfield ne sont pas éloignés, d'après le souvenir qu'ils ont de vos traits, d'en ajouter d'autres, qui vous coûteront certainement la vie, lorsque vous comparaîtrez devant un jury protestant.

— Ils mentent comme des infâmes, ceux qui m'accusent d'avoir pris part à un complot contre le roi, la nation ou la religion! Et quant à la comtesse, elle a donné des preuves nombreuses et trop éclatantes de sa loyauté pour qu'elle puisse être atteinte de soupçons injurieux.

— Ce qu'elle a déjà fait contre les fidèles champions de la vraie religion, riposta le major, dont les traits devinrent plus sombres, a suffisamment prouvé ce dont elle est capable. Elle s'est réfugiée sur son rocher, et s'y croit en sûreté, comme l'aigle dans son aire après sa curée sanglante; mais la flèche de l'oiseleur peut encore l'atteindre : l'arc est bandé, le trait est prêt, et l'on verra bientôt lequel l'emportera d'Amalek ou d'Israël. Quant à toi, Julien Peveril, pourquoi te le cacherais-je? tu es cher à mon cœur comme le premier-né au cœur d'une mère. Je te donnerai donc, aux dépens de ma réputation, le moyen de t'évader, ce qui, sans cela, te serait impossible. L'escalier de cette tourelle conduit au jardin, dont la porte n'est fermée qu'au loquet; à droite, sont les écuries, où tu trouveras ton cheval. Prends-le, et retourne à Liverpool. Je te recommanderai à un de mes amis, sous le nom de Simon Simonson, comme une victime du haut clergé, et il facilitera ta sortie hors du royaume.

— Major Bridgenorth, je ne veux pas vous tromper, répondit Julien; si j'acceptais la liberté que vous m'offrez, ce serait pour la faire servir à un objet plus important qu'à celui de ma sûreté personnelle. Mon père est en danger, ma mère plongée dans la douleur; la nature et la religion m'ordonnent de rester à leurs côtés. Je suis leur unique enfant, leur seule espérance : je les défendrai, ou je périrai avec eux.

— Tu es fou! les défendre est impossible; de périr avec eux, tu es libre, et même de précipiter leur ruine, car les griefs reprochés à ton malheureux père ne seront pas peu aggravés quand on saura que son fils était l'agent secret de la comtesse de Derby.

— Voilà deux fois que vous formulez cette accusation; quelle preuve en avez-vous?

— Afin de vous montrer que je connais tout le mystère, je vous répéterai les derniers mots que vous adressa la comtesse, lors de votre départ : « Je suis une pauvre veuve délaissée, a-t-elle dit, et le chagrin m'a rendue égoïste. »

Peveril tressaillit, car c'étaient là, en effet, les propres paroles de la comtesse; mais il se remit à l'instant.

— Quels que soient les rapports qui vous ont été faits, dit-il, je nie qu'il en puisse résulter aucune charge contre moi, et je défie qu'on le prouve. Il n'existe pas sur terre un homme plus éloigné que moi d'une pensée déloyale ou d'un projet de trahison; et ce que je dis pour moi, je le dirai et le soutiendrai, autant que je sache, pour la noble femme à qui je dois mon éducation.

— Péris donc dans ton obstination!

Et Bridgenorth, se détournant brusquement, sortit de la chambre et descendit l'escalier à pas précipités.

Le cœur oppressé d'inquiétude, mais plein de confiance dans la souveraine Providence qui n'abandonne jamais l'homme innocent et brave, Peveril s'étendit sur l'humble couche qui lui était destinée.

CHAPITRE XXV.

> Le cours de la vie humaine est changeant comme les vents inconstants et le ruisseau vagabond, ou comme la danse légère des feuilles d'automne agitées par la brise dont le souffle impétueux les pousse çà et là : ainsi le destin se joue capricieusement de l'homme, son faible vassal d'un jour.
>
> *Anonyme.*

andis que, vaincu par la fatigue et tourmenté par l'inquiétude, Julien s'endormait prisonnier sous le toit de son ennemi héréditaire, la fortune préparait sa délivrance par un de ces caprices soudains qui confondent les espérances et les calculs de l'esprit humain, et, comme elle s'arrête, pour accomplir ses desseins, sur des agents fort étranges, il lui plut d'employer, en la présente occasion, rien moins que le personnage de Débora Debbitch.

Excitée sans doute par les souvenirs du temps jadis, cette duègne prudente et avisée ne se sentit pas plus tôt dans le voisinage des lieux où elle avait passé sa jeunesse, qu'elle se mit en tête d'aller voir l'ancienne femme de charge du château, dame Ellesmere. Retirée depuis longtemps du service actif, celle-ci occupait, avec son neveu Lance Outram, la loge du garde forestier, et vivait là de ses économies et d'une petite pension que lui avait accordée sir Geoffroy.

Jamais ces deux personnes n'avaient eu ensemble des rapports aussi intimes que cette prompte visite aurait pu le faire croire, loin de là. Mais, avec les années, Débora avait appris à oublier et à pardonner; ou peut-être n'était-elle pas fâchée d'avoir un prétexte pour s'assurer par elle-même des changements que le temps avait produits sur son galant d'autrefois. La tante et le neveu étaient tous deux dans leur maisonnette, quand Débora, parée de ses plus beaux atours, après avoir traversé la prairie, franchi la haie, et pris le petit sentier, frappa à la porte et souleva le loquet, à l'invitation hospitalière qui lui fut faite d'entrer.

La vue de la tante était tellement affaiblie que, même à l'aide de ses lunettes, elle ne put reconnaître, dans la femme mûre et corpulente qui entrait, la jeune fille leste et bien prise qui, fière de sa bonne mine et de sa langue bien pendue, l'avait si souvent irritée par son indiscipline. Il en fut de même pour le neveu : un fréquent usage de la bière avait donné de la rotondité à sa taille, jadis souple et dégagée, et la vertu de l'eau-de-vie avait transporté sur son nez les couleurs vermeilles qui brillaient sur ses joues. Ne se connaissant pas lui-même, il fut incapable de découvrir, sous la coiffe de taffetas et de dentelle que portait Débora, cette physionomie piquante qui lui avait procuré tant de distractions à l'église et valu tant de réprimandes.

Bref, elle se vit obligée, en rougissant, de décliner son nom, et, une fois la connaissance refaite, elle fut accueillie avec une franche cordialité. Un verre d'excellente bière et une tranche de venaison fortement épicée eurent bientôt mis la visiteuse parfaitement à l'aise.

Après mainte question sur l'état du voisinage et des anciens amis, la conversation commença à languir. Débora sut y donner un nouvel intérêt en avertissant ses hôtes qu'ils allaient apprendre de fâcheuses nouvelles; elle leur dit comme quoi son présent maître, le major Bridgenorth, avait été requis, par de grands personnages venus exprès de Londres, de se transporter au château pour les aider à arrêter sir Geoffroy.

— Il n'est pas à craindre, ajouta-t-elle, que le chevalier, maintenant vieilli et goutteux, fasse une vigoureuse défense; mais il ne se rendra pas sans tirer l'épée et s'il tombe sous les coups de ceux qui n'ont jamais cherché à le ménager, ma foi! je regarde lady Peveril comme une femme morte. Il en résultera un deuil général dans tout le comté, où ils ont tant de parents, et, de cette affaire-là, la soie va probablement renchérir. Pour ma part, que les choses tournent d'un côté ou de l'autre, si monsieur Julien hérite, je sais mieux que personne quelle sera la châtelaine de Martindale.

Le fait que Bridgenorth était parti, à la tête d'une troupe de gens, pour assaillir sir Geoffroy dans sa propre résidence, parut si extraordinaire aux anciens serviteurs de la famille, qu'ils furent hors d'état de faire attention aux conséquences qu'en tirait Débora. Lorsque, après avoir débité son discours tout d'une haleine, elle s'arrêta pour respirer, la pauvre Ellesmere, ahurie, ne trouva que ces mots à répondre :

— Bridgenorth braver Peveril du Pic! Cette femme est folle.

— Tout beau, dame Ellesmere, répliqua Débora, est-ce que je vous traite de femme, moi? Je n'ai pas tenu le haut bout de la table durant tant d'années, avec le titre de *mistress,* s'il vous plaît, pour que vous m'appeliez « cette femme ». Quant à ma nouvelle, elle est aussi vraie que vous êtes assise là, coiffée d'un bonnet blanc, que vous changerez avant peu contre un noir.

— Lance Outram, dit la vieille, si tu es un homme, sors à l'instant, et cours t'informer de ce qui se passe au château.

— S'il y avait quelque chose, dit le garde, je m'en voudrais d'être resté ici.

Et saisissant son arbalète, il se précipita dehors.

— Ne vous désolez pas ainsi, dame, reprit Débora. Si le château et les terres passent à mon nouveau maître, le major Bridgenorth, comme c'est assez probable, car il lui est dû là-dessus beaucoup d'argent, je lui parlerai en votre faveur. Ce n'est pas un méchant homme, je vous assure, quoique un peu pointilleux sur le prêche et la prière, et sur la toilette, ce qui, voyez-vous, ne sied pas à un monsieur, car, enfin, toute femme sait bien ce qui lui va ou non. Pour vous, dame, qui portez à la ceinture un livre de prières à côté de votre trousseau de clefs, et qui n'avez jamais changé la forme de votre coiffe blanche, soyez certaine qu'il ne vous disputera pas le peu dont vous avez besoin et que vous n'êtes plus en état de gagner.

— Va-t'en, vile effrontée! s'écria la vieille, qui tremblait de colère; ne dis plus un mot, ou je trouverai des gens qui te caresseront la peau avec les fouets de nos chiens. N'as-tu pas mangé le pain de notre noble maître? n'est-ce pas assez d'avoir trahi sa confiance et abandonné son service? Faut-il encore que tu viennes ici, comme un oiseau de mauvais augure, triompher de sa ruine?

— Mais, dame, reprit Débora un peu intimidée, ce n'est pas moi qui dis tout cela, c'est le mandat des gens du parlement.

— Des mandats! J'en ai vu, la belle, qu'on a fait rentrer, à la pointe de l'épée, dans la gorge de ceux qui en étaient chargés; et il en arrivera autant, s'il reste au château un homme digne de ce nom.

Comme elle finissait de parler, Lance Outram rentra dans la maison.

— Tante, dit-il d'un air consterné, elle n'a pas menti, j'en ai peur. La tour du guet est aussi noire que mon ceinturon; pas de lumière! Qu'est-ce que cela signifie?

— Mort, ruine ou captivité! s'écria Ellesmere. Reviens au château, garnement, reviens-y ventre à terre; va te battre pour la maison qui t'a nourri et élevé, et si tu es enterré sous les ruines, du moins tu mourras en homme.

— Soyez tranquille, je ne resterai pas les bras croisés... Mais voici du monde qui nous en dira davantage, j'en réponds.

Deux servantes, qui avaient fui du château pendant l'alarme, arrivèrent, essoufflées, et firent chacune un récit différent; elles s'accordèrent en ceci, néanmoins, qu'une troupe de gens armés étaient en possession du château, et que Bridgenorth avait emmené Julien à cheval, les jambes attachées, « ce qui faisait mal à voir; un si beau garçon, et si noble! »

Lance Outram se gratta la tête, fort embarrassé de savoir à quoi se résoudre.

— Plût à Dieu, ma tante, dit-il, que le vieux Whitaker fût de ce monde! il arrangerait vite cette affaire, qui n'est pas de mon service. Je n'entends rien à la guerre, et pourtant du diable s'ils emmènent sir

Geoffroy sans qu'une arbalète soit tirée!... Écoute, Cécile, — il s'adressait à l'une des servantes, — tu es une gaillarde, qui sait distinguer un daim d'un bouvreuil. Retourne au château, et rentres-y; tu connais le chemin, c'est celui que tu as pris plus d'une fois pour aller danser ou t'amuser, je t'ai vue. Te voilà donc au château, et tu vas parler à Milady, l'on ne t'en empêchera pas. Milady a une tête qui en vaut vingt des nôtres. S'il faut quérir du secours, tu me préviendras en allumant le fanal, et n'y épargne pas le goudron. Tu n'as rien à craindre : les Têtes-Rondes sont en train de boire ou de piller. Ah! écoute; tu diras à Milady que je suis allé chercher les ouvriers à la mine de Bonne-Aventure. Hier encore, les coquins se mutinaient pour être payés; ils seront prêts à tout faire, le bon ou le mauvais. Qu'elle m'envoie ses ordres, ou plutôt apporte-les toi-même.

Sur-le-champ, Cécile, qui avait gagné le prix de la course à pied à Ashbourne, se dirigea vers le château avec une vitesse que peu d'hommes auraient égalée.

— Et moi, demanda Débora d'un ton plaintif, que vais-je devenir?

— Eh bien, vous resterez ici, avec ma tante; mais, prenez-y garde, n'essayez pas de vous échapper.

Tout en songeant à la tâche qu'il avait entreprise, le brave forestier se mit en route au clair de la lune, écoutant à peine les bénédictions et les recommandations de prudence que dame Ellesmere faisait pleuvoir sur lui.

Arrivé au campement des mineurs, il cria :

— Hé! bonnes gens qui foncez des puits et percez des galeries, dormez-vous? Holà! blaireaux, sortez de vos terriers! Savez-vous que votre maître, sir Geoffroy, est mort, ou n'en vaut pas mieux? Ne voyez-vous pas que le feu de la tour est éteint? et vous êtes plantés là comme un troupeau d'ânes!

— Ah! bah, répondit un des mineurs, s'il est mort, il ne mangera plus de pain.

— Et vous n'en mangerez pas davantage, car on arrêtera les travaux et vous serez tous renvoyés.

— Eh bien, et puis après, maître Lance? Il y a quatre semaines qu'on n'a vu par ici la couleur de l'argent de sir Geoffroy, et vous voulez qu'on s'inquiète s'il est mort ou vivant!

— Écoutez-moi, père Ditchley, et vous aussi, camarades. Que mangerez-vous quand M. Bridgenorth sera le maître du domaine, et qu'il ne voudra entendre parler ni de mines ni de mineurs sur ses terres?

— Bridgenorth? celui de Moultrassie-House, qui a fait cesser les travaux de la grande mine de Félicité, dans laquelle son père avait dépensé, à ce qu'on assure, dix mille livres sterling, sans avoir gagné un sou? Qu'a-t-il à faire avec la mine de Bonne-Aventure? Elle ne lui a jamais appartenu, je pense.

— Est-ce que j'en sais? répondit Lance, qui s'aperçut de l'impression qu'il avait faite. Comme on lui doit beaucoup, la loi lui donnera la moitié du comté, si vous ne soutenez pas votre vieux patron.

— Puisqu'il est mort, à quoi ça lui servira-t-il qu'on le soutienne?

— Je n'ai pas dit qu'il était mort, mais qu'il n'en vaut guère mieux; il est aux mains des Têtes-Rondes qui le gardent prisonnier là-bas, dans son château, et qui lui feront couper la tête, comme au brave comte de Derby.

— Pour lors, camarades, dit le père Ditchley, s'il en est comme dit maître Lance, il faut aider le vieux sir Geoffroy contre un plat coquin, un rien du tout, comme Bridgenorth, qui a fait fermer une mine où l'on avait tant dépensé, parce qu'il n'y gagnait rien... Mais un instant, maître Lance, il doit être trop tard : le fanal est tout noir, et vous savez que c'est signe de mort.

— Il va se rallumer... attendez... C'est le manque de bois... et puis tout est sens dessus dessous là-bas.

— Possible; mais je ne bouge pas d'ici avant d'avoir vu la flamme.

— Eh bien, la voilà! En croyez-vous vos yeux maintenant? Hourra pour Peveril du Pic, et à bas les Têtes-Rondes!

La lumière soudaine du fanal produisit tout l'effet que Lance désirait sur l'esprit de ses grossiers et ignorants auditeurs, dont la superstition attachait à l'étoile polaire des Peveril la prospérité de cette maison. Une fois échauffés, leur ardeur ne connut plus de bornes, et le forestier se trouva à la tête d'une trentaine et plus de gars robustes, armés de pioches et de haches, et prêts à tout. Il les conduisit vers la poterne du château et n'en était pas très éloigné quand Cécile, hors d'haleine à force d'avoir couru, vint tomber dans ses bras.

— Halte-là! ma brave fille, dit-il, en l'embrassant; quelles nou-

velles du château?

— Milady vous ordonne, dit-elle, pour l'amour de Dieu et de votre maître, de ne pas aller là-dedans, ce qui ne servirait qu'à faire casser des têtes. Elle dit que sir Geoffroy est arrêté d'après la loi, qu'il faut attendre la fin, qu'il est innocent, qu'il va parler au roi, et qu'elle part avec lui. D'ailleurs, ils ont découvert la poterne, ces chiens de Têtes-Rondes; ils m'ont même vue comme j'en sortais, et m'ont donné la chasse, mais je leur ai montré une bonne paire de talons.

— Que diable allons-nous faire? dit Lance. Et par où entrer?

— Tout est fermé à clef et à verrous dans le château, tout y est gardé au fusil et au pistolet, continua Cécile. Milady a dit encore que si vous pouvez délivrer son fils, vous lui rendrez un grand service.

— Notre jeune maître est donc au château? C'est moi qui lui ai appris à tirer sa première flèche.

— Il est arrivé en pleine bagarre; mais Bridgenorth l'a emmené comme prisonnier à Moultrassie. Il n'y a pas de pitié à attendre d'un entêté de puritain, dans la maison duquel on n'a jamais entendu ni tambourin ni flûte depuis qu'elle est bâtie.

— Ah! ça, reprit Lance, puisque vous êtes tous du même avis, nous irons relancer le vieux renard dans son terrier. Moultrassie ne ressemble pas aux belles maisons de nos seigneurs, dont les murs sont plus épais que ceux d'une digue; il n'y a là que de la mauvaise brique, où vos pics entreront comme dans du fromage. En avant, et à bas tous ces manants de Têtes-Rondes!

Après avoir permis à tous les gosiers de sa troupe de se délecter par de bruyantes acclamations, Lance Outram réclama le silence, et se mit en marche, par des chemins détournés, pour gagner Moultrassie. En route, il raccola plusieurs paysans et fermiers, attachés à la famille Peveril ou au parti des anciens Cavaliers.

A la distance d'un trait d'arbalète, il fit faire halte à ses gens, leur recommanda de venir à la rescousse dès qu'ils l'entendraient siffler, et s'avança, seul, en reconnaissance. Il ne tarda pas à se convaincre que ceux qu'il venait surprendre étaient fidèles à la discipline, qui avait valu à leur parti une supériorité si décidée pendant la guerre civile : une sentinelle, placée dans la cour, se promenait en chantant pieusement un psaume, tandis que ses bras, croisés sur sa poitrine, soutenaient un fusil d'une longueur formidable.

— Un vrai soldat, pensa le garde, mettrait bientôt fin à ton vilain cantique en te logeant une bonne flèche dans le cœur; mais je ne sais pas me battre sans être en colère. Je vais l'aller trouver, et nous verrons après, et quant à lui tirer dessus à l'abri d'un mur, ce serait le traiter comme une bête sauvage.

Sans chercher à se cacher plus longtemps, il entra hardiment dans la cour, et se dirigea vers la maison, comme une chose toute naturelle.

Mais le vieux soldat de Cromwell n'avait pas oublié sa consigne.
— Qui vive? cria-t-il. Halte, l'ami, ou je tire.

En même temps, il présenta au garde le canon de son énorme mousquet.

— Malepeste! dit celui-ci; est-ce votre habitude de vous mettre en chasse à nuit fermée? Vous ne trouverez que des chauves-souris.

— Écoute, l'ami, répondit la sentinelle, je ne suis pas de ceux qui font leur faction avec négligence. Ton langage sonne faux à mes oreilles. Comment t'appelles-tu, et que viens-tu faire ici? Réponds, ou je fais feu.

— Mon nom, eh! quel diantre de nom veux-tu que j'aie, si ce n'est celui de Robin Round, l'honnête Robin, de Redham? Quant à mon affaire, puisqu'il faut te la dire, je suis chargé par un homme du parlement, qui est là-bas au château, de certaines lettres pour le digne M. Bridgenorth. C'est ici sa maison, je crois. Mais si je comprends pourquoi vous vous promenez comme cela, un vieux mousquet au bras, je veux bien...

— Donne-moi tes papiers, l'ami, interrompit l'ancien soldat à qui cette réponse parut assez naturelle; je les ferai parvenir au major.

Le garde forestier, fouillant dans ses poches comme pour y chercher les lettres en question, s'approcha de la sentinelle; puis, avant qu'elle eût du soupçon, il l'empoigna au collet, siffla sur un ton aigu, et, rappelant ses talents de lutteur, il renversa son homme, et l'étendit sur le dos; mais l'arme qu'il cherchait à lui arracher partit.

Au coup de sifflet, les mineurs se précipitèrent dans la cour. Lance, n'espérant plus exécuter son projet en silence, ordonna à deux de ses gens de s'assurer du prisonnier, et aux autres d'attaquer la maison, en poussant de grands cris. A l'instant, la cour retentit de l'acclamation : Vive Peveril du Pic! suivie de toutes les injures que les royalistes avaient prodiguées aux Têtes-Rondes pendant la guerre civile. Tandis que quelques-uns attaquaient la porte d'entrée avec leurs outils de mineurs, les autres dirigeaient leurs coups contre une espèce de porche, attenant à la façade principale. Tout ce tapage donna l'alarme à l'intérieur. On allait, on venait, on allumait des flambeaux, on se demandait la cause de ce tumulte. Enfin la porte-fenêtre du perron s'ouvrit, et Bridgenorth en personne formula, d'un ton impérieux, la même question.

— Nous voulons notre jeune maître, vieil hypocrite, répondit une voix, et si nous ne l'avons pas tout de suite, le toit de votre baraque ira rejoindre les fondations.

— C'est ce que nous verrons, riposta le major; car, si l'on frappe un coup de plus contre les murs, je tire, et que le sang versé retombe sur votre tête! J'ai ici une vingtaine d'amis, bien armés, pour défendre ma paisible maison; et, avec l'aide de Dieu, nous ne manquerons pas de courage.

Lance, bien qu'étranger au métier de la guerre, était assez bon chasseur pour comprendre l'avantage que devaient avoir sur sa troupe des gens munis d'armes à feu et bien à couvert.

— Monsieur Bridgenorth, dit-il, laissez-nous vous parler en tout bien tout honneur. On ne vous veut pas de mal; rendez-nous seulement notre jeune maître. Vous avez pris le vieux et sa femme, ça suffit; mauvais chasseur qui tuerait à la fois le cerf, la biche et leur petit. Nous sommes prêts à vous donner là-dessus quelques renseignements.

Ce discours fut suivi d'un craquement terrible aux croisées du rez-de-chaussée, résultant d'un nouveau plan d'attaque, suggéré par quelques-uns des assaillants.

— J'accepterais les conditions de cet honnête garçon, dit un des défenseurs de la maison qui, en bâillant avec nonchalance, s'était rapproché du major.

— Êtes-vous fou? répondit ce dernier, ou me croyez-vous assez pauvre d'esprit pour renoncer aux avantages que je possède sur la famille Peveril, et cela par crainte d'un tas de vauriens que la première décharge dispersera comme la paille emportée par un coup de vent?

— Certes, reprit l'individu, le même précisément qui avait frappé Julien par sa ressemblance avec Ganlesse, j'aime aussi une bonne vengeance; mais nous l'achèterons un peu cher, si ces rustres s'avisent de mettre le feu à la maison, comme ils en ont envie, pendant que vous parlementez à la fenêtre. Ils ont jeté des brandons dans le vestibule; et tout ce qu'on peut faire, c'est d'empêcher la flamme de se communiquer à la boiserie, qui est vieille et sèche.

— Que le ciel te juge pour ton insouciance! s'écria Bridgenorth. On dirait que le mal est ton élément naturel, car peu t'importe que ce soit ami ou ennemi qui en souffre.

A ces mots, il rentra précipitamment à l'intérieur. A travers les barreaux de fer des fenêtres brisées, les assaillants avaient lancé dans le vestibule de la paille allumée en quantité suffisante pour produire un peu de feu et beaucoup de fumée, de manière à mettre la confusion dans la place. Quelques coups de feu tirés à la hâte par les fenêtres leur firent peu de mal, et s'animant de plus en plus, ils répondirent à cette décharge par le cri de : Vive Peveril du Pic! Comme ils étaient déjà parvenus à pratiquer une brèche au mur de briques, Lance Outram, Ditchley et plusieurs des plus intrépides entrèrent par là dans le vestibule.

Il s'en fallait pourtant que la maison fût prise. Par les portes entr'ouvertes du vestibule, les assiégés entretenaient un feu qui pouvait devenir fatal : un mineur fut tué, trois ou quatre autres furent blessés, et Lance ne savait trop s'il devait battre en retraite ou livrer un combat désespéré. Sa conduite fut déterminée par une circonstance imprévue, dont il est nécessaire de rendre compte.

Julien Peveril, de même que les autres habitants de Moultrassie-House, avait été éveillé pendant cette nuit mémorable par le bruit du mousquet de la sentinelle, suivi des clameurs que poussaient les partisans de son père; d'où il conclut qu'on attaquait la maison en vue de le délivrer. Doutant beaucoup de l'heureux succès de cette tentative, il se vêtit à la hâte et courut à la fenêtre; comme elle ne donnait pas sur le devant, où l'attaque avait lieu, il lui fut impossible de rien voir qui pût calmer son inquiétude. Il essayait d'ouvrir la porte, fermée à l'extérieur, quand il entendit tirer les verrous, et Alice, les cheveux flottant sur les épaules, les vêtements en désordre, les yeux brillants de terreur et de résolution à la fois, se précipita dans la chambre, et lui saisit la main en s'écriant :

— Julien, sauvez mon père!
— Alice, que voulez-vous dire ? où est votre père?
— Ne me faites pas de questions; si vous voulez le sauver, suivez-moi.

En même temps, elle marcha devant lui d'un pas rapide, et descendit à moitié l'escalier de la tourelle; puis, ouvrant une porte de côté, elle traversa une longue galerie, qui conduisait à un escalier plus grand et plus large, au pied duquel se trouvait son père, entouré de plusieurs de ses amis. A peine pouvait-on les apercevoir au milieu du nuage de fumée produit par le feu, qui commençait à gagner dans le vestibule, et par les coups de fusil que tiraient les assiégés. Julien vit qu'il n'avait pas un moment à perdre s'il voulait que sa médiation servît à quelque chose. Il se fit jour à travers les partisans de Bridgenorth, avant qu'ils se fussent aperçus de sa présence; et se jetant au milieu des assaillants, dont un nombre considérable occupait le vestibule, il les assura qu'il était en sûreté, et les conjura de s'éloigner.

— Ce ne sera pas sans avoir encore quelques tranches du Croupion, Monsieur Julien, dit Lance. Je suis content de vous voir sain et sauf; mais voici Joë Rimegap qui vient d'être tué; plusieurs des nôtres sont blessés. Il nous faut une revanche, et nous rôtirons les puritains.

— Vous me rôtirez donc avec eux, répliqua Julien; car, je vous le jure, je ne sortirai pas de la maison, ayant donné ma parole d'y rester jusqu'à ce que la loi me rende la liberté.

— Eh bien, s'écria Ditchley, allez au diable, seriez-vous dix fois un Peveril! Voir tant de braves gens se donner du mal pour vous, et ne pas leur faire meilleur visage! Attisez le feu, camarades, et brûlons toute la nichée!

— Non, non, la paix, mes maîtres, et écoutez la raison. Tous ici, nous sommes dans une situation mauvaise, et votre entêtement ne fera que la rendre pire. Aidez à éteindre ce feu, ou il pourra nous en coûter cher. Restez en armes, et laissez-moi régler l'affaire avec M. Bridgenorth. Je crois que tout peut s'arranger d'une manière favorable. Si je me trompe, vous renouvellerez l'attaque, et je vous soutiendrai; mais, quoi qu'il arrive, je n'oublierai jamais le service que vous avez voulu me rendre cette nuit.

Alors, Julien prit à part Ditchley et Lance Outram, et leur exprima sa reconnaissance pour tout ce qu'ils avaient fait. Puis, après avoir forcé le premier d'accepter cinq ou six pièces d'or, afin que les braves mineurs de Bonne-Aventure pussent boire à sa santé, il dit à Lance

Outram combien il était touché de son dévouement, lui déclarant toutefois qu'il ne lui en saurait véritablement gré qu'autant qu'il le laisserait arranger l'affaire comme il l'entendrait.

— Ma foi, Monsieur Julien, dit le garde, je suis au bout de mon rouleau, car la besogne est au-dessus de mes moyens. La seule chose que je désire, c'est de vous voir sain et sauf hors d'ici; autrement, la tante Ellesmere me fera grise mine à mon retour.

Pendant ce colloque, les deux partis s'étaient employés de concert à éteindre le feu, qui autrement serait devenu fatal à tous. Il fallut un effort général pour en venir à bout; les uns et les autres se livrèrent aux travaux nécessaires avec autant de zèle et d'unanimité que si l'eau qu'on tirait du puits dans des paniers de cuir pour éteindre l'incendie avait eu également pour effet d'amortir leur animosité mutuelle.

CHAPITRE XXVI.

<small>Nécessité, mère d'invention et d'accommodement, aide-
nous à sortir d'affaire.
Anonyme.</small>

ant que le feu dura, les deux partis travaillèrent activement et de bon accord; mais quand le dernier seau d'eau eut tombé en grésillant sur les lambris qui brûlaient encore, ils s'écartèrent l'un de l'autre et, groupés de chaque côté du vestibule, reprirent leurs armes comme pour recommencer le combat.

Bridgenorth prévint cette hostilité renaissante.

— Julien Peveril, dit-il, tu es libre d'aller ton chemin, puisque tu ne veux pas suivre avec moi la route la plus sûre et la plus honorable; et, si tu veux écouter un bon avis, tu quitteras au plus tôt l'Angleterre.

— Ralph Bridgenorth, dit un de ses amis, c'est une faiblesse coupable que de rendre à ces fils de Bélial le captif que tu dois à ton arc et à ton glaive. A coup sûr, nous sommes en force pour les combattre avec la confiance que donne une bonne cause, et il ne faut pas nous dessaisir de ce rejeton du vieux serpent, sans avoir essayé s'il plaira au Seigneur de nous accorder la victoire.

Un murmure de grave approbation suivit ces paroles, et, sans l'intervention de Ganlesse, le combat aurait sans doute recommencé. Il attira l'avocat de la guerre dans une embrasure de fenêtre, et parut avoir répondu victorieusement à ses objections; car, ce dernier, s'étant retourné vers ses compagnons, leur dit : — Notre ami m'a convaincu, et, vraiment, puisqu'il partage l'opinion du digne major Bridgenorth, je crois qu'on peut rendre la liberté à ce jeune homme.

Aucune autre objection n'ayant été faite, il ne resta plus à Julien qu'à remercier et récompenser les braves gens qui avaient montré tant d'empressement à le secourir. Il obtint d'abord de Bridgenorth une promesse d'amnistie pour tous ceux qui avaient participé à cette attaque à main armée, et leur exprima ensuite sa reconnaissance en quelques bonnes paroles, sans oublier pourtant d'ajouter quelque argent à celui qu'il avait déjà remis à leur ancien. Ils auraient voulu rester pour le protéger; mais, craignant de nouveaux désordres, il les renvoya tous, à l'exception du garde.

Avant de s'éloigner à son tour, il ne put résister au désir qu'il avait d'entretenir le major en particulier. Sans faire de réponse, Bridgenorth le conduisit dans une pièce voisine, et, avec sa gravité ordinaire, parut attendre en silence ce que Peveril avait à lui communiquer.

— Major Bridgenorth, dit Julien, vous avez été fils et fils affectionné; vous pouvez concevoir mes inquiétudes. Mon père! Qu'a-t-on résolu à son égard.

— La loi en décidera, répondit Bridgenorth. S'il avait suivi les conseils que je lui ai fait donner, il aurait pu rester en sûreté dans la maison de ses ancêtres. Maintenant son sort ne dépend plus de moi, bien moins encore de vous; c'est son pays qui le jugera.

— Et ma mère?

— Elle consultera son devoir, comme elle a toujours fait, et trouvera son bonheur à l'accomplir. Croyez-moi, j'ai pour les vôtres des intentions meilleures qu'elles ne le paraissent à travers les brouillards que l'adversité a répandus sur votre maison. Je puis triompher comme homme; mais, comme homme, je dois me souvenir, à l'heure du triomphe, que mes ennemis ont eu aussi la leur. Avez-vous autre chose à me dire? Vous avez repoussé une et même deux fois la main que je vous tendais; m'est avis qu'il n'y a plus rien de commun entre nous.

Ces paroles, prononcées d'un ton calme, semblaient couper court à toute discussion ; néanmoins, une question brûlait les lèvres du jeune homme, et, après avoir fait un pas ou deux vers la porte, il se retourna tout à coup.

— Mais votre fille, demanda-t-il ; pardonnez-moi de vous en parler... m'est-il permis d'avoir de ses nouvelles?... de vous offrir mes vœux pour son bonheur?

— L'intérêt que vous lui portez n'est que trop flatteur ; mais vous avez déjà choisi votre part, et dorénavant vous devez être étrangers l'un à l'autre. Je puis avoir désiré qu'il en fût autrement ; cette heure de grâce est passée, et par votre faute. Quant à son bonheur, si un tel mot peut s'appliquer à notre pèlerinage sur la terre, j'y veillerai. Elle part aujourd'hui de Moultrassie sous la sauvegarde d'un ami sûr.

— Cet ami ne serait pas... dit vivement Peveril, et il n'acheva pas, sentant qu'il n'avait pas le droit de prononcer le nom qui montait à ses lèvres.

— Pourquoi vous arrêter? dit le major. Un premier mouvement est souvent sage et presque toujours honnête. A qui supposez-vous que j'aie dessein de confier ma fille, puisque cette idée vous a arraché un tel cri d'inquiétude?

— J'ai vu ici un homme qui ne m'est pas inconnu : il se donne le nom de Ganlesse. Est-ce à lui que vous avez l'intention de confier votre fille?

— A lui-même.

— Connaissez-vous bien celui à qui vous remettez un dépôt si précieux?

— Et vous, qui me questionnez, le connaissez-vous?

— Non, je l'avoue ; mais je l'ai vu jouer un personnage bien différent de celui qu'il fait à présent, et j'estime qu'il est de mon devoir de vous en prévenir, avant de mettre votre fille sous la garde d'un individu tour à tour débauché ou hypocrite, selon sa fantaisie ou son intérêt.

Bridgenorth l'écoutait avec un sourire de dédain.

— Je pourrais m'offenser, dit-il, du zèle officieux qui vous porte à faire la leçon à mes cheveux gris ; ayez de moi, mon brave Julien, une opinion plus juste, et soyez persuadé que moi, qui ai tant vécu parmi les hommes, je dois savoir à qui je confie ce que j'ai de plus cher. Celui dont vous parlez a un visage pour ses amis, quoiqu'il puisse en avoir un autre pour le monde, et cela parce qu'il vit au milieu de gens devant lesquels les traits de l'honneur et de la vertu doivent se cacher sous un masque.

— Je souhaiterais seulement mettre votre prudence en garde contre un homme qui pourrait également se déguiser devant vous.

— C'est avoir plus de sollicitude qu'il ne faut, jeune homme. Occupez-vous de vos affaires, qui ont besoin de toute votre attention, et laissez aux autres la conduite des leurs.

Ce langage était trop clair pour n'être pas compris, et Julien fut contraint de prendre congé de Bridgenorth sans autre explication. Le lecteur peut s'imaginer combien de fois il se retourna pour regarder derrière lui et chercha à deviner, parmi les lumières qui brillaient aux fenêtres de Moultrassie, celle qui partait de l'appartement d'Alice.

La route ayant pris une autre direction, il tomba dans une profonde rêverie, dont il fut enfin tiré par la voix de Lance Outram, qui l'avait accompagné : l'honnête serviteur lui proposait de passer le reste de la nuit dans sa maison. Julien accepta, et, en dépit de tous ses sujets d'inquiétude, il dormit paisiblement jusqu'au lendemain. La matinée était assez avancée lorsque le garde, réveillé depuis longtemps, vint lui apporter des nouvelles. Le major avait renvoyé son cheval, ses armes et une petite valise par un domestique, chargé en même temps d'une lettre qui contenait le congé formel de l'infortunée Débora, et lui défendait positivement de reparaître à Moultrassie-House. L'huissier de la chambre des communes avait quitté de grand matin le château de Martindale, emmenant, sous bonne escorte, son prisonnier sir Geoffroy, que lady Peveril avait eu la permission d'accompagner. Enfin, le procureur Gagne-la-Bataille avait pris possession du château au nom du major Bridgenorth, créancier du chevalier pour des sommes considérables.

Lance, après avoir longuement débité ces nouvelles, déclara, non sans un peu d'hésitation qu'il avait résolu de quitter le pays, et de suivre son jeune maître à Londres. Julien le remercia de cette preuve d'attachement.

— Sans doute, dit le garde, je vous aime bien; il y a pourtant autre chose. Sachez donc que dame Débora et tante Ellesmere ont résolu d'accorder leurs flûtes et d'oublier leurs vieilles chicanes. Et, voyez-vous, de tous les revenants du monde, le plus diabolique est une ancienne maîtresse qui reparaît pour tourmenter un pauvre garçon comme moi. Malgré le chagrin d'avoir perdu sa place, Débora a déjà parlé d'une pièce d'argent que nous avons rompue ensemble, et de je ne sais quels gages d'amour, comme si un homme pouvait se souvenir de ces histoires après tant d'années, et comme si elle-même ne s'était pas envolée par delà les mers!

Julien eut peine à s'empêcher de rire.

— Auriez-vous peur, Lance, qu'une femme vous épousât bon gré mal gré?

— C'est une chance qui est pourtant arrivée à plus d'un brave homme, et une femme dans votre maison a tant d'occasions du diable! Et puis, elles seraient deux contre un; car la tante, quoique assez large quand il s'agit de gens comme vous, s'attache volontiers au solide, et il paraît que la Débora est aussi riche qu'un juif.

— Et vous n'avez guère envie de vous marier pour le gâteau et le boudin.

— Non, ma foi, Monsieur, à moins de savoir à quel four ils ont été cuits. Comment saurai-je de quelle façon elle a gagné si gros, la coquine? Si elle veut parler de gages d'amour, eh bien, qu'elle soit la même jolie fille avec qui j'ai rompu la pièce, et moi je serai le même gars fidèle. Je n'ai jamais entendu parler d'un amour qui ait duré dix ans; et le sien, s'il dure encore, doit en avoir bien près de vingt.

— Eh bien, Lance, puisque vous y êtes décidé, nous irons ensemble à Londres, et si je ne puis vous garder à mon service, et que mon père ne voie pas la fin de ses infortunes, je ferai en sorte de vous procurer une autre place.

— Ne parlons pas de ça. Je compte bien revenir d'ici peu à mon joyeux Martindale et garder vos bois, comme j'en ai l'habitude. En attendant, une fois qu'elles ne m'auront plus là pour leur servir de cible, ma tante et Débora banderont l'arc aussitôt l'une contre l'autre. Voici la bonne femme qui vous apporte votre déjeuner.

Julien n'était pas fâché d'avoir à sa suite un homme qui, la nuit

précédente, lui avait donné des preuves de hardiesse et d'attachement. Il s'efforça donc de réconcilier la tante avec l'idée du départ de son neveu. Le dévouement sans bornes de la bonne femme pour les Peveril ne lui permit pas de refuser son consentement à la proposition; mais elle soupira de regret en voyant s'évanouir le château en Espagne qu'elle avait pris plaisir à élever sur la bourse bien garnie de Débora Debbitch. « Au surplus, pensa-t-elle, il n'y a pas de mal qu'il s'éloigne de cette effrontée coureuse à longues jambes, de cette Cécile Sellok, qui n'a pas le sou. » Quant à la pauvre Débora, le départ de Lance, de celui qu'elle avait considéré du même œil que le marin voit sous le vent un port où se réfugier en cas de mauvais temps, fut pour elle un second crève-cœur, qui suivait de bien près celui qu'elle avait eu d'être congédiée de Moultrassie.

Julien alla voir l'inconsolable gouvernante, dans l'espoir d'obtenir d'elle quelques renseignements sur les projets de Bridgenorth relativement à sa fille, sur le caractère de ce Ganlesse, et sur diverses particularités que son long séjour dans la famille avait pu lui faire connaître; mais il la trouva dans un tel état de trouble, qu'elle ne put lui donner aucune explication. Elle ne pouvait se rappeler le nom de Ganlesse, celui d'Alice lui donnait des attaques de nerfs, et celui de Bridgenorth la mettait en fureur. Faisant l'énumération des services qu'elle avait rendus au père et à la fille : « Je vois déjà, s'écriait-elle d'un ton d'oracle, leur linge mal blanchi, la volaille mal nourrie, la maison mal tenue, sans compter la langueur d'Alice et sa mort prochaine, » malheurs qu'elle avait tous détournés à force de soins et de vigilance ! Puis, passant au départ de Lance, elle en parla avec un violent dépit, moitié riant, moitié pleurant, et s'exprima de la bonne façon sur le compte de *ce garçon stupide*.

Tout étant prêt pour le départ, Julien et le garde montèrent à cheval et s'avancèrent, au grand trot, dans la direction de Londres, mais non par la route ordinaire. Julien calcula que la voiture dans laquelle on emmenait sir Geoffroy cheminerait lentement, et son dessein était d'arriver à Londres avant lui, afin d'avoir le temps de consulter les amis de sa famille sur les mesures à prendre en faveur du prisonnier.

Ils voyagèrent de cette manière toute la journée, et vers le soir ils s'arrêtèrent à une petite auberge. Personne ne se présenta pour les recevoir, quoique la maison fût bien éclairée et qu'on entendît dans la cuisine un bruit qui ne pouvait provenir que d'un cuisinier français au moment solennel du *coup de feu*. Comme il était alors très rare qu'on eût recours aux talents d'un artiste d'outre-mer, il vint à l'esprit de Julien que ce remue-ménage devait être causé par le sieur Chaubert, dont il avait apprécié le mérite en compagnie de Smith et de Ganlesse.

Il présumait donc que l'un ou l'autre de ces individus, et peut-être même tous les deux, étaient dans l'auberge; et, dans ce cas, peut-être aurait-il occasion de découvrir qui ils étaient et ce qu'ils machinaient. Comment tirer parti d'une telle rencontre? Le hasard le servit à souhait.

— C'est à peine si je puis vous recevoir, Messieurs, dit l'hôte, qui parut enfin à la porte. Il m'est arrivé ce soir des gens de qualité, qui, pour sûr, ne trouveront pas la maison assez grande.

— Nous ne sommes pas difficiles, répondit Julien. Il faut que nous soyons demain à Moseley, pour la foire, et nos chevaux sont harassés. Un coin nous suffira, n'importe où.

— En ce cas, reprit l'hôte, je puis installer l'un de vous derrière la grand'salle, bien que ces messieurs aient demandé à être seuls; l'autre fera de nécessité vertu et m'aidera au comptoir.

— Je prends le comptoir, dit Lance, sans attendre la décision de son maître; c'est un endroit où je voudrais vivre et mourir.

— Le cabinet sera donc pour moi, dit à son tour Julien.

Et, reculant de quelques pas, il dit tout bas à Lance de changer d'habits avec lui, désirant, s'il était possible, de n'être point reconnu. L'échange eut lieu pendant que l'hôte était allé chercher de la lumière. Il les fit entrer dans l'auberge, recommandant à Julien de se tenir coi dans le réduit où il allait le cacher et, si on l'y surprenait, de répondre qu'il était de la maison et de s'en rapporter à lui pour le reste.

— Vous entendrez tout ce que disent ces beaux messieurs, ajouta-t-il; mais la belle avance! quand ils ne parlent pas français, c'est un baragouin de cour, où l'on ne comprend goutte.

Le petit cabinet dans lequel on introduisit notre héros était à peu près, à l'égard de la salle publique, ce qu'est à une ville rebelle le fort destiné à la surveiller et à la tenir en bride. Tous les samedis au soir, l'hôte s'y tenait à l'abri des yeux de ses buveurs, avec toute commodité de les voir, de les observer, et aussi d'épier leurs discours, habitude dont il ne se départait jamais, étant de cette nombreuse classe de philanthropes pour qui les affaires des autres sont aussi importantes que les leurs, sinon davantage. Ce fut là qu'il mit Julien, en promettant de lui apporter bientôt une tranche de bœuf froid, avec un pot de bière; et il l'y laissa, sans autre lumière que celle qui venait de la salle voisine, par des fentes adroitement ménagées dans la cloison.

Cette situation était assez incommode, et pourtant Julien n'en eût pas choisi d'autre en cette circonstance. Il s'enveloppa dans le grand manteau de Lance, auquel le temps avait fait plus d'un outrage en variant à l'infini les nuances de sa couleur primitive, qui était vert-lincoln; puis il se mit à observer les deux convives de la salle.

Assis devant une table couverte des mets les plus recherchés préparés par les soins de l'habile Chaubert, ils semblaient y faire largement honneur. L'un des deux était l'homme que Ganlesse avait nommé Tom Smith; Julien ne pouvait s'y méprendre, mais son partenaire lui était inconnu. Il se distinguait par une toilette des plus élégantes : perruque des plus amples et toute parfumée, habit galonné et veste brodée à la dernière mode, haut-de-chausses en forme de canons, laissant à découvert une jambe bien tournée, qu'il étendait sur un tabouret, et dont il paraissait particulièrement fier.

La conversation de nos deux convives était si intéressante qu'elle mérite d'occuper un chapitre à part.

CHAPITRE XXVII.

> C'est une créature faite de tous les éléments, très semblable à la mouette : elle tourne, sifle, chante sur un ton perçant, même au milieu des orages ; l'écume de la vague en furie lui sert de lit. Elle dort, pendant le calme des mers, elle joue avec la tempête; cependant, ce n'est qu'une mouette, une pauvre et chétive mouette.
>
> Le Chef de clan.

ta santé! dit l'élégant dont nous avons parlé; à ta santé, honnête Tom, et sois le bienvenu de la Terre des Sots! Tu y es resté si longtemps que tu as un peu toi-même l'air d'un lourdaud de brise-mottes. Ton habit crasseux te va comme si c'était ta parure des dimanches, et les aiguillettes semblent des lacets empruntés au corset de Margot, ta bonne amie. Et le repas est de ton goût? Cela m'étonne, car un plat d'œufs au lard conviendrait mieux à un estomac enfermé sous une telle souquenille.

— Raillez, Milord, répondit l'autre, tant que l'esprit vous durera; ces provisions-là ne sont pas de celles qui durent longtemps. Apprenez-moi plutôt ce qu'on a fait à la cour puisque nous nous sommes rencontrés si à propos.

— Tu m'aurais adressé cette question il y a une heure, Tom, si ton âme n'eût passé tout entière sous les couvercles des plats de Chaubert. Les affaires du roi, pensais-tu, ne risquent pas de se refroidir, et la bonne cuisine doit être mangée chaude.

— Pas du tout; j'ai parlé de lieux communs tant que ce coquin d'aubergiste à longues oreilles était dans la salle. A présent que nous voilà seuls, donnez-moi, je vous prie, des nouvelles de la cour.

— Le complot s'en va en langueur, sir Georges Wakeman a été acquitté, les jurés ont refusé de croire les témoins.

— Complot, Wakeman, témoins papistes et protestants, au diable la séquelle! Je m'en moque comme d'un fétu de paille.

— L'autre nouvelle, c'est la disgrâce de Rochester.

— Lui! Comment est-elle arrivée? pourquoi? Le jour de mon départ, il était en meilleure passe que jamais.

— C'est un homme fini : l'épitaphe* lui a rompu le cou.

— J'étais là quand il la fit, et celui qui en était l'objet y applaudit comme à une bonne farce. Du coup, le violon de Shaftesbury a perdu ses deux maîtresses cordes, l'échec du complot papiste d'un côté, le renvoi de Rochester de l'autre. Le temps change; mais buvons au petit homme qui le remettra au beau.

— Je comprends, Tom, et je me joins à toi de tout mon cœur. Milord t'aime, tu peux m'en croire, et brûle de te voir. Ah! ça, je t'ai fait raison; à mon tour maintenant. A la santé de Sa Grâce le duc de Buckingham!

— Au plus joyeux pair qui ait su faire de la nuit le jour! Bravo, Milord; et une pleine rasade! Je la boirai rubis sur l'ongle... Et la favorite?

— Shaftesbury n'en peut rien faire.

— Alors il réduira son crédit à rien. A propos, connaissez-vous?... Et Tom parla si bas que Julien ne put entendre ce qu'il disait.

---

* Il s'agit de l'épitaphe satirique composée par le poète Rochester à la requête de Charles II :

Ci-gît notre souverain maître le roi
A la parole duquel nul ne se fie,
Qui jamais n'a rien dit de déraisonnable
Et jamais n'a rien fait de sage.

— Édouard ou Ned de l'île, comme on l'appelle? Certes, je le connais.

— C'est lui qui rattachera les cordes du violon, souvenez-vous-en. Et là-dessus, je bois à sa santé.

— C'est pour la prédiction que j'y bois aussi; sans cela, je regarde Ned comme une essence de coquin.

— Accordé, parbleu! C'est un coquin sur toutes les coutures, mais habile, Milord, habile et, dans la susdite affaire, indispensable.

— Écoute, mon brave Tom, je ne serais pas fâché d'avoir la clef de ce mystère. Tu es au courant, je le sais; car à qui se fierait-on si ce n'est au fidèle Chiffinch?

— Cela vous plaît à dire, Milord, répondit Smith, à qui nous donnerons désormais son vrai nom de Chiffinch. Peu de gens, ajouta-t-il avec la gravité d'un ivrogne à qui de copieuses libations ont rendu la langue un peu épaisse, savent plus de choses que moi, et en parlent moins.

— Tu deviens trop prudent et trop politique pour l'emploi que tu occupes. Allons, ce secret fera crever ta veste de paysan. Défais un bouton, mon vieux, dans l'intérêt de ta santé; largue un ris, et apprends à ton ami de cœur ce qu'on manigance. Je ne suis pas moins dévoué que toi au petit Antoine [*], s'il réussit à prendre le dessus.

— *Si!* lord infidèle, s'écria Chiffinch. Est-ce à moi que vous parlez de *si?* Il n'y a ni *si* ni *mais* dans cette affaire; la grande dame sera abaissée d'un cran, et le complot rehaussé de deux. Ne connaissez-vous pas Ned, l'honnête Ned? il a la mort d'un frère à venger.

— J'ai eu vent de cela, et cette opiniâtreté de ressentiment est en lui une sorte de vertu païenne.

— Eh bien, en manœuvrant pour se venger (et il y a plus d'un jour qu'il y travaille), il a découvert un trésor.

— Quoi! dans l'île de Man?

— Vous pouvez vous en assurer. C'est une créature si admirable qu'elle n'a besoin que de paraître pour dégoter les favorites, l'une

---

[*] Prénom du comte de Shaftesbury, un des principaux ministres de Charles II.

après l'autre, depuis la duchesse de Portsmouth jusqu'à cette rien du tout de Nelly.

— Sur ma parole, Chiffinch, c'est amener du renfort suivant les règles de ta meilleure tactique. Mais prends-y garde, l'ami; pour faire une telle conquête, il ne suffit point d'une joue de rose et d'un œil brillant; il faut de l'esprit, mon garçon, de l'esprit et des manières, avec un brin de jugement pour conserver l'influence acquise.

— Fi donc! allez-vous m'apprendre mon métier? Un verre de champagne à l'avenir de la belle! C'est une santé qu'il faudrait porter à genoux, Milord. Jamais on ne vit beauté si triomphante... Je suis allé à l'église pour la voir, et c'était la première fois depuis dix ans... A l'église? non, je me trompe, c'était au temple.

— Au diable! serait-ce une puritaine?

— Oui, c'en est une. Croyez-vous que j'irais mettre une papiste en faveur par le temps qui court, quand mon bon maître a dit en pleine chambre des lords qu'il ne devrait y avoir autour du roi ni serviteur ni servante, ni chien ni chat papiste?

— Mais considère, Chiffinch, combien il est peu vraisemblable qu'elle plaise. Quoi! le vieux Rowley*, l'homme d'esprit et si amoureux de l'esprit, l'homme fantasque et si amoureux de la fantaisie, former une liaison avec une puritaine niaise, formaliste, sans idée! Non, fût-elle Vénus en personne.

— Vous n'entendez rien à la chose. C'est justement le contraste entre la sainte et la pécheresse qui donnera du piquant aux désirs du vieux libertin. Qui le connaîtra, si ce n'est moi? A la santé de l'infante, Milord, et à genoux, si vous voulez être un jour gentilhomme de la chambre.

— Soit, et avec plaisir. Et comment la connaissance se fera-t-elle? Ce n'est pas au palais, je pense.

— Ah! ah! mon cher lord, vous voudriez le secret tout entier; cela n'est pas possible. Je puis bien donner à un ami un aperçu de mes projets; mais personne ne doit connaître les moyens que je me propose d'employer.

* Sobriquet donné au roi Charles II.

L'infâme dessein que cette conversation mettait au jour, et dont Alice paraissait être l'objet, fit une telle impression sur Julien, qu'il ne put réprimer un mouvement involontaire, et sa main se porta sur la garde de son épée.

— Sacrebleu! quel est ce bruit? s'écria l'ivrogne qui avait entendu Peveril changer de posture. Aurais-je parlé pour d'autres oreilles que les vôtres?

— Je tuerai comme un chien quiconque a avalé une syllabe de ton histoire, dit le noble seigneur.

Et saisissant un flambeau, il parcourut la salle dans tous les sens; n'y voyant rien qui lui donnât occasion d'exécuter sa menace, il vint se rasseoir et continua :

— Eh bien! en supposant que la belle Louise de Keroual[*] tombe du haut rang qu'elle occupe dans le firmament, comment s'y prendre pour remettre le complot sur ses pieds? Sans ce bienheureux complot, point de changement politique à espérer, et les choses resteront dans le même état, avec une favorite protestante au lieu d'une favorite catholique.

— Quoique ceci ne soit pas de mon ressort, je veux bien jouer encore le rôle de saint Pierre, et avec une autre clef je vous ouvrirai la porte de ce nouveau mystère.

— A présent, tu parles comme un brave garçon : aussi vais-je, de mes propres mains, déboucher une bouteille pour boire au succès de ton entreprise.

— Eh bien donc, vous savez qu'ils avaient, depuis longtemps, une dent contre la vieille comtesse de Derby. On envoya Ned, qui a un vieux compte à régler avec elle ; et on lui donna de secrètes instructions pour s'emparer de l'île, si cela se pouvait, par le moyen de quelques-uns de ses anciens amis. Il a toujours eu soin de l'entourer d'espions; et il pensait avec délice que l'heure de la vengeance était proche. Mais le coup manqua, et la vieille dame, étant sur ses gardes, se trouva bientôt en état de lui river son clou : il revint de l'île

---

[*] Une des maîtresses de Charles II, qui la créa duchesse de Portsmouth; elle était Française et catholique.

sans être beaucoup plus avancé qu'en partant. Voilà qu'il apprit, par le secours du diable sans doute, qui est de ses amis, que Sa vieille Majesté de Man avait dépêché un messager à Londres pour s'y faire des partisans. Ned s'attacha aux pas de ce garçon, novice, à peine dégrossi et fils d'un radoteur de Cavalier de la vieille souche, du comté de Derby. Il conduisit si bien les choses, qu'il amena le jeune homme à l'endroit où j'attendais avec impatience la jolie fille dont je vous ai parlé. Par saint Antoine! je fus ébahi à la vue de ce grand flandrin, non pas qu'il ait mauvaise mine, oui, je restai bouche bée comme, comme... Aidez-moi donc à trouver une comparaison.

— Comme le cochon de saint Antoine, s'il était dodu, car tu clignes les yeux de la même façon. Quel rapport ceci a-t-il avec le complot?... Halte! j'ai assez bu.

— Vous ne me ferez pas faux bond, dit Chiffinch, et on entendit la bouteille tinter contre le verre de son compagnon, qu'il remplissait d'une main peu assurée. Hein! que diable est cela? moi qui tiens d'habitude mon verre droit.

— Eh bien, et cet étranger?

— Eh bien, il avala gibier et ragoût comme si c'eût été du bœuf ou du mouton de printemps. Jamais je n'ai vu ourson si mal léché; il ne savait pas plus ce qu'il mangeait qu'un sauvage. Nous prîmes la liberté d'assaisonner un peu son vin pour le débarrasser de son paquet de lettres; et le dadais partit, le lendemain matin, avec un paquet adroitement bourré de papier gris. Ned voulait le garder auprès de lui pour en faire un témoin; mais le garçon ne se chauffe pas de ce bois.

— Et comment prouveras-tu l'authenticité de ces lettres?

— Vous en êtes là, Milord! Nous n'avons laissé partir le moineau qu'avec une ficelle à la patte; nous le rattraperons quand nous voudrons.

— Tu tournes au Machiavel, Chiffinch. Et si l'enfant s'était rebiffé? J'ai ouï dire que ces gens du Pic ont la tête chaude et le bras fort.

— Nous avions pris nos précautions: les pistolets pouvaient aboyer, mais ils ne pouvaient mordre.

— Ah! précieux Chiffinch, tu es devenu, je le vois, un rusé filou: tu sais voler un homme, et au besoin l'escamoter.

— Filou! que signifie ce terme? M'est avis qu'il y a là de quoi mettre flamberge au vent.

— Tu n'y entends rien; on peut filouter une fois sans être filou de profession.

— Mais non pas sans tirer à un écervelé, dit Chiffinch en se levant, un peu de sang noble, ou quelque chose d'approchant teinté en rouge.

— Bah! tout cela a sa raison sans être suivi de ces terribles conséquences, et tu en conviendras demain à ton retour en Angleterre.

Pour le moment, tu es en Champagne et, afin que tu ne l'oublies pas, je bois ce dernier coup qui doublera ton bonnet de nuit.

— Je ne refuse pas de trinquer; mais c'est une rasade de colère et un gage de bataille. Demain, au point du jour, je vous parlerai à la pointe de l'épée, seriez-vous le dernier des Saville. Mordieu! croyez-vous que je vous craigne, parce que vous êtes un lord?

— Non, parbleu; tu ne crains que les fèves au lard, arrosées de petite bière. Adieu, aimable Chiffinch! Va te coucher, cher ami, va te coucher!

Sur cette invitation, le jeune lord prit une lumière et quitta la salle.

Chiffinch, dont le dernier coup de vin avait presque noyé la raison, eut tout juste assez de force pour gagner la porte, en marmottant : « Oui, nous irons sur le terrain... au point du jour... Dieu me damne ! nous y sommes..., c'est l'aurore... Non, c'est le feu qui donne sur ce volet rouge... Ah! ça, l'on dirait que je suis gris... Cela doit venir de l'auberge... l'odeur de l'eau-de-vie qui me porte à la tête... car pour le vin que j'ai bu... Allons, ferme! »

De zigzag en zigzag, il finit par sortir à son tour, laissant Peveril en proie aux réflexions sur les choses extraordinaires qu'il venait d'entendre.

Le nom de Chiffinch, le ministre bien connu des plaisirs de Charles II, était bien approprié au rôle qu'il semblait jouer dans cette intrigue; mais que celui d'Édouard Christian, qu'il avait toujours regardé comme un puritain aussi austère que son beau-frère Bridgenorth, fût mêlé à un complot infâme, cela lui paraissait à la fois monstrueux et contre nature. L'étroite parenté pouvait aveugler Bridgenorth et le justifier d'avoir confié sa fille à un tel homme; mais quel misérable devait être celui qui, de sang-froid, méditait un si honteux abus de confiance!

Doutant s'il devait croire un instant à tout ce qu'avait débité Chiffinch, Julien se hâta d'examiner son paquet de lettres, et s'aperçut que la peau de veau marin qui les avait enveloppées ne contenait plus qu'une égale quantité de papiers insignifiants. S'il avait eu besoin d'une preuve de plus pour se convaincre, le coup de pistolet tiré contre le major lui en eût servi, en lui démontrant qu'on avait touché à ses armes; son second pistolet était encore chargé, mais on en avait retiré la balle.

« Puissé-je périr dans ce dédale de scélératesses, se dit-il, si tu n'es mieux chargé, si tu ne me sers plus utilement! Le contenu de ces lettres trouvées sur moi peut perdre ma bienfaitrice, causer la ruine de mon père, et me coûter la vie à moi-même, ce dont je me soucie le moins; tout cela forme la trame des machinations ourdies contre l'honneur et le repos d'une créature si chaste, que c'est presque un crime de songer à elle sous le même toit que ces abominables coquins. Il faut qu'à tout prix je rattrape ces lettres. »

L'hôte entra en ce moment. Après s'être excusé de sa longue absence et avoir offert à Peveril quelques rafraîchissements, il l'engagea sans façon à venir établir son quartier de nuit dans un grenier qu'il partagerait avec son camarade. Au point du jour, Julien éveilla son fidèle serviteur et lui expliqua le projet qu'il avait formé de rentrer en possession des papiers volés. Lance, qui avait écouté avec beaucoup d'attention, commença par se frotter les épaules et se gratter la tête, et finit par accoucher de la résolution suivante :

— La tante a raison avec son vieux proverbe :

> Qui sert Peveril n'est pas manchot
> Ni pour le froid ni pour le chaud.

Elle dit aussi, la bonne femme : « Quand un Peveril est sur le gril, un Outram est dans la poêle. » Par ainsi, ne craignez pas une reculade : je tiendrai ma place auprès de vous, ainsi que mes pères ont fait auprès des vôtres, depuis quatre générations et plus.

— C'est parler en brave Outram, dit Julien, et si nous n'avions sur les bras cette poupée de lord et sa suite, à nous deux les trois autres ne feraient qu'une bouchée.

— Il paraît que le milord et ses gens de pain d'épice doivent partir ce matin pour aller aux courses de Tutbury.

On entendit un bruit de chevaux dans la cour et, par une lucarne du grenier, ils virent les domestiques de lord Saville rangés en bon ordre. Le seigneur lui-même sortit en disant à une espèce de majordome : « Jérémie, voici mes lettres. Chargez-en un de ces marauds; qu'il les porte à Londres au triple galop et qu'il les remette à leur adresse. Les autres vont me suivre. » En effet, tandis que le courrier s'éloignait d'un côté, lord Saville et le reste de ses gens partaient dans une direction opposée.

Trois grandes heures plus tard, Chiffinch entra dans la salle où avait eu lieu le souper de la veille. Il était en robe de chambre de brocart, et portait un bonnet de velours vert, garni de la plus riche dentelle de Bruxelles. Il paraissait n'être qu'à demi éveillé, et ce fut d'une voix pâteuse qu'il demanda un verre de petite bière. Son air et sa contenance étaient ceux d'un homme qui avait lutté rudement la veille avec Bacchus, et qui se trouvait à peine remis des fatigues de son combat avec ce dieu jovial. Lance, qui avait été chargé par son maître d'épier tous les mouvements de Chiffinch, lui présenta le breuvage rafraîchissant, ayant donné pour prétexte à l'hôte qu'il était curieux de voir un seigneur de Londres en robe de chambre et en bonnet de nuit.

Chiffinch n'eut pas plutôt vidé le verre qu'il demanda où était lord Saville.

— Sa Seigneurie est partie à cheval à la pointe du jour, répondit Lance.

— Comment diable! s'écria Chiffinch; c'est tout au plus si cela est poli. Quoi! parti pour les courses avec tout son monde?

— Oui, hormis un seul que Sa Seigneurie a dépêché à Londres avec des lettres.

— J'y vais aussi à Londres; il le sait bien, et aurait pu s'épargner cette peine... Eh! mais... un moment... cela me revient... Diable! est-ce que j'aurais bavardé?... Oui, oui... ça me revient tout à fait... J'ai bavardé! et devant le courtisan le plus adroit à vous tirer les vers du nez. Malédiction! Il ne faut pas que son messager arrive; je mettrai des bâtons dans les roues. Holà! garçon, appelle mon domestique.

Lance obéit, mais ne manqua pas de rester dans la salle, pour écouter ce qui allait se passer entre le maître et le valet.

— Écoute ici, Tom, dit Chiffinch. Voici d'abord cinq guinées pour toi. Monte à cheval, route de Londres, et va un train d'enfer. Il s'agit de rattraper le jockey de lord Saville; estropie sa bête, romps-lui les os, fais-le boire comme un trou, emploie tous les moyens possibles pour l'empêcher de continuer son voyage.

Informé de l'heureux incident qui venait de réduire la suite de Chiffinch à un seul homme, Julien ordonna qu'on préparât les chevaux ; puis, dès que Chiffinch et son favori Chaubert se furent mis en route, il partit à son tour, et les suivit de loin, sans les perdre de vue, jusqu'à ce qu'il eût atteint un endroit favorable à l'entreprise qu'il méditait. Sa première intention était de pousser en avant pour tomber sur Chiffinch, pendant que Lance, resté en arrière, devait attaquer le roi des broches et des casseroles. Mais ce plan supposait que le maître et le serviteur voyageraient à la manière ordinaire, c'est-à-dire celui-ci à quelques pas derrière le premier. Il arriva tout le contraire. Leur entretien roulait sur des sujets si intéressants, que, sans égard pour l'étiquette, ils marchaient amicalement côte à côte, se livrant sur les mystères de la table à une conversation que le dieu Comus ou un gastronome moderne eût écoutée avec plaisir.

Il était donc nécessaire de les surprendre tous les deux en même temps.

En conséquence, sitôt qu'ils virent devant eux une grande étendue de terrain qui n'offrait pas la moindre apparence d'homme ou d'habitation humaine, ils commencèrent à presser l'allure de leurs bêtes, mais prudemment, sans affectation, pour ne point donner l'alarme. De cette manière, ils franchirent peu à peu la distance qui les séparait des deux causeurs, et ils en étaient à une cinquantaine de pas, quand Julien, craignant d'être reconnu, donna à son compagnon le signal de l'attaque.

Au bruit soudain de cette galopade, Chiffinch se retourna ; mais il n'eut pas le temps d'en faire davantage, car Lance, qui avait donné un coup d'éperon à son bidet, meilleur coureur que celui de Julien, se jeta sans cérémonie entre le courtisan et son cuisinier, et renversa celui-ci et sa monture. Chaubert, tout en lâchant une kyrielle de jurons français, roula dans la poussière, pêle-mêle avec les ustensiles de son métier, qui s'échappèrent du sac où il les avait mis. Lance, sautant à terre, commanda à son ennemi de ne point bouger, sous peine de mort au moindre mouvement.

De son côté, Julien, qui avait arrêté d'une main le cheval de Chiffinch par la bride, lui présenta de l'autre un pistolet, en lui faisant les mêmes menaces. Malgré ses mœurs efféminées, Chiffinch ne manquait pas de courage.

— Coquin, dit-il d'un ton ferme, vous m'avez pris à l'improviste. Si vous êtes un voleur, voici ma bourse. Ne nous faites pas de mal et épargnez le sac à la cuisine.

— Monsieur Chiffinch, répondit Julien, ce n'est pas le moment de plaisanter. Je ne vole pas sur les chemins, je suis un homme d'honneur. Rendez-moi le paquet de lettres que vous m'avez dérobé l'autre nuit, ou, par ce qu'il y a de plus sacré, je vous envoie à travers le corps une couple de balles, et je fouillerai vos poches à mon aise.

— Quelle nuit? quel paquet? demanda l'autre, qui cherchait à gagner du temps. Je ne sais ce que vous voulez dire. Si vous êtes homme d'honneur, laissez-moi dégaîner et je vous ferai raison comme il arrive entre gentilshommes.

— Oh! vous ne m'échapperez pas, faquin! Vous m'avez volé quand vous aviez l'avantage sur moi; à présent qu'il est de mon côté, je ne serai pas assez fou pour n'en pas profiter. Rendez-moi le paquet; ensuite, si vous le voulez, nous combattrons à armes égales. Mais d'abord, les lettres, ou à l'instant je vous envoie dans un lieu où votre conduite en ce monde ne sera pas facile à justifier.

Le ton menaçant de Peveril, le feu de son regard, et le pistolet chargé qu'il braquait à quelques pouces de sa poitrine convainquirent Chiffinch qu'il n'avait pas d'autres conditions à espérer, ni de temps à perdre. Il mit donc la main dans une des poches de son habit, et en tira, avec une répugnance marquée, les dépêches de la comtesse.

— Il y en a cinq, dit Julien, et vous ne m'en rendez que quatre. Votre vie dépend d'une restitution pleine et entière.

— La cinquième avait glissé entre mes doigts, dit Chiffinch, en lui présentant la lettre qui manquait; la voici. Maintenant, Monsieur, vous êtes satisfait, je pense, à moins que vous n'ayez dessein de nous assassiner.

— Vile canaille! tu ne mérites pas de croiser l'épée avec un honnête homme, et cependant, tire la tienne, si tu l'oses, et je consens à te combattre à armes égales.

— Belle égalité, ma foi! l'épée et le pistolet contre une simple rapière, et deux contre un, car Chaubert ne sait pas se battre. Non, Monsieur, je prendrai ma revanche dans une occasion plus favorable et avec des armes plus égales.

— La calomnie ou le poison, sans doute, infâme entremetteur! tels sont tes moyens de vengeance. Retiens bien ceci : je connais tes horribles projets contre une dame trop respectable pour que son nom soit proféré en ta présence. Tu m'as fait une injure et tu vois que je m'en suis vengé. Eh bien, si tu pousses plus loin cette autre scélératesse, je jure de t'écraser comme un reptile venimeux ; compte là-dessus.

Suivi de Lance, il remonta à cheval, et tous deux s'éloignèrent au galop, laissant les vaincus se consoler comme ils le pourraient de leur mésaventure.

CHAPITRE XXVIII.

> C'était un homme si divers qu'il semblait être l'abrégé de toute l'espèce humaine : entêté dans ses idées; toujours dans le faux, ne faisant rien que par caprice, et jamais longtemps. Pendant une seule révolution de la lune, on le voyait tour à tour chimiste, joueur de viole, homme d'État et bouffon ; tantôt s'adonnant aux femmes, tantôt à la peinture, à la musique, au plaisir de boire, et à mille autres fantaisies qui mouraient en naissant.
>
> DRYDEN, *Absalon et Achitophel*.

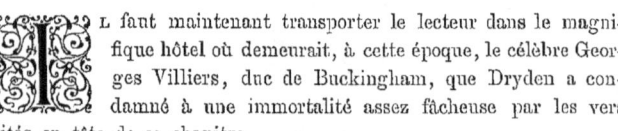L faut maintenant transporter le lecteur dans le magnifique hôtel où demeurait, à cette époque, le célèbre Georges Villiers, duc de Buckingham, que Dryden a condamné à une immortalité assez fâcheuse par les vers cités en tête de ce chapitre.

Parmi les seigneurs qui composaient la cour joviale et licencieuse de Charles II, le duc se distinguait par ses folies et par ses débauches. Toutefois, en dépensant, à la poursuite de frivoles plaisirs, une fortune princière, une forte constitution et des talents de premier ordre, il nourrissait des projets plus profonds et plus étendus ; et, s'il ne put les accomplir, c'est qu'il lui manquait cette fermeté de résolution, cet esprit de suite, si essentiels en toute affaire d'importance, et surtout en politique.

Il était plus de midi, et l'heure habituelle du lever du duc, si l'on peut dire qu'il y eût rien d'habituel chez un homme si désordonné, était passée depuis longtemps. Le vestibule de l'hôtel était plein de laquais et de valets de pied, couverts de livrées brillantes ; les appartements intérieurs étaient encombrés des gentilshommes et des pages de sa maison, vêtus comme des gens de la plus haute distinction, et surpassant, plutôt qu'égalant, sous ce rapport, la magnificence personnelle du maître lui-même. Son antichambre, en particulier, offrait le spectacle d'une troupe d'oiseaux de proie accourus au carnage, si pourtant la comparaison n'est pas trop noble pour désigner cette race méprisable qui, par mille moyens visant un même but, se repaît des besoins d'une grandeur nécessiteuse, contribue aux plaisirs d'un luxe effréné, ou excite les désirs d'une prodigalité extravagante, en imaginant de nouveaux motifs de profusion.

On y voyait le faiseur de projets, à l'air mystérieux, promettant la richesse à qui lui fournirait au préalable la petite somme nécessaire pour changer en or des coquilles d'œufs ; et, plus loin, le capitaine Goéland, entrepreneur de colonies étrangères, portant sous le bras la carte de l'Inde ou celle de l'Amérique, contrées aussi splendides que le Paradis, et n'attendant que les hardis occupants pour l'envoi desquels un généreux patron équiperait deux brigantins et une flûte. Là se tenaient également des joueurs de toute espèce : celui-ci, jeune, léger, gai en apparence, fils de l'esprit et de la folie, ayant l'air plutôt dupe que fripon, mais, au fond, aussi fin, rusé, froid dans ses calculs que ce vieux professeur de la même science, aux traits durs, aux yeux affaiblis par les veilles et par la continuelle occupation de suivre les dés, et dont les doigts agiles secondaient au besoin l'habileté avec laquelle il prévoyait les chances. Les beaux-arts, il faut bien le dire, avaient aussi quelques-uns de leurs représentants parmi cette foule sordide. Le pauvre poète, aux habits râpés, à demi honteux de son rôle, guettait le moment d'offrir sa dédicace ; l'architecte, plus élégant, préparait le plan d'un palais, dont la dépense devait conduire à l'hôpital celui qui le ferait construire ; et, au premier rang, le musicien ou le chanteur favori, qui venait recevoir, en bonne monnaie, le prix des accords qui avaient charmé le souper de la nuit précédente.

Tels étaient, avec beaucoup d'autres encore, les solliciteurs du matin, tous vrais descendants de ces filles de la sangsue, dont le cri continuel est « Donne! donne! »

Mais le lever de Buckingham présentait des personnages très différents, et d'autant de variétés que ses goûts et ses opinions. Outre un grand nombre de jeunes gens nobles ou riches, qui faisaient de Sa Grâce le miroir d'après lequel ils se paraient pour la journée, et qui apprenaient de lui à parcourir, avec élégance et selon la mode, le chemin de la ruine, il y avait des hommes d'État en congé, des espions politiques, des orateurs de l'opposition, des instruments serviles du gouvernement, toutes gens qui ne se rencontraient jamais ailleurs, et qui regardaient l'hôtel du duc comme une espèce de terrain neutre, certains que, s'il n'était pas aujourd'hui de leur opinion, il penserait probablement comme eux le lendemain. Les puritains eux-mêmes ne se faisaient pas scrupule d'avoir des relations avec un homme que ses talents auraient rendu formidable, quand même il n'y eût pas joint un rang élevé et une fortune immense. Plusieurs graves personnages, en habit noir, en manteau court, coudoyaient des élégants couverts de soie et de dentelle. Mêlaient-ils la politique à des discussions d'intérêt? on n'en savait rien, mais on avait remarqué que les juifs, qui, en général, se bornent au métier de prêteurs d'argent, étaient devenus, depuis quelque temps, fort assidus au lever du grand seigneur.

Il y avait donc foule dans l'antichambre, et cela depuis plus d'une heure, quand le gentilhomme de service, se risquant à pénétrer dans la chambre à coucher, soigneusement close de façon à y faire la nuit en plein midi, vint prendre les ordres de Sa Grâce. D'une voix douce et claire, il demanda si le bon plaisir de milord était de se lever.

— Qui est là? quelle heure est-il? répondit milord d'une voix aigre.

— C'est moi, Jerningham. Il est une heure après midi, et Votre Grâce a donné rendez-vous pour onze heures à des gens qui attendent là.

— Quelles gens? que me veut-on?
— Il y a un messager du palais.
— Bah! qu'il se morfonde un peu. Ceux qui font attendre tout le monde gagneront à attendre à leur tour. Si je me rendais coupable d'impolitesse, ce serait plutôt envers un roi qu'envers un mendiant.
— Il y a aussi des messieurs de la Cité.
— Ils m'ennuient; je suis las de leurs momeries sans religion, de leur protestantisme sans charité. Renvoyez-les à Shaftesbury.
— Un jockey de Newmarket.
— Qu'il chevauche le diable! Il a un cheval à moi et des éperons à lui. Qui encore?
— L'antichambre est toute pleine, Milord : des chevaliers, des écuyers, des docteurs, des comtes, des officiers, des ecclésiastiques...
— Donnez-moi ce qu'il faut pour écrire.

Sortant à moitié du lit, passant un bras dans une robe de chambre de brocart garnie de fourrure, et un pied dans une pantoufle de velours, tandis que l'autre se posait nu sur un riche tapis, le duc, sans plus songer à ceux qui attendaient, se mit à écrire quelques vers d'une poésie satirique; puis, s'arrêtant soudain, il jeta sa plume dans la cheminée, en s'écriant qu'il n'était plus en verve. Comme il demandait s'il y avait des lettres pour lui, Jerningham lui en présenta un énorme paquet.

— Peste! dit le duc. Croyez-vous que je vais lire tout cela? Me voilà comme Clarence qui demandait un verre de vin et qui se noya dans un tonneau de malvoisie. Voyez s'il y a là-dedans quelque chose qui presse.

— Cette lettre est relative à l'hypothèque prise sur vos terres du comté d'York.

— Cela regarde mon intendant.

— Il prétend qu'il y a des difficultés.

— Que les usuriers y mettent ordre, et alors il n'y en aura plus. Sur une centaine de domaines, qu'est-ce qu'un de plus ou de moins? Ah! donnez-moi mon chocolat.

— Si Votre Grâce approuve les conditions contenues dans cet écrit, l'intendant répond de l'affaire.

— Il fallait commencer par là, nigaud, dit le duc en signant le papier sans le lire. Encore des lettres? Vraiment, vous m'assassinez.

— Des billets doux, Milord. En voici un qui a été déposé chez le portier par une femme masquée.

— Fi donc! une connaissance de trois mois.

Et il lança le billet en l'air tandis que Jerningham l'aidait à s'habiller.

— Cet autre, reprit le gentilhomme, a été remis à l'un des pages par la soubrette de lady...

Le duc y jeta un coup d'œil.

— Une jérémiade sur le parjure et l'infidélité, un vieil air sans paroles nouvelles. Justement : *homme cruel... serments violés... vindicte céleste*. Signé *Araminte au désespoir*. Repose en paix, belle désespérée. Et celui-ci, comment est-il venu?

— Par la fenêtre; un drôle l'a lancé dans le vestibule et s'est enfui à toutes jambes.

— Le texte en est meilleur; et pourtant c'est encore une vieille histoire, vieille de trois semaines au moins. La petite comtesse au mari jaloux... je n'en donnerais pas une obole, sans ce mari-là... et précisément il est parti pour la campagne. *Ce soir, en silence et toute sûreté. Écrit avec une plume arrachée de l'aile de Cupidon.* Votre Seigneurie lui en a laissé encore assez pour qu'il s'envole. *Pleine de confiance en la fidélité de son Buckingham.* La confiance m'est odieuse chez une jeune personne. Il faut lui apprendre à vivre : je n'irai pas.

— Et si Votre Grâce se reprenait de fantaisie pour elle?

— En ce cas, vous lui jureriez que son billet s'est égaré... Attendez, il me vient une idée : le billet s'égarera dans le grand style. Dites-moi, comment s'appelle ce drôle... le poète? est-il là?

— J'ai vu six individus, qui, d'après leurs rouleaux de papier et leurs habits râpés, Milord, me paraissaient porter la livrée des Muses.

— Toujours poétique, Jerningham! C'est l'auteur de la dernière satire que je veux dire.

— A qui Votre Grâce a promis cinq pièces d'or et des coups de bâton?

— L'argent pour les vers, le bâton pour la louange. Bon! Allez le trouver, baillez-lui les pièces d'or, avec le billet de la comtesse. Ah! prenez aussi celui d'Araminte et tous les autres; fourrez le tout dans son portefeuille. Ils en sortiront au café des Beaux-Esprits; et si celui qui les montrera ne prend pas sous le bâton toutes les couleurs de l'arc-en-ciel, il ne faudra plus croire au dépit des femmes, à la dureté du pommier et à la vigueur du chêne. La rage d'Araminte seule serait un fardeau trop pesant pour les épaules d'un mortel.

— Mais, Milord, ce Settle* est si stupide que rien de ce qu'il écrit ne réussit dans le monde.

— Eh bien, comme nous lui avons donné de l'acier pour armer la flèche, nous lui donnerons des plumes pour la garnir; quant au bois, il en trouvera bien assez sur sa tête. Cherchez la satire que j'ai commencée; vous la lui remettrez avec les lettres, et que, du tout, il fasse ce qu'il pourra.

— On reconnaîtra le style de Votre Grâce, de même que le nom de toutes ces belles dames, bien que leurs lettres soient sans signature.

— Eh! je ne cherche pas autre chose, tête sans cervelle. Avez-vous si longtemps vécu près de moi sans savoir que l'éclat d'une intrigue vaut mieux pour moi que tout le reste?

— Et le danger, Milord? Il y a des maris, des frères, des amis dont la vengeance peut s'éveiller...

— Et se rendormir sous les coups. N'ai-je pas Black Will et son gourdin pour mâter les mécontents du commun? Ceux de qualité, je m'en charge.

— Mais...

— Taisez-vous, niais! Votre petit esprit ne peut atteindre l'envergure du mien. Je voudrais que ma vie s'écoulât comme un torrent, et, au lieu de victoires faciles, rencontrer des obstacles pour les renverser dans ma course irrésistible.

Un autre gentilhomme du duc entra dans la chambre.

— Je prie humblement Votre Grâce de m'excuser, dit-il; mais

---

* Poète médiocre, que l'envie opposait à Dryden.

M. Christian demande avec tant d'insistance à être introduit, que je suis obligé de venir prendre vos ordres.

— Dites-lui de revenir dans trois heures. Le diable soit de cette caboche politique, qui voudrait faire danser tout le monde au son de sa flûte!

Au même instant parut Christian; quoique un peu mieux vêtu, il avait toujours l'air sans gêne, la tournure commune, le ton d'indifférence et de calme qui avaient frappé Julien Peveril dans ses différentes rencontres.

— Grand merci du compliment, Milord duc, dit-il en entrant. Je viens précisément dans l'intention de jouer de la flûte, et vous pourrez en profiter pour danser, si bon vous semble.

— Sur ma parole, maître Christian, dit Buckingham avec hauteur, ce qui vous amène est donc bien grave pour bannir ainsi tout cérémonial entre nous? S'il s'agit de notre dernier sujet de conversation, nous en reparlerons une autre fois; je suis occupé. Et se tournant vers Jerningham, il ajouta : Cherchez l'homme que vous savez et faites-lui ma commission.

— Tout cela est bel et bien, Milord, reprit Christian, en s'installant dans un fauteuil, à quelque distance; mais la légèreté de Votre Grâce n'est pas de force à lutter avec mon humeur longanime. Il est nécessaire que je vous parle, et j'attendrai ici le loisir de Votre Grâce.

— A merveille, Monsieur. Quand un mal est inévitable, mieux vaut s'en débarrasser au plus vite; c'est à moi de prendre des mesures pour en éviter le retour. Voyons donc ce que vous avez à me dire.

— J'attendrai que la toilette de Votre Grâce soit terminée, dit Christian avec son imperturbable sang-froid; ce que j'ai à dire doit rester entre nous.

— Retirez-vous, Jerningham, et ne vous éloignez pas. Laissez mon habit sur le canapé... Encore ce drap d'argent! Je l'ai porté cent fois.

— Deux fois seulement, ne vous déplaise.

— C'est tout comme... Gardez-le pour vous, ou donnez-le à mon valet de chambre, si cela humilie vos quartiers de noblesse.

— Votre Grâce, répondit le gentilhomme avec reconnaissance, a fait porter ses habits de rebut à de plus grands personnages que moi.

— Tu es méchant, Jerningham; dans un sens, cela est vrai, et cela peut arriver encore. Tiens, voilà un habit couleur de perle qui m'ira fort bien avec la jarretière et le ruban de Saint-Georges. Va-t'en maintenant... A nous deux, Monsieur Christian; j'attends votre bon plaisir.

— Votre Grâce, dit Christian, est si fort occupée d'étendre ses conquêtes parmi les dames et les gens d'esprit qu'elle a peut-être perdu de vue la petite île de Man.

— Pas le moins du monde. Je me souviens très bien que Fairfax, mon Tête Ronde de beau-père, avait obtenu du Long parlement la concession de cette île; et il fut assez âne pour y renoncer à la restauration, tandis que, s'il l'avait retenue dans ses griffes, il l'aurait conservée pour lui et sa postérité. Quelle chose rare d'avoir à soi un petit royaume, d'y faire des lois, de nommer son grand chambellan!

C'est un rôle auquel la moitié d'un jour m'eût suffi pour dresser Jerningham.

— Vous auriez pu faire cela et plus encore.

— Par exemple, tu serais devenu le Jack Ketch * de mes États.

— Moi! dit Christian, d'un ton qui marquait plus de surprise que de mécontentement.

— Oui, certes. N'as-tu pas sans cesse comploté contre la vie de cette pauvre vieille qui habite là-bas? Ton royaume, à toi, serait la vengeance.

— Je ne réclame que justice contre la comtesse.

— Et le but de la justice est toujours le gibet.

— Soit! Eh bien, la comtesse est du complot.

— Que le complot s'en retourne au diable qui l'a inventé! Voilà des mois que je n'entends parler d'autre chose.

— Alors Votre Grâce est décidée à renoncer aux avantages qui peuvent en sortir? Si la maison de Derby tombe en forfaiture, la concession faite à Fairfax reprend vigueur, et vous devenez le souverain maître de Man.

— Du chef de ma femme. Après tout, elle me doit du retour, la pieuse dame, pour m'avoir fait passer la première année de notre mariage près de son vieux et revêche puritain de père.

— Dois-je en conclure, Milord, que vous êtes disposé à employer votre crédit contre la maison de Derby?

— Puisqu'elle est en possession illégale du royaume de ma femme, elle ne saurait attendre de moi aucune faveur. Mais il y a au palais de Whitehall, tu le sais, un crédit supérieur au mien.

— Simple tolérance de votre part.

— Non, non, cent fois non! s'écria le duc. Cette vile courtisane, la duchesse de Portsmouth, s'est mise impudemment à me contrecarrer, et Charles, en pleine cour, m'a regardé de travers et m'a parlé sec. Ah! s'il pouvait seulement se douter d'où vient son aversion pour moi! Patience! je lui arracherai ses plumes, ou mon nom n'est pas Villiers. Une misérable fille de joie me braver ainsi!... Tu as raison,

---

* Sobriquet du bourreau.

Christian : nulle passion n'est plus vivace que l'amour de la vengeance. J'appuierai le complot, ne fût-ce que pour la faire enrager, et je mettrai le roi dans la nécessité de l'éloigner.

Tout en parlant, Buckingham s'était peu à peu emporté jusqu'à la colère; il parcourait la chambre à grands pas, gesticulant avec véhémence, comme s'il n'avait eu d'autre objet en vue que de dépouiller la duchesse de son crédit et de sa faveur auprès du roi. Christian sourit intérieurement, en le voyant approcher de la situation d'esprit où il était aisé de le mettre; et prudemment il garda le silence.

— Eh bien, Monsieur l'oracle, dit le duc en l'apostrophant, vous qui avez forgé tant de projets pour supplanter cette louve de France, où en sont à présent toutes vos machinations? Où est cette beauté radieuse qui doit, au premier abord, fasciner les yeux du souverain? Chiffinch l'a-t-il vue? Qu'en dit ce grand connaisseur en beauté et en cuisine, en femmes et en vins?

— Il l'a vue, et il en est satisfait; mais il n'a pas encore causé avec elle, et son langage répond à tout le reste de sa personne. Je l'ai amenée hier à Londres; aujourd'hui, je compte lui présenter Chiffinch, à l'instant même de son arrivée, et je l'attends d'un moment à l'autre. La seule chose qui m'inquiète, c'est la vertu farouche de la demoiselle; car elle a été élevée à la mode de nos grand'mères; nos mères s'y entendaient mieux.

— Quoi! belle, jeune, spirituelle et si difficile! Avec votre permission, vous me présenterez à elle aussi bien que Chiffinch.

— Pour que Votre Grâce la guérisse de son intraitable modestie?

— Je veux lui apprendre à se montrer dans son jour. Les rois n'aiment pas à jouer le rôle d'amoureux solliciteurs, et laissent à d'autres le soin d'abattre le gibier.

— N'en déplaise à Votre Grâce, cela ne se peut. *Non omnibus dormio;* Votre Grâce connaît cette allusion classique. Si cette jeune fille devient la maîtresse du prince, le rang dore la honte; mais elle ne baissera pavillon que devant une Majesté.

— Tes soupçons sont absurdes; je plaisantais. Crois-tu que j'irais

déranger un plan tel que le tien, et qui est tout à mon avantage?
Christian sourit et secoua la tête.

— Milord, dit-il, je vous connais aussi bien, mieux peut-être que vous ne vous connaissez vous-même : déranger une intrigue bien concertée, par une contremine de votre invention, vous ferait plus de plaisir que de l'amener à un dénouement heureux en suivant les idées d'autrui. Mais Shaftesbury et tous ceux qui y sont intéressés sont résolus à protéger l'entreprise. Nous comptons donc sur votre concours; et, pardon si je vous parle ainsi, nous ne souffrirons pas que votre légèreté et votre inconstance nous suscitent des obstacles.

— Qui? moi! inconstant et léger? Je ne suis pas moins résolu qu'aucun de vous à renverser la favorite et à pousser le complot papiste; les deux choses que je désire le plus au monde. Où voit-on personne jouer l'homme d'affaires comme moi, quand cela me plaît, jusqu'à l'art d'enfiler et d'étiqueter ma correspondance? Je suis réglé comme un notaire.

— Vous avez reçu une lettre de Chiffinch; il m'a dit vous avoir écrit au sujet de certaines choses qui se sont passées entre lui et le jeune lord Saville.

— Oui, oui, répondit le duc en fouillant dans ses papiers. Je n'ai pas cette lettre sous la main; je n'y ai jeté qu'un coup d'œil, à cause d'une affaire qui m'occupait; mais elle est là, sûrement.

— Vous auriez dû agir en conséquence. L'imbécile s'est laissé tirer les vers du nez, et il vous priait de faire en sorte que le messager de lord Saville ne pût arriver jusqu'à la duchesse avec les dépêches qui dévoileraient tout notre mystère.

Le duc prit l'alarme et sonna. Jerningham s'étant présenté :

— Où est la lettre, lui demanda-t-il, que j'ai reçue de M. Chiffinch il y a deux heures?

— Si elle n'est pas parmi celles que Votre Grâce a devant elle, je n'en sais rien, répondit Jerningham; je n'en ai pas vu arriver d'autre.

— Vous mentez, vaurien! Qui vous a permis d'avoir une mémoire meilleure que la mienne?

— Si Votre Grâce me pardonne de le lui rappeler, elle se souviendra qu'elle a ouvert à peine une lettre cette semaine.

— A-t-on jamais vu maraud plus contrariant? Il pourrait servir de témoin dans le complot. Voilà, par sa maudite déposition, ma réputation d'homme exact à vau l'eau!

— Du moins, fit observer Christian, les talents et la capacité de Votre Grâce restent incontestables, et c'est là ce qu'il faut déployer pour vous-même et pour vos amis. Laissez-vous conseiller : allez au plus vite à la cour et préparez les voies à l'impression que nous désirons faire. Si Votre Grâce peut prendre les devants et insinuer quelques mots contre Saville, ce sera parfait. Avant tout, occupez l'oreille du roi : c'est une tâche où vous n'avez point de rival; et laissez à Chiffinch le soin de captiver son cœur par un objet convenable... Passons à autre chose. Il y a une vieille caboche de Cavalier qui se démènerait comme un diable en faveur de la comtesse de Derby; on le garde à vue, et toute une volée de témoins le suit à la piste.

— C'est le cas de répéter : « Attrape-le, Topham! »

— Topham ne l'a pas manqué, Milord. De plus, il y a un jeune damoiseau, fils dudit Cavalier, élevé chez la comtesse, et qu'elle a chargé de messages pour le provincial des jésuites et pour d'autres personnes de Londres.

— Comment nommez-vous ces deux individus?

— Sir Geoffroy Peveril, de Martindale, au comté de Derby, et son fils Julien.

— Eh! quoi, Peveril du Pic? un ancien Cavalier qui jurait et se battait comme pas un; qu'on trouvait toujours où il pleuvait des coups, un des braves de Worcester! Et vous voulez le perdre? Je n'y consentirai pas, Christian. Votre meute de coquins a pris le change; il faut la corriger à coups de fouet, entendez-vous? les fouailler sans merci, et c'est ce qui les attend si jamais la nation vient à ouvrir les yeux.

— Cependant, il est de la dernière importance, pour la réussite de notre projet, que Votre Grâce se tienne quelque temps entre eux et la faveur royale. Le jeune a sur la demoiselle une influence qui ne serait guère favorable à nos visées; en outre, elle a un père qui estime ce blanc-bec autant qu'il peut estimer quiconque n'est pas, comme lui, féru de puritanisme.

— A merveille, très chrétien Christian, vous m'avez donné vos ordres tout au long. Je tâcherai de boucher les terriers ouverts sous le trône, afin qu'il ne soit pas possible aux gens en question de s'y loger. Quant à la belle, je dois laisser à Chiffinch et à vous le devoir de la préparer à ses hautes destinées, puisqu'on ne peut s'en fier à moi. Adieu, très chrétien Chritian!

Le duc le suivit des yeux et s'écria quand la porte fut fermée :

— Vil et damné coquin! Mais ce qui m'indigne le plus, c'est sa froide insolence : « Votre Grâce fera ceci, Votre Grâce daignera faire cela... » La jolie marionnette que je serais, ma foi, si j'acceptais dans leur pièce le second, ou plutôt le troisième rôle! Non, non; ils marcheront tous à ma guise, ou je me campe en travers. En dépit d'eux, je dénicherai cette fille, et alors nous verrons si l'affaire a quelque chance de succès. S'il y en a, elle sera à moi, corps et âme, avant d'appartenir au roi, et j'aurai sous mes ordres celle qui dirigera Charles!... Jerningham!

A cet appel, le gentilhomme entra.

— Qu'on suive Christian aujourd'hui et demain, sans le perdre un instant de vue, et qu'on sache où il va voir une donzelle qui vient d'arriver à Londres. Vous souriez?

— Je songeais à la rivale qu'allaient avoir Araminte et la petite comtesse.

— A vos affaires, impertinent... Pensons un peu à l'état des miennes. Subjuguer une puritaine, future maîtresse du roi, la perle des beautés de l'Ouest : voilà le premier point. Châtier l'impudence de ce chien de Christian, rabaisser l'orgueil de madame la duchesse, favoriser ou déjouer une importante intrigue politique, suivant le parti que j'en pourrai tirer pour ma gloire : voilà le second. Je demandais tout à l'heure à m'occuper : je suis servi à souhait; mais Buckingham tiendra la barre et saura gouverner contre vent et marée.

CHAPITRE XXIX.

Rappelle-toi bien cela, Bassanio : le diable peut, dans son
intérêt, invoquer l'Écriture.
SHAKESPEARE, <i>le Marchand de Venise.</i>

PRÈS avoir quitté la somptueuse demeure du duc de Buckingham, Christian, plein des projets si odieusement perfides qu'il méditait, se hâta d'aller dans la Cité, où un rendez-vous imprévu, dans une hôtellerie décente, tenue par une presbytérienne, l'appelait près de Ralph Bridgenorth.

Le major était arrivé le matin, et l'attendait avec impatience. Son visage sévère était encore assombri par l'inquiétude; il s'éclaircit à peine quand Christian lui eut donné sur la santé d'Alice les nouvelles les plus satisfaisantes, entremêlées naturellement et sans affectation d'éloges sur sa beauté, éloges qui devaient flatter l'oreille d'un père.

Mais Christian avait trop de tact pour s'étendre sur ce sujet, quelque agréable qu'il fût; il s'arrêta juste au point où l'on pouvait supposer qu'un bon parent en avait dit assez.

— La dame chez qui j'ai placé Alice, dit-il, est charmée de son air et de ses manières, et répond de son bonheur et de sa santé. Avez-vous si peu de confiance en votre frère pour être accouru en toute hâte, ce qui contrarie le plan que nous avions formé ensemble? Croyez-vous que votre présence était utile à la protection d'Alice?

— Frère Christian, répondit Bridgenorth, il faut que je voie mon enfant; il faut que je voie la personne à qui elle a été confiée.

— Dans quelle intention? L'excès d'affection paternelle a été un piège pour le salut de votre âme, vous en êtes souvent convenu avec moi. Que dis-je ! plus d'une fois, vous avez été sur le point de renoncer au grand dessein qui doit placer la droiture sur les marches du trône, et cela parce que vous désiriez satisfaire l'enfantine passion de votre fille pour ce rejeton de votre ancien persécuteur, pour Julien Peveril.

— Je l'avoue, j'aurais donné et je donnerais encore le monde entier pour presser ce jeune homme sur mon sein et l'appeler mon fils. Le naturel de sa mère brille dans ses yeux, et sa démarche fière est celle de son père, lorsque chaque jour il venait soulager ma douleur, en disant : « La petite va bien. »

— Ralph Bridgenorth, je te parlerai avec la sincérité d'un ami. Ne songe pas à servir deux maîtres, la bonne cause et Baal. Cède, si cela te plaît, à ton affection charnelle : appelle ce Julien Peveril dans ta maison et fais-lui épouser ta fille. Pense aussi à la réception qui l'attend auprès de cet homme plein d'orgueil, dont l'âme, même à présent, est aussi peu abattue par la captivité qu'elle l'était lorsque l'épée des saints triomphait à Worcester. Vois ta fille prosternée à ses pieds, repoussée avec mépris...

— Christian, interrompit le major, tu me presses bien vivement; mais tu le fais par amitié, mon frère, et je te le pardonne. Alice ne sera jamais repoussée avec dédain. Mais cette amie... cette dame... Tu es l'oncle de mon enfant, Christian; tu es, après moi, celui qui doit avoir pour elle le plus de tendresse; néanmoins, tu n'es pas son père, tu n'as pas les craintes d'un père. Es-tu sûr de la moralité de la femme à qui tu as confié ma fille?

— Suis-je sûr de la mienne propre? Suis-je sûr que mon nom est Christian et le vôtre Bridgenorth? Est-on jamais sûr de rien? N'ai-je pas demeuré plusieurs années en cette ville? Ne connais-je pas cette cour? Est-il probable que l'on me trompe? Car vous ne craignez pas, je présume, que je vous trompe moi-même.

— Tu es mon frère, tu es la chair et les os de la sainte que j'ai perdue, et je suis décidé à m'abandonner à toi dans cette affaire.

— Tu fais bien; et qui sait quelle récompense t'est réservée? Je ne puis regarder Alice sans avoir l'esprit fortement pénétré de l'idée que le ciel destine à quelque grande œuvre une créature si fort au-dessus des femmes ordinaires. L'intrépide Judith délivra Béthulie par son courage; et les traits charmants d'Esther en firent la sauvegarde et la protectrice de son peuple sur la terre de captivité, lorsqu'elle eut attiré les regards bienveillants d'Assuérus.

— Que la volonté du ciel s'accomplisse sur elle! dit Bridgenorth. Et maintenant dis-moi quels progrès a faits la grande œuvre.

— On est fatigué de l'iniquité de cette cour, dit Christian; et si cet homme veut continuer de régner, il lui faudra appeler dans ses conseils des gens d'une autre trempe. L'alarme excitée par les infernales manœuvres des papistes a réveillé les âmes et ouvert les yeux sur les dangers de l'État. Lui-même (car il abandonnerait femme et frère pour se sauver) n'est pas éloigné d'un changement de politique; quoique nous ne puissions pas voir tout d'abord l'ivraie séparée du bon grain et rejetée de la cour, cependant il y aura assez de gens du parti modéré pour obtenir la concession de cette tolérance universelle pour laquelle nous soupirons depuis si longtemps, comme la vierge pour son bien-aimé. Le temps et l'occasion ouvriront la voie à une réforme plus complète, et nous verrons s'accomplir, sans tirer le glaive, ce que nos amis ne parvinrent pas à établir sur des fondements durables, même alors qu'ils avaient dans les mains des armes victorieuses.

— Dieu le veuille! car mes scrupules, je le crains, m'empêcheraient désormais de rien faire qui pût de nouveau provoquer la guerre civile; mais bien venu tout ce qui arrivera par des voies pacifiques et légales.

— Oui, ajouta Christian, et bien venu aussi tout ce qui amènera des représailles sévères contre nos ennemis. Combien de temps s'est écoulé depuis que le sang de notre frère crie vengeance du haut des autels! Bientôt Charlotte de la Trémouille, cette cruelle Française, apprendra que ni le laps des années, ni le pouvoir de ses amis, ni le nom de Stanley, ni sa souveraineté de Man, ne peuvent arrêter la marche implacable du vengeur. Son nom sera rayé des listes de la noblesse, et son héritage passera à un étranger.

— Mais, frère Christian, ne mets-tu pas trop d'acharnement dans cette œuvre de haine ? Ton devoir, comme chrétien, est de pardonner à tes ennemis.

— Aux miens sans doute, mais non aux ennemis du ciel, à ceux qui ont répandu le sang des saints ! — Et, en parlant ainsi, la physionomie de Christian s'animait de cette expression violente qui donnait parfois à ses traits insignifiants le seul caractère de passion qu'ils montrassent jamais. — Non, Bridgenorth, poursuivit-il, je regarde ces projets de vengeance comme sacrés, comme un sacrifice propitiatoire pour ce que j'ai pu faire de mal dans ma vie. Je me suis soumis au mépris des orgueilleux, je me suis humilié jusqu'à la condition de valet; mais, dans mon cœur, une voix fière me criait : « Si tu le fais, c'est pour venger le sang de ton frère ! »

— Malgré tout, mon frère, quoique je partage tes vues, et que je t'aie aidé contre la femme moabite, je ne puis m'empêcher de considérer ta vengeance comme plus conforme à la loi de Moïse qu'à la loi de charité.

— Ce langage te sied bien, Ralph Bridgenorth, à toi qui souriais tout à l'heure à la chute de ton ennemi.

— Si vous voulez parler de sir Geoffroy Peveril, cela n'est pas exact. Il est juste qu'il soit abaissé; et, quant à moi, j'ai pu chercher à humilier son orgueil, jamais à ruiner sa maison.

— Vous savez ce qui vous reste à faire, et je rends justice à la pureté de vos principes; toutefois, aux yeux du monde, il y a eu peu de charité dans le magistrat rigide et dans le créancier exigeant que Peveril a trouvé en vous.

— Et moi, frère Christian, répliqua le major, les joues enflammées, je ne doute pas non plus de l'excellence de vos desseins, et je ne nie point l'adresse surprenante avec laquelle vous vous êtes procuré des informations si précises sur la reine de Man. Libre à moi, pourtant, de penser que, dans vos relations avec la cour et les courtisans, vous pouvez, par une politique charnelle et mondaine, altérer le mérite de ces dons spirituels qui vous rendaient autrefois si célèbre parmi nos frères.

— N'appréhendez rien de pareil, dit Christian, recouvrant le sang-froid qu'il avait un peu perdu; travaillons seulement de concert comme nous l'avons fait jusqu'à présent, et l'on trouvera, je l'espère, que chacun de nous a coopéré, en fidèle serviteur, à cette vieille cause pour laquelle nous avons jadis tiré le glaive.

Là-dessus, il prit son chapeau, et, disant adieu à son beau-frère, il lui annonça l'intention de revenir dans la soirée.

— Adieu,

dit Bridgenorth; cette cause aura toujours en moi un partisan sincère et dévoué. J'agirai d'après tes conseils et je ne te demanderai même pas, bien qu'il en puisse coûter à mon cœur, où est ma fille et à qui tu l'as confiée. J'essaierai de me couper la main droite, de m'arracher l'œil droit, afin de les jeter loin de moi. Pour toi, Christian, si tu te conduis en tout ceci autrement que la prudence et l'honnêteté ne l'exigent, Dieu et les hommes t'en demanderont compte.

— Sois sans inquiétude, répondit Christian; et il sortit, agité par des réflexions d'une nature peu agréable.

« J'aurais dû lui persuader de s'en retourner chez lui, pensait-il. Sa seule présence à Londres suffit à déranger le plan d'où dépend ma fortune à venir, oui, et celle de sa fille. Dira-t-on que j'ai été l'artisan de sa perte, quand je l'aurai élevée au poste brillant de la duchesse de Portsmouth, et qu'elle deviendra peut-être mère d'une longue lignée de princes? Si, dans l'entrevue que Chiffinch doit ménager, elle fait impression, ce sera une impression profonde; et une fois maîtresse de l'affection du roi, je ne crains pas qu'on la supplante. Que dira son père? Mettra-t-il, en homme prudent, sa honte dans sa poche, parce qu'elle sera bien dorée? ou jugera-t-il à propos de faire parade d'une fureur morale et paternelle? Ceci est le plus probable. Il a toujours eu des mœurs trop sévères pour s'accommoder d'une telle licence. Mais à quoi aboutira sa colère? Je n'ai pas besoin de me montrer, et ceux qui le feront n'auront pas grand souci du ressentiment d'un puritain de campagne. Au bout du compte, le but auquel je vise est ce qu'il y a de mieux pour lui, pour la petite, et surtout pour moi, Édouard Christian. »

Telles étaient les viles considérations par lesquelles ce misérable cherchait à endormir sa conscience, tandis qu'il travaillait à déshonorer la famille de son ami, et à perdre sa propre nièce. Le caractère de cet homme n'avait pas des origines ordinaires, et c'était par une voie peu commune qu'il en était venu au plus haut point d'égoïsme et d'insensibilité.

Édouard Christian, comme le lecteur s'en doute bien, était le frère de Guillaume Christian, qui avait contribué à faire passer l'île de Man sous l'autorité de la république, et qui, pour ce fait, était devenu victime de la comtesse de Derby. Ils avaient reçu tous deux une éducation puritaine; mais Guillaume ayant embrassé le métier des armes, la sévérité de ses opinions religieuses en fut quelque peu modifiée. Édouard, livré à l'étude du droit, la professait avec une extrême rigueur. Ce n'était là qu'un faux semblant : la régularité extérieure de sa conduite, qui lui avait valu un grand renom et de l'influence dans le parti des *gens graves*, comme s'appelaient entre eux les puritains, cachait des penchants voluptueux, qu'il satisfaisait à la dérobée, avec la jouissance qu'on trouve à savourer le fruit défendu. Tandis donc que sa piété apparente lui procurait des avantages mondains, ses plaisirs secrets le dédommageaient d'avoir à feindre l'austérité. La restauration, et la conduite violente de la comtesse contre son frère, mirent un terme à cette existence à la fois hypocrite et dissolue. Il s'enfuit alors de son île natale, brûlant du désir de venger la mort de Guillaume, seule passion étrangère à son intérêt privé qu'on lui ait jamais connue; encore n'était-elle pas exempte d'égoïsme, puisqu'elle tendait à le rétablir dans ses anciens droits.

Il s'introduisit sans difficulté auprès de Villiers, duc de Buckingham, qui, du chef de sa femme, prétendait à la possession des domaines confisqués sur les Derby et donnés à son beau-père Fairfax par le Long parlement. Le duc jouissait à la cour d'une grande influence, et il l'employa de façon à reléguer dans l'obscurité cette famille de loyaux serviteurs. Mais il était incapable, même dans son intérêt, de suivre le plan de conduite que lui suggérait Christian, et ses tergiversations sauvèrent probablement les restes des vastes domaines du comte de Derby.

Cependant, Christian était un associé trop utile pour être congédié. Devant Buckingham et d'autres hommes de cette trempe, il n'affectait point de cacher le relâchement de ses mœurs; mais, aux yeux du parti nombreux et puissant auquel il appartenait, il savait le déguiser sous une gravité apparente, dont il ne se départait jamais. A cette époque, la cour était séparée de la ville par une ligne de démarcation si profonde, qu'un intrigant pouvait quelque temps jouer deux rôles contraires, comme dans deux mondes différents, sans qu'on s'aperçût dans l'un qu'il se montrait sous un aspect tout opposé dans l'autre. D'ailleurs, lorsqu'un homme de talent est regardé comme un auxiliaire capable et utile, son parti continue à le protéger et à l'accréditer, en dépit du contraste qu'offre sa conduite avec ses principes. En pareil cas, on nie quelques faits, on en pallie quelques autres, et le zèle de parti couvre au moins autant de défauts que la charité envers le prochain.

Édouard Christian avait souvent besoin de l'indulgence partiale de ses amis; mais elle ne lui manquait jamais, car il leur rendait plus d'un service. Buckingham et ses amis, tout dissolus qu'ils étaient dans leur manière de vivre, désiraient, cependant, conserver des rapports avec les puritains, afin de se fortifier d'autant contre leurs adversaires. Christian, passé maître en ce genre d'intrigues, était presque parvenu à établir entre eux une alliance complète.

Au milieu des vicissitudes d'une vie orageuse, pendant laquelle les projets ambitieux de Buckingham et les siens propres lui firent à diverses reprises traverser la mer, Christian se faisait gloire de n'avoir jamais perdu de vue son principal objet, la vengeance qu'il méditait contre la comtesse de Derby. Il entretenait d'étroites et intimes communications avec son île natale, de manière à être parfaitement informé de tout ce qui s'y passait; et il excitait, en toute occasion, la convoitise de Buckingham, pour le déterminer à s'emparer de ce petit royaume en appelant la confiscation sur la tête de celui qui le possédait.

Ce fut seulement lors du prétendu complot des papistes que les projets de Christian parurent enfin aboutir. Aussi ne faillit-il point à exploiter cette circonstance. Il resserra plus étroitement son amitié avec Bridgenorth, et lui fit aisément partager ses idées, inspirées, croyait le major, par l'honneur et le patriotisme. Mais, tandis qu'il flattait le major de l'espoir d'accomplir la réforme de l'État, de mettre un frein à la dissolution de la cour, de soulager la conscience des dissidents de l'oppression des lois pénales, tandis qu'il lui montrait aussi en perspective la vengeance frappant la comtesse de Derby, et humiliant la famille de Peveril, Christian ne négligeait pas non plus de chercher comment il pourrait tirer avantage de la confiance qu'avait en lui son crédule beau-frère.

L'extrême beauté d'Alice, la fortune considérable que le temps et l'économie avaient accumulée dans les mains de son père, en faisaient un parti très désirable, pour réparer la fortune délabrée de quelque habitué de la cour; et il se flattait de pouvoir conduire une semblable négociation de manière à la rendre extrêmement utile à ses propres intérêts. Il vit qu'il persuaderait, sans trop de difficulté, au major Bridgenorth de lui abandonner la surveillance de sa fille. Ce père infortuné s'était accoutumé, dès la naissance d'Alice, à considérer le plaisir de la voir habituellement comme trop mondain pour qu'il pût s'en permettre la jouissance; et Christian eut peu de peine à le convaincre que le désir qu'il éprouvait de la marier à Julien Peveril, en supposant qu'il pût faire adopter à ce jeune homme ses opinions politiques, était un compromis blâmable avec la sévérité de ses principes. Des faits récents avaient appris au major à quel point Débora était incapable de veiller sur un dépôt si précieux, et il accueillit volontiers avec reconnaissance l'offre obligeante que fit l'oncle maternel d'Alice de la placer à Londres, sous la protection d'une dame de qualité.

Dans l'espoir que sa nièce resterait assez longtemps sous sa garde pour mettre son projet à exécution, Christian essaya de préparer les voies en consultant Chiffinch, que son habileté bien connue pour les intrigues de cour rendait propre à donner le meilleur conseil en cette occasion. Mais ce digne personnage étant, de fait, le pourvoyeur des plaisirs de Sa Majesté et, pour cette raison, fort avant dans ses bonnes grâces, pensa qu'il était du devoir de sa charge de suggérer un autre plan que celui sur lequel Christian venait le consulter. Il jugea qu'une jeune fille d'une beauté aussi rare qu'on lui dépeignait Alice était plus digne de partager les affections du joyeux monarque, si bon appréciateur des attraits féminins, que d'épouser quelque gentilhomme ruiné par ses dissipations. Ensuite, rendant parfaitement justice à son propre mérite, il sentit qu'il ne perdrait absolument rien dans l'estime publique, et que sa fortune s'en trouverait fort bien à tous égards si, après avoir un moment régné comme les Gwyn, les Davis, les Robert et tant d'autres, Alice Bridgenorth passait du rang de favorite du roi à l'humble condition de mistress Chiffinch.

Après avoir adroitement sondé Christian, et s'être assuré que la perspective de son propre intérêt l'empêchait de reculer devant cet infâme projet, Chiffinch le lui exposa dans le plus grand détail, se gardant bien toutefois de lui en faire pressentir le dénoûment. Il lui peignit la faveur dont allait jouir la belle Alice, non pas comme un caprice passager, mais comme l'aurore d'un règne aussi long et absolu que celui de la duchesse de Portsmouth, dont l'avarice et le caractère altier paraissaient alors fatiguer le roi.

Ainsi présentée, la pièce que l'on montait n'était plus une manœuvre d'entremetteur de cour, un horrible complot pour la ruine d'une fille innocente; elle devenait une affaire d'État dans le but d'écarter une favorite qui gênait, et d'opérer, par suite, un changement dans l'esprit du roi sur divers objets importants, à l'égard desquels il était influencé par la duchesse de Portsmouth. Ce fut sous ce point de vue que l'intrigue fut exposée au duc de Buckingham, qui, soit pour soutenir sa réputation de hardiesse en fait de galanterie, soit pour satisfaire une fantaisie passagère, avait une fois déclaré son amour à la favorite régnante, et s'était vu repoussé d'une façon qu'il n'avait jamais pu lui pardonner.

Mais une seule intrigue était trop peu de chose pour occuper l'esprit actif et remuant du grand seigneur. On imagina aisément un appendice au complot papiste, de manière à y envelopper la comtesse de Derby, que son caractère et sa religion rendaient très propres à passer, aux yeux de la partie crédule du public, pour complice d'une pareille trame. Christian et Bridgenorth se chargèrent de la tâche périlleuse de l'arrêter jusque dans son petit royaume de Man, et furent, à cet effet, munis de pleins pouvoirs qu'ils ne devaient produire qu'en cas de réussite. Cette tentative échoua, comme nos lecteurs le savent, grâce aux rapides préparatifs que la comtesse fit pour se défendre ; et ni Christian ni Bridgenorth ne jugèrent qu'il fût d'une saine politique d'agir ouvertement, même avec l'autorisation du parlement, contre une dame si peu habituée à hésiter sur l'emploi des mesures les plus décisives pour maintenir sa souveraineté féodale.

En Angleterre, ils n'avaient pas d'opposition à redouter; et Christian était si exactement instruit de tous les mouvements qui avaient lieu dans la petite cour de la comtesse, que Julien eût été arrêté au moment même où il mettait le pied sur le rivage, sans le coup de vent qui obligea le navire à prendre la direction de Liverpool. Christian, sous le nom de

Ganlesse, l'y rencontra fort inopinément, et le sauva de la griffe de Topham et des soi-disant témoins du complot, dans l'intention de se saisir de ses dépêches, ou même, s'il était nécessaire, de sa personne, afin de l'avoir à sa discrétion : entreprise difficile et dangereuse, qu'il préféra de conduire lui-même au lieu d'en laisser la gloire et le profit à des agents subalternes.

Chiffinch, qui avait voulu se convaincre par ses propres yeux des charmes de cette beauté si vantée, s'était rendu tout exprès dans le comté de Derby. Il fut dans l'enchantement quand, après avoir assisté, dans la chapelle des dissidents de Liverpool, à un sermon qui dura deux heures, ce qui lui permit de faire son examen en conscience, il fut amené à conclure qu'il n'avait jamais vu des formes et une figure plus séduisantes. Le témoignage de ses yeux confirmant ce qui lui avait été dit, il s'empressa de retourner à la petite auberge désignée pour le rendez-vous, y attendit Christian et sa nièce avec une entière confiance dans le succès de leur projet, et déploya un appareil de luxe qui devait, selon lui, produire une impression favorable sur l'esprit d'une jeune provinciale. Aussi ne fut-il pas peu étonné en apercevant Christian accompagné de Julien Peveril, au lieu d'Alice Bridgenorth, à qui il espérait d'être présenté le soir même. C'était, en effet, un désappointement assez rude pour lui, qui avait pris sur son indolence de s'aventurer loin de la cour, afin de vérifier, avec son tact supérieur, si Alice méritait réellement les louanges de son oncle, et si c'était une victime digne du sort auquel on la destinait.

Quelques mots échangés entre les deux associés leur suffirent pour concerter le plan d'enlever à Peveril les dépêches de la comtesse, Chiffinch refusant absolument de prendre aucune part à son arrestation ; car il était fort douteux qu'un tel acte fût approuvé de son maître.

Christian avait aussi ses raisons pour s'abstenir d'une démarche aussi décisive ; et la plus forte était que Julien, se rendant au château de son père, devait tout naturellement y être arrêté avec les autres personnes suspectes. En conséquence, loin d'user d'aucune violence envers lui, il prit un ton amical, afin que, paraissant le mettre en garde contre ce qu'il avait à craindre des autres, il ne pût lui-même encourir le soupçon d'avoir participé au vol des dépêches. Cette manœuvre fut exécutée à la faveur d'un narcotique qu'on jeta dans le vin de Julien, et qui le plongea dans un sommeil assez profond pour que les compères fussent à même d'accomplir aisément le larcin.

Chiffinch repartit pour Londres, avec le paquet qu'il importait de remettre promptement à Buckingham. De son côté, Christian se rendit à Moultrassie pour recevoir Alice des mains de son père et la conduire en sûreté à Londres, son compagnon ayant consenti à différer, jusqu'à leur arrivée en cette ville, l'entrevue si désirée qui lui permettrait de la mieux connaître. Avant de se séparer de Bridgenorth, Christian avait usé de toute son adresse pour obtenir de lui qu'il restât à Moultrassie ; il avait même dépassé les bornes de la prudence, au point d'inspirer, par une insistance trop vive, de vagues soupçons, qu'il ne lui fut pas très facile d'écarter. Bridgenorth suivit son beau-frère; et l'on a vu quels moyens adroits Christian mit en jeu, pour l'empêcher de venir traverser davantage les destinées de sa fille.

Néanmoins, Christian, tout en marchant le long des rues, absorbé dans ses réflexions, comprit que son entreprise était entourée de mille dangers; une sueur froide lui couvrait le front, lorsqu'il songeait à la légèreté et au caractère changeant de Buckingham, à la frivolité et à l'intempérance de Chiffinch, aux soupçons de Bridgenorth, un sombre fanatique, mais qui n'en était pas moins intelligent et plein d'honneur.

« Si les instruments dont je dispose, pensait-il, étaient propres à leur tâche, combien il me serait facile de briser les obstacles qui s'opposent à mes desseins! Mais, avec des machines imparfaites, je cours le risque, chaque jour, à chaque heure, à chaque minute, de voir un de mes étais faiblir, et tout l'échafaudage en ruine crouler sur ma tête. Et pourtant, sans les défauts dont je me plains, comment aurais-je acquis sur eux ce pouvoir qui en fait entre mes mains des instruments passifs, même quand ils semblent ne suivre que l'impulsion de leur volonté? Oui, les dévots ont jusqu'à un certain point raison de prétendre que tout est pour le mieux. »

Il peut paraître étrange qu'au milieu de ses divers sujets d'appréhension, Christian n'eût jamais été plus ou moins tourmenté de l'inquiétude que la vertu de sa nièce deviendrait peut-être l'écueil contre lequel il échouerait; mais c'était un scélérat fieffé, un libertin endurci; et, en cette double qualité, il ne croyait nullement à la vertu des femmes.

CHAPITRE XXX.

Quant au roi Charles, j'avoue qu'il ne fit jamais rien de merveilleux; mais c'était un bon vivant, qui perdait gaiement la maison entre une bouteille et sa maîtresse.

John WOLCOT.

ONDRES, le grand foyer des intrigues de toute espèce, réunissait alors, dans son obscure enceinte de vapeurs, la plupart des personnages dont nous avons eu occasion de parler.

Julien Peveril, entre autres acteurs du drame, avait pris domicile dans une auberge écartée, située au fond d'un faubourg. Ce qu'il avait de mieux à faire, selon lui, était de garder l'incognito jusqu'à ce qu'il eût eu une entrevue particulière avec les amis en état de venir en aide à ses parents et à sa protectrice. Le plus puissant était le duc d'Ormond, dont les fidèles services, le haut rang, la vertu et le mérite conservaient encore un certain ascendant. Par malheur, il ne se trouvait pas à Londres. Venait ensuite un certain capitaine Barstow, jésuite déguisé, dont le nom réel était Fenwicke, qui devait se trouver, ou dont on devait savoir la demeure chez un nommé Martin Christal, dans ce qu'on appelait « la Savoie ».

Cet édifice antique et presque en ruines occupait une partie de l'emplacement où se trouvent aujourd'hui, dans le Strand, les bureaux publics de Sommerset-House. La Savoie avait été jadis un palais, et tirait son nom d'un comte de Savoie, qui l'avait fait bâtir. Elle avait servi d'habitation au prince Jean de Gand et à plusieurs personnes de distinction; ensuite, elle avait été transformée en couvent, puis en hôpital; et enfin, au temps de Charles II, ce n'était plus qu'un amas de bâtiments tombant de vétusté, principalement habités par ceux que leurs relations ou leur emploi appelaient au palais voisin de Sommerset. Plus heureux que la Savoie, Sommerset-House n'avait pas perdu son titre royal, et servait de résidence à une partie de la cour, quelquefois au roi lui-même, qui y avait des appartements.

Ce fut après bien des recherches et plus d'une méprise qu'au bout d'un long et obscur corridor, dont le plancher était si usé par le temps qu'il menaçait de céder sous les pieds, Julien déchiffra, sur une porte vermoulue, le nom de Martin Christal, courtier et huissier priseur. Il allait frapper quand il se sentit tiré par son manteau; en se retournant, il aperçut, non sans un saisissement, la jeune muette qui l'avait suivi pendant une partie de la traversée, lors de son départ de l'île de Man.

— Fenella! s'écria-t-il, oubliant qu'elle ne pouvait l'entendre ni lui répondre. Fenella, est-ce bien vous?

La jeune fille, reprenant les façons impérieuses qu'elle avait déjà essayé d'employer avec lui, se plaça entre Julien et la porte, la lui montra du doigt d'un air qui semblait lui défendre d'en approcher, et en même temps fronça le sourcil et secoua la tête.

Il lui demanda par gestes si elle était chargée, de la part de sa maîtresse, d'une commission ou d'une lettre. Sans répondre autrement que par des mouvements d'impatience, elle lui commanda de la suivre et se mit à marcher rapidement dans le corridor. Il se laissa conduire, admirant avec quelle aisance elle se dirigeait à travers les détours sombres et tortueux de la Savoie, d'où, en longeant le Strand, elle entra dans le parc de Saint-James.

La matinée n'était pas fort avancée, et l'on ne voyait sur le mail qu'un petit nombre de promeneurs, qui venaient, sous ses ombrages, respirer le bon air et faire de l'exercice. En ce temps-là, le beau monde ne commençait à s'y montrer qu'aux environs de midi. Un canal y avait été creusé par le célèbre Le Nôtre pour dessécher le terrain, et il communiquait avec la Tamise par un étang, où se jouaient les oiseaux aquatiques les plus rares. Ce fut vers cette pièce d'eau que la muette dirigea ses pas au plus vite, et ils approchèrent d'un groupe de trois ou quatre personnes, qui se promenaient sur les bords, pour passer le temps. En examinant avec attention celui qui se tenait un peu en avant, Julien eut le pressentiment qu'il était près d'un personnage du rang le plus élevé.

L'homme qu'il regardait avait passé le milieu de la vie; son teint brun était en harmonie avec la longue et grosse perruque noire qu'il portait. Il était simplement vêtu de velours noir uni; cependant, une étoile de diamants brillait à son manteau, qu'il laissait pendre négligemment sur l'une de ses épaules. Ses traits, fortement prononcés, jusqu'à paraître durs, avaient, néanmoins, une expression de dignité enjouée. Bien fait et fortement constitué, il marchait en se tenant droit, mais avec aisance, et en somme il avait grand air. De temps en temps, il se retournait vers ses familiers, leur parlant avec beaucoup d'affabilité, et sans doute avec une certaine belle humeur, à en juger par les sourires, quelquefois par un éclat de rire à peine retenu, qui accueillait chacune de ses saillies.

Les gens de sa suite étaient aussi en négligé du matin; mais leurs façons d'être annonçaient des personnes de qualité en présence d'un homme qui leur était encore supérieur. Ils partageaient l'attention de celui-ci en commun avec sept ou huit petits épagneuls noirs et frisés *, qui ne quittaient point les talons de leur maître; leurs gambades semblaient le divertir infiniment, et il s'amusait tantôt à les exciter, tantôt à les réprimer. Pour varier ses plaisirs, il puisait, par moments, dans les corbeilles portées par un laquais, une poignée de grains, qu'il jetait aux volatiles dont l'étang était couvert. Cet amusement, qu'on savait être la récréation favorite du roi, joint à ce qu'il y avait de remarquable dans sa physionomie et au maintien

---

* Chiens favoris du roi Charles II; nous les appelons aujourd'hui *King-Charles*.

respectueux de ses compagnons, convainquirent Julien qu'il approchait, peut-être contre le décorum, de la personne de Charles Stuart, le second des rois d'Angleterre qui portèrent ce nom malheureux.

Tandis qu'il hésitait à suivre plus loin son guide muet, un homme de la suite du roi joua un air vif et gai sur le flageolet, à un signal donné par Charles, qui désirait entendre de nouveau une mélodie dont il avait été frappé, la veille, au théâtre. Tout en écoutant, le monarque battait la mesure du pied et de la main. Fenella, prenant les manières d'une personne qui subit, malgré elle, l'attraction d'une agréable musique, continua d'avancer, et Peveril la suivit, en s'arrêtant toutefois à une certaine distance.

Le roi les regarda tous deux d'un air de bonne humeur, semblant admettre leur enthousiasme musical comme une excuse à leur indiscrétion. Presque aussitôt, Fenella seule attacha ses regards; elle avait, à la vérité, dans sa personne, plus étrange que belle, quelque chose de fantastique, et par cela même de séduisant, pour des yeux repus jusqu'à la satiété des formes habituelles de la beauté féminine. Elle ne parut pas s'apercevoir de l'attention dont elle était l'objet; et, comme entraînée par une impulsion irrésistible, elle détacha l'épingle d'or qui retenait les longues tresses de sa chevelure, et, s'en faisant comme un voile naturel, elle se mit à improviser une danse sur l'air que jouait le flageolet.

Julien oublia presque la présence du roi, en voyant avec quelle précision admirable Fenella se conformait à la mesure, dont elle ne pouvait avoir connaissance que par le mouvement des doigts du musicien. Quant à Charles, ignorant les circonstances qui rendaient la danse de Fenella presque merveilleuse, il se contenta d'abord d'autoriser par un sourire bienveillant ce qui lui paraissait un caprice de la part de cette singulière demoiselle. Puis, lorsqu'il vit l'aplomb, la justesse exquise et l'étonnant mélange de grâce et d'agilité avec lesquels elle exécutait, sur son air favori, une danse entièrement nouvelle pour lui, il passa du contentement à l'admiration, applaudit de la tête et des mains, et semblait, à son exemple, céder à un accès d'enthousiasme.

Après une suite d'entrechats qui se succédèrent avec rapidité, Fenella ralentit peu à peu le mouvement des pas qu'elle figurait, et terminant par une profonde révérence, elle resta immobile, les mains croisées sur la poitrine, la tête inclinée, les yeux baissés vers la terre, à la façon des esclaves de l'Orient.

— Sur mon honneur, s'écria le roi, on la prendrait pour une fée qui voltige au clair de la lune. Assurément, il est entré plus d'air et de feu que de terre dans la composition de son corps. Il est heureux que la pauvre Nelly Gwyn ne l'ait pas vue, elle en serait morte de chagrin et de jalousie... Voyons, Messieurs, qui d'entre vous a eu l'idée de cet agréable passe-temps pour la matinée ?

Les courtisans se regardèrent les uns les autres, mais aucun d'eux ne se sentit le droit de réclamer le mérite de cette surprise.

— Il nous faut alors le demander à la nymphe elle-même, reprit le roi, et s'adressant à Fenella : Dites-nous, ma jolie fille, à qui nous devons le plaisir de vous voir. Je soupçonne le duc de Buckingham, car c'est là un tour de son métier.

Fenella salua profondément, et secoua la tête pour marquer qu'elle ne comprenait pas ce qu'il disait.

— Parbleu, c'est vrai, elle ne peut être qu'étrangère; son teint et sa légèreté le prouvent de reste. La France ou l'Italie doit avoir moulé ces membres souples, ces joues brunes, cet œil de feu.

Et il lui demanda, d'abord en français, puis en italien, par qui elle avait été envoyée dans le parc. A cette nouvelle question, Fenella rejeta ses cheveux en arrière pour laisser voir l'air de mélancolie qui régnait sur son visage, secoua tristement la tête, et fit connaître son infirmité par de petits cris doux et plaintifs.

— Est-il possible que la nature ait commis une telle erreur? dit Charles. Peut-elle avoir laissé un tel chef-d'œuvre privé de la mélodie de la voix, lorsqu'elle l'a rendu si sensible à la beauté des sons?... Eh bien, qui nous amènes-tu là ? ton maître, sans doute? L'ami, — ajouta-t-il en s'adressant à Julien, qui, sur un signe de Fenella, fit un pas en avant et plia le genou, — nous te remercions du plaisir que tu nous as procuré ce matin. Marquis, vous m'avez triché, hier soir, au piquet; en réparation de cet acte déloyal, donnez une couple de pièces d'or à cet honnête garçon, et cinq à la fillette.

Fenella danse devant Charles II dans le parc de Saint-James.

Comme le marquis tirait sa bourse, et s'avançait pour exécuter les ordres généreux du roi, Julien, d'abord assez embarrassé, dit qu'il n'avait aucun droit à tirer profit de la danse de cette jeune personne, et que le roi s'était trompé sur son compte.

— Qui es-tu donc, l'ami ? demanda Charles ; surtout, quelle est cette nymphe que tu accompagnes comme un faune attaché à ses pas ?

— La muette est au service de la comtesse de Derby, n'en déplaise à Votre Majesté, répondit Julien presque à voix basse, et moi...

— Assez, assez ! dit le roi ; ceci est une danse qui demande un autre air et un lieu moins public. Écoute, mon garçon, toi et la jeune fille, suivez Empson où il vous conduira. Emmène-les, Empson ; et... Viens, que je te parle à l'oreille.

— Que Votre Majesté me permette, reprit Julien, de lui assurer que mon dessein n'était point de venir l'importuner...

— La peste soit de qui n'entend pas à demi-mot ! s'écria le roi. Sache donc, l'ami, qu'il y a des moments où la politesse est la plus grande impertinence du monde. Suis Empson, et amuse-toi une demi-heure avec ton petit lutin, jusqu'à ce que je vous envoie chercher.

Charles prononça ces paroles en jetant autour de lui des regards inquiets, et d'un ton qui témoignait la crainte d'être entendu. Julien ne put que s'incliner en signe d'obéissance, et suivit Empson, celui-là même qui jouait si bien du flageolet.

Lorsqu'ils ne furent plus en vue du roi et de ses courtisans, le musicien voulut entrer en conversation avec ceux qu'il conduisait, et adressa d'abord à Fenella un compliment assez grossier :

— Par la messe ! dit-il, vous dansez à miracle. Jamais donzelle n'a montré sur les planches une jambe plus dégourdie. Je jouerais volontiers pour vous jusqu'à rendre mon gosier aussi sec que mon flageolet. Allons, soyez moins sauvage. Le vieux Rowley ne quittera pas le parc avant neuf heures ; je vous mènerai tous deux aux Spring-Gardens, je payerai des gâteaux et une bouteille de vin du Rhin, et nous serons camarades.

Pour couper court au bavardage du fâcheux, Peveril lui répondit en français qu'il ne savait pas l'anglais et qu'il était étranger.

— *Étranger!* grommela le bonhomme, cela veut probablement

dire *stranger*. Encore des chiens de Français qui viennent lécher le bon beurre anglais de nos tartines, ou des Italiens qui font voir des marionnettes! Il y aurait de quoi se faire puritain, si les puritains n'avaient la gamme en horreur. Qu'on me fasse jouer pour elle chez la duchesse, et Dieu me damne si je ne la mets pas hors de mesure, pour lui apprendre à venir en Angleterre sans savoir parler anglais!

Ayant pris à part soi cette résolution vraiment britannique, le musicien se dirigea, d'un bon pas, vers un grand hôtel, situé au bout de la rue Saint-James, et entra dans la cour, par une grille qui ouvrait sur les jardins. Julien, arrivé en face d'un beau portique, sur lequel s'ouvrait une porte à deux battants, allait monter les degrés du perron, lorsque son guide le retint par le bras.

— Halte-là, Monsieur! lui dit-il. Diable, ce n'est pas l'aplomb qui vous manque, à ce que je vois. En dépit de vos beaux habits, il vous faudra passer par la porte basse. On ne peut pas dire ici : « Frappez, et l'on vous ouvrira; » mais plutôt peut-être : « Frappez, et l'on vous frappera. »

Se laissant guider par Empson, Julien se détourna de la porte d'honneur, et s'achemina vers une autre plus modeste, pratiquée dans un des coins de la cour. Le joueur de flageolet y heurta à petits coups. Un valet de pied vint ouvrir, le fit entrer avec ses deux compagnons, et les conduisit jusqu'à un magnifique salon d'été.

Là, une jeune femme achevait de prendre une tasse de chocolat, en parcourant un livret de comédie. Était-ce une dame? Elle visait à l'être par l'exagération de sa riche toilette. Il serait difficile d'en tracer le portrait, si ce n'est en mettant en balance les avantages qu'elle tenait de la nature et les ridicules qui en détruisaient l'effet. Elle eût été jolie sans son rouge et ses façons minaudières, et affable sans ses airs outrés de protection et de condescendance; elle eût eu la voix agréable, si elle eût parlé d'un ton naturel; de beaux yeux, si elle n'en eût joué à l'excès, et un pied charmant, si elle n'eût mis tant de coquetterie à le montrer. Quoiqu'elle n'eût pas encore dépassé la trentaine, elle était chargée d'un embonpoint qui lui aurait mieux convenu dix ans plus tard. D'un air de duchesse, elle désigna un siège à Empson, et lui demanda languissamment ce qu'il était devenu depuis un siècle qu'elle ne l'avait pas vu, et quelle espèce de gens il lui amenait là.

— Des étrangers, Madame, de maudits étrangers, répondit Empson; des mendiants affamés, que notre vieil ami a ramassés ce matin dans le parc. La péronnelle danse, et le garçon  joue de la guimbarde, je crois. En vérité, Madame, je commence à rougir du vieux Rowley; je lui donnerai son congé, s'il ne voit meilleure compagnie à l'avenir.

— Fi! Empson, dit la dame; songez qu'il est de notre devoir de l'appuyer. A propos, il ne viendra pas ce matin?

— Si fait, il sera ici avant le temps de danser un menuet.

— Ah! mon Dieu, fit la dame.

Et, mettant de côté sa langueur coutumière et ses grâces d'emprunt, elle s'élança, légère comme une fillette, vers une chambre voisine, où l'on entendit quelques mots d'une discussion vive et animée.

— Quelque amant à éconduire, je gage, dit Empson. Heureusement, je lui ai donné l'éveil. Ah! le voilà qui s'esquive, le gentil berger!

En effet, un grand diable, enveloppé d'une roquelaure galonnée, et portant sa rapière sous le bras, sortit furtivement par la porte basse et gagna celle de la cour, en longeant avec précaution le côté de l'ombre. La dame de céans rentra et, remarquant la direction que suivaient les yeux du musicien :

— C'est un officier de la duchesse de Portsmouth, dit-elle, un peu effarée; il m'apportait un billet de sa part et m'a si horriblement pressée de répondre, que je n'ai pas eu le temps de prendre ma plume à diamants. Comme je me suis sali les doigts! ajouta-t-elle en étendant une très jolie main, qu'elle trempa dans une aiguière d'argent, pleine d'eau de rose. Ah! ça, Empson, la petite ordure que vous m'amenez ne comprend pas l'anglais, j'espère? Sur mon âme, elle a rougi. Et vous dites qu'elle danse à ravir? Je veux voir cela, et entendre l'autre jouer de la guimbarde.

— Oui, elle ne dansait pas mal, quand moi, je faisais la musique. Il n'y a rien au monde que je ne puisse mettre en branle. Tenez, cela m'est arrivé avec le vieux conseiller Clubfoot, qui avait un accès de goutte. Quel solo! on ne voit pas de ces choses-là au théâtre. La belle affaire que la danse! Tout gît dans la musique, et Rowley ne s'en doute pas. Il a vu danser la pauvre créature et s'en est émerveillé, tandis que tout venait de moi. Je l'aurais bien défiée de ne pas bouger! Et pourtant, outre le mérite, Rowley lui a donné cinq pièces d'or, et je n'en ai eu que deux pour ma matinée.

— Vous êtes de la maison, quoique à un degré inférieur, et vous devriez considérer...

— Pardieu! Madame, interrompit le virtuose, tout ce que je considère, c'est que je suis le premier flageolet d'Angleterre; et, si l'on me renvoyait, il serait aussi impossible de me remplacer que de remplir le lit de la Tamise avec l'eau d'un fossé.

— Certes, Monsieur Empson, vous êtes un homme de talent, je n'y contredis pas; toutefois, pensez-y bien : aujourd'hui vous charmez l'oreille, demain ce sera le tour d'un autre.

— Jamais, tant que des oreilles auront le pouvoir céleste de distinguer entre les notes.

— En attendant, dit la dame en bâillant, demandez donc à ces gens s'ils veulent se rafraîchir. Et vous, ne prendrez-vous pas quelque chose? Voici du chocolat que l'ambassadeur de Portugal a apporté pour la reine.

— S'il est naturel...

— Comment! Monsieur, s'écria la dame en se soulevant à demi sur sa pile de coussins; pas naturel, et dans cette maison! Qu'est-ce à dire? Aux premiers jours de notre connaissance, vous saviez à peine distinguer le chocolat du café.

— Vous avez parfaitement raison, Madame; mais les leçons de Votre Seigneurie et son excellente cuisine m'ont tellement profité qu'elles m'ont rendu difficile.

— Vous êtes excusé, dit la petite maîtresse en retombant sur le siège moelleux, dont une irritation momentanée l'avait arrachée. Ce chocolat sera de votre goût, je pense, quoiqu'il vaille à peine celui que nous avons eu du résident d'Espagne, Mendoza. Mais il faut offrir quelque chose à ces étrangers. Demandez-leur s'ils souhaitent du café ou du chocolat, ou du gibier froid, des fruits et du vin? Ils doivent être traités de manière qu'ils voient où ils sont, puisqu'ils y sont.

— Sans contredit, Madame, dit Empson; mais justement je ne puis me rappeler comment on nomme, en français, le chocolat, le pain chaud, le café, le gibier, et les diverses boissons.

— C'est singulier, dit la dame; et moi aussi, j'ai oublié tout d'un coup mon français et mon italien. N'importe; je vais ordonner qu'on serve les choses, et c'est à eux de se rappeler les noms.

Empson éclata de rire à cette plaisanterie, et jura sur son âme que le morceau de viande froide qui parut bientôt après était le meilleur emblème de bœuf rôti qu'il y eût au monde. Des rafraîchissements furent apportés en abondance, et aucun des assistants n'en refusa sa part.

Dès ce moment, le joueur de flageolet se rapprocha de la maîtresse du logis, et ils scellèrent, par un verre de liqueur, le pacte de leur raccommodement. Le goût évident qu'elle avait pour la médisance la rabaissait au niveau de son compagnon, dont elle aimait malgré ses airs de supériorité, à entendre, et à partager le commérage.

Leur conversation était trop vulgaire, elle roulait trop exclusivement sur de mesquines intrigues de cour, pour intéresser le moins du monde Julien. Comme elle dura plus d'une heure, il cessa bientôt de prêter attention à des propos qui fourmillaient de sobriquets, de mots à double entente, d'allusions malignes, et se mit à réfléchir sur ses propres affaires, déjà bien compliquées, et sur le résultat probable de l'audience qu'il allait avoir du roi, faveur inattendue et qui lui venait d'un singulier intermédiaire. Souvent il jetait les yeux sur Fenella, et il remarqua qu'elle était presque toujours plongée dans une profonde méditation. A trois ou quatre reprises, quand les grands airs et les prétentions des deux causeurs éclataient en extravagances, il vit la muette diriger sur eux à la dérobée un de ces regards amers, qui, dans l'île de Man, passaient pour être, de la part du prétendu lutin, l'expression de la haine et du mépris.

Une idée se présentait quelquefois à l'esprit de Julien. Fenella était-elle réellement affligée de cette double infirmité qui semblait la séparer à jamais du reste de l'humanité? Si elle n'en souffrait pas, quels mobiles avaient pu déterminer un être si jeune à s'imposer durant tant d'années, une si cruelle torture? Combien alors devait être formidable la force d'esprit qui avait pu la condamner à un tel sacrifice, et combien grave et terrible le dessein d'où était sortie une telle résolution! Mais il lui suffit d'un coup d'œil jeté en arrière pour le convaincre de l'absurdité de cette conjecture.

CHAPITRE XXXI.

Je crains bien plus le diable lorsqu'il cache son pied fourchu sous la robe et la soutane, ou sous le manteau d'un vieux calviniste.

Anonyme.

 peine Julien eut-il quitté l'île de Man, qu'Alice et sa gouvernante, d'après l'ordre du major, se rendirent secrètement à bord d'une barque en partance pour Liverpool. Christian les accompagna dans leur voyage; sa conversation amusante, ses manières agréables, quoique peu sympathiques, aussi bien que sa proche parenté, la portèrent, dans son isolement, à s'estimer heureuse d'avoir un tel protecteur, pendant l'absence de son père.

A Liverpool, Christian fit le premier pas à découvert dans l'odieux complot qu'il avait ourdi contre l'innocente fille, en l'exposant dans un temple aux regards profanes de Chiffinch. Enchanté d'avoir découvert une beauté si rare, celui-ci ne le fut pas moins de l'esprit et de la délicatesse de sa conversation, lorsque plus tard il la vit chez son oncle à Londres. « Elle était, disait-il, la véritable pierre angulaire sur laquelle, avec de la conduite et à l'aide de ses instructions, quelques honnêtes personnes pourraient élever leur fortune. »

Afin de bien préparer les choses, nos deux associés jugèrent convenable de la placer sous la direction d'une dame expérimentée, que quelques-uns appelaient mistress Chiffinch, et d'autres la maîtresse de Chiffinch, une de ces créatures obligeantes, disposées à remplir tous les devoirs d'une épouse sans se lier d'avance par des nœuds gênants et indissolubles.

A cette époque de licence et de mauvais gouvernement, les limites du vice et de la vertu se trouvaient tellement confondues, que l'épouse coupable ou la tendre amie qui n'était pas épouse ne perdaient point, pour si peu, leur place dans la société; au contraire, si elles appartenaient à une sphère élevée, elles étaient admises et même encouragées à se mêler avec des femmes dont le rang était connu et la réputation sans tache.

Une liaison régulière, comme celle de Chiffinch et de sa maîtresse, ne causait guère de scandale; et telle était son influence, comme premier ministre des plaisirs de son maître, que la dame avait obtenu, suivant le mot du roi, un brevet de femme mariée. Pour rendre justice à cette aimable personne, ajoutons que nulle épouse n'aurait mis plus de zèle à seconder les plans de son mari, ni plus d'entrain à dépenser son argent. Elle habitait une suite d'appartements, qui étaient le théâtre de mille intrigues d'amour et de politique. Charles y passait souvent la soirée en partie fine, quand la mauvaise humeur de la duchesse de Portsmouth, la sultane régnante, ne lui permettait pas de souper avec elle, ce qui arrivait plus d'une fois.

L'innocente Alice ne trouvait rien à blâmer dans l'appareil de luxe effréné qui l'entourait, non plus que dans les manières de son hôtesse, bonne et caressante par caractère et par politique; et cependant une sorte d'instinct lui faisait appréhender que tout ne fût pas honnête. Elle avait sur le cœur un poids dont elle ne pouvait se débarrasser, et le peu d'heures qu'elle avait déjà passées avec la Chiffinch ressemblaient à celles que passe en prison un malheureux qui ne connaît pas la cause de sa captivité ni quelle en sera la suite. Ce fut dans la matinée du troisième jour après son arrivée à Londres, qu'eut lieu la scène dont nous avons suspendu le récit, et à laquelle nous allons revenir.

L'impertinence et la grossièreté d'Empson, qu'on tolérait à cause de ses rares talents d'exécution, s'épuisaient aux dépens de tous ses confrères en musique, et la Chiffinch lui prêtait une attention nonchalante, lorsqu'on entendit parler à haute voix et d'un ton animé dans l'appartement voisin.

— O gemini et eau de giroflée ! s'écria la dame, oubliant soudain ses beaux airs pour employer sa naturelle et vulgaire exclamation; pourvu qu'il ne soit pas revenu !... Et si le vieux Rowley...

Elle avait couru à la porte de la chambre d'où était venu le bruit de voix, et elle en tenait déjà la clef; mais elle la quitta aussi vite que si elle s'y fût brûlé les doigts, en entendant heurter doucement à la porte d'en face.

— Qui est là? demanda-t-elle en se rejetant sur son lit de repos.

— Le vieux Rowley en personne, Madame, répondit le roi, en entrant avec l'air d'aisance qui lui était habituel.

— Votre Majesté... j'ai cru...

— Que j'étais trop loin pour entendre, sans doute, dit le roi, et vous parliez de moi comme on parle des amis absents. Ne vous excusez pas; j'ai ouï dire aux dames qu'elles préféraient un accroc à leurs dentelles qu'une reprise mal faite. Eh bien! asseyez-vous donc. Où est Chiffinch?

— Il est à York-House, Sire, dit la dame, reprenant, à grand'peine, son calme affecté et ses façons mignardes. Dois-je lui envoyer les ordres de Votre Majesté?

— J'attendrai son retour.... Permettez-moi de goûter à votre chocolat.

— Il y en a du tout frais moussé à l'office.

Elle siffla, pour appeler, dans un petit sifflet d'argent, et un négrillon, richement vêtu en manière de page oriental, avec des bracelets d'or sur ses bras nus et un collier d'or au cou, apporta le chocolat sur un plateau de porcelaine de Chine. Tout en prenant son déjeuner favori, le roi parcourait des yeux l'appartement, et, apercevant Fenella, Peveril et le musicien, qui se tenaient immobiles près d'un grand paravent de l'Inde, il continua de s'adresser à la Chiffinch, avec une indifférence polie.

— Je vous ai envoyé les violons ce matin, ou plutôt Empson et son flageolet, et une mignonne fée que j'ai rencontrée dans le parc, et qui danse divinement. Elle nous a apporté la nouvelle sarabande de la reine Mab, et je l'ai envoyée ici pour que vous en ayez le spectacle.

— Votre Majesté me fait trop d'honneur, dit la Chiffinch, les yeux baissés, et avec l'accent de l'humilité.

— Il est vrai, petite Chiffinch, reprit le roi, d'un ton de familiarité aussi méprisant que le lui permettait sa politesse, que ce n'était pas uniquement pour tes oreilles, qui sont dignes pourtant d'ouïr les sons les plus doux; je croyais trouver Nelly avec toi.

— Bajazet ira la chercher, Sire.

— Non, ne donnons pas à votre petit sultan païen la peine d'aller si loin. Chiffinch m'a dit, il me semble, que vous aviez du monde, une cousine de campagne, ou quelque chose d'approchant. Me suis-je trompé?

— J'ai une jeune personne qui vient de province ; mais elle n'est pas préparée à l'honneur d'être admise en présence de Votre Majesté, et...

— Et c'est justement le cas de la recevoir, Chiffinch : rien n'est si beau dans la nature que la première rougeur d'une petite ingénue, partagée entre la joie et la crainte, l'étonnement et la curiosité. C'est le duvet de la pêche ; par malheur, il se fane vite! Le fruit reste, mais son premier coloris et son parfum délicieux ont disparu. Ne faites pas la moue, Chiffinch, c'est comme je vous le dis. Ainsi, veuillez nous montrer la belle cousine.

Mistress Chiffinch, plus embarrassée que jamais, s'avança de nouveau vers la porte de communication qu'elle avait été sur le point d'ouvrir lorsque Charles avait frappé. Mais, au moment où elle était prise d'un accès de toux, peut-être pour avertir une personne qu'on ne voyait pas, le bruit des voix recommença plus fort; soudain la porte s'ouvrit, et Alice fit irruption dans le salon d'été, serrée de près par l'entreprenant Buckingham, qui s'arrêta stupéfait, en voyant que la poursuite de la belle fugitive l'avait amené en présence du roi. Alice paraissait trop courroucée pour faire la moindre attention au rang des personnes qui l'entouraient. Se tournant vers la maîtresse du logis :

— Madame, lui dit-elle du ton le plus résolu, je suis restée ici trop longtemps; je veux partir tout de suite, quitter une maison où je suis exposée à des rencontres que je déteste et à des sollicitations que je méprise.

La Chiffinch, consternée, se bornait à la supplier, tout bas, de se taire, et à répéter, en lui désignant Charles :

— Chut! le roi... le roi!

Mais Alice, éperdue, les yeux étincelants, emportée par le même élan de passion que provoquaient en elle le ressentiment et sa pudeur outragée, s'écria :

— Suis-je en présence du roi? Tant mieux! C'est son devoir de me protéger, et je me range moi-même sous sa protection.

Ces mots, lancés à voix haute et ferme, rappelèrent tout à coup Julien au sentiment de la situation, qui, jusque-là, l'avait comme pétrifié. Il s'approcha de la jeune fille, et, l'avertissant à l'oreille qu'elle avait à ses côtés quelqu'un qui la défendrait au péril de sa vie, il la conjura de se confier à lui en toute assurance. Elle lui saisit le bras dans un transport de joie et de reconnaissance, et, sitôt qu'elle se vit soutenue par celui dont elle eût souhaité le plus vivement l'intervention, toute l'énergie qu'elle avait déployée pour se défendre se fondit en un torrent de larmes. Elle se laissa entraîner en arrière et, sans quitter le bras de son amant, s'efforça de se cacher derrière lui. Dans cette attitude, ils attendirent en silence le dénouement d'une scène si singulière.

Surpris de l'apparition inattendue de Buckingham, le roi avait accordé peu ou point d'attention à celle qu'il poursuivait. Dans cette cour féconde en intrigues, ce n'était pas la première fois que le duc avait osé marcher sur les brisées de son souverain, d'où l'insulte du moment n'en devenait que plus intolérable. Le dessein qu'il avait eu en se cachant dans ces appartements réservés était expliqué par les exclamations d'Alice; et Charles, malgré la douceur de son caractère et l'empire habituel qu'il avait sur ses passions, se montra aussi indigné à cette tentative de séduction sur une maîtresse qui lui était destinée, qu'un sultan de l'Orient pourrait l'être de l'insolence d'un vizir qui l'aurait devancé dans l'achat d'une belle esclave. Ses traits basanés se couvrirent de rougeur lorsqu'il apostropha le grand seigneur d'une voix altérée par la colère :

— Buckingham, vous n'oseriez pas ainsi outrager votre égal, et, quant à votre maître, vous savez n'avoir rien à craindre en lui faisant affront, parce que son rang l'oblige à garder son épée au fourreau.

L'altier courtisan ne fut pas démonté par ce reproche.

— Mon épée, Sire, dit-il avec arrogance, n'est jamais restée au fourreau quand il a fallu l'en tirer pour votre service.

— Dites plutôt pour l'intérêt du trône; car vous ne pouviez gagner la couronne de duc qu'en combattant pour celle du roi. C'est fini. Je vous ai traité en ami, en compagnon, presque en égal, et vous m'avez payé par l'insulte et l'ingratitude.

— Sire, répondit le duc d'un ton assuré, quoique respectueux, je suis au désespoir de vous avoir déplu, et heureux pourtant de me rappeler que si votre bouche peut conférer des honneurs, elle ne peut ni les altérer ni les reprendre. Il est dur, ajouta-t-il de façon à n'être entendu que du roi, il est dur que les criailleries d'une pécore fassent oublier les services de tant d'années.

— Il est encore plus dur, dit Charles du même ton, que tous deux gardèrent jusqu'à la fin de cette explication, que les beaux yeux d'une pécore puissent faire oublier à un gentilhomme les bienséances qu'on doit observer dans une résidence royale.

— Oserai-je demander à Votre Majesté quelles sont ces bienséances?

Charles se mordit les lèvres pour ne pas sourire.

— Buckingham, dit-il, ceci est une sotte affaire. Nous ne devons pas oublier, si nous ne l'avons déjà fait, qu'il y a des témoins, et qu'il faut jouer notre rôle avec dignité. Je vous ferai sentir votre faute en particulier.

— C'est bien assez du mécontentement de Votre Majesté, et que je lui en aie par malheur donné l'occasion, dit le duc en pliant le genou; et pourtant je n'ai à me reprocher que des propos galants. Votre Majesté daignera-t-elle me pardonner?

En disant ces mots, il s'agenouilla gracieusement.

— Oui, Georges; car tu seras plus vite las de m'offenser que moi de te pardonner.

— Puisse Votre Majesté vivre assez longtemps pour commettre la faute dont il lui plaît aujourd'hui de charger mon innocence!

— Qu'entendez-vous par là, Milord? dit le roi qui fronça le sourcil.

— Vous avez trop d'honneur, Sire, pour nier que vous êtes coutumier d'emprunter les flèches de Cupidon pour braconner sur les terres d'autrui; c'est un droit que vous avez usurpé un peu partout. Aussi est-il fâcheux que vous soyez si mécontent pour un pauvre trait qui siffle par hasard dans votre enclos réservé.

— N'en parlons plus; et voyons où s'est réfugiée la colombe.

— Hélène a rencontré Pâris pendant notre querelle.

— Ou plutôt un Orphée et, ce qui est pis, un Orphée déjà pourvu d'une Eurydice : elle s'est pendue au bras du joueur de guimbarde. Il faut occuper ces gens-là et leur fermer la bouche avec de l'or et des compliments; sans quoi, cette sotte histoire va défrayer tous les propos de la ville.

Le roi, s'approchant alors de Julien, lui dit de prendre son instrument et de faire danser une sarabande à sa petite compagnie.

— J'ai déjà eu l'honneur de dire à Votre Majesté, répondit Peveril, que je ne suis pas musicien. Quant à cette jeune personne, elle est au service de la comtesse de Derby.

— Bien, bien! la comtesse... elle a de gros embarras à l'heure qu'il est... Et savez-vous qui lui a appris à danser? Quelques-uns de ses pas ressemblent fort à ceux de Le Jeune, de Paris.

— Je crois qu'elle a appris à l'étranger. Pour moi, Sire, j'ai été chargé par la comtesse d'une importante affaire, et je serais heureux d'en parler à Votre Majesté.

— Nous vous enverrons à notre secrétaire d'État. Mais cette messagère de la danse veut-elle nous obliger une seconde fois? Ah! Empson, c'est au son de vos pipeaux qu'elle a dansé ce matin. Allons, mon brave, commencez et mettez-lui le diable au corps.

Le musicien se mit à jouer un air connu, mais sans produire aucune impression sur Fenella. Au lieu de rester debout, elle s'appuyait contre le mur de l'appartement, le visage aussi pâle que la mort, les bras pendants, et ne donnant d'autres signes d'existence que les sanglots qui soulevaient son sein et les pleurs qui s'échappaient de ses yeux à demi clos.

— Au diable! s'écria le roi. Quelque mauvais génie a passé par ici ce matin, et ces femelles sont ensorcelées, je crois. Allons, fillette, du courage! Une nymphe ne doit pas se changer en Niobé; pour peu que tu restes ainsi sans bouger, tu vas t'incruster dans la muraille. Ah! ça, Georges, auriez-vous aussi lancé une flèche de ce côté?

Avant que Buckingham pût répondre à cette insinuation, Julien, se jetant aux genoux du roi, le pria de l'écouter, ne fût-ce que pour quelques minutes.

— Cette jeune fille, dit-il, est depuis longtemps au service de la comtesse de Derby; elle ne peut ni entendre ni parler.

— Comment diable! elle qui danse si bien, dit le roi. Jamais on ne me fera croire cela.

— Je l'aurais cru impossible, sans ce que j'ai vu ce matin. Mais permettez-moi, Sire, de vous remettre le placet de la comtesse.

— Et qui es-tu toi-même, l'ami? Bien que tout ce qui porte cornette et jupon ait le droit de parler au roi et d'en obtenir réponse, je ne crois pas qu'on soit admis à se faire représenter par un envoyé extraordinaire.

— Je suis Julien Peveril, fils de sir Geoffroy Peveril, qui...

— Quoi! le vieux soldat de Worcester? Corbleu, je m'en souviens très bien... Il lui est arrivé du désagrément, n'est-ce pas? Il est mort ou malade, je crois.

— Ni l'un ni l'autre; mais il n'est guère à l'aise. On l'a mis en prison, pour avoir pris part au complot papiste, ce qui est faux.

— Voyez-vous cela! je savais bien qu'il était dans la peine. Comment le tirer d'embarras, ce brave chevalier? A peine si j'échappe moi-même au soupçon, quoique le principal objet du complot soit de m'ôter la vie. Si je remuais le doigt pour sauver un des accusés, à coup sûr on m'accuserait d'être son complice... Buckingham, tu as de l'influence sur ceux qui ont fabriqué cette belle machine de guerre, ou du moins qui l'ont mise en branle; montre-toi bienveillant pour une fois, bien que tu n'en aies pas l'habitude; interviens en faveur de notre vieil ami de Worcester, sir Godefroy. Tu ne l'as pas oublié?

— Non, Sire; car je n'en ai jamais entendu parler.

— C'est sir Geoffroy qu'a voulu dire Sa Majesté, fit observer Julien.

— Lors même que Sa Majesté aurait dit Geoffroy, Monsieur Peveril, répliqua le duc froidement, je ne vois pas comment je puis être utile à votre père. Il est accusé d'un crime capital, et, en pareil cas, un sujet anglais ne saurait avoir la protection d'un noble ou d'un prince; il ne doit espérer qu'en Dieu et en son pays.

— Que le ciel te pardonne ton hypocrisie, Georges! s'empressa de dire le roi. J'aimerais autant ouïr le diable prêcher la religion que Buckingham enseigner le patriotisme. La nation est prise d'un accès de fièvre chaude, par crainte de ces pauvres catholiques, qui ne sont pas plus de deux contre cinq cents, tu le sais aussi bien que moi, et l'esprit public est harassé des récits de complots et des nouvelles horreurs inventées chaque jour, au point qu'on distingue à peine entre le juste et l'injuste. J'ai tout supporté, et avec patience; j'ai vu couler le sang sur l'échafaud, et je l'ai permis, de peur d'exaspérer la fureur de la nation, et je prie Dieu que moi ni les miens nous ne soyons appelés à en répondre. Mais je ne veux plus me laisser entraîner par le torrent; l'honneur et ma conscience me commandent de l'arrêter. Je veux agir en souverain et empêcher mon peuple, en dépit de lui-même, de persister dans la voie de l'injustice.

Charles marchait à grands pas dans le salon en exprimant avec une énergie peu ordinaire des sentiments qui ne l'étaient pas moins. Après un moment de silence, le duc répondit d'un air grave :

— C'est parler en roi, Sire; mais, pardonnez-moi, non en roi d'Angleterre.

Cependant, Charles s'était arrêté et regardait la façade de Whitehall, les yeux involontairement attirés vers la fenêtre d'où son malheureux père avait passé d'une salle du palais sur l'échafaud. Il était brave par caractère, ou, pour mieux dire, par tempérament; mais une vie toute de plaisirs, et l'habitude de gouverner d'après les circonstances plutôt que selon la justice, le rendaient incapable de braver la même scène de danger et de martyre qui avait mis fin au règne de son père; et cette pensée anéantit sa résolution à peine formée, de même que la pluie éteint un feu à peine allumé. Chez un autre, son indécision aurait presque frisé le ridicule; quant à lui, rien ne pouvait lui ôter la grâce et la dignité, qui étaient dans sa nature, comme l'indifférence et la bonne humeur.

— Notre conseil décidera de cette affaire, ajouta-t-il en regardant le duc, et soyez assuré, jeune homme, — ceci s'adressait à Julien, — que votre père aura un intercesseur dans son roi, autant du moins que les lois me permettront d'intervenir en sa faveur.

Julien allait se retirer, lorsque Fenella, avec un regard significatif, lui mit dans la main un papier sur lequel elle avait écrit à la hâte : « Le paquet! remettez le paquet. »

Après avoir hésité, Julien, réfléchissant que la muette était souvent l'organe des volontés de sa maîtresse, prit le parti d'obéir.

— Sire, dit-il, permettez-moi de remettre entre vos mains ce paquet, qui m'a été confié par la comtesse de Derby. Les lettres qu'il renferme m'ont déjà été dérobées une fois, et je n'ai guère l'espoir maintenant de pouvoir les remettre à ceux auxquels elles sont destinées. Je les place donc dans vos royales mains, certain qu'elles feront triompher l'innocence de celle qui les a écrites.

Le roi reçut le paquet en secouant la tête.

— C'est une mission périlleuse dont vous vous êtes chargé, jeune homme, dit-il; on a quelquefois coupé la gorge à un messager pour avoir ses dépêches. Enfin, j'accepte. Chiffinch, donnez-moi de la cire et une bougie. Buckingham, vous êtes témoin que je n'ai rien lu avant l'examen du conseil.

Et il s'occupa lui-même, malgré l'offre que le duc fit de ses services, à renfermer le paquet dans une seconde enveloppe; puis, sur celle-ci, il apposa son sceau avec cachet. Le duc se mordit les lèvres.

— A présent, jeune homme, dit le roi, votre mission est accomplie, autant du moins qu'il a dépendu de vous.

Julien salua profondément et, comme il se mettait en devoir de sortir, Alice fit un mouvement pour le suivre. Le roi et Buckingham se regardèrent avec étonnement et prêts à sourire, tant il leur paraissait étrange qu'une proie qu'un instant auparavant ils s'étaient disputée, pût ainsi leur échapper, ou plutôt leur être ravie par un troisième larron, de si bas étage.

— Mais, Chiffinch, dit le roi avec une certaine hésitation qu'il ne put déguiser, est-ce que votre belle pensionnaire va nous quitter?

— Non certes, Sire, répondit la dame. Alice, ma toute belle, vous vous trompez de porte : celle de votre appartement est en face.

— Pardon, Madame, dit Alice; si je me suis trompée, c'est quand je suis entrée ici.

— M'est avis, dit le duc en jetant au roi un coup d'œil expressif, que cette princesse errante a bien résolu de ne plus se tromper de chemin et qu'elle a fait choix d'un excellent guide.

— Hum! fit le roi, de semblables guides ont plus d'une fois égaré les demoiselles, à ce qu'on nous raconte.

Alice rougit, mais comprenant que sa liberté dépendait d'elle-même et de la décision qu'elle allait exprimer, elle se remit aussitôt. Par un sentiment de délicatesse offensée, elle quitta le bras de Julien, tout en restant à ses côtés, et répondit à la Chiffinch :

— Oui, je le répète, c'est en passant le seuil de cette maison que je me suis trompée de route; l'outrage auquel j'ai été exposée m'a déterminée à en sortir.

— Je ne puis le permettre, ma jeune demoiselle, jusqu'à ce que votre oncle, qui vous a placée sous ma garde, m'ait dégagée de toute responsabilité.

— Je rendrai compte de ma conduite à mon oncle, et, ce qui est plus important, à mon père. Vous devez me laisser partir, Madame; je suis libre, et vous n'avez pas le droit de me retenir.

— Si, j'ai le droit et j'en userai.

— C'est ce que nous allons savoir, dit Alice avec fermeté; et s'avançant de quelques pas, elle plia le genou devant Charles : S'il est vrai que je me trouve en présence du roi, ajouta-t-elle, le roi est le père de ses sujets.

— D'un assez grand nombre au moins, murmura le duc.

— Je vous demande protection, poursuivit-elle, au nom de Dieu, au nom du serment que vous avez juré en mettant la couronne sur votre tête.

— Vous avez ma protection, répondit Charles, un peu confus d'un appel si imprévu et si solennel; toutefois, ne quittez point cette dame, chez qui vos parents vous ont placée; soyez tranquille, on ne vous troublera plus, ni Buckingham ni personne.

— Sa Majesté, ajouta le duc, poussé par un malfaisant esprit de contradiction qu'il était incapable de retenir, en dépit des convenances et même de son intérêt, Sa Majesté vous protègera, belle demoiselle, contre toute visite importune, sauf pourtant celles qu'on ne peut qualifier de la sorte.

Alice lança sur le duc un regard pénétrant, comme pour lire dans sa pensée, et un autre sur Charles pour voir si elle avait deviné juste. L'attitude embarrassée du prince la confirma dans sa première résolution.

— Que Votre Majesté me pardonne, dit-elle; ce n'est pas ici que je pourrais jouir de sa royale protection. Je vais quitter cette maison, il le faut. Si l'on m'y retient, ce sera par la force, et l'on n'oserait, je l'espère, y recourir en votre présence. Ce gentilhomme, que je connais depuis longtemps, me reconduira chez des amis.

— Nous faisons, il me semble, une sotte figure dans cette scène, dit

Charles à son favori. Qu'elle s'en aille! Je ne veux ni n'ose l'empêcher de retourner chez son père.

— Si elle y retourne, se promit le duc à part soi, c'est à renoncer à toucher la main d'une jolie femme!

Et, reculant de quelques pas, il donna, à voix basse, un ordre au musicien Empson, qui sortit du salon et rentra presque aussitôt.

Le roi semblait indécis sur ce qu'il avait à faire en des circonstances si singulières. Se laisser vaincre dans une intrigue galante, c'était s'exposer aux quolibets de toute sa cour; y persister par des moyens qui tenaient de la contrainte, ce serait se conduire en tyran, et, ce qu'il jugeait plus blâmable peut-être, d'une manière indigne d'un gentilhomme.

— Sur mon honneur, jeune dame, répondit-il enfin, vous n'avez rien à craindre dans cette maison; mais il n'est pas séant, dans votre propre intérêt, que vous en sortiez si brusquement. Veuillez attendre seulement un quart d'heure, et la voiture de Mme Chiffinch sera à vos ordres pour vous conduire où il vous plaira. Épargnez-moi le chagrin (comme à vous le désagrément) de vous voir quitter la maison d'un de mes serviteurs comme si vous vous échappiez d'une prison.

Cet avis était donné d'un accent si sincère qu'elle fut un moment tentée de le suivre; puis se rappelant qu'elle devait aller à la recherche de son père et de son oncle, ou, à leur défaut, de quelque asile respectable et sûr, elle réfléchit que les gens de la Chiffinch n'étaient pas des guides assez fidèles pour qu'elle pût se fier à eux. Aussi déclarat-elle avec respect qu'elle était décidée à partir sans retard. Elle n'avait pas besoin, dit-elle, d'autre escorte que celle de M. Julien Peveril, qui était bien connu de son père, et qui s'offrait à l'accompagner.

— Adieu donc, Madame, et Dieu vous garde! reprit le roi. Je suis fâché que tant de beauté s'allie à une si vilaine défiance. Pour vous, Monsieur Peveril, j'aurais cru que vous aviez assez de vos propres affaires sans vous mêler des caprices du beau sexe. Au train dont les choses vont dans notre bonne ville, le soin de remettre en leur chemin les demoiselles égarées est une tâche au-dessus des forces d'un jeune homme sans expérience.

Julien, à qui il tardait d'arracher Alice d'un lieu dont il commençait à apprécier les dangers, ne répondit rien à un tel sarcasme; mais, s'inclinant avec respect, il l'entraîna hors de l'appartement. A peine fut-il sorti que Fenella, spectatrice immobile et en apparence étourdie de tout ce qui venait de se passer, releva la tête, jeta autour d'elle des yeux égarés, comme pour s'assurer que son compagnon était parti, et parti sans songer à elle, et parut en proie à un violent chagrin.

— Ce Peveril, dit le roi, est un modèle parfait d'heureuse perfidie; non seulement il réussit au premier signe à enlever cette reine des Amazones, mais à sa place il nous laisse une Ariane inconsolable. Ne pleurez pas, ma princesse de la danse; si nous ne pouvons inviter Bacchus à vous consoler, nous avons là Empson, qui est capable de défier, le verre à la main, ce dieu lui-même, et je tiendrais pour lui la gageure.

Le roi finissait de parler, quand Fenella, passant devant lui avec son agilité habituelle, et, sans le moindre égard pour la présence royale, se précipita dans l'escalier, et quitta l'hôtel.

— Ventrebleu! Georges, s'écria Charles en éclatant de rire, voilà un freluquet qui enseignerait au plus savant de nous à mener les filles! Du diable si j'ai jamais réussi à les gagner ou à les perdre avec si peu de cérémonie, et pourtant j'ai de l'expérience là-dessus.

— L'expérience, Sire, répondit le duc, ne s'acquiert pas sans les années.

— C'est la vérité, Georges, si vous voulez, comme je le présume, me donner à entendre que l'on perd en jeunesse ce qu'on gagne en science. Mais je m'en moque : en amour comme en politique, vous ne sauriez en remontrer à votre maître, tout vieux qu'il vous paraisse. Vous n'avez pas le secret de *plumer la poule sans la faire crier**, témoin la besogne de cette matinée. Je vous donnerai l'avantage à tous les jeux, même à la paume, si vous osez relever mon défi... Eh bien, Chiffinch, pourquoi mettre ta jolie figure à l'envers et forcer tes yeux à répandre quelques larmes rebelles?

— Ah! Sire, pleurnicha la dame, que va penser Votre Majesté? elle qui s'attendait à trouver...

— A trouver quoi? de la reconnaissance chez un courtisan ou de la bonne foi chez une femme? dit Charles en lui tapotant les joues. Fi donc! ma poule, je ne suis pas si niais.

— C'est cela, reprit-elle en sanglotant de plus belle, et en renonçant aux pleurs qui s'obstinaient à ne pas se montrer. Je vois ce qui en est : Votre Majesté va jeter tout le blâme sur moi, qui suis innocente comme l'enfant qui vient de naître. Je m'en rapporte à Sa Grâce.

---

* Cette phrase est en français dans le texte.

— Sans doute, Chiffe, sans doute ; Sa Grâce et toi, vous devez être d'excellents juges l'un de l'autre, et aussi de bons témoins. Afin d'examiner la chose avec impartialité, il faudra que je vous interroge tous deux séparément. Milord, je serai au mail à midi, si mon défi tient toujours.

Le duc salua et sortit.

CHAPITRE XXXII.

> Lorsque le spadassin, d'un air insolent, enfoncé sur sa tête son chapeau bordé d'un galon terni, ne cédez point le haut du pavé; bravez ses fanfaronnades, poussez-le dans le ruisseau.
>
> J. Gay, *Trivia.*

ulien Peveril, conduisant Alice Bridgenorth qui pouvait à peine se soutenir, était parvenu au milieu de la rue Saint-James avant d'avoir songé à la direction qu'il devait prendre.

Lorsqu'il le lui demanda, il fut étonné d'apprendre que, loin de savoir où elle trouverait son père, elle ignorait même s'il était à Londres. Elle lui indiqua l'adresse de son oncle Christian ; mais ce fut avec une hésitation que lui inspirait le souvenir des gens auxquels il l'avait confiée. La répugnance qu'elle avait à se mettre de nouveau sous sa protection fut fortement approuvée de son jeune guide, après avoir été convaincu par une courte explication de l'identité de Ganlesse avec Christian. Que faire alors ?

— Alice, dit Julien après un instant de réflexion, vous devez recourir à votre plus ancienne et meilleure amie, à ma mère. Elle n'a pas aujourd'hui de château pour vous y recevoir ; elle n'a qu'un misérable logement, si voisin de la prison où mon père est enfermé, qu'il semble en être une dépendance. Je ne l'ai pas encore vue depuis mon arrivée. Nous allons nous rendre chez elle : quel que soit son logement, elle le partagera volontiers, je le sais, avec une jeune fille innocente et sans abri comme vous l'êtes.

— Miséricorde! dit la pauvre fille, suis-je donc abandonnée au point d'être réduite à mendier la merci de celle qui, dans le monde entier, a le plus de raisons de me repousser? de celle dont la ruine a été, je le crains, accélérée par?... Oh! Julien, je n'oserai jamais paraître devant votre mère! elle doit me haïr à cause de ma famille, et me mépriserait pour cette bassesse.

— Jamais, au contraire, elle n'a cessé de vous aimer, Alice, répondit le jeune homme, dont elle continuait à suivre les pas, tout en lui exprimant la résolution où elle était de ne pas l'accompagner. Elle a toujours eu de la bienveillance pour vous, et même pour votre père ; bien qu'il se soit comporté durement envers nous, elle passe sur bien des choses à cause de la provocation qu'il a reçue. Croyez-moi, auprès d'elle vous serez aussi en sûreté qu'avec une mère ; peut-être sera-ce un moyen d'éteindre ces divisions qui nous ont causé tant de peines.

— Dieu vous entende! dit Alice ; mais comment oserai-je lever les yeux sur elle? Et d'ailleurs aura-t-elle le pouvoir de me protéger contre ces hommes puissants, contre mon oncle Christian, hélas! mon plus cruel ennemi?

— Elle aura l'ascendant qu'exerce l'honneur sur l'infamie, la vertu sur le vice, et aucune puissance humaine, si ce n'est la volonté d'un père, ne vous arrachera de ses mains, quand vous aurez consenti à la choisir pour protectrice. Venez donc, Alice, venez avec moi, et...

Julien fut interrompu par quelqu'un qui, ayant saisi sans cérémonie la basque de son habit, la tirait avec tant de force qu'il fut contraint de s'arrêter en portant la main à son épée. Il se retourna et aperçut Fenella.

Les joues de la muette étaient rouges comme le feu, ses yeux étincelaient et elle tenait ses lèvres fortement serrées, comme si elle avait peine à comprimer les cris sauvages par lesquels s'épanchait la violence de ses passions, et qui, dans la rue, auraient attiré les badauds en foule. Déjà les passants, frappés de son air singulier, la regardaient et se retournaient pour la regarder encore. Sans lâcher prise, elle multipliait les signes pour enjoindre à Peveril de la suivre et de quitter Alice. Elle toucha la plume de sa toque pour désigner le comte, montra son cœur pour rappeler la comtesse, leva une de ses mains pour lui commander en leur nom, les joignit ensuite, en le suppliant pour elle-même ; puis, regardant Alice avec une expression de dérision à la fois amère et insultante, elle fit le geste de la chasser comme une créature indigne de protection.

Effrayée, sans savoir pourquoi, de cette pantomime bizarre, Alice étreignit le bras de Julien plus qu'elle n'avait osé le faire ; et cette marque de confiance parut accroître la colère de Fenella.

Julien se trouvait dans une situation difficile. Que lui voulait Fenella? Jusqu'à quel point le sort du comte et de la comtesse pouvait-il dépendre de sa docilité à la suivre ? c'est ce qu'il ne pouvait pas même imaginer. Toutefois, il se promit de ne pas la perdre de vue, et parvint à l'apaiser au point qu'elle passa la main sous son bras droit, décidée à l'accompagner du côté où il porterait ses pas.

Menant ainsi deux jeunes personnes, faites l'une et l'autre pour exciter l'attention publique, quoique par des raisons très différentes, Julien résolut de se rendre au bord de l'eau par le plus court chemin, et d'y prendre une barque qui le mènerait aux environs de la prison de Newgate, près de laquelle logeait sa mère.

Parmi les gens qui l'examinaient soit avec surprise, soit en souriant, Julien remarqua surtout deux individus, qui avaient l'air de le suivre, et à qui sa situation et la tournure de ses compagnes semblaient fournir un sujet de bruyante gaieté. C'étaient des jeunes gens portant d'énormes perruques et chargés d'une profusion de dentelles et de broderies, qui rendaient leur habillement plus riche que de bon goût.

Ces beaux fils passèrent plus d'une fois, bras dessus bras dessous, devant Peveril, puis s'arrêtaient de façon à l'obliger de les dépasser à son tour, riant et chuchotant pendant ces manœuvres, le toisant avec effronterie, lui et ses deux compagnes. Bientôt ils s'attachèrent à ses pas, en faisant leurs réflexions assez haut pour être entendus, et d'un ton qui montrait qu'ils ne s'inquiétaient guère de l'être.

— Voilà un manant qui a une fière chance, dit le plus grand des deux, une espèce d'hercule. Deux amours de filles sous la garde d'une casaque grise et d'un gourdin de chêne!

— Il a une chance de puritain qu'il est, et pire encore, dit son camarade. Quelle dégaîne et quelle patience! il sent le puritain à plein nez. J'ai envie de le débarrasser d'un de ses fardeaux; cette naine aux yeux d'escarboucle, par exemple, qui a l'air d'avoir assez de lui.

— Bravo! et je me charge de la trembleuse aux yeux de pervenche, qui a l'air de ne marcher à regret que pour me tomber dans les bras.

A ces mots, Alice, se serrant contre son guide, doubla le pas presque au point de courir, afin de fuir des hommes dont le langage était si alarmant; et Fenella, s'associant à ces craintes, se mit aussi à marcher plus vite. Les suites d'une querelle en pleine rue, qui devaient nécessairement le séparer de ses compagnes, ajoutaient à la perplexité de Julien. Il s'efforça d'appeler à son aide toute la prudence qui lui restait; et comme ces insolents drôles cherchaient encore à lui couper le passage, près de l'escalier d'Hungerford, qui descend à la Tamise, il leur dit avec un calme forcé :

— Messieurs, je vous dois des remerciements pour l'attention que vous avez prise aux affaires d'un étranger, et, si vous êtes des gens comme il faut, vous me direz où je pourrai vous rencontrer.

— Dans quelle intention, répondit l'hercule en ricanant, Votre Gravité rustique ou Votre grave Rusticité nous adresse-t-elle cette demande?

Et au même instant, ils se campèrent l'un et l'autre devant Julien de manière à lui barrer le passage.

— Descendez l'escalier, Alice, dit Peveril; je vous rejoins tout à l'heure.

Se débarrassant alors, non sans quelque peine, des deux jeunes filles qui le retenaient, il roula vivement son manteau autour de son bras gauche, et dit d'un ton hautain à ses persécuteurs :

— Voulez-vous me donner vos noms, Messieurs, ou me faire place?
— Pas avant que nous sachions à qui nous avons affaire.
— A quelqu'un qui vous apprendra ce qui vous manque, la politesse.
Aussitôt Julien s'avança hardiment pour passer entre eux. Ils s'é-

cartèrent; mais l'un d'eux allongea le pied, comme pour le faire tomber. Julien, qui sentait bouillonner dans ses veines le sang de ses nobles aïeux, asséna sur la tête du personnage un grand coup du bâton de chêne dont ils s'étaient moqués, et, le jetant au loin, saisit en main son épée.

Les deux bravaches dégaînèrent aussi et l'attaquèrent en même temps. Il reçut dans son manteau la pointe d'une des rapières et para le coup que lui portait l'autre. Il aurait pu être moins heureux à la seconde passe, mais un cri général s'éleva parmi les bateliers :

— Fi donc, fi! Quelle honte! deux contre un!

— Ce sont des gens du duc de Buckingham, dit un d'eux; il ne fait pas bon s'y frotter.

— Qu'ils soient gens du diable, s'ils veulent, dit un autre en brandissant un aviron; mais franc jeu d'abord, et vive la vieille Angleterre! Je tombe sur les pantins à galons d'or s'ils ne combattent pas honnêtement avec la jaquette grise. Quand il y en aura un par terre, l'autre se présentera.

Le bas peuple de Londres s'est de tous temps distingué pour le plaisir qu'il trouve à voir se vider une querelle, au bâton ou à coups de poing, et pour l'impartialité avec laquelle il exige que les choses se fassent dans les règles. On forma un cercle, au milieu duquel Julien et le plus grand de ses adversaires engagèrent un combat singulier, tandis que le petit était empêché par les bateliers d'y prendre part.

— Bien tapé, grand gars! Bien poussé, longues jambes! Hourra pour le grand diable!

Telles étaient les exclamations que provoqua le début du duel. En effet, non seulement le grand diable était un escrimeur dangereux, mais il avait un avantage marqué sur Julien qui, plein d'inquiétude pour la sûreté d'Alice, la cherchait sans cesse des yeux. Une égratignure qu'il reçut au côté lui rappela le soin de se défendre : il s'y appliqua tout entier, et donna bientôt une autre tournure au combat. De nouveaux cris s'élevèrent.

— Bien joué, jaquette grise! Droit à la doublure de sa veste! Joli coup de pointe! La belle parade! Encore une boutonnière à son habit brodé! Crac! le voilà embroché.

Cette dernière exclamation partit au milieu d'un vacarme d'applaudissements qui accompagnèrent une botte heureuse et décisive, par laquelle Peveril coucha sur le pavé son gigantesque adversaire. Il regarda un instant son ennemi renversé, puis, revenant à lui, il demanda ce qu'était devenue la dame qu'il accompagnait.

— Quelle dame? lui dit un des bateliers. Il me semble qu'il y en avait deux.

— Eh bien, la dame aux cheveux blonds.

— Oui, oui, celle qui criait au plein de sa tête quand le camarade de l'habit brodé l'a poussée dans un bateau.

— Comment! Qui donc a osé porter la main sur elle?

— Ah! mais, je vous en ai dit assez pour rien.

— Tiens, coquin, voilà un jacobus; parle, ou je te passe mon épée à travers le corps.

— Quant à cela, mon maître, je vous en défie bien, tant que je pourrai manier cet aviron. Mais les affaires sont les affaires; ainsi donc, je vous dirai, pour votre pièce d'or, que le camarade en question a forcé une de vos particulières, la blonde, à entrer dans le bateau de Tickling Tom, et ils doivent être loin en amont, ayant pour eux vent et marée.

— Juste ciel! et je suis encore ici!

— Que Votre Honneur prenne un bateau.

— Tu as raison, l'ami : vite un bateau!

— Suivez-moi, Monsieur.

Une volée d'injures nautiques fut échangée entre l'heureux candidat qui avait obtenu la pratique de Peveril, et les confrères désappointés qui conclurent, par l'organe d'un vieux triton, dont la voix domina toutes les autres, « que Son Honneur était sur le chemin de l'île des Gobe-mouches, vu que cette rosse de Jack s'était gaussé de lui : le bateau de la blonde avait nagé vers le palais d'York. »

Notre héros n'alla pas loin : un constable, suivi de trois ou quatre agents, qui portaient des haches d'armes d'ancien modèle, lui coupa la retraite, en l'arrêtant au nom du roi. Vouloir résister eût été folie, puisqu'il était entouré de tous côtés : Peveril fut donc désarmé et emmené devant le juge de paix le plus voisin, pour être interrogé et envoyé en prison.

Le digne magistrat devant qui Julien comparut était un homme ayant des intentions honnêtes, des talents très bornés et un caractère assez timide.

L'alarme donnée à toute l'Angleterre, et en particulier à la ville de Londres, par le complot des papistes avait produit sur l'esprit de maître Maulstatute une impression ineffaçable, et depuis le meurtre de sir Godfrey, il ne marchait plus qu'en tremblant dans le palais de Thémis.

Ayant une haute idée de l'importance de sa charge et une opinion peut-être plus haute de son importance personnelle, il n'avait que cordes et poignards devant les yeux, et ne mettait plus le pied hors de sa maison (qu'il avait fortifiée, et dans laquelle il entretenait une garnison composée d'une demi-douzaine de vigoureux constables), sans se croire épié par un papiste déguisé, tenant une épée nue sous son manteau. De fait, les terreurs de l'honnête juge, quoique ridiculement excessives, étaient si bien tenues en éveil par le cri général du jour, qu'il passait pour l'homme le plus hardi et le meilleur magistrat, parce qu'il ne cessait de rendre la justice, dans la pièce la plus retirée de ses appartements. Tel était l'individu, à la porte verrouillée et cadenassée duquel le constable qui avait arrêté Julien frappa un coup solennel, propre à le faire reconnaître.

Malgré ce signal officiel, les arrivants ne furent pas introduits avant que le clerc, qui remplissait les fonctions de portier en chef, fût venu faire une reconnaissance à un guichet grillé; car qui pouvait assurer que les papistes n'avaient pas découvert le secret du constable, et préparé une fausse patrouille pour s'introduire chez le juge de paix et le massacrer, sous prétexte d'amener un criminel devant lui? Des ruses plus mal ourdies avaient figuré dans la relation du complot papiste.

Tout se trouvant en règle, la clef tourna, les verrous furent tirés, et la chaîne fut décrochée de manière à donner passage au constable, au prisonnier et aux soldats; puis la porte se referma au nez des témoins, qui, comme gens moins dignes de foi, furent invités, à travers le guichet, à rester dehors, jusqu'à ce qu'on les appelât chacun à leur tour.

Si Julien avait été en humeur de rire, ce dont il n'avait guère envie, il en aurait eu l'occasion à la vue de l'affublement du clerc. Par-dessus son habit de bougran noir, il avait agrafé un ceinturon de buffle, soutenant un grand sabre et une paire d'énormes pistolets d'arçon; et il avait remplacé le chapeau plat des scribes par un bassinet d'acier rouillé, d'où pointait quelquefois sa plume infatigable, en guise de panache. Cette figure bouffonne conduisit le constable, ses acolytes et le prisonnier dans la salle basse où son patron rendait la justice, dans un accoutrement encore plus singulier que celui de son clerc.

Pour protéger la personne des bons protestants contre toute tentative d'assassinat de la part des papistes, quelque artiste ingénieux avait inventé une espèce d'armure dont on ne trouve d'échantillon nulle part. On l'appelait *armure de soie,* parce qu'elle consistait en plusieurs doubles de soie piqués ensemble, tellement serrés et d'une telle épaisseur qu'elle était à l'épreuve de la balle et de l'acier; un bonnet de même fabrique, à oreilles, assez semblable à un bonnet de nuit, complétait l'équipement et garantissait, de la tête aux genoux, la sécurité de celui qui le portait.

Maître Maulstatute, entre autres dignes citoyens, avait adopté cette armure bizarre, qui avait l'avantage d'être douce, chaude et flexible. C'était un petit homme rond qui, assis dans sa chaise curule, avait l'air d'avoir le corps entourée de coussins; son nez qui faisait saillie sous son casque de soie, et la pesante corpulence de sa personne, lui donnaient quelque ressemblance avec l'enseigne du *Cochon cuirassé.* A l'abri du danger dans son enveloppe impénétrable, il gardait, en outre, à portée de sa main, ses armes offensives, telles que rapière, poignard et pistolets, et, sur la table, à côté des lourds in-folios de commentaires juridiques, un instrument d'un genre particulier : une sorte de fléau de poche, composé d'un manche en bois de frêne et d'un bâton, deux fois plus long, ajusté au manche de façon à pouvoir se replier facilement. On nommait cet engin *le fléau protestant.* Une dernière précaution, meilleure que tout cet arsenal, était une forte grille en fer qui, traversant la salle en face du juge, séparait celui-ci de l'accusé.

Maulstatute préféra entendre les dépositions des témoins avant de permettre à Peveril de présenter sa défense. Le détail de la querelle fut brièvement exposé par ceux qui en avaient été spectateurs, et parut produire une grande impression sur l'esprit de l'officier public. Il secoua d'un air important son casque de soie, quand il eut appris que, après un échange de propos qu'on n'avait pas entendus, le prisonnier avait porté le premier coup et tiré son épée avant que son adversaire, déjà blessé, eût dégainé la sienne. Il branla encore plus la tête, quand il connut le résultat du duel; et il se trémoussa plus solennellement que jamais, lorsqu'un des témoins déclara que, autant qu'il pouvait en juger, la victime appartenait à la maison du duc de Buckingham.

— Un honorable pair! dit le magistrat, un vrai protestant, et un ami de son pays. Miséricorde divine! à quel excès d'audace ce siècle est-il parvenu? Nous voyons bien, — et nous le verrions encore, fussions-nous aussi aveugle qu'une taupe, — de quel carquois cette flèche est sortie.

Il mit alors ses lunettes, et donnant ordre de faire avancer Julien, il fixa sur lui, d'un air terrible, ses yeux garnis de verre et surmontés du turban piqué.

— Si jeune, dit-il, et déjà si endurci, mon Dieu! et papiste, j'en réponds.

— Nullement, répondit Julien; je suis un membre indigne de l'église d'Angleterre.

— Un protestant tiède peut-être; un de ces gens qui s'en vont tout doucement à Rome, et qui ont déjà fait la moitié du voyage... Hem!

L'accusé jura qu'il n'était pas de ceux-là.

— Qui êtes-vous donc? A vous parler franc, l'ami, votre figure ne me revient pas. Hem! hem!

Ces accès d'une toux brève et sèche étaient accompagnés d'un branlement de tête, par lequel le juge voulait indiquer qu'il venait de formuler la meilleure, la plus judicieuse, la plus fine observation qui fût possible.

— Mon nom, dit le fier jeune homme, est Julien Peveril.

— Ah! le ciel soit avec nous! fit le magistrat épouvanté; le fils d'un papiste, d'un scélérat, d'un traître, qui est en prison et à la veille d'être jugé.

— Qu'est-ce à dire, Monsieur?

Et Julien, oubliant sa situation, secoua la grille de fer avec une violence qui en fit résonner les barreaux. Notre juge pusillanime eut tellement peur que, saisissant son fléau, il le déploya dans la direction du prisonnier pour repousser ce qu'il appréhendait comme une attaque préméditée. Soit par trop de précipitation, soit par défaut d'expérience dans le maniement de l'arme, il manqua son coup, et le bâton mobile ajusté au fléau, ramené vivement en arrière, tomba avec force sur le casque de sûreté. En dépit de ce préservatif, le juge resta un moment étourdi, ce qu'il s'empressa d'attribuer à la méchanceté de Peveril.

L'opinion générale qu'il voulait procéder à son élargissement par des voies de fait sembla dès lors si profondément imprimée dans l'esprit des spectateurs, que Julien vit qu'il était inutile de présenter la moindre défense ; il sentait, d'ailleurs, trop bien que les suites de sa rencontre rendaient son emprisonnement inévitable. Il se contenta de demander dans quelle prison il allait être mis ; et quand le formidable mot *Newgate* lui fut renvoyé pour toute réponse, il eut du moins la satisfaction de penser que, si triste que fût un tel séjour, il s'y trouverait au moins en compagnie de son père ; et que, de façon ou d'autre, ils auraient peut-être la consolation de se voir, et de déplorer ensemble les calamités qui semblaient fondre de toutes parts sur leur maison.

S'armant par nécessité de plus de patience qu'il n'en avait réellement, Julien donna l'adresse de son logis, et demanda que son domestique, Lance Outram, lui apportât son argent et son linge, ajoutant qu'il consentait volontiers à mettre à la disposition du magistrat ses armes et ses papiers. Le juge promit d'avoir égard à sa requête. « Et, ajouta-t-il, comme il voyait en lui un jeune homme d'un rang distingué, il ne souffrirait pas qu'on le menât par les rues comme un voleur, et il avait fait demander pour lui un carrosse. »

Le carrosse dont il parlait était une de ces voitures de louage en cuir, et encore rares parce qu'elles venaient d'être inventées. Notre ami Julien, jusque-là plus accoutumé à la selle qu'à toute autre manière de voyager, se trouva bientôt assis dans un de ces véhicules publics, avec le constable et deux acolytes armés jusqu'aux dents, le port de débarquement étant, comme on le lui avait annoncé, l'ancienne forteresse de Newgate.

CHAPITRE XXXIII.

C'est le chien noir de notre geôle. Regardez-le, si cela
vous plaît, mais à bonne distance; ne l'irritez pas, il n'aboie
jamais avant de mordre.

Le Chien noir de Newgate.

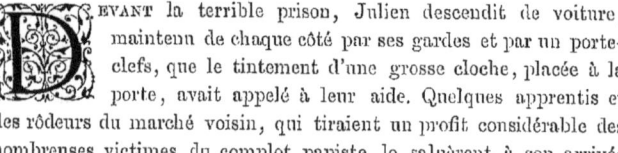evant la terrible prison, Julien descendit de voiture, maintenu de chaque côté par ses gardes et par un porte-clefs, que le tintement d'une grosse cloche, placée à la porte, avait appelé à leur aide. Quelques apprentis et des rôdeurs du marché voisin, qui tiraient un profit considérable des nombreuses victimes du complot papiste, le saluèrent à son arrivée par les cris : « Ho! ho! un papiste! A bas le pape et toute sa séquelle! »

Sous de tels auspices, Peveril fut introduit dans l'intérieur de la geôle par cette sombre porte où tant de gens, à leur entrée, disent pour toujours adieu à l'honneur et à la vie. Il traversa une grande cour, où des prisonniers pour dettes passaient le temps à divers jeux, tels que la balle, la main chaude, le cheval fondu, etc. Puis on l'entraîna vers une porte basse et cintrée, qui s'ouvrit à un seul battant pour le recevoir, et, de là, le long de deux ou trois corridors ténébreux, défendus, au point où ils se croisaient, par des portes à barreaux ou en chêne plein, garni de ferrures et de gros clous. Il ne lui fut permis de s'arrêter que dans une petite salle ronde et voûtée, ce qui, par rapport au labyrinthe de corridors y aboutissant, la faisait ressembler au point central de la toile d'une araignée.

La ressemblance ne se bornait pas là. Dans ce réduit, aux murs tapissés de mousquets, de pistolets, de coutelas et autres armes, ainsi que d'un assortiment de menottes, chaînes et fers variés, le tout rangé en ordre et en bon état de service, se tenait assis un homme, figurant assez bien une grosse araignée bouffie et accroupie, prête à saisir la proie qui pourrait tomber dans ses filets.

Ce fonctionnaire public avait été, dans l'origine, un gaillard solide, de haute taille et à large poitrine, mais l'excès de nourriture et le défaut d'exercice l'avaient rendu obèse, et il ne ressemblait pas plus à ce qu'il était autrefois qu'un bœuf engraissé pour la boucherie ne ressemble à un taureau sauvage.

Aucune créature humaine n'est d'un aspect plus désagréable qu'un gros homme sur les traits duquel la méchanceté a marqué son empreinte. Or, les traits hargneux de cet individu, son teint blafard, ses membres enflés et disproportionnés, sa panse énorme et sa carcasse informe, suggéraient l'idée qu'après s'être un jour faufilé dans ce trou, il s'y était engraissé comme la belette de la fable, qu'il y avait mangé à tort et à travers, au point de devenir incapable d'en sortir. Devant ce monstrueux échantillon d'obésité, l'on voyait de gros registres à fermoirs, annales de ce royaume de misères, où il commandait en qualité de premier ministre.

Après le dépôt du mandat d'emprisonnement porté contre Julien, le constable et l'officier se mirent à causer tout bas, ou plutôt communiquèrent entre eux moins en paroles que par leurs regards, et au moyen de gestes, langage qui ajoute du mystère à ce qui est en soi bien assez effrayant pour un captif. Les seuls mots que Julien put entendre furent prononcés par le geôlier, c'est-à-dire par le capitaine de la geôle, qui était son titre :

— Encore un oiseau pour la cage?

— Et qui sifflera l'air de *Gentil pape de Rome*, avec tous les sansonnets dont Votre Honneur a la garde.

A cette remarque facétieuse du constable, les traits farouches du capitaine se relâchèrent jusqu'à ébaucher une ombre de sourire ; mais, reprenant aussitôt sa sombre physionomie, il leva un œil mauvais sur son nouvel hôte, et ne dit qu'un mot, à demi-voix, un mot très expressif : *Payez!*

Julien répondit avec un calme apparent :

— Je suis prêt à me conformer aux usages du lieu où j'ai le malheur de me trouver. Dites-moi ce qu'il vous faut, et je vous le donnerai.

A ces mots, il tira sa bourse, et en même temps s'estima heureux d'avoir gardé sur lui une somme assez considérable. Le capitaine en remarqua les dimensions et le volume avec un sourire involontaire, qui agita sa lèvre pendante et sa moustache, sourire presque aussitôt réprimé par le souvenir du règlement qui mettait des bornes à sa rapacité.

— Il y a des prix différents, dit-il d'un ton bourru ; les gens font leur choix eux-mêmes. Je ne demande que ce qui m'est dû ; mais la civilité se paye à part.

— Et je la payerai, s'il est possible d'en obtenir ; mais le prix, mon brave Monsieur, le prix?

Julien avait accentué ses paroles d'un ton méprisant, et il cherchait d'autant moins à le déguiser qu'il s'était aperçu de l'influence que lui donnait la possession d'une bourse bien garnie. Le capitaine parut y être sensible ; car il ôta, d'un geste machinal, son couvre-chef, et, honteux après réflexion d'avoir fait acte de politesse, il s'en dédommagea en grattant sa nuque grisonnante, tandis qu'il marmottait, d'une voix grognonne :

— Il y a des prix différents. D'abord, la petite Aise, qui coûte un écu : c'est un peu noir, et l'égout passe dessous, et des gens renâclent à la compagnie, filous et voleurs surtout. Puis, le côté du Maître, ça vaut une pièce d'or ; et l'on n'y fourre personne qui ne soit accusé de meurtre, au moins...

— Mais le taux le plus élevé?

— Trois pièces d'or pour le quartier du Chevalier.

— En voici cinq, et mettez-moi avec sir Geoffroy.

— Sir Geoffroy?... Hum! On a payé plus d'une fois pour le voir, pas autant que vous, par exemple; mais aussi vous serez sans doute le dernier. Ah! ah! ah!

Que signifiaient ces bouts de phrase, terminés par un éclat de rire? Julien n'y comprenait rien, et, en réponse, il renouvela sa demande d'être placé dans la même chambre que sir Geoffroy.

— Oui, Monsieur, dit le geôlier, n'ayez pas peur, je vous tiendrai parole, attendu que vous semblez connaître les égards dus à notre situation respective. Quant à l'affaire qui vous amène, il y a dix à parier contre un qu'elle tournera en eau de boudin, un meurtre par accident; et alors ce n'est qu'un pouce brûlé au lieu d'un cou tordu, en supposant toujours qu'il n'y ait pas de papisme là-dedans; en ce cas, je ne réponds de rien. Emmenez Son Honneur, Clink.

Un des guichetiers le précéda alors en silence, à travers un nouveau dédale de corridors, sur les côtés desquels s'ouvraient différentes cellules. Chemin faisant, l'homme formulait ses réflexions :

— Ma foi, il faut qu'il ait perdu la carte, ce pauvre monsieur! Il aurait pu avoir la plus belle chambre de Newgate pour moitié moins cher, et il paye le double pour partager le galetas de sir Geoffroy. Dites donc, sauf votre respect, est-ce que sir Geoffroy est votre parent?

— Je suis son fils.

— Son fils! répéta le drôle en riant de plus belle. Ah! bien, voilà le plus beau de l'histoire... Un grand gaillard de votre taille... cinq pieds six pouces... et fils de...

— Trêve d'impertinence! Ma situation ne vous donne pas le droit de m'insulter.

— Ce n'est pas une insulte; je ris seulement de votre parenté. Après ça, peu m'importe : bien savant est le fils qui connaît son vrai père. Voici la chambre de sir Geoffroy; vous arrangerez la chose ensemble.

A ces mots, il introduisit son prisonnier dans une grande chambre, tenue fort proprement, garnie de quatre chaises, d'un lit à roulettes et de quelques autres meubles. Julien chercha son père des yeux avec empressement; et, comme il n'y voyait personne, il reprocha avec colère au porte-clefs de l'avoir trompé.

— Non, non, Monsieur, je vous ai tenu parole, répliqua celui-ci. Seulement, votre père, puisque vous lui donnez ce nom, est blotti dans quelque coin. Un petit trou lui suffit; mais je vais vous le dénicher. Holà! hé! sir Geoffroy... avancez un peu... Le voici... Ah! ah! ah! c'est votre fils, ou celui de votre femme, qui vient vous tenir compagnie.

En regardant de côté et d'autre, Julien finit par distinguer dans un coin obscur une espèce de boule, qui ressemblait plutôt à un paquet de drap écarlate qu'à une créature vivante. Aux cris du porte-clefs, l'objet informe sembla prendre vie et mouvement : il se développa peu à peu, parvint à se mettre debout, et se montra couvert de la tête aux pieds du manteau dans lequel il s'était pelotonné. Au premier coup d'œil, Julien prit ce petit être pour un enfant de cinq à six ans; en l'entendant parler d'une voix aiguë mais ferme, il reconnut son erreur.

— Geôlier, disait cette voix surnaturelle, que signifie ce vacarme? Avez-vous encore des insultes à jeter à la tête d'un homme qui a été, toute sa vie, en butte à la malignité de la fortune? Mais j'ai une âme capable de lutter avec toutes mes misères; elle est aussi haute qu'aucun de vos corps.

— Tout doux, sir Geoffroy! est-ce ainsi que vous accueillez votre fils?

— Insolent!

— Il y a ici quelque étrange méprise, fit observer Peveril; je demandais sir Geoffroy...

— Vous le voyez devant vous, jeune homme, répondit le nain, en jetant à terre son manteau écarlate et en se redressant avec toute la dignité que comportait une taille de trois pieds ou environ. J'ai été le favori de trois souverains qui ont successivement porté la couronne d'Angleterre, et je suis à présent l'habitant de ce cachot et le jouet de ses stupides geôliers. Mon nom est sir Geoffroy Hudson.

Bien qu'il n'eût jamais vu cet important personnage, Julien n'eut point de peine à reconnaître, d'après ce qu'on lui en avait dit, le célèbre nain de la reine Henriette, lequel était devenu victime d'une dénonciation relative au complot papiste. Il salua l'infortuné vieillard et se hâta de lui expliquer que c'était la prison de sir Geoffroy Peveril qu'il avait demandé à partager.

— Vous auriez dû le dire avant de vous séparer de vos belles pièces d'or, répondit Clink. Pour l'autre, un grand et gros homme, à cheveux gris, il a été envoyé, la nuit dernière, à la Tour.

— Eh bien, allez faire savoir à votre chef que je désire y être envoyé aussi.

— Vous n'y pensez pas. On ne conduit à la Tour que les lords et les chevaliers pour crime de haute trahison, et encore faut-il un ordre du secrétaire d'État.

— Du moins, que je ne sois pas à charge à ce gentilhomme. Il est inutile de nous loger ensemble, puisque nous ne nous connaissons même pas. Informez le capitaine de cette méprise.

— Je le ferais volontiers; mais à quoi bon s'il le sait déjà? Vous l'avez payé pour habiter avec sir Geoffroy, et vous y voilà. Il vous a couché en conséquence sur son registre, et il n'y ferait pas de rature pour rien au monde. Allons, consolez-vous; je vous mettrai des fers légers et peu gênants. C'est tout ce que je peux faire pour vous.

La résistance et les réclamations étant également hors de saison, Julien se soumit, et on lui attacha, au-dessus de chaque cheville, une paire de fers, qui lui laissaient la liberté de se mouvoir dans la chambre. Clink, après l'opération, sortit et ferma la porte derrière lui.

CHAPITRE XXXIV.

Jeune homme dégénéré, tu n'es point de la race de Tydée.
dont le petit corps logeait une si grande âme.
HOMÈRE, *Iliade.*

E trouvant enfin tranquille, sinon seul, pour la première fois de cette journée si remplie d'événements, Julien se jeta sur une vieille chaise de chêne à côté des restes d'un feu de charbon, et se mit à réfléchir sur sa misérable et dangereuse situation. Tandis qu'il s'abandonnait au découragement, son compagnon d'infortune, assis à l'autre coin de l'âtre, se mit à l'examiner avec un sérieux solennel, qui força, bon gré mal gré, son attention.

Geoffroy Hudson, que le roi avait anobli dans un moment de joyeuse humeur, n'avait rien de choquant dans ses traits ni de difforme dans sa très petite taille. Sa grosse tête, ses longues mains et ses pieds manquaient, il est vrai, de proportion, eu égard à l'exiguïté de son corps; et même son corps était beaucoup plus épais que ne l'aurait voulu la symétrie; pourtant, l'ensemble produisait un effet risible plutôt que déplaisant. S'il eût été un peu plus grand, sa figure aurait pu passer pour belle, quand il était jeune, et dans la vieillesse, ses traits conservaient encore une expression remarquable. Par malheur, l'énorme disproportion de la tête avec le tronc donnait à toute la personne une apparence grotesque et bizarre, accusée bien davantage par une paire de moustaches très fournies et si longues qu'elles allaient rejoindre les cheveux.

Le costume de ce pauvre hère participait du mauvais goût qui porte souvent ceux que la nature a affligés d'une difformité à se distinguer et, partant, à se rendre ridicules, par l'emploi de couleurs voyantes et de vêtements bizarres. On remarquait dans le tour d'esprit et le langage de l'infortuné quelque chose d'analogue : en effet, de même qu'il y avait une disparate choquante entre la richesse, l'éclat de son habillement (terni et souillé par le séjour de la prison) et la façon grotesque dont il l'accommodait, de même les éclairs de bon sens et les sentiments honorables qu'il laissait voir tournaient au burlesque par ses airs d'importance et une crainte continuelle d'être méprisé à cause de sa petite taille.

Après quelques minutes d'examen silencieux, le nain pensa que sa dignité d'ancien locataire l'obligeait à faire au nouveau les honneurs du logis.

— Monsieur, dit-il à Julien en modifiant les sons inégaux de sa voix dure et criarde par des inflexions aussi harmonieuses que possible, vous êtes, à ce que je vois, le fils de mon digne homonyme, sir Geoffroy Peveril du Pic, une connaissance d'autrefois. Ah! j'ai rencontré votre père en des occasions où, ma foi, les coups tombaient plus dru que les pièces d'or; et pour un soldat fort grand et, à qui il manquait, aux yeux de nous autres raffinés, cette souplesse, cette vivacité particulière à ceux de nos Cavaliers ayant plus fine tournure, il s'acquittait parfaitement de ses devoirs. Je suis heureux de voir son fils; et, quoique ce soit par suite d'un malentendu, je suis ravi que nous ayons à partager ensemble cet abominable tandis.

Julien le remercia, par un salut, de sa politesse. La glace une fois rompue, Hudson se mit à le questionner sans plus de cérémonie.

— Vous n'êtes pas de la cour, je présume?

— Non.

— Je m'en doutais. Bien que je n'aie pour l'instant aucun poste fixe à la cour, j'y ai passé ma jeunesse, et dans une situation éminente; puis, une fois libre, j'assistais de temps en temps au lever du roi, comme j'y étais autorisé par mes anciens services, et j'avais gardé l'habitude de prendre note des courtisans parmi lesquels je me trouvais. Sans compliment, Monsieur Peveril, vous êtes un bel homme, un peu grand peut-être, comme votre père; si je vous avais vu quelque part, il m'aurait été difficile de ne pas vous reconnaître.

Julien pensa qu'en toute justice, il aurait pu lui renvoyer le compliment; mais il se contenta de répondre qu'il avait à peine vu la cour.

— Tant pis, reprit Hudson; c'est là seulement qu'on se forme aux belles manières. Vous avez porté les armes sans doute?

— Je n'ai pas eu cet honneur.

— Quoi! ni courtisan ni soldat? Votre père est blâmable. Oui, de par Dieu et la messe, il est blâmable, Monsieur Peveril. Comment un homme se distinguera-t-il, si ce n'est par sa conduite en paix ou en guerre? Tenez, j'étais à la bataille de Newberry, avec mon régiment; moi et le prince Rupert, nous chargions de front quand nous fûmes tous deux ramenés par ces manants de la milice de Londres. Eh bien, nous fîmes alors tout ce qui était humainement possible. Il s'écoula, je crois, quatre ou cinq minutes, après la déroute des nôtres, pendant que Son Altesse et moi nous abattions leurs piques démesurées avec le tranchant de nos sabres, et m'est avis que nous les aurions enfoncés, si je n'avais eu pour monture une grande brute de cheval à longues jambes et un sabre un peu trop court. Bref, il nous fallut faire volte-face et les coquins, dans leur joie d'être débarrassés de nous, se mirent à crier : « Voilà les deux Robin qui détalent! » Ah! c'est qu'ils me connaissaient bien, ces garnements; mais il y a beau temps de cela!... Et où avez-vous été élevé, jeune homme?

— Dans la maison de la comtesse de Derby.

— Une dame très honorable, foi de gentilhomme! J'ai bien connu la comtesse quand j'appartenais à la maison de la reine Henriette. Quelle noble femme! un parfait modèle d'esprit et de loyauté! C'était, je m'en souviens, une des quinze beautés de la cour à qui je permettais de m'appeler *Piccolomini* *, sotte plaisanterie sur ma taille un tantinet petite, qui, même dans ma jeunesse, m'a toujours distingué des gens ordinaires, et que l'âge, en me courbant, a singulièrement réduite. Les dames n'ont jamais cessé de me plaisanter. Il est possible, jeune homme, que j'aie eu des compensations auprès de quelques-unes; où et comment, je n'ai point à vous le dire. Mais, assurément, servir les dames et se plier à leurs caprices, parfois indiscrets ou fantasques, c'est la marque d'une bonne éducation.

Tout abattu qu'était notre héros, il put à peine s'empêcher de sourire en regardant le pygmée qui racontait ces histoires avec tant de complaisance; héraut de sa propre gloire, le petit homme n'était pas loin de proclamer qu'il avait été un parangon de vaillance et de galanterie, quoique l'amour et les armes parussent absolument incompatibles avec sa figure ratatinée et son corps déjeté. Néanmoins, Julien évita, par charité, de causer de la peine à son compagnon, et chercha, au contraire, à lui être agréable, en répondant qu'une personne élevée, comme lui, dans les cours et les camps, devait savoir la limite exacte des libertés qu'il pouvait permettre ou non.

Le petit chevalier rapprocha son siège de celui de Julien, en signe de cordiale confiance, et reprit ainsi la parole :

— Vous avez raison, Monsieur Peveril, et j'ai donné, en effet, cette preuve du respect de soi-même. Oui, Monsieur, ma royale maîtresse Henriette n'avait rien à me demander, que je ne fusse prêt à la satisfaire: j'étais son féal serviteur, à la guerre comme dans une fête, en bataille rangée comme dans un banquet. Un jour, à la requête particulière de Sa Majesté, je consentis à occuper — les dames, vous le savez, ont d'étranges fantaisies, — à occuper, pour un temps, l'intérieur d'un pâté.

— D'un pâté! répéta Julien assez surpris.

— Oui, Monsieur, d'un pâté. Est-ce que ma complaisance vous prêterait à rire ?

— Oh! pas le moins du monde; je ne suis pas en train de rire en ce moment.

---

* Général de ce temps, dont le nom signifie, en italien, *petit homme*.

— Et je ne l'étais pas davantage en me voyant emporté dans un immense plat, de dimensions peu communes, ainsi que vous pouvez le croire. Couché tout de mon long, j'étais, pour ainsi dire, enseveli

entre des murs de croûte épaisse et sous un couvercle de pâte, le tout ayant la forme d'un sarcophage, assez vaste pour qu'on y pût graver l'épitaphe d'un officier général ou d'un archevêque. Monsieur, malgré la précaution qu'on avait eue de me ménager des prises d'air, je ressemblais, beaucoup plus qu'on ne saurait l'imaginer, à un être enterré vivant.

— Je conçois cela, Monsieur.

— Au reste, Monsieur, peu de gens étaient dans le secret, qu'on avait résolu de bien garder pour l'amusement de la reine; et moi, pour la divertir, je me serais blotti dans une coquille de noix, si la chose eût été possible. Donc, comme je vous disais, peu de personnes se trouvant être du complot, il y avait des accidents à craindre. J'appréhendais, au fond de ma ténébreuse cachette, qu'un valet maladroit me laissât choir, ou bien qu'un convive affamé n'anticipât l'heure de ma résurrection en plongeant un couteau dans la croûte de dessus. Et quoique je fusse armé de pied en cap, jeune homme, ainsi que je l'ai toujours fait en cas de péril, cependant, si un téméraire avait enfoncé trop avant la main dans les entrailles du prétendu pâté, mon sabre et mon poignard auraient pu servir à me venger, et non à prévenir une catastrophe.

— C'est aussi mon sentiment.

— Attendez! continua le petit homme sans perdre son sujet de vue. J'eus d'autres motifs d'appréhension; car il plut à lord Buckingham, père du duc actuel, d'ordonner qu'on remportât le pâté à l'office et qu'on le mît au four, alléguant fort mal à propos, qu'il serait bien meilleur chaud que froid.

— Cette circonstance, Monsieur, ne troubla-t-elle pas votre égalité d'âme?

— Mon jeune ami, je ne puis le nier : la nature exerce toujours ses droits, même sur les plus braves. Je pensais à Nabuchodonosor et à sa fournaise, et la peur suffisait à me donner chaud. Grâce au ciel, je songeais aussi à mes devoirs envers ma royale maîtresse, et j'étais, en conséquence, obligé de trouver en moi assez de force pour résister à la tentation d'apparaître avant l'instant marqué. Néanmoins, le duc (si c'était par malice, que Dieu lui pardonne!) se rendit à l'office et pressa vivement le maître-queux de remettre le pâté au four, ne fût-ce que cinq minutes; mais celui-ci, qui connaissait heureusement les intentions bien différentes de ma noble maîtresse, s'y refusa avec courage; et je fus replacé sain et sauf sur la table royale.

— Et sans doute délivré de votre prison en temps convenable?

— Oui, Monsieur; cet heureux, et je puis dire ce glorieux moment arriva enfin. La croûte de dessus fut enlevée, et je m'élançai au son de la trompette et du clairon. Alors, mon bouclier au bras et ma bonne lame à la main, j'exécutai une espèce de danse guerrière, dans laquelle mon adresse et mon agilité faisaient de moi un vrai prodige, déployant en même temps des attitudes d'attaque et de défense d'une manière si complètement inimitable, que je fus presque assourdi des applaudissements qui retentirent autour de moi, et noyé dans les eaux de senteur que me jetèrent à pleins flacons les dames de la cour. Je pris aussi ma revanche avec Buckingham. Comme je dansais un pas moresque sur la table, en faisant voltiger mon épée de ci de là, je lui portai droit au nez un coup d'estramaçon, de manière à l'effleurer sans l'atteindre. Sa Grâce fit un bond en arrière, de deux pieds au moins, et menaça de me fendre le crâne avec un os de poulet, il eut cette audace! Mais le roi lui dit : « Georges, à bon chat bon rat! » Et je continuai mes gambades, sans plus de souci de lui avoir déplu, ce que peu de gens eussent osé faire, même avec l'assurance de gagner les sourires de la valeur et de la beauté. Hélas! Monsieur, qu'est-ce que la jeunesse, avec ses joies, ses folies, ses triomphes et son orgueil? Une vanité aussi éphémère que le pétillement d'un fagot d'épines sous une marmite.

Et Peveril songeait en son par-dedans : « Bon Dieu! faut-il qu'un homme ait assez vécu pour regretter le temps où il était traité comme une pièce de venaison et servi dans un pâté! »

Son compagnon, dont la langue était depuis quelques mois aussi captive que sa personne, se mit, d'un ton solennel, à moraliser sur l'aventure qu'il venait de raconter :

— Les jeunes gens ne manqueront pas d'envier le sort d'un homme qui pouvait ainsi devenir le favori et l'admiration de la cour; et pourtant, mieux vaut être plus humblement doué pour échapper aux calomnies, aux insinuations perfides, à la haine qui suivent les faveurs de la cour. Combien d'imbéciles trouvaient à redire à ma taille, parce qu'elle différait tant soit peu des proportions ordinaires! Quelquefois j'étais l'objet des plaisanteries de personnages que le devoir me forçait de respecter. Encore ceux-ci n'agissaient-ils ainsi que par excès de bonne humeur; d'autres, serviteurs ou courtisans, et mes égaux en somme, se conduisaient à mon égard comme si quelques pouces de plus leur donnaient le droit de se croire au-dessous de moi. Il arriva grande leçon réservée à mon orgueil — que l'exploit dont je vous ai fait le récit devint la cause d'un tragique événement, et que de l'acte le plus glorieux de ma vie sortit ma plus douloureuse infortune.

Le narrateur s'interrompit, poussa un soupir gros de regret, et poursuivit en ces termes :

— Vous auriez cru, jeune homme, dans la simplicité de votre cœur, que la prouesse du banquet n'aurait dû être citée qu'à mon avantage ; ce serait compter sans la malice des courtisans jaloux qui, lâchant la bride à leur esprit, me tournèrent en ridicule de mille manières. En un mot, j'eus les oreilles si fort échauffées par les allusions aux pâtés, aux croûtes et aux fours, que je me vis obligé d'interdire un tel sujet de raillerie, sous peine de mon vif déplaisir. Il y avait alors à la cour un jeune homme de bonne famille, mon ami particulier, de qui, par conséquent, je n'avais pas lieu d'attendre ce genre d'offense. Cependant, un soir, chez le portier du château, comme il était ivre et en train de gouailler, il s'avisa de me dire, à propos d'un pâté d'oie, des choses peu agréables, et d'aggraver sa faute en m'appelant roitelet et autres sobriquets aussi méchants qu'inutiles. Je lui envoyai un cartel, et une rencontre s'ensuivit. J'avais de l'attachement pour ce garçon, et, si nous nous étions battus à l'épée, il en eût été quitte pour une égratignure ; par malheur, il préféra le pistolet, et, s'étant rendu à cheval sur le terrain, il tira, en guise d'arme, un de ces ridicules engins dont les enfants se servent en jouant pour lancer de l'eau, un... une... Ma foi, j'en ai oublié le nom.

— Une seringue, sans doute ?

— Comme vous dites. Eh bien, Monsieur, cette marque de dédain me força de le rappeler au respect de lui-même en ayant recours à des armes plus sérieuses. Nous combattîmes à cheval ; et comme je ne manque jamais mon coup, j'eus le malheur de tuer l'honorable M. Crofts du premier feu. Je ne souhaiterais pas à mon plus mortel ennemi la douleur que j'éprouvai lorsque je le vis chanceler sur sa selle et tomber à terre ; et quand j'aperçus son sang qui coulait en abondance, le ciel m'est témoin que j'aurais voulu voir plutôt couler tout le mien. Pourtant, hélas ! pouvais-je agir autrement, puisque l'honneur est, pour ainsi dire, l'air que nous respirons, et qu'on ne saurait vivre si l'on souffre d'en être privé ?

Le ton de sensibilité avec lequel cet extrait de héros acheva de parler donna à Julien une meilleure opinion de son cœur et même de son jugement. Le sort du malheureux Crofts, ainsi que différents exploits de ce nain martial, durant les guerres civiles, où il commanda réellement et avec une grande bravoure une compagnie de cavalerie, rendirent les gens plus circonspects dans leurs plaisanteries, d'autant moins nécessaires d'ailleurs que, si on le laissait tranquille, Hudson manquait rarement à se montrer, de lui-même, sous un jour ridicule.

A une heure après midi, le porte-clefs, fidèle à sa parole, apporta aux deux captifs un dîner très passable, et un flacon d'assez bon vin ; et le vieillard, qui se sentait ragaillardi, fit observer d'un air de regret, que la taille du flacon était presque aussi exiguë que la sienne. La soirée s'écoula ainsi, non sans de continuels accès de loquacité de la part de Geoffroy Hudson. D'abord, il discourut longuement sur des points de théologie, et ne quitta cet épineux sentier que pour s'aventurer dans la route obscure du mysticisme : pressentiments, prophéties, apparitions, etc. Ensuite, après avoir récité ses prières du soir en latin, car il était catholique, il entama, en se déshabillant, une nouvelle histoire et continua de bavarder de la sorte jusqu'à ce que le sommeil lui eût fermé les yeux.

CHAPITRE XXXV.

Des voix de l'air qui prononcent le nom des hommes.
MILTON, *Comus.*

ULIEN s'était endormi, la tête plus pleine de ses tristes réflexions que des légendes mystiques du petit chevalier; et cependant, il arriva que les visions du sommeil eurent plus de rapport avec les discours du nain qu'avec ses propres idées.

Il rêva d'esprits glissant sous ses yeux, de fantômes aux paroles inintelligibles, de mains sanglantes qui s'agitaient dans l'ombre, et semblaient l'appeler comme un chevalier errant destiné à de terribles aventures. Plus d'une fois il s'éveilla en sursaut, tant était vive l'impression que ces songes produisaient sur son imagination! et alors il lui semblait qu'il y avait quelqu'un près de son lit. L'extrémité à laquelle il voyait réduit tout ce qu'il avait de plus cher répandait dans son cœur un froid plus glacial encore que celui des chaînes dont ses jambes étaient entourées; et il lui était impossible de se rendormir sans demander au ciel sa protection par une prière mentale. Mais lorsqu'il fut, pour la troisième fois, troublé dans son repos par ces images effrayantes, l'angoisse de son âme se manifesta par des paroles, et il ne put retenir cette exclamation de désespoir :

— Mon Dieu, ayez pitié de moi!

— *Amen!* répondit une voix aussi douce qu'une rosée de miel, et qui lui sembla prononcer ce mot à son chevet même.

Il était naturel d'attribuer à Geoffroy Hudson, son compagnon d'infortune, une pieuse réponse à la prière qui convenait si bien à leur situation respective; mais le pauvre homme avait une voix dure et criarde, bien différente de celle qui s'était fait entendre. Peveril fut frappé d'une terreur involontaire, et il lui fallut un grand effort de volonté pour formuler cette question :

— Est-ce vous qui avez parlé, sir Geoffroy?

Point de réponse. Il renouvela sa question plus haut, et la même voix, qui avait dit *Amen*, reprit :

— Votre compagnon ne s'éveillera point tant que je serai là.

— Qui êtes-vous? Que cherchez-vous ici? Comment y êtes-vous entré?

— Je suis un être infortuné, mais qui vous aime tendrement. Je viens ici pour vous servir. Ne vous inquiétez pas du reste.

Une idée s'offrit alors à l'esprit de Julien : il avait ouï parler de personnes qui possédaient le merveilleux talent de contrefaire leur voix de manière à faire croire que les sons partaient d'un point opposé à celui qu'elles occupaient. Persuadé qu'il avait complètement pénétré le mystère, il s'écria :

— Ce badinage, sir Geoffroy, n'est pas de saison. Dites ce que vous avez à dire avec votre voix naturelle : les mauvaises plaisanteries ne conviennent pas, à minuit, dans un cachot de Newgate.

— Mais l'être qui vous parle, répondit la voix, choisit de préférence l'heure la plus sombre et le séjour le plus triste.

Brûlant d'impatience et résolu à satisfaire sa curiosité, Julien sauta brusquement à bas de son lit, espérant saisir l'être qui parlait ainsi et dont la voix indiquait un extrême voisinage; mais sa tentative fut inutile, et il ne saisit que de l'air.

Peveril fit deux ou trois tours dans la chambre, au hasard, d'un pas traînant et les bras tendus; puis il réfléchit que, trahi par le bruit de ses fers, il lui serait impossible de mettre la main sur quelqu'un qui ne voudrait pas se laisser atteindre. Le plus sage était de regagner son lit; mais il marchait à tâtons, et arriva d'abord à celui de son camarade d'infortune. Le petit prisonnier dormait d'un profond sommeil. En écoutant le bruit de sa respiration sonore, Julien se mit en tête qu'il y avait, entre les quatre murs de cette chambre si bien close, un tiers dont la présence même semblait indiquer qu'il n'appartenait pas à l'espèce humaine. Sans être enclin à croire au surnaturel, il partageait en cela les préjugés de son époque. Ses cheveux commençaient à se dresser sur sa tête, et une sueur froide mouillait déjà son visage, lorsqu'il appela son compagnon, le priant, au nom du ciel, de s'éveiller.

Le nain répondit, mais toujours endormi :

— Que le diable vous étrangle! Je me soucie bien qu'il fasse jour. Dites au grand écuyer que je n'accompagnerai point la chasse, à moins qu'il ne me donne le petit bidet noir.

— Je vous dis, répliqua Julien, qu'il y a quelqu'un dans la chambre. N'avez-vous pas un briquet pour allumer un flambeau?

— Que m'importe que ce criquet ne soit pas beau? reprit le dormeur en suivant toujours le fil de ses idées, qui sans doute l'entraînait au milieu des vertes forêts de Windsor, et lui rappelait les chasses royales dont il avait été témoin.

A la fin, Julien le saisit par le bras et le secoua si rudement qu'il parvint à l'éveiller. Le nain, tout en bâillant et grommelant, lui demanda, avec humeur, ce que diantre il avait.

— J'ai que le diable en personne se promène dans la chambre, autour de nous.

A cette nouvelle, Hudson sauta à terre, fit le signe de la croix, et se mit à battre avec ardeur un morceau d'acier contre une pierre à feu; il alluma un bout de cierge, qui avait été, dit-il, consacré à sainte Brigitte, et dont la vertu égalait celle du foie de poisson brûlé par Tobie, pour chasser des endroits qu'il éclairait les lutins et autres malins esprits, pourvu toutefois qu'il en existât ailleurs que dans l'imagination de son jeune ami.

La chambre ne fut pas plutôt éclairée par les rayons de ce bout de chandelle sacrée, que Julien commença à douter du témoignage de ses sens; car il n'y avait dans la pièce que ses deux habitants; et la porte était si soigneusement verrouillée, la fenêtre munie de barreaux si solides qu'il paraissait impossible de passer par l'une et d'ouvrir l'autre sans faire beaucoup de bruit. Notre héros finit par accuser son imagination de lui avoir joué un tour fort déplaisant, et regagna son lit en silence, pendant que le petit homme débitait tout au long la légende de sainte Brigitte, qu'il assurait avoir été la plus petite des femmes.

L'aurore se lève pour Newgate comme pour la plus haute montagne, avec cette différence que sa clarté, en pénétrant dans les profondeurs de la forteresse, a l'air d'y être emprisonnée. Éclairé par la lumière du jour, Peveril se convainquit sans peine de la fausseté des visions qu'il avait eues la nuit précédente, et sourit en songeant que des histoires semblables à celles qu'il avait souvent entendues dans l'île de Man, eussent pu produire tant d'impression sur son esprit.

Avant que Julien fût éveillé, le nain avait déjà quitté son lit. Assis au coin de la cheminée, il avait allumé le feu, et partageait son attention entre un petit pot qui commençait à bouillir et un gros in-folio, ouvert devant lui sur la table. Il était enveloppé dans son manteau écarlate, qui lui servait aussi de robe de chambre, et dont le collet remontait jusqu'à son grand bonnet de montagne. La singularité de ses traits et l'expression de ses yeux, armés de lunettes, auraient donné à un peintre la tentation de le représenter sous la figure d'un alchimiste ou d'un nécromancien. Or, il préparait tout simplement, pour son déjeuner, une soupe savoureuse, dont il invita Julien à manger sa part.

— Je suis un ancien soldat, dit-il, et je puis ajouter un ancien prisonnier; double raison pour que je sache mieux que vous, jeune homme, me tirer d'affaire. Au diable ce coquin de Clink! il a mis la boîte aux épices hors de ma portée. Voudriez-vous me l'atteindre, là, sur le manteau de la cheminée? Je vous apprendrai, comme disent les Français, à *faire la cuisine;* et ensuite, si cela vous plaît, nous partagerons en frères les travaux de notre prison.

Les jours qui s'écoulent en captivité n'ont presque rien qui les distingue les uns des autres ; celui qui succéda à la nuit que nous avons décrite ne présenta aucune circonstance remarquable. Le nain prêta à son jeune compagnon un volume semblable à celui qu'il était en train de lire, et qui faisait partie d'un des longs romans de Scudéry, fort prisés dans les cours de France et d'Angleterre. A midi et à la chute du jour, nos prisonniers reçurent la visite du farouche porte-clefs, qui vint, d'un air bourru et d'un pas silencieux, leur apporter la pitance ordinaire. Avec la même gravité taciturne, il frappa leurs fers à petits coups de marteau, pour s'assurer, par le son produit, qu'ils n'avaient été entamés ni par la lime ni autrement, et monta ensuite sur une table pour soumettre à la même épreuve les barreaux de la fenêtre.

Le cœur de Julien battit vivement : si l'un de ces barreaux avait été déplacé de façon à donner entrée au nocturne visiteur? Mais ils renvoyèrent tous, à l'oreille exercée de maître Clink, un son clair et net, qui lui garantissait leur solidité.

— Il serait difficile de s'introduire à travers de pareilles défenses, fit remarquer Julien, en exprimant tout haut les pensées qui l'occupaient.

— Peu de gens en seraient tentés, répondit l'homme, qui se méprit sur le sens de l'observation ; et permettez-moi d'ajouter, Monsieur, qu'il serait non moins difficile d'y passer pour sortir.

Le nain, qui s'était chargé du ménage à faire pour toute la journée, se donna beaucoup de mouvement pour éteindre le feu et pour ranger les objets dont ils s'étaient servis. Toujours bruyant et plein de lui-même, il ne cessait de pérorer, tantôt admirant l'adresse d'un ancien soldat qui savait mettre la main à tout, tantôt s'étonnant de ce qu'un courtisan accompli daignât mettre la main à quelque chose. Puis vint la répétition de ses prières ; mais, après cet acte de dévotion, il ne fut point repris de la démangeaison de babiller, et s'endormit le premier.

Au milieu de l'obscurité complète, et avec un violent désir, mêlé d'une vague terreur, d'entendre de nouveau la voix mystérieuse de la veille, Julien resta longtemps éveillé, n'ayant, pour le distraire de ses pensées, que le tintement de l'heure au clocher voisin de l'église du Saint-Sépulcre. Il était tombé dans un demi-sommeil, quand il en fut tiré par les mêmes accents dont son oreille aux aguets avait vainement attendu le retour.

— Pouvez-vous dormir? Voulez-vous dormir? Osez-vous dormir?

Telles furent les questions que lui adressa la voix, au timbre clair et mélodieux.

— Qui m'interroge ainsi? demanda Julien. N'importe ; que le questionneur ait bonne ou mauvaise intention, voici ma réponse : « Je suis innocent, et l'innocence peut vouloir et oser dormir sans crainte. »

— Ne m'adressez pas de questions, reprit la voix, et n'essayez pas de découvrir qui vous parle ; mais sachez bien que la folie seule peut dormir avec la perfidie d'un côté et le péril de l'autre.

— Vous qui me parlez de péril, pouvez-vous m'indiquer le moyen de le combattre ou de l'éviter?

— Mon pouvoir est limité ; cependant je puis faire quelque chose, comme le ver luisant peut servir à éclairer un précipice. Mais il faut vous confier à moi.

— La confiance doit engendrer la confiance ; je ne puis accorder la mienne sans savoir à qui et pourquoi.

— Ne parlez pas si haut, dit la voix en baissant tout à coup le ton.

— La nuit dernière, dit Julien, vous m'assuriez que mon compagnon ne s'éveillerait pas.

— Je ne pourrais l'assurer, cette nuit.

Au même instant, la voix rauque et discordante d'Hudson se fit entendre, demandant au jeune homme pourquoi il parlait ainsi en dormant, ou, s'il ne dormait pas, pourquoi il troublait le sommeil d'autrui, enfin si les visions de la veille étaient revenues.

— Si vous dites oui, murmura la voix dans un souffle si léger, et pourtant si distinct, que Julien fut tenté d'y voir l'écho de sa propre pensée ; si vous dites seulement oui, je pars pour ne jamais revenir !

Incapable de calculer quelles chances favorables pourrait lui offrir cette correspondance extraordinaire, Julien n'avait aucune envie de les laisser échapper. Il répondit donc que son repos avait été troublé par un rêve affreux.

— Je l'aurais juré, au son de votre voix, dit Hudson. En vérité, il est étrange que vous autres, gens de haute taille, vous n'ayez jamais cette rare fermeté d'âme qui nous est propre, à nous qui avons été jetés dans un moule plus compact. Ma voix conserve en toute occasion son accent mâle et sonore. D'après le docteur Cockerell, un homme, quelle que soit sa taille, a la même proportion de muscles et de fibres, et la nature les file plus gros ou plus minces, selon l'étendue de la surface qu'ils doivent occuper. De là vient que les plus petites créatures sont souvent les plus fortes. Je vous respecte, Monsieur Peveril, parce qu'on m'a dit que vous aviez tué un de ces escogriffes qui font les matamores, comme si leurs âmes étaient plus grandes que les nôtres, attendu que leur nez est, d'un pouce ou deux, plus rapproché des nuages. Mais ne vous glorifiez pas de cette victoire comme d'un exploit sans pareil. Je voudrais vous convaincre qu'il en a toujours été ainsi, et que, dans l'histoire de tous les siècles, l'homme de taille mignonne, agile et bien tourné, a constamment eu l'avantage sur un colosse. Je n'ai besoin que de vous citer, dans l'Écriture sainte, l'exemple de la fameuse chute de Goliath, et celui d'un autre lourdaud, qui avait plus de doigts à la main et plus de pouces à la taille qu'il ne saurait appartenir à un honnête homme, et qui fut tué par un neveu du bon roi David. Vous pouvez remarquer, en outre, que vos géants sont des hérétiques et des blasphémateurs, des oppresseurs et des brigands, des tyrans du sexe féminin et des rebelles à toute autorité régulière. Tels furent Gog et Magog, que nos chroniques les plus authentiques disent avoir été tués, près de Plymouth, par le brave petit chevalier Corineus. Tel fut encore le géant Hoël, tué en Bretagne par le roi Arthur.

Aussitôt que des signes non équivoques du profond sommeil de son compagnon arrivèrent aux oreilles de Julien, il se remit à écouter avec la plus grande attention pour entendre de nouveau la voix mystérieuse qui excitait en même temps son intérêt et sa surprise. Mais il fut désappointé : aucun bruit ne parvint jusqu'à lui; et le visiteur nocturne, s'il était encore dans la prison, parut déterminé à garder le silence. Ce fut en vain que Peveril s'efforça, par toutes sortes de moyens, de prouver qu'il ne dormait pas. Enfin, son impatience devint telle, qu'il résolut, à tout risque, de parler le premier, dans l'espoir de renouer l'entretien.

— Qui que tu sois, dit-il entre haut et bas, tu as montré de l'intérêt au sort d'un abandonné tel que moi. Parle encore, je t'en conjure! et quoi que tu aies à m'annoncer de bien ou de mal, crois-moi, je suis prêt à supporter l'un et l'autre.

Cette invocation solennelle ne reçut aucune réponse.

— C'est peine perdue, continua-t-il. Sais-je si je n'invoque pas un être qui est étranger aux sentiments humains, ou qui prend un malin plaisir à nos souffrances?

Un faible soupir, à moitié comprimé, partit d'un coin de la chambre et sembla démentir cette accusation d'inhumanité. Naturellement courageux et commençant du reste à s'aguerrir, il se mit sur son séant et étendit le bras pour répéter la conjuration; mais la voix, comme

effrayée de ses gestes et de son exaltation, murmura d'un ton agité :
— Tenez-vous tranquille; ne bougez pas, ou je ne reviens plus.

— C'est donc un être mortel qui me parle, pensa Julien, et probablement il a peur d'être découvert; alors, j'ai quelque pouvoir sur lui, bien qu'il faille en user avec précaution. Et il répondit à demi-voix : Si vos intentions sont celles d'un ami, jamais besoin d'amitié ne s'est fait sentir davantage, où elle doive mériter de ma part plus de reconnaissance. Le sort de ceux qui me sont chers est dans la balance et je donnerais tout au monde pour savoir qu'ils sont hors de danger.

— Je vous l'ai déjà dit, mon pouvoir a des bornes; *vous,* il est possible que je vous sauve; quant à vos amis, leur sort ne dépend pas de moi.

— Ne puis-je au moins le connaître? Quel qu'il soit, je n'hésiterai pas à le partager.

— De qui voulez-vous parler?

— De mes parents. Comment se trouvent-ils? quel sera leur destin?

— Ils sont dans la situation d'une forteresse sous laquelle l'ennemi a creusé une mine formidable. L'ouvrage peut avoir coûté des années de travail, tant les mineurs rencontraient d'obstacles; mais le temps porte l'occasion sur ses ailes.

— Et qu'adviendra-t-il?

— L'avenir n'est connu qu'en le comparant au passé. Où sont-ils ceux qui ont été assaillis sans trêve par ces cruelles délations, sans avoir fini par succomber? Condition, talents, principes, rien ne sert à triompher d'une accusation qui nivelle tous les rangs, qui confond tous les caractères, qui change les vertus en crimes et qui mesure le danger au degré d'influence, l'eût-on acquise au prix des plus nobles efforts. Accusez qui que ce soit de complicité dans la conspiration, s'il a contre lui le témoignage d'un Oates ou d'un Dugdale, il sera facile au plus aveugle de prévoir l'issue du jugement.

— Prophète de malheur! un bouclier invulnérable protègera mon père : son innocence.

— Qu'il la fasse valoir au tribunal de Dieu; elle ne lui servira guère à celui que préside Scroggs.

— Tes discours sont sinistres. Cependant, dis-moi si la noble comtesse de Derby...

— Qu'elle reste sur son rocher comme l'oiseau de mer pendant la tempête, et il se peut qu'elle y trouve un abri sûr. Mais il y a du sang sur son hermine, et la vengeance la poursuit depuis longues années, comme un limier qui, perdant, le matin, les traces de sa proie, espère la ressaisir avant le coucher du soleil. Du reste, cette famille est en sûreté quant à présent. Dois-je maintenant vous parler de vos propres affaires, où la vie et l'honneur sont en jeu; ou bien est-il encore une personne dont vous préféreriez les intérêts aux vôtres?

— Oui, il en est une; la violence m'a séparé d'elle hier, et si j'étais assuré qu'elle n'a rien à craindre, je m'inquiéterais peu de moi-même.

— Une! seulement une?

— Séparation cruelle, qui m'a ravi tout le bonheur que j'espérais en ce monde!

— Vous parlez sans doute d'Alice Bridgenorth? Eh bien, vous ne la verrez plus. Oubliez-la... Il y va de votre vie et de la sienne.

— Jamais je n'achèterai la vie à ce prix.

— Meurs alors dans ton obstination!

Ce fut le dernier mot de l'invisible; aucune prière ne put lui en arracher d'autre pendant le reste de cette nuit tourmentée.

CHAPITRE XXXVI.

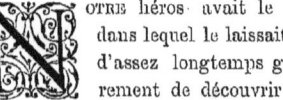

Petit homme, mais plein d'orgueil.
ALLAN RAMSAY.

OTRE héros avait le sang tellement échauffé par l'état dans lequel le laissait son visiteur invisible, qu'il ne put d'assez longtemps goûter le repos. Il se jura intérieurement de découvrir et de faire connaître le démon nocturne, qui ne venait lui ravir ses heures de sommeil que pour ajouter du fiel à l'amertume dont il était abreuvé, et verser du poison sur des blessures qui déjà lui causaient une si vive douleur. La lumière du jour le ramena, comme il arrive souvent, à des résolutions plus calmes.

Il réfléchit alors qu'il n'avait aucune raison d'attribuer à un esprit de malveillance la conduite de son visiteur invisible, quoique celui-ci lui eût refusé son concours dans ce qu'il avait le plus à cœur. En ce qui le concernait, il avait trouvé chez l'inconnu des sentiments véritables de sympathie et d'intérêt. Si, grâce à ces bonnes dispositions, il venait à recouvrer sa liberté, il pourrait alors l'employer utilement en faveur de ceux qui lui étaient chers. « J'ai agi comme un fou, pensa-t-il. J'aurais dû gagner du temps avec cet être singulier, apprendre les motifs de son intervention, et profiter de son aide, s'il y avait eu lieu de le faire sans déshonneur. »

Hudson interrompit ses méditations en lui déclarant que, s'étant chargé, la veille, des soins domestiques de leur habitation commune, il lui fallait s'en acquitter à son tour.

La demande était raisonnable, et Peveril se mit aussitôt en demeure d'y complaire. Pendant ce temps-là, le petit chevalier, perché sur un tabouret, s'amusait à pincer, en prenant des airs de langueur et de grâce, les cordes d'une vieille guitare poussive, et à chanter des romances espagnoles et françaises, d'une voix épouvantablement fausse. Il ne manquait pas, à la fin de chaque morceau, de l'expliquer à Julien, soit au moyen d'une traduction, soit par une anecdote historique. Même il s'en trouva une qui avait rapport à son histoire si fertile en événements, et dans laquelle le pauvre petit homme exposait comment il avait été pris par un corsaire de Salé, et conduit en captivité au Maroc.

Cette époque de sa vie, Hudson avait l'habitude d'en faire un cycle des plus étranges aventures; et, à l'en croire, il avait exercé bien des ravages dans le sérail de l'empereur. Or, le bruit courait, parmi les officiers de la garnison de Tanger, que le tyran maure, ne sachant à quoi employer un esclave de si chétive taille, l'avait obligé à garder le lit toute la journée pour y couver des œufs de dindon.

Lorsqu'il s'aperçut que Julien allait s'occuper des préparatifs du déjeuner, le nain ne fit qu'un saut par terre, au risque de briser sa guimbarde, en s'écriant qu'il préparerait lui-même le repas du matin jusqu'au jour du jugement dernier, plutôt que de confier une œuvre de cette importance à un maladroit comme son compagnon. Le laissant maître de cuisiner à sa guise, Julien examina la chambre dans tous les sens, et tâcha de découvrir s'il n'y avait point quelque issue secrète qui permît à son visiteur nocturne de s'introduire, et dont il pourrait sans doute profiter lui-même, en cas de besoin, pour opérer son évasion. Puis il parcourut des yeux le plancher, et cette recherche fut plus heureuse. Tout près de son grabat, il vit un billet cacheté et portant, pour adresse, les initiales J. P., qui semblaient indiquer qu'il lui était destiné. Il attendit, pour l'ouvrir, le moment où Hudson lui tournait le dos pour tremper la soupe, de sorte que, sans être remarqué, il lut ce qui suit :

« Quelque aveugle et téméraire que vous soyez, il existe quelqu'un qui est prêt à tous les sacrifices pour se placer entre vous et votre destinée. Demain, vous serez conduit à la Tour, et là votre vie n'est pas un seul jour en sûreté; car, durant les quelques heures que vous avez passées à Londres, vous vous êtes fait un ennemi dont le ressentiment n'est pas facile à apaiser. Il n'y a plus qu'une chance de salut, c'est de renoncer à A. B., de ne plus penser à elle, ou, si cela vous est impossible, d'y penser seulement comme à une personne que vous ne sauriez jamais revoir.

« Si votre cœur peut se résoudre à rompre un attachement auquel il n'aurait pas dû s'abandonner, et qu'il y aurait folie à nourrir plus longtemps, faites savoir que vous acceptez cette condition en mettant à votre chapeau un ruban blanc, une plume blanche, n'importe quelle étoffe de cette couleur que vous pourrez vous procurer. En ce cas, une barque viendra heurter, comme par accident, celle qui doit vous conduire à la Tour. Dans la confusion qui en résultera, jetez-vous à l'eau et gagnez à la nage la rive opposée de la Tamise, du côté de Southwark. Des amis vous y attendront pour assurer votre évasion; quelqu'un aussi sera là, qui consentirait à perdre l'honneur et la vie plutôt que de souffrir qu'on arrachât un seul cheveu de votre tête; mais si vous rejetez son avis, il ne songera plus à vous que comme à un insensé qui périt par sa propre faute.

« Puisse le ciel vous accorder la grâce de bien juger votre situation! C'est la prière de quelqu'un qui voudrait être, si vous le voulez,

« Votre ami inconnu. »

La Tour! mot plein de terreur, plus encore que le nom d'une prison ordinaire, parce que mille chemins y conduisaient à la mort, plus souvent en secret que publiquement. Toutefois, Peveril n'hésita pas un instant sur le parti qu'il avait à prendre.

« Je partagerai le sort de mon père, se dit-il; je ne pensais qu'à lui quand on m'a amené ici, et c'est à lui seul que je penserai en allant dans cette prison plus horrible encore. Puisque telle est sa demeure, ce doit être celle de son fils. Et toi, Alice, le jour où je renoncerai à toi, puissé-je passer pour un traître et un lâche!... Va, conseiller perfide, va subir le destin qui attend les séducteurs et les hérétiques! »

Il ne put s'empêcher de prononcer à haute voix cette dernière phrase, en jetant le billet au feu avec une véhémence qui fit tressaillir le nain de surprise.

— Que parlez-vous de brûler des hérétiques, jeune homme? s'écria-t-il. Sur ma foi, il faut que votre zèle soit plus ardent que le mien, pour vous exprimer de la sorte, alors que les hérétiques forment la majorité. Je veux avoir six pieds de haut, sans compter la semelle de mes souliers, si les hérétiques ne l'emportaient pas en cas de lutte. Gardez-vous de tels propos.

— Il est trop tard pour prendre garde à des paroles qu'on a entendues, dit le porte-clefs, qui était entré à l'improviste. Cependant, M. Peveril s'est conduit en homme d'honneur, et je ne rapporte jamais rien, pourvu qu'il ait égard aux peines que je me suis données pour lui.

Julien n'avait d'autre alternative que de profiter de l'insinuation et de graisser la patte à maître Clink, qui reprit, tout joyeux :

— Le cœur me saigne d'être obligé de dire adieu à un si brave jeune homme! Je l'aurais avec plaisir mis vingt ans sous clef. Mais il n'est si bonne compagnie qui ne se sépare.

— Je vais donc changer de prison?

— Eh! oui, Monsieur; l'ordre du conseil vient d'arriver.

— Pour aller à la Tour?

— Tiens, qui diable vous l'a dit? Puisque vous le savez, il n'y a pas de mal à vous l'apprendre. Ainsi, préparez-vous à partir tout de suite. D'abord allongez vos jambes pour que je détache vos fers.

— Est-ce l'usage?

— Certes, Monsieur. Ces fers appartiennent au capitaine : il n'est pas nécessaire de les envoyer à la Tour. Non, non, les gardiens de là-bas doivent avoir des ustensiles à eux; ils n'emporteront pas les nôtres, je vous en réponds. Cependant, si Votre Honneur a envie de garder ses chaînes, dans l'idée qu'elles pourront exciter la compassion en sa faveur...

— Je n'ai aucun désir de paraître plus mal que je ne suis.

Et il vint à l'esprit de Julien que son correspondant anonyme devait bien le connaître, lui et les usages de la prison, puisqu'il avait prévu qu'il s'adressait, d'un côté, à un bon nageur, et de l'autre, à un prisonnier débarrassé de ses fers.

— Il n'est rien, reprit Clink, que je ne fasse pour un si brave pensionnaire; j'irais jusqu'à filouter un des rubans de ma femme, s'il vous prenait envie d'arborer le pavillon blanc à votre chapeau.

Singulière proposition quand on la rapprochait du signal indiqué dans la lettre! Julien en fut frappé et se contenta de répondre :

— A quoi bon?

— Ma foi, je n'en sais trop rien, dit l'autre. Seulement, c'est une façon d'avoir l'air pur et sans tache, une espèce de signe qu'on n'est pas coupable, et qu'on veut montrer au monde son innocence. Mais, coupable ou non, ça ne signifie pas grand' chose, tant que le jury ne s'est pas prononcé.

« En vérité, cela est étrange, pensait Peveril; tout semble combiné pour la réussite du plan d'évasion, si j'y prête les mains. Et pourquoi m'y refuser? Qui fait tant pour moi me veut du bien, et qui me veut du bien n'insistera pas sur l'injuste condition mise à ma délivrance. »

Ce trouble ne dura qu'un instant. Il se dit que l'inconnu qui l'aiderait à s'échapper courait de grands risques, et qu'il avait, en conséquence, le droit d'imposer ses conditions. De plus, il se souvint que le mensonge est toujours vil, en actes comme en paroles, et qu'en donnant une preuve ostensible qu'il renonçait à l'amour d'Alice, il mentirait aussi grossièrement que s'il y renonçait en termes précis, sans l'intention de tenir parole.

— Si vous voulez m'obliger, dit-il à Clink, procurez-moi un morceau de soie noire ou de crêpe, pour l'usage dont vous me parlez.

— De crêpe! qu'est-ce que cela signifierait? En vérité, les gardes qui vont vous conduire à la Tour vous prendront pour un ramoneur.

— Ce sera une preuve de mon vif chagrin, ainsi que de ma ferme résolution.

— A votre aise, Monsieur; vous aurez votre chiffon noir. Maintenant, en route.

Julien s'avança vers Geoffroy Hudson pour lui faire ses adieux. La séparation ne se fit pas sans émotion de part et d'autre, surtout de celle du pauvre nain, qui avait pris en grande amitié le camarade dont il allait être privé.

— Adieu, mon jeune ami, lui dit-il en levant les deux mains pour atteindre les siennes, en quoi il avait l'air d'un matelot qui hâle un cordage; adieu! Bien des gens, à ma place, se croiraient offensés en vous voyant passer dans une prison plus honorable que celle où l'on détient un ancien soldat du roi, un de ses intimes serviteurs. Dieu merci, je ne vous envie pas la Tour, pas plus que je ne ferais pour le château de Carisbrooke, qui pourtant eut l'honneur de loger le roi martyr, mon maître. En quelque lieu que vous alliez, je vous souhaite toutes les distinctions d'une prison honorable et l'avantage d'en sortir le plus tôt qu'il plaira à Dieu. Quant à moi, ma carrière touche à sa fin, et cela à cause de l'extrême sensibilité de mon cœur. Allez donc, mon ami, et rendez témoignage, à la vie et à la mort, que Geoffroy Hudson méprise les outrages et les persécutions de la fortune, comme il méprisait jadis les malices et les espiègleries des grands, ses camarades d'école.

A ces mots, il se détourna et se cacha la figure dans son mouchoir, tandis que Julien éprouvait à son égard cette sensation tragi-comique qui excite à la fois la compassion et l'envie de rire. Pendant qu'il suivait le guichetier à travers ce dédale d'affliction, celui-ci lui dit :

— C'est un drôle de corps, ce petit sir Geoffroy, et en fait de galanterie, un vrai coq de Bantam, tout vieux qu'il est. J'ai connu certaine drôlesse qui l'a fait mordre à l'hameçon, sans doute pour le conduire à la foire et l'y montrer, pour de l'argent, comme une marionnette.

— Savez-vous, demanda Julien encouragé par cette ouverture, pourquoi l'on me change de prison?

— Pour vous apprendre à remettre des lettres sans permission, répondit Clink.

Il n'en dit pas davantage, car ils approchaient de ce formidable point central où se tenait, effondré dans son fauteuil de cuir, l'épais commandant de la forteresse. Ce fonctionnaire jeta sur la proie qui lui échappait un regard de regret, et en tournant les feuillets de son registre pour y inscrire la translation du prisonnier, il grommelait entre ses dents :

— A la Tour! à la Tour! Oui, oui, il faut que tout aille à la Tour; c'est la mode... Des Anglais libres dans une prison militaire, comme si nous n'avions ni verrous ni chaînes ici! J'espère que le parlement s'occupera de cette besogne de la Tour; je n'en dis pas davantage En tous cas, le jeune monsieur ne gagnera rien au change, et c'est une consolation.

Terminant en même temps cet acte officiel d'enregistrement et son soliloque, il fit signe à ses gens d'emmener Julien, qui se retrouva bientôt à la porte de la prison, d'où une voiture, escortée par deux agents de police, le mena au bord de la Tamise.

Une barque l'y attendait avec quatre gardes de la Tour, entre les mains desquels il fut remis par ses anciens guichetiers, avec toutes les formalités d'usage. Mais Clink ne prit pas congé de lui sans lui remettre le morceau de crêpe noir qu'il avait demandé. Peveril l'attacha à son chapeau, tandis que les gardes chuchotaient entre eux : « Voilà un gaillard bien pressé de prendre le deuil! »

Cependant, il n'accorda pas plus d'attention au changement de ses surveillants qu'à la scène belle et animée que déroulait à ses yeux le magnifique fleuve. Il vit passer à quelque distance une centaine de barques, chargées de personnes qui allaient à leurs affaires ou à leurs plaisirs; et s'il les regarda, ce fut avec l'espoir mêlé de chagrin que son ami inconnu verrait, à la couleur du crêpe, combien il s'était trompé en comptant ébranler sa fidélité.

C'était l'heure de la haute marée, et une grande barque, qui remontait à force de voiles et de rames, arrivait si directement sur celle qui portait Julien, qu'elle semblait vouloir l'aborder.

— Préparez vos carabines, dit le chef des gardes. A qui diable en veulent ces coquins?

Mais l'équipage de la grande barque parut s'être aperçu de son

Geoffroy Hudson fait ses adieux à Julien Peveril.

erreur; car elle changea soudain de direction et regagna le large, tandis que les employés de la Tour et les matelots qui avaient menacé de leur barrer le passage s'envoyaient réciproquement une bordée d'imprécations.

— L'inconnu a tenu parole, se dit Julien; j'ai aussi tenu la mienne.

Il lui sembla même, au moment où les barques allaient se toucher, entendre dans celle qui venait sur eux une espèce de cri ou de gémissement étouffé; et quand tout fut rentré dans l'ordre, il demanda au plus proche des gardes quelle était cette embarcation.

— Des marins de la flotte, qui font leurs farces, je suppose, répondit l'homme; car nul autre, à ma connaissance, n'aurait la hardiesse d'aborder une barque du roi, et je suis sûr que le drôle qui tenait le gouvernail en avait l'intention. Mais peut-être, Monsieur, en savez-vous plus que moi à ce sujet.

Cette insinuation ferma la bouche à Julien, et il resta silencieux jusqu'à ce que la barque arrivât près des sombres bastions de la Tour. La marée les conduisit sous une arche basse et obscure, fermée en dedans par la porte bien connue dite *porte du Traître;* c'était une espèce de guichet, formé de grosses traverses de bois croisées, à travers lequel on pouvait entrevoir les gardes et les sentinelles, ainsi que la chaussée assez raide qui monte de la rivière dans l'intérieur de la prison. On introduisait par cette porte — et de là lui venait son nom — les personnes accusées de crimes d'État. La Tamise offrait un moyen sûr et silencieux d'y transporter ceux dont la chute aurait pu exciter la commisération, ou la popularité émouvoir trop vivement les sympathies; quand même il n'y avait aucune raison de dissimuler, le calme de la ville n'était pas troublé par le tumulte qui accompagne d'habitude le passage d'un prisonnier dans des rues fréquentées.

Tandis que les gardes donnaient et recevaient le mot d'ordre, Julien tâcha d'apprendre d'un de ses conducteurs dans quel endroit il allait être enfermé; mais la réponse fut brève et vague:

— Où le lieutenant l'ordonnera.

— Ne pourrais-je pas obtenir la permission de partager le cachot de mon père, sir Geoffroy Peveril?

Il n'avait pas oublié, cette fois, d'ajouter le nom de sa famille. Le garde, vieillard d'un extérieur respectable, resta comme stupéfait d'une requête si extravagante.

— C'est impossible, dit-il d'un ton brusque.

— Du moins, montrez-moi l'endroit où il est, que je puisse regarder le mur qui nous sépare.

— Jeune homme, j'en suis fâché pour vous, mais toutes ces questions ne vous mèneront à rien; ici, nous ne connaissons ni pères ni fils.

Le hasard, quelques moments après, sembla offrir à Julien la satisfaction qu'on lui refusait. Pendant qu'il suivait le passage escarpé qui conduisait sous ce qu'on nomme la tour de Wakefield, une voix de femme, où la douleur et la joie éclataient dans un mélange inexprimable, s'écria : « Mon fils! mon cher fils! »

Les gardes eux-mêmes furent émus de cette simple exclamation, arrachée du plus profond du cœur. Ils ralentirent le pas pour donner le temps à leur prisonnier de fixer les yeux sur la fenêtre d'où partait le cri d'une mère au désespoir. Mais l'ouverture grillée en était si étroite, qu'on put voir seulement la main blanche d'une femme qui s'accrochait, comme pour se soutenir, à l'un des barreaux rouillés, tandis qu'une autre main agitait un mouchoir blanc, qu'elle laissa tomber, et aussitôt la fenêtre parut déserte.

— Donnez-le-moi, dit Julien au vieux garde qui l'avait ramassé; c'est peut-être le dernier don d'une mère.

Le vieillard déploya le mouchoir et l'examina avec l'attention scrupuleuse d'un homme habitué à découvrir des correspondances secrètes dans les échanges les plus insignifiants.

— Il est tout humide, fit-il observer, mais de larmes, à ce que je crois; on ne saurait en priver ce pauvre jeune homme.

— Ah! Coleby, lui dit son camarade d'un ton d'amical reproche, vous porteriez aujourd'hui un plus bel habit que celui de simple garde, si vous n'aviez pas le cœur si sensible.

— Qu'importe l'état de mon cœur ou celui de mon habit, répliqua l'autre, si je remplis fidèlement mes devoirs?

Cependant, Peveril pressait contre son sein le gage de l'affection de sa mère, que le hasard lui avait procuré; et quand il eut été introduit dans la petite chambre solitaire qu'il pouvait, lui dit-on, regarder comme sienne pendant sa résidence à la Tour, il fut touché jusqu'aux larmes de cet incident de peu d'importance, qu'il considéra comme un signe que sa malheureuse famille n'était pas complètement abandonnée par la Providence.

Mais les pensées que suggère à l'esprit le séjour d'une prison, et les événements qui s'y passent, sont d'un cours trop uniforme, et il est temps de transporter le lecteur sur une scène plus agitée.

CHAPITRE XXXVII.

<small>Désormais, tout ira bien : la fortune et moi nous redevenons
amis ; et je vivrai, car Buckingham l'ordonne.</small>

<small>POPE.</small>

E spacieux hôtel du duc de Buckingham et la propriété qui en dépendait portaient originairement le nom d'York-House, et occupaient une grande partie du terrain adjacent au palais de Savoie.

Cette habitation avait été construite par son père, favori de Charles Ier, et d'une manière assez splendide pour rivaliser avec la résidence royale de Whitehall. Mais, grâce à la fureur toujours croissante d'ouvrir de nouvelles rues et presque de bâtir une nouvelle ville, pour joindre Londres et Westminster, ce terrain était devenu d'une grande valeur; et le second duc de Buckingham, grand faiseur de projets et souvent à court d'argent, avait approuvé un plan, proposé par quelque architecte aventureux, pour convertir le vaste jardin qui entourait son hôtel en ces rues, ces passages et ces places, qui perpétuent encore aujourd'hui son nom et ses titres.

Les jardins furent détruits, les pavillons abattus, les écuries démolies : à toute la pompe de ce beau domaine qui s'étendait sur un faubourg avaient succédé les ruines et les décombres; le bouleversement était complété par les fondations des nouveaux bâtiments et de leurs communs, ainsi que par les travaux de nivellement qu'on exécutait sur les différentes lignes des rues projetées. L'entreprise, quoique par la suite elle dût être lucrative et avantageuse, rencontra d'abord de grands obstacles, partie faute de fonds nécessaires, partie à cause du caractère impatient et inquiet du duc, qui l'emporta bientôt vers de nouveaux projets : de sorte que, malgré les nombreuses démolitions déjà faites, peu de constructions nouvelles étaient commencées, et aucune n'était finie. Le corps de logis principal n'avait pas été touché, mais le domaine au milieu duquel il s'élevait offrait une singulière analogie avec l'esprit irrégulier du noble propriétaire. Là, on voyait un beau groupe d'arbres et d'arbrisseaux exotiques, reste des jardins, dans un égout à moitié ouvert, et parmi des monceaux de gravois. Ici, une vieille tour menaçait de s'écrouler sur les curieux, et plus loin ils couraient risque de tomber dans une cave que l'on creusait. Bref, il y avait dans cette entreprise une véritable grandeur de conception, et presque partout elle avortait par la pénurie ou par la négligence qui présidait à son exécution.

Laissant Peveril à la Tour, nous allons faire assister encore une fois nos lecteurs au lever du duc, qui, le matin de la translation de Julien dans cette forteresse, parlait ainsi à son premier ministre, à son confident intime :

— Je suis tellement satisfait de votre conduite dans cette affaire, Jerningham, que, si Satan en personne venait à surgir devant moi, et m'offrait, pour vous remplacer, le plus déluré de ses suppôts, je tiendrais cela pour un pauvre compliment.

Le courtisan remercia par un profond salut.

— Le service de Votre Grâce, dit-il, m'a occupé au point qu'une légion de diables n'aurait pu faire davantage. Mais, permettez-moi de vous le dire, peu s'en est fallu que tout votre plan n'échoue, parce que vous n'êtes revenu à l'hôtel que cette nuit, ou plutôt ce matin.

— Et pourquoi, sage Jerningham, serais-je revenu chez moi une minute plus tôt que ne l'exigeait ma convenance ou mon plaisir?

— Ma foi, Milord, je n'en sais rien; seulement, quand vous nous avez envoyé, par Empson, l'ordre d'enlever à tout prix cette jeune personne, vous ajoutiez que vous seriez de retour sitôt que vous auriez pu vous débarrasser du roi.

— Comment! me débarrasser du roi! Que signifie cette façon de parler?

— Empson s'en est servi, comme venant de Votre Grâce.

— Il y a bien des choses que peut dire Ma Grâce, et qu'il ne sied pas à des bouches comme les vôtres de répéter, répliqua le duc avec hauteur; puis il revint à l'instant au ton de la familiarité, car il avait l'humeur aussi capricieuse que la volonté. Je vois où tu veux en venir : d'abord, ta sagesse tiendrait à savoir ce que je suis devenu depuis que tu as reçu mes ordres chez Chiffinch; ensuite, ta vaillance ne serait pas fâchée de sonner une nouvelle fanfare en l'honneur de ton habile retraite, après avoir laissé ton camarade aux mains des Philistins.

— Ne vous en déplaise, Milord, je n'ai battu en retraite que pour sauver le bagage *.

— Eh quoi! jouez-vous aux calembours avec moi? Le plus grand sot d'une paroisse risquerait d'être fustigé s'il essayait de faire passer un misérable quolibet pour une bonne plaisanterie devant des portefaix et des cochers de louage.

— Pourtant, j'ai entendu Votre Grâce se permettre des jeux de mots.

— Il faut congédier ta mémoire, maraud, ou lui mettre un bâillon, sans quoi elle gênera ton chemin dans le monde. Tu peux aussi m'avoir vu jouer à la balle, chiffonner une servante, avaler un pot de bière ou croquer une rôtie au fromage, m'amuser enfin comme la canaille; mais est-il séant que tu te souviennes de semblables folies? Assez sur ce chapitre... Parlons de Jenkins; comment ce grand nigaud, passé maître dans la noble science de l'escrime, a-t-il pu se laisser embrocher bêtement par un oison comme ce Peveril?

— Cet homme des champs n'est pas si novice, Milord; j'étais là, et, à une seule exception près, je n'ai jamais vu manier le fer avec autant d'entrain, d'aisance et d'habileté.

* *Baggage*, en anglais, a le double sens de *bagage* et de *fille perdue*.

— Oui-da! dit le duc en tirant son épée du fourreau, je ne m'en serais pas douté. Je suis un peu rouillé, et cette lame a besoin d'être à l'air. Peveril est un nom connu; autant vaut aller sur le terrain avec lui qu'avec un autre. Et puis son père passe pour avoir été du complot; le public y verrait de ma part le fait d'un zélé protestant. J'ai besoin

d'un coup d'éclat pour soutenir en ville ma bonne renommée, et pour qu'on me pardonne de ne point assister aux prières et aux prêches. Mais votre vainqueur est sous clef à Newgate, et son étourneau d'adversaire, mort ou mourant, je suppose.

— Au contraire, Milord, il en reviendra : le fer n'a heureusement pas atteint les parties vitales.

— Au diable ses parties vitales! Qu'il en revienne le plus tard possible, ou c'est moi qui le tuerai tout de bon.

— J'avertirai le médecin, et le résultat sera le même.

— C'est cela, et ajoute qu'il vaudrait mieux pour lui être à son lit de mort que de guérir le blessé avant que je le lui permette. Quant au jouvenceau, il ne faut à aucun prix qu'il soit relâché.

— De ce côté, il n'y a point de risque. Quelques-uns de nos témoins, à ce que j'ai ouï dire, le tiennent déjà dans leurs filets, à propos de certaines affaires qui se sont passées dans le nord, et l'on doit l'envoyer à la Tour, tant pour cela que pour une correspondance de la comtesse de Derby.

— Qu'il aille donc à la Tour, et qu'il en sorte comme il pourra. Quand vous apprendrez qu'il y est en cage, eh bien, je permets au maître d'armes de se rétablir aussi vite qu'il pourra arranger la chose avec son médecin.

Après avoir ainsi parlé, Buckingham fit deux ou trois tours dans sa chambre, et parut absorbé dans de graves réflexions. Le confident en attendit patiemment le résultat, sachant par expérience qu'il n'était jamais long à se produire. En effet, le duc, prenant sur sa toilette une grande bourse de soie pleine d'or, rompit bientôt le silence.

— Jerningham, lui dit-il, tu es un coquin fidèle, et ce serait dommage de ne pas te choyer. Hier, le roi m'a défié à la paume, et je l'ai battu. L'honneur est assez pour moi; c'est toi, mon garçon, qui auras le profit.

Jerningham empocha la bourse, en remerciant comme il fallait.

— Vous me blâmez, je le sais, continua le duc, de changer trop souvent de résolution, et, sur mon âme, je vous ai entendu débiter là-dessus de si belles choses, que je commence à être de votre avis. Oui, depuis deux ou trois heures, j'enrage en moi-même de n'avoir pas constamment un seul objet en vue, comme je le ferai sans doute, — ajouta-t-il en se touchant le front, — quand l'âge aura trop rouillé cette girouette pour qu'elle tourne encore à tous les vents. Mais pendant que je suis plein de force et d'ardeur, laissons-la virer comme celle qui, du haut du grand mât, annonce au pilote la voie qu'il doit prendre; et, si tu me vois changer de route, rappelle-toi que je suis astreint à suivre la fortune, non pas à contrôler sa marche.

— Je ne puis rien comprendre à tout cela, sinon que Votre Grâce a changé certaines mesures qu'elle avait arrêtées, et croit avoir en raison de le faire.

— Jugez-en vous-même : j'ai vu la duchesse de Portsmouth... Vous ouvrez de grands yeux? Oui, pardieu, je l'ai vue, et d'ennemis jurés que nous étions nous sommes devenus amis jurés. Le traité à conclure entre ces deux hautes puissances contenait certains articles épineux; et, de plus, j'avais affaire à un véritable négociateur français. Quelques heures d'absence n'étaient pas de trop, convenez-en, pour terminer nos arrangements diplomatiques.

— Votre Grâce m'étonne, je l'avoue. Le plan de Christian pour supplanter la favorite est donc tout à fait abandonné? Je m'imaginais que vous aviez voulu avoir sous main sa belle remplaçante, uniquement pour conduire la chose vous-même.

— J'oublie ce que je voulais alors, sauf l'intention où j'étais d'empêcher cette fille de se gausser de moi comme elle a fait de notre bonhomme de roi; et j'y persiste, puisque vous me faites penser à elle... Revenons. Au jeu de paume, j'ai reçu de la duchesse un billet de contrition. Je l'allai voir. Quelle admirable Niobé! Sur mon âme, Jerningham, en dépit des yeux rouges, d'un visage défait et des cheveux en désordre, on rencontre, après tout, des femmes qui savent, comme disent les poètes, rester belles jusque dans l'affliction. Elle m'en avoua la cause, et avec tant d'humilité, tant de repentir, en se livrant tellement à ma merci, elle, la plus orgueilleuse diablesse de toute la cour, qu'il m'aurait fallu un cœur d'airain pour lui résister. En un mot, Chiffinch, dans un accès d'ivrognerie, avait bavardé et mis le jeune Saville dans le secret de notre intrigue. Saville, pour nous jouer un tour, prévint la duchesse par un courrier qui, par bonheur, arriva un peu tard sur le marché. Elle apprit aussi, car c'est un vrai démon pour tout savoir, qu'il y avait eu des mots échangés entre le maître et moi à propos de cette nouvelle Philis, et que c'était moi qui probablement attraperais l'oiseau, comme il est aisé de le croire lorsqu'on nous regarde tous deux. Il faut que ce soit Empson qui ait chanté tout cela aux oreilles de la duchesse. Dans l'idée que nos chiens pourraient chasser de compagnie, elle me supplia de rompre le projet de Christian, et de soustraire la petite aux yeux du roi, surtout si elle était vraiment une merveille, comme le bruit en courait.

— Et Votre Grâce a promis de travailler à soutenir une influence qu'elle a si souvent juré de détruire?

— Oui, Jerningham; car j'avais atteint tout aussi bien mon but, puisqu'elle se soumettait à mon pouvoir, et me criait merci. Puis, remarque donc, peu m'importe par quelle échelle je monterai pour entrer dans le cabinet du roi : celle de Portsmouth est déjà placée; mieux vaut s'en servir que la jeter à terre pour en installer une autre : je hais toute peine inutile.

— Et Christian?

— Il peut aller au diable, comme un âne plein de suffisance. Ce qui me plaît dans ce surcroît d'intrigue, c'est l'espoir de me venger de ce misérable, qui s'est cru si nécessaire que, par le ciel! il a forcé ma porte et m'a morigéné comme un écolier. Au gibet la froide et hypocrite vermine!... A propos, avez-vous aperçu le colonel?

— Je l'attends à chaque instant, Milord.

— Envoyez-le-moi dès qu'il arrivera... Eh bien, qu'avez-vous à me regarder?

— Qu'a décidé Votre Grâce touchant la jeune dame?

— Diantre! elle m'était sortie de l'esprit. Pleure-t-elle fort? est-elle au désespoir?

— Elle ne prend pas les choses au tragique, comme j'ai vu d'autres le faire; mais pour une vive indignation, une colère concentrée, je n'ai rien vu de pareil.

— Fort bien, nous la laisserons refroidir. Me trouver deux fois de suite en face d'une beauté en deuil, c'est trop; en voilà pour quelque temps des yeux gros et des traits tirés. D'ailleurs, il faut ménager mes moyens de consolation. Allez et envoyez-moi le colonel.

— Votre Grâce me permettra-t-elle encore une question?

— Parle, et puis va-t'en.

— Votre Grâce a résolu d'abandonner Christian : puis-je demander ce qu'elle fera du royaume de Man?

— Oublié, aussi vrai que j'ai une âme de chrétien! aussi complètement oublié que si jamais je n'avais formé ce projet d'ambition royale. Diable! il s'agit de rattacher les fils rompus de cette intrigue. Pourtant ce n'est qu'un misérable roc, qui ne vaut pas la peine que je me suis donnée pour l'avoir. Quant au royaume... le mot sonne bien, ma foi; mais, en réalité, autant mettre à mon chapeau une plume de chapon et l'appeler un panache! En outre, à présent que j'y pense, il ne serait guère honorable de râfler ce petit domaine aux Derby. J'ai gagné, l'année dernière, mille pièces d'or au jeune comte, et j'ai souffert qu'il se présentât à la cour pendu à mon côté. Je doute que le revenu total de son royaume vaille le double de cette somme. S'il était ici je lui gagnerais son île, avec moins de peine qu'il ne m'en faudrait pour suivre les fatigantes menées de Christian.

— Sous votre bon plaisir, Milord, j'oserai dire que, si vous êtes parfois sujet à changer d'avis, il n'y a personne en Angleterre qui puisse mieux que vous en donner de bonnes raisons.

— Hé! Jerningham, je pense de même, et peut-être est-ce pour cela que j'en change. On aime à justifier sa conduite et à trouver de bonnes raisons d'avoir fait ce qu'on avait envie de faire. A présent, encore une fois va-t'en! Non, pas encore. J'aurai besoin d'argent; rends-moi la bourse que je t'ai donnée, et je te ferai en échange un bon billet de même somme, avec l'intérêt de deux ans, sur le vieux Jacob Doublefee.

— Comme il plaira à Votre Grâce.

Du coup, la provision de complaisance du confident suffit à peine à dissimuler la mortification qu'il éprouvait d'échanger le brillant contenu de la bourse contre un billet à longue échéance et dont le payement serait incertain.

En se retirant peu satisfait, il rencontra au haut du grand escalier Christian en personne, qui, usant de la liberté d'un ancien ami de la maison, se dirigeait, sans se faire annoncer, vers l'appartement du duc. Présumant que cette visite en ce moment critique ne serait rien moins qu'agréable et viendrait fort mal à propos, il tâcha de l'éloigner, en lui assurant que le duc était indisposé et dans sa chambre à coucher; il parla même assez haut pour que son maître pût l'entendre et profitât, si bon lui semblait, de l'excuse alléguée en son nom.

Mais, loin d'adopter un stratagème auquel il avait eu recours en mainte occasion, Buckingham éleva la voix du fond de son appartement, et ordonna à son chambellan d'introduire « son bon ami M. Christian, » en le grondant même de l'avoir fait attendre.

— Si Christian connaissait l'homme aussi bien que moi, se dit Jerningham, il braverait un lion en fureur, plutôt que de se hasarder à paraître devant le duc, dont l'humeur n'est pas moins dangereuse.

Puis il introduisit Christian chez son maître, et eut soin de se poster de manière à tout entendre.

CHAPITRE XXXVIII.

> Ne parlez pas de délicatesse, quand nous courons la chance d'un naufrage, dit le capitaine, tandis que les dames s'apitoyaient en voyant le dauphin expirant s'agiter sur le pont. Quand nous coulons à fond, ces messieurs soupent à nos dépens; nous dînons aux leurs, quand nous réussissons à les tirer de l'eau. Les sages applaudissent lorsqu'on mange les mangeurs, et le diable rit quand on trompe les trompeurs.
>
> *Le Voyage sur mer.*

IEN dans les manières du duc à son égard n'aurait pu faire soupçonner à Christian, malgré toute son expérience du monde, et du plus vilain monde, que le grand seigneur eût reçu, dans un pareil moment, la visite du diable plus volontiers que la sienne; rien, disons-nous, si ce n'est une politesse excessive envers une si ancienne connaissance.

Après s'être tiré, non sans peine, de la région vague des compliments, Christian demanda au duc, avec cette brusque franchise qui servait de voile à un caractère artificieux, s'il y avait longtemps qu'il n'avait vu Chiffinch ou sa digne moitié.

— Ni l'un ni l'autre depuis longtemps, répondit Buckingham

Vous n'avez donc pas passé chez eux? Je vous aurais cru plus d'ardeur à suivre votre grand projet.

— Deux fois je m'y suis présenté, sans pouvoir arriver jusqu'à ce couple inestimable. Je flaire là quelque chose de louche.

— Ce dont, par le firmament et les étoiles! vous ne tarderiez guère à vous venger, n'est-ce pas? Je connais là-dessus vos principes, Monsieur le puritain. Il faut que la vengeance soit, en effet, un mets divin, puisque tant de graves personnages la préfèrent à toutes les douceurs qu'offre le plaisir aux pauvres pécheurs de ce monde.

— Permis à vous de plaisanter, Milord; cependant...

— Cependant, vous sauriez vous venger de Chiffinch et de sa petite et complaisante associée. Hum ! la tâche me semble peu commode : l'homme a tant de moyens d'obliger son maître, et la femme, une espèce d'écran fort commode, a des façons si mignardes, si engageantes, que, ma foi! à votre place, je ne voudrais pas m'y frotter. Le grand mal, mon cher, qu'ils aient condamné leur porte! Nous agissons de même avec nos meilleurs amis, comme avec les créanciers et les fâcheux.

— Si Votre Grâce est en humeur de s'amuser aux bagatelles, elle connaît mon fonds de patience, et j'attendrai qu'il lui plaise de parler sérieusement.

— Pourquoi pas? Je suis curieux de savoir quelle est l'affaire sérieuse qui vous amène.

— La voici, en un mot, Milord, dit Christian avec force : Chiffinch ayant refusé de me voir, et moi-même étant resté plusieurs fois à votre porte, je crains que notre plan n'ait échoué, ou qu'on n'ait quelque velléité de se passer de moi pour le conduire à fin.

— Il y aurait sottise autant que perfidie à exclure du partage des dépouilles l'ingénieur qui a dirigé l'assaut. Écoutez-moi, Christian. Je suis fâché d'avoir à vous annoncer, sans préparation, de mauvaises nouvelles. Puisque vous insistez pour tout savoir, et que vous ne rougissez pas de soupçonner vos meilleurs amis, vous me forcez à parler : votre nièce a quitté la maison de Chiffinch avant-hier matin.

Christian fit un haut-le-corps comme s'il eût reçu un coup violent, et le sang lui monta au visage avec une telle force, que le duc crut un instant qu'il était frappé d'apoplexie. Mais, reprenant sur lui-même l'empire extraordinaire qu'il savait garder dans les circonstances les plus critiques, il répondit, d'une voix dont le calme contrastait étrangement avec l'altération de ses traits :

— Dois-je en conclure que cette jeune fille, en renonçant à la protection du toit sous lequel je l'avais placée, a trouvé asile sous celui de Votre Grâce?

— Monsieur, cette supposition fait plus d'honneur à ma galanterie qu'elle n'en mérite.

— Oh! ce n'est pas à moi, Milord, que ce jargon de cour peut imposer. Je sais de quoi Votre Grâce est capable; pour satisfaire le caprice d'un moment, je sais que vous n'hésiteriez pas à faire manquer les projets auxquels vous avez pris une part active. Supposons que le tour ait été joué : riez à votre aise des précautions qui devaient servir les intérêts de Votre Grâce et ceux de tant d'autres; mais dites au moins jusqu'où est allée votre folie, et avisons au moyen d'en prévenir les suites.

— Sur ma parole, Christian, dit le duc en riant, vous êtes le plus accommodant des oncles et des tuteurs. Que votre nièce passe par autant d'aventures que la fiancée du roi de Garbe, dans Boccace, peu vous importe : pure ou souillée, il faut qu'elle soit le marchepied de votre fortune.

Un proverbe indien dit que le dard du mépris perce même l'écaille de la tortue; ce qui arrive surtout quand la conscience dit que le sarcasme est justement mérité. Christian, blessé au vif du reproche de Buckingham, prit une attitude à la fois hautaine et menaçante, tout à fait inconvenante dans sa position qui, au contraire, lui commandait la patience.

— Vous êtes un grossier personnage, s'écria-t-il, un homme indigne de son rang, et je vous dénoncerai comme tel, si vous ne me faites réparation de cette insulte.

— Et pour qui vous dénoncerai-je, *vous*, afin que vous ayez un titre quelconque à l'attention d'un homme comme moi? De quel nom appeler la petite affaire qui a donné lieu à cette mésintelligence inattendue?

Christian garda le silence, suffoqué de rage ou accablé sous le poids de sa conviction intime.

— Allons, allons, Christian, reprit le duc, nous nous connaissons trop bien l'un l'autre, et nous n'avons qu'à perdre à nous quereller. Se détester, chercher à se nuire, c'est l'usage des cours; mais se dénoncer, fi donc!

— Je n'en suis venu là que poussé à bout par Votre Grâce. Vous savez que j'ai porté les armes en Angleterre et sur le continent, et vous n'auriez pas la témérité de croire que j'endurerai jamais un affront que le sang peut effacer.

— Au contraire, Christian, répliqua le duc toujours poli et persifleur, je puis affirmer en toute assurance que la vie d'une vingtaine de vos amis ne vous pèserait guère, si elle pouvait porter préjudice, je ne dis pas à votre honneur, quantité négligeable, mais à vos intérêts. Fi, mon cher! d'anciennes connaissances comme nous! Je ne vous ai jamais tenu pour un lâche; seulement, je vois avec plaisir que je puis tirer quelques étincelles de votre humeur égale et froide. Maintenant, si vous le trouvez bon, je vais vous donner des nouvelles de la jeune dame, pour qui, veuillez m'en croire, je me sens une amitié particulière.

— Je vous écoute, Milord duc; mais le pli dédaigneux de vos lèvres et le haussement de vos sourcils ne m'échappent pas. Votre Grâce connaît le proverbe français : « Rira bien qui rira le dernier. » Allons, je vous écoute.

— Le ciel en soit loué! car l'affaire exige de la promptitude, je vous en réponds, et ne prête aucunement à rire. Apprenez donc la pure vérité, que je pourrais vous garantir sur ma vie, ma fortune et mon honneur, s'il convenait à un homme tel que moi de donner aucune garantie des choses qu'il assure. Avant-hier matin, étant allé chez la Chiffinch pour tuer le temps et savoir où en était votre projet, j'y rencontrai inopinément le roi, et je fus témoin d'une scène singulière. Votre nièce terrifia la petite Chiffinch, brava le roi en face, et décampa en triomphe sous la garde d'un jeune cadet, qui serait assez insignifiant sans des dehors passables et une rare effronterie. Vraiment, j'ai peine à m'empêcher de rire en songeant à la manière dont nous fûmes bernés, le roi et moi; car, je ne le nierai pas, j'avais voulu en passant badiner avec la demoiselle. Mais, corbleu! le jouvenceau eut vite fait de la souffler à notre barbe, et il mit dans sa retraite un air de dignité que je tâcherai d'enseigner à Mohun pour le reproduire au théâtre.

— Tout cela est incompréhensible, Milord, et vous n'attendez pas de moi que j'y ajoute créance, dit Christian, qui avait entre-temps recouvré son sang-froid ordinaire. Qui aurait eu l'audace d'enlever ainsi ma nièce en présence du roi? Et comment eût-elle consenti, elle, si sage et si prudente, à suivre un jeune homme qu'elle n'aurait pas connu? Non, Milord, je ne vous crois pas.

— Un de vos prédicants, très pieux Christian, se bornerait à vous répondre : « Meurs, infidèle, dans ton incrédulité! » Moi, qui suis un mondain, un pauvre pécheur, j'ajouterai quelques bribes d'information. Le jeune galant, à ce qu'on m'a donné à entendre, est Julien, fils de sir Geoffroy, qu'on appelle Peveril du Pic.

— Peveril du Diable, qui est sorti de son antre! Je connais le mignon : il est capable d'un hardi coup de main; mais de là à s'introduire en présence du roi!... L'enfer le favorise, ou bien le ciel se mêle des choses d'ici-bas plus que je ne le pensais. S'il en est ainsi, que Dieu nous pardonne, à nous qui étions d'avis qu'il ne s'occupait aucunement de nous!

— Amen! chrétien de Christian; je suis charmé de voir que vous êtes encore assez touché de la grâce pour parler de la sorte. Empson, la Chiffinch, cinq ou six autres, ont vu entrer et sortir le berger. Interrogez ces témoins avec votre adresse habituelle, si le temps ne vous semble pas mieux employé à poursuivre les fugitifs. Il est entré, je crois, comme faisant partie d'une troupe de masques ou de danseurs. Vous n'ignorez pas que le vieux Rowley est toujours accessible pour quiconque demande à le divertir. Voilà comme s'est faufilé ce terrible héros, à l'instar de Samson chez les Philistins, pour faire écrouler notre beau projet sur nos têtes.

— Je vous crois, Milord, je suis forcé de vous croire, et je vous pardonne, puisque telle est votre nature, de trouver à rire dans ce qui est ruine et malheur. Quelle route ont-ils prise?

— Celle du comté de Derby, je suppose ; car elle parlait d'aller se mettre sous l'égide paternelle, de préférence à la vôtre. Il s'était passé chez la Chiffinch des choses qui lui donnaient lieu de soupçonner que la façon dont vous aviez disposé d'elle n'aurait pas l'approbation de son père.

— Alors, Dieu soit loué ! elle ne sait pas que son père est à Londres, et ils auront gagné le château de Martindale ou le manoir de Moultrassie : dans l'un et l'autre cas, ils sont en mon pouvoir. Il faut cependant que je les suive de près. Je vais retourner tout de suite dans le comté de Derby. Je suis perdu si elle voit son père avant que toutes ces bévues soient réparées. Adieu, Milord. Je vous pardonne d'avoir contribué, comme je le crains, au renversement de nos projets : ce n'est pas le moment de nous faire des reproches.

— Vous dites vrai, maître Christian, et je vous souhaite de réussir. Puis-je vous aider d'hommes, de chevaux ou d'argent ?

— Je remercie Votre Grâce, dit Christian ; et il sortit en toute hâte.

Le duc écouta le bruit de ses pas dans l'escalier, et lorsqu'il ne les entendit plus, il cria à Jerningham, qui entrait :

— Victoire ! Rien de tel comme la vérité. Si j'avais laissé échapper un seul mensonge, ce misérable est si familier avec tous les détours de la fausseté, sa vie entière n'a été qu'une imposture si soutenue, que j'aurais été découvert sur l'heure ; mais je lui ai dit la vérité, et c'était l'unique moyen de le tromper. Victoire ! mon cher Jerningham, je suis plus fier d'en avoir imposé à Christian, que je ne le serais d'en faire accroire à un ministre d'État.

— Votre Grâce estime donc bien haut son intelligence ? dit le confident.

— Oui, ou du moins son savoir-faire qui, dans les intrigues de cour, l'emporte souvent sur l'intelligence. Il ne reviendra à Londres, si je puis l'en empêcher, qu'après le dénouement de toutes ces machinations.

Comme il achevait de parler, un gentilhomme de sa maison vint lui annoncer que le colonel attendait son bon plaisir.

— S'est-il croisé avec Christian par hasard ? demanda le duc vivement.

— Non, Milord; le colonel est venu par l'escalier du vieux jardin.

— Je l'aurais parié; c'est un hibou, qui ne s'envolera pas au grand jour tant qu'il aura un buisson où se cacher. Le voilà qui arrive par des chemins tortueux et en ruine, cet animal presque aussi sinistre

que l'oiseau de mauvais augure auquel il ressemble!

Le colonel — on ne le désignait pas autrement que par son grade militaire — entra dans l'appartement. C'était un homme de haute taille, aux formes athlétiques, paraissant avoir passé le milieu de la vie, et dont la figure aurait pu être belle, si elle n'avait semblé couverte d'un crêpe funèbre. Tandis qu'il écoutait le duc, il baissait ses gros yeux mornes vers la terre, par humilité ou par tout autre motif; mais pour répondre, il les levait, en fixant sur lui le regard d'un observateur attentif. Son costume noir, fort simple, se rapprochait assez de celui des puritains : feutre à larges bords, semblable au *sombrero* espagnol, une grande cape et une longue flamberge lui donnaient la tournure d'un Castillan, que renforçaient encore plus la raideur et la gravité de son maintien.

— Bonjour, colonel, lui dit Buckingham; il y a longtemps que nous ne nous sommes vus. Comment avez-vous mené les affaires?

— Comme tous les gens actifs dans les temps d'inaction, répondit-il, ou comme un brigantin échoué dans la vase.

— Eh bien, j'ai déjà fait usage de votre vaillance, et je veux y recourir encore, pourvu que je voie le navire bientôt radoubé et réparé de fond en comble.

— D'où je conclus que Votre Grâce a quelque voyage à faire faire.

— Non, c'en est un qu'il faut interrompre.

— Autre chanson sur le même air. J'écoute, Milord.

— Il s'agit d'une bagatelle, après tout. Vous connaissez Édouard Christian?

— Oui certes, et depuis longtemps.

— Il va se rendre dans le comté de Derby, à la recherche d'une nièce à lui, qu'il aura de la peine à trouver, et pour cause. Or, je compte sur votre dévouement éprouvé pour l'empêcher de rebrousser chemin. Partez avec lui et rejoignez-le, prenez-le par la ruse ou par la force, agissez enfin comme il vous plaira : l'essentiel est qu'il ne revienne pas à Londres avant une quinzaine au moins. Je m'inquiète peu du reste.

— C'est-à-dire, la quinzaine passée, il sera permis de retrouver la demoiselle, si elle vaut encore la peine qu'on la cherche.

— Mettez-vous en chasse pour votre compte, colonel; elle le mérite, vous pouvez m'en croire, et porte bien des milliers d'écus dans ses jupes. Une telle épouse vous ôterait le souci de vivre aux dépens du public.

— Milord, répliqua l'autre d'un air sombre, je vends mon sang et mon épée, mais je ne vends pas mon honneur. Si je me marie jamais, mon lit de noces pourra être pauvre, mais il sera honnête.

— Alors votre femme sera la seule chose honnête que vous ayez possédée, colonel... du moins, depuis que je vous connais.

— Votre Grâce a le droit de s'exprimer là-dessus comme elle voudra. Ce sont ses affaires qui m'ont occupé dans ces derniers temps; et si elles étaient d'une honnêteté moins rigoureuse que je ne l'aurais souhaité, celui qui ordonne est aussi blâmable que celui qui exécute. Quant à épouser une maîtresse congédiée, il n'existe personne, excepté Votre Grâce à qui j'appartiens, qui osât m'en faire la proposition.

— A propos, est-ce vous l'auteur d'une brochure relative au complot?

— N'en ai-je pas le droit? Je suis aussi compétent pour cela qu'aucun de ceux qui ont témoigné jusqu'ici.

— Oh! c'est ma conviction, et il aurait été bien dur, quand il y avait tant à gagner à mal faire, qu'un bon protestant comme vous n'eût pas eu sa part.

— Je suis venu pour prendre vos ordres, Milord, et non pour exercer votre esprit.

— Vaillamment riposté, brave et immaculé colonel! Comme vous entrez à mon service pour un mois, à solde entière, je vous prie d'accepter cette bourse pour votre équipement et tout ce qui s'ensuit. De temps à autre, vous recevrez mes instructions.

— Vous serez ponctuellement obéi, Milord; je sais ce qu'on doit à un officier supérieur. Je souhaite le bonjour à Votre Grâce.

A ces mots, il empocha la bourse sans hésitation ni reconnaissance, simplement comme la conclusion d'une affaire régulièrement traitée, et sortit, toujours raide et grave.

— A la bonne heure, dit le duc à son favori, voilà ce que j'appelle un coquin fait selon mon cœur! Voleur dès sa naissance, assassin sitôt qu'il a pu tenir un couteau, hypocrite achevé en religion, plus hypocrite encore en honneur, il vendrait son âme au diable pour commettre une scélératesse, et il couperait la gorge à son propre frère s'il osait se vanter d'un pareil forfait. Qu'avez-vous à me dévisager de cet air ébaubi?

— Sur ma parole, Milord, puisque vous m'interrogez, plus je vis avec Votre Grâce, plus il m'est difficile de pénétrer les motifs de sa conduite. D'autres bâtissent et exécutent des plans dans l'espoir de se procurer plaisir ou profit; mais Votre Grâce se délecte à contrarier les siens au moment de les accomplir, comme un homme qui mettrait le feu à la maison qu'il a construite à moitié.

— Et pourquoi non, s'il veut se chauffer les mains à la flamme?

— Très bien, Milord; mais ne s'expose-t-il pas à se brûler les doigts? Une de vos plus nobles qualités est d'écouter quelquefois la vérité sans vous en fâcher; mais en fût-il autrement, je ne pourrais en cette occasion m'empêcher de vous la dire à tout prix.

— Eh bien, parle : je suis disposé à l'entendre, dit le duc, en se jetant sur un fauteuil et en maniant son cure-dent d'un air d'indifférence et d'impassibilité gracieuse. J'aime à savoir ce que des pots de terre comme toi pensent de nous, qui sommes des vases de la plus pure porcelaine.

— Au nom du ciel, Milord, permettez-moi de vous demander à quel mérite vous prétendez, et quel utile résultat vous vous proposez en jetant toutes les affaires qui vous concernent dans un chaos semblable à celui du poème de ce vieil aveugle de Milton, dont Votre Grâce est si enchantée? Pour commencer par le roi : en dépit de sa bonne humeur, il sera courroucé de vous avoir encore pour rival.

— Sa Majesté m'en a défié.

— Vous avez anéanti toutes vos vues sur l'île de Man en vous brouillant avec Christian...

— A présent, je n'en donnerais pas une obole.

— Avec Christian, que vous avez insulté, et dans la famille duquel vous songez à porter le déshonneur, vous avez perdu un habile associé, un agent sagace et plein de sang-froid.

— Pauvre Jerningham! Christian n'en dirait pas moins de toi, j'en suis sûr, si tu étais congédié demain. C'est l'erreur commune de vous autres, instruments de nos volontés, de vous croire indispensables. Quant à sa famille, ce qui ne fut jamais honorable ne peut être déshonoré par une liaison quelconque avec la mienne.

— Je ne parle pas de Chiffinch, qui sera offensé pourtant, quand il saura pourquoi et par qui son plan a été détruit et la jeune personne enlevée. Lui et sa femme, passons-les sous silence.

— Et vous faites bien; quand même ils mériteraient qu'on me parlât d'eux, la duchesse de Portsmouth a mis leur disgrâce au nombre de ses conditions.

— Puis ce limier de colonel, comme il se nomme, Votre Grâce ne peut le mettre en quête pour le service qu'elle en attend, sans lui faire une indignité dont il ne manquera pas de se souvenir; et soyez sûr qu'il vous sautera à la gorge, dès qu'il en trouvera l'occasion.

— Je veillerai à ce qu'il ne la trouve point. Toutes vos terreurs conviennent aux petites gens, Jerningham. Il faut battre son chien pour qu'il obéisse, et montrer aux inférieurs qu'on n'ignore pas ce qu'ils valent, et qu'on les estime en conséquence. Un coquin que l'on traiterait en honnête homme finirait par s'en faire accroire. Assez d'avis et de censures : nous différons en tous points. Si nous étions tous deux ingénieurs, vous passeriez votre vie à compter les tours du rouet d'une vieille femme qui file une once de chanvre par jour; et moi je serais sans cesse au milieu des machines les plus compliquées, occupé à régler les poids et contrepoids, à compenser les pesanteurs, à essayer des ressorts et des rouages, à diriger et contrôler des centaines de mouvements et de forces.

— Et votre fortune pendant ce temps-là? Passez-moi cette dernière observation, Milord.

— Ma fortune est trop grande pour souffrir d'une égratignure. Tu sais d'ailleurs, que j'ai en réserve mainte recette pour guérir les contusions qu'elle reçoit par-ci par-là en graissant ma mécanique.

— Votre Grâce fait-elle allusion à la poudre du docteur Wilderhead?

— Fi! un charlatan!

— Ou au plan de Drownland pour dessécher les marais?

— Un escroc, à savoir un procureur!

— Ou à la vente des bois de ce laird écossais ?

— Un mendiant!

— Ou bien aux terrains qui avoisinent l'hôtel ?

— L'architecte est un voleur et son plan une chimère. Je souffre de voir ces décombres, et bientôt je remplacerai nos allées, bosquets et parterres par un palais et un jardin à l'italienne.

— Mauvais moyen pour réparer votre fortune!

— Lourdaud, esprit bouché que tu es! as-tu donc oublié la plus brillante des spéculations, les pêcheries de la mer du Sud? Elles rapportent déjà plus de 50 pour cent. Cours à la Bourse, et dis au vieux Manassès de m'en acheter pour 20,000 livres sterling. Va, Jerningham, cours, vole, comme s'il y allait de ta vie; de ta vie, entends-tu? de ta vie!

Les mains et les yeux levés au ciel, Jerningham sortit de l'appartement; et le duc, sans songer davantage à ses intrigues anciennes ou nouvelles, à l'alliance qu'il venait de conclure avec la favorite, à l'inimitié qu'il avait provoquée, à la beauté qu'il avait enlevée à ses protecteurs naturels et à son amant, ni au monarque dont il se déclarait le rival, s'assit pour calculer des chances de gain, se fatigua de cette besogne ennuyeuse au bout d'une demi-heure, et refusa de voir l'agent zélé qu'il avait employé à la Bourse, parce qu'il était extrêmement occupé à composer une nouvelle satire.

CHAPITRE XXXIX.

<small>Ah ! tête changeante ! cœur volage !
Les Progrès du mécontentement.</small>

ucun événement n'est plus ordinaire dans les histoires du genre de la nôtre que l'enlèvement de l'héroïne, car c'est de son destin que tout l'intérêt est supposé dépendre ; mais celui d'Alice eut cela de particulier que le duc de Buckingham l'ordonna plutôt par esprit de contradiction que par un véritable amour. Le projet lui en était venu soudain à l'esprit moins parce qu'il désirait jouir chez lui de sa société, que pour intriguer Christian, le roi, Chiffinch et tous les autres intéressés. Cela était si vrai, qu'il éprouva plus d'étonnement que de joie en apprenant le succès de l'entreprise qui avait amené Alice dans sa demeure; et probablement il serait entré dans une épouvantable colère, si la tentative de rapt eût échoué.

Vingt-quatre heures s'étaient écoulées, et il n'avait pu encore se déterminer à sortir de sa nonchalance habituelle pour aller voir sa belle prisonnière; et quand il s'y décida, ce ne fut qu'avec la secrète répugnance d'un homme que la nouveauté seule peut arracher à l'indolence.

« Je ne conçois pas comment j'ai pu m'empêtrer de cette fille. disait-il, et me condamner à entendre toutes les rapsodies d'une Philis de campagne, dont la tête est farcie des leçons de sa grand'mère sur la vertu et la Bible ! Les faveurs des plus jolies femmes de la ville, et des mieux élevées, me coûteraient moins de peine. C'est dommage qu'on ne puisse monter sur le char de triomphe du vainqueur sans avoir à faire montre d'une victoire; pourtant, c'est ce que font la plupart de nos galants du jour, et ce qui ne siérait pas à Buckingham. Allons, je la verrai, ne serait-ce que pour en débarrasser mon hôtel. Mais la Portsmouth ne souffrira point qu'elle soit mise en liberté si près de Charles, tant elle craint qu'une nouvelle beauté n'impose des lois au vieux pécheur ! Que ferai-je donc de cette petite ? Je ne me soucie guère de la garder ici, et elle est trop riche pour être envoyée au château de Clifden comme femme de charge. Cela mérite réflexion. »

Il demanda alors un costume propre à faire ressortir les avantages personnels qu'il tenait de la nature, attention qu'il crut se devoir à lui-même; car, du reste, il allait présenter ses hommages à la belle captive avec aussi peu d'ardeur qu'on en apporte à se battre en duel, quand on n'est guidé par nul autre intérêt que celui de maintenir sa réputation d'homme d'honneur.

L'appartement destiné à l'usage des favorites de passage, qui s'y trouvaient, d'ordinaire, aussi peu libres que dans un couvent, était entièrement séparé du reste de l'hôtel. Ce qu'on qualifiait alors de galanterie autorisait les actes les plus atroces de perfidie et de violence. On peut citer pour preuve la catastrophe d'une malheureuse actrice, dont la beauté avait attiré l'attention du dernier de Vere, comte d'Oxford. N'ayant pu mettre sa vertu en défaut, il la trompa par un mariage simulé, et fut récompensé d'un succès, qui causa la mort de sa victime, par l'applaudissement unanime des beaux-esprits et des débauchés qui encombraient les antichambres de Charles II.

Buckingham avait réuni dans l'intérieur de son palais ducal tout ce qui pouvait faciliter des exploits de ce genre; et l'appartement vers lequel il se dirigeait alors offrait alternativement tout ce qui pouvait contraindre les vertus farouches et plaire aux vertus faciles. La clef en fut remise au duc par une vieille dame à capuchon et à lunettes, qui était assise, lisant un livre de dévotion, dans le vestibule séparant du reste de la maison ce qu'on appelait *le couvent*.

— Jamais, dit-elle en ouvrant la première porte, linotte plus douce n'a chanté dans une cage!

— J'avais peur, Dowlas, qu'elle n'eût passé le temps à gémir.

— Hier encore, ou, pour dire vrai, ce matin même, on n'entendait que lamentations; mais l'air de la maison est favorable aux oiseaux chanteurs, et à présent tout va pour le mieux.

— Il me paraît singulier qu'avant de l'avoir vue, la petite peureuse se soit si vite résignée à son sort.

— Votre Grâce possède une vertu magique dont l'influence pénètre à travers les murailles; comme dit l'Écriture : « Elle fend portes et remparts. »

— Vous êtes partiale, Dowlas.

— C'est l'exacte vérité, Milord, et puissé-je n'entrer jamais au bercail des brebis sans tache, si je ne crois pas à un changement complet de la demoiselle depuis son arrivée à l'hôtel. Elle me paraît avoir la taille plus svelte, la démarche plus légère, le pied plus mignon. Il y a du changement, bien sûr, mais je ne saurais en dire davantage. Votre Grâce sait que mes yeux, hélas! commencent à s'affaiblir.

— Surtout quand vous les baignez dans du vin d'Espagne, répliqua le duc, sachant que la tempérance n'était pas celle des vertus cardinales que pratiquait la vieille bigote.

— Du vin, Milord? du vin d'Espagne! Ah! je suis désolée d'être si mal connue de Votre Grâce.

— Je vous demande pardon, dame Dowlas, reprit le duc, dédaigneux et secouant du bout des doigts la manche de son habit où, dans l'ardeur de sa justification, s'était posée la main de la duègne; en vous approchant de plus près, j'ai senti que je m'étais trompé : c'est du brandevin que j'aurais dû dire.

A ces mots, il pénétra dans l'appartement réservé, qui était meublé avec une voluptueuse magnificence. « La vieille avait raison, pensa l'orgueilleux propriétaire de cette espèce de harem; une simple bergère peut aisément se réconcilier avec une semblable prison; l'appeau d'un habile oiseleur n'y est pas même nécessaire. Mais où donc est-elle, cette Vénus champêtre? »

Après avoir traversé une antichambre et une petite salle à manger, il passa dans un salon, dont les fenêtres, artistement garnies de vitraux peints des plus riches couleurs, « apprenaient à la lumière, suivant l'expression du poète, à contrefaire l'obscurité ».

Buckingham était trop accoutumé à voir ses goûts et ses caprices satisfaits sur l'heure et sans obstacle pour être, en général, sensible à des plaisirs que l'unique affaire de sa vie avait été de poursuivre. Cependant, ses doutes sur la manière dont il allait être reçu, le changement d'humeur qu'on disait s'être opéré chez sa prisonnière, la curiosité de savoir comment une jeune personne, telle qu'on lui avait dépeint Alice Bridgenorth, se conduirait dans la situation inattendue où elle se trouvait placée, réussirent à éveiller dans son esprit un intérêt peu ordinaire.

Il crut devoir à sa réputation d'homme à bonnes fortunes de se présenter devant Alice avec un empressement de circonstance; et, au moment d'ouvrir la porte du salon, il s'arrêta pour réfléchir lequel il devait prendre du ton de la galanterie ou de celui de la passion. Ce délai lui permit d'entendre les accords d'un luth, accompagnés par la voix plus mélodieuse encore d'une femme qui, sans exécuter aucun air, semblait avoir plaisir à lutter de douceur avec le son argentin de l'instrument. « Oh! oh! pensa le duc, une créature si bien élevée, et douée d'intelligence, ne ferait que rire, toute provinciale qu'elle est, des déclarations passionnées de la tragédie. C'est la verve galante qui sied ici; elle t'a valu bien des victoires, Buckingham. D'ailleurs, le rôle est plus facile. »

Cette détermination une fois prise, il entra dans le salon, avec toute la désinvolture des courtisans de cette époque, et s'approcha de la belle captive, qu'il trouva assise près d'une table, couverte de livres et de musique. A gauche, était une grande fenêtre entr'ouverte, dont les verres de couleur n'admettaient qu'un jour douteux dans cette pièce, somptueusement enrichie de tapisseries, de glaces et de porcelaines de Chine. On eût dit un boudoir décoré par un prince pour recevoir sa fiancée.

Le splendide costume de la prisonnière répondait au luxe de l'appartement, et participait du goût oriental que la fameuse Roxelane avait mis à la mode. On ne distinguait de sa personne qu'une jambe fine et un pied mignon, qui sortaient d'un large pantalon, de satin azur richement brodé. Un long voile de gaze d'argent l'enveloppait, du reste, de la tête aux pieds, et, ainsi qu'un léger brouillard répandu sur un riant paysage, laissait à l'imagination le plaisir de deviner les charmes dérobés à la vue, et même d'en exagérer la beauté. Les autres détails de sa toilette, comme le turban et la pelisse, étaient seulement indiqués par les plis que formait le voile. Tout annonçait de la coquetterie chez une personne qui devait s'être attendue, d'après l'endroit où elle était logée, à un visiteur de quelque prétention. Aussi Buckingham sourit-il en lui-même du conte que lui avait fait Christian sur l'extrême simplicité et l'innocence de sa nièce.

— Belle Alice, dit-il en s'approchant d'un air cavalier, combien je vous dois d'excuses ! C'est la faute de mes gens : en vous voyant abandonnée et sans protection pendant une malheureuse querelle, ils ont pris sur eux de vous amener sous le toit d'un homme qui exposerait sa vie pour vous épargner un instant d'inquiétude. Sachant l'intérêt que je vous portais, ils ont jugé nécessaire, toujours par excès de zèle, de vous retenir ici jusqu'à ce qu'il me fût possible de venir en personne recevoir vos ordres.

— Vous n'y avez guère mis de hâte, Milord. Il y a deux jours que je suis prisonnière, négligée, livrée à des soins mercenaires.

— Négligée, dites-vous! Mes serviteurs ont-ils été coupables à ce point? Serait-ce le plus ancien, par le ciel! je le chasserais à l'instant.

— Je ne me plains pas de vos gens; mais c'était, il me semble, un simple devoir de politesse au maître lui-même de m'expliquer au plus vite pourquoi il a osé me retenir comme une prisonnière d'État.

— Ah! la divine Alice peut-elle penser que, si le temps et la distance, ces deux cruels ennemis des tendres passions, me l'eussent permis, l'instant où elle a passé le seuil de la porte de son vassal n'eût aussi vu à ses pieds le maître qui lui est tout dévoué?

— Ce qui veut dire, Milord, que vous avez été absent et tout à fait étranger à la contrainte où j'ai été réduite.

— Absent par ordre du roi, Madame, et occupé à son service, répondit le duc sans balancer. Que pouvais-je faire? A peine vous sortiez de la maison, Sa Majesté m'ordonna de monter à cheval, et si promptement que je n'eus pas le temps de changer mes brodequins de satin pour des bottes de voyage. Si mon absence vous a causé quelque désagrément, blâmez-en le zèle intempestif de ceux qui, me voyant partir de Londres, presque anéanti à l'idée de vous quitter, s'efforcèrent, dans une bonne intention, de sauver leur maître du désespoir, en lui conservant la charmante Alice. A qui, en effet, vous auraient-ils confiée? Celui que vous avez choisi pour protecteur est en prison, ou en fuite; votre père ne se trouve pas à Londres, votre oncle est en route pour le nord, et l'on connaissait votre légitime aversion pour les Chiffinch. Quel asile plus convenable vous restait-il, que le palais de votre esclave, où vous commanderez toujours en reine?

— En reine emprisonnée. Je ne désire pas une royauté pareille.

— Hélas! comme vous feignez de ne pas me comprendre! dit le duc, en fléchissant le genou. Quel droit avez-vous de vous plaindre de quelques heures d'une douce captivité, vous qui destinez tant de malheureux à un éternel esclavage? Soyez miséricordieuse, écartez ce voile jaloux; il ne convient qu'aux plus cruelles divinités de rendre leurs oracles dans les ténèbres. Souffrez du moins que ma main téméraire...

— J'épargnerai à Votre Grâce cette peine indigne d'elle, interrompit la jeune personne avec hauteur; et, se levant, elle rejeta en arrière le voile qui la couvrait. Regardez-moi, Milord, et voyez si ce sont bien là les charmes qui ont fait tant d'impression sur Votre Grâce.

Buckingham regarda, et fut tellement frappé de surprise, qu'il se releva brusquement et demeura quelques secondes comme pétrifié.

La femme qui se tenait debout devant lui n'avait ni la taille ni l'imposante tournure d'Alice Bridgenorth; et la petitesse de ses membres, admirablement proportionnés du reste, lui donnait presque l'air d'un enfant. Elle portait trois courtes vestes de satin brodé, superposées et de grandeur inégale, aux couleurs différentes, ou plutôt aux diverses nuances de la même couleur, et s'ouvrant par devant, de manière à laisser voir une partie du sein, voilé par une diaphane

collerette de dentelle. Elle avait endossé par-dessus une pelisse, garnie de fourrure. Un petit turban, du plus fin tissu, d'où s'échappait une profusion de boucles noires, était posé négligemment sur sa tête.

Le goût et la richesse de ce costume oriental s'accordaient à rehausser le teint, assez foncé, de celle qui l'avait choisi. Ses traits étaient animés d'une vivacité si expressive, qu'on remarquait à peine ce qui leur manquait en beauté régulière; et des yeux aussi brillants que des diamants, des dents aussi blanches que des perles, n'échappèrent pas au duc de Buckingham, connaisseur achevé en attraits féminins. En un mot, la fille bizarre et singulière, qui apparaissait si soudainement à ses regards, avait une de ces figures qu'il est impossible de voir sans qu'elles produisent une impression, qui ne s'oublie pas, même après être effacée.

— Milord, dit la jeune fille, on dirait que l'enlèvement de mon voile a produit sur Votre Grâce un effet magique. Hélas! pauvre princesse captive, dont un vassal de votre qualité devait accepter le moindre signe comme un ordre, elle court grand risque, je crois, d'être mise à la porte, comme Cendrillon, pour aller chercher fortune parmi les laquais.

— Je n'en reviens pas, dit le duc. Scélérat de Jerningham! je lui romprai les os.

— Oh! laissez Jerningham en repos; prenez-vous-en plutôt à vos sérieuses occupations. Pendant que vous couriez la poste en brodequins de satin pour les affaires du roi, la reine de votre cœur, je parle de la légitime, se désolait, en habits de deuil, dans l'horrible solitude à laquelle votre éloignement la condamnait. Elle y resta deux jours inconsolable; le troisième, une enchanteresse africaine vint changer la scène pour elle, et la personne pour Votre Grâce. Ne trouvez-vous pas que l'aventure aura bon air dans le récit des galants exploits du second duc de Buckingham?

— Battu et bafoué du même coup! pensa le duc. Elle a des dispositions pour mordre, la drôlesse! Et il ajouta tout haut : Ah! ça, belle princesse, comment avez-vous osé vous prêter à une jonglerie pareille?

— Osé! Faites cette question à d'autres, et non à moi qui ne crains rien.

— Je suis tenté de le croire, en voyant ce front bronzé par la nature. Quel est votre nom? D'où sortez-vous?

— Je suis magicienne par métier, née en Mauritanie, et mon nom est Zara.

— Il me semble pourtant que la figure, la taille, les yeux... Ne vous êtes-vous pas donné pour une danseuse? Vous passiez pour quelque chose d'approchant, il y a quelques jours.

— Vous avez peut-être vu ma sœur, ma sœur jumelle, mais non pas moi.

— Vraiment! Alors votre double, si ce n'était pas vous, était possédée d'un démon muet, comme vous l'êtes du démon de la parole. N'importe, j'ai dans l'idée que vous ne faites qu'un avec elle, et que Satan, toujours si puissant sur votre sexe, vous a douée, lors de notre première rencontre, du pouvoir de retenir votre langue.

— Croyez ce que bon vous semblera, Milord; cela ne changera rien à la vérité. Maintenant, Milord, je vais vous dire adieu. Avez-vous des commissions pour la Mauritanie?

— Un instant, ma princesse. N'oubliez pas que vous êtes venue ici occuper de votre plein gré la place d'une autre; qu'ainsi vous avez encouru telle peine qu'il me plaira de vous infliger. Buckingham n'est pas de ceux qu'on brave impunément.

— Je ne suis pas pressée de partir, si Votre Grâce a des ordres à me donner.

— Eh quoi! vous ne craignez ni ma colère ni mon amour, belle Zara?

— Ni l'un ni l'autre, je vous le jure. Votre colère serait une passion bien mesquine si elle pouvait tomber sur un être aussi faible que moi; et quant à votre amour, hélas! hélas!

— Que signifient ces hélas et cet air dédaigneux, Madame? Pensez-vous que Buckingham ne sache pas aimer et qu'il n'ait pas été payé de retour?

— Oui, il a pu se croire aimé, et par quelles créatures? Par des femmes à qui des tirades de comédie font tourner la tête, dont la cervelle n'est farcie que de chiffons et de fadaises, et qui ne résistent pas à l'argument d'un cordon bleu ou d'une croix de Saint-Georges.

— N'y a-t-il donc point dans votre pays des beautés si frivoles?

— Sans doute, il y en a; mais on les estime à l'égal des perroquets et des singes, créatures sans âme ni sentiment, sans cœur ni tête. Notre voisinage du soleil a purifié nos passions en leur donnant plus de force. Les glaçons de votre climat serviront de marteaux pour convertir en socs de charrue des barres de fer rouge, avant que la sottise et la fatuité de votre prétendue galanterie fassent impression sur un cœur comme le mien.

— Vous parlez en femme qui sait ce qu'est une passion. Asseyez-vous, belle dame, et ne trouvez pas mauvais que je vous retienne encore. Vous avez donc connu l'amour ?

— Oui ; par expérience ou par ouï-dire, peu importe! Aimer comme je l'entends, c'est ne rien sacrifier aux instincts bas et cupides, à l'intérêt ou à l'ambition ; c'est, au contraire, tout donner à la fidélité du cœur et à une affection mutuelle.

— Et combien de femmes, à votre avis, sont-elles capables d'éprouver une passion si désintéressée ?

— Des milliers de plus qu'il n'y a d'hommes qui la méritent. Hélas ! combien de fois voyez-vous la femme souffrante, misérable, dégradée, suivre encore avec patience les pas d'un odieux tyran, et endurer toutes ses injustices avec la soumission d'un chien fidèle ? Songez à ce qu'elle pourrait être pour celui qui mériterait et partagerait son amour.

— Bah ! elle serait peut-être l'inverse. Quant à mes maîtresses, il faudrait, je l'avoue, prendre diablement l'avance pour en changer avant qu'elles me quittent.

— Elles ne font que vous payer en même monnaie, Milord. En effet, qu'êtes-vous ?... Voyons, ne froncez pas les sourcils : il faut que vous entendiez la vérité, une fois au moins. La nature, bonne mère, vous a doué des grâces du corps, et l'habitude du monde les a raffinées. Vous êtes noble, c'est le hasard de la naissance ; beau, c'est le caprice de la nature ; généreux, parce que donner est plus facile que refuser ; bien mis, ce qui fait honneur à votre tailleur ; habituellement gai, parce que vous avez jeunesse et santé ; brave, parce qu'il serait dégradant pour vous de ne pas l'être, et spirituel, parce que vous ne pouvez faire autrement.

Le duc lança un coup d'œil à l'une des glaces du salon.

— Noble, beau, généreux, bien mis, gai, brave et spirituel ! s'écriat-il. Vous m'accordez, Madame, beaucoup plus que je ne prétends obtenir, et certes en voilà assez pour captiver, par quelque endroit du moins, les faveurs d'une femme.

— Je ne vous ai accordé ni tête ni cœur, reprit Zara tranquillement. Bon ! vous rougissez maintenant comme si vous alliez vous jeter sur moi... Ce n'est pas que la nature ait voulu vous les refuser, mais la folie a troublé l'une et l'égoïsme a corrompu l'autre. L'homme que j'appelle digne de porter ce nom pense et travaille pour ses semblables plutôt que pour lui-même; il conçoit de grands desseins et les fonde sur la justice, et ne suit pas la voie du mal pour arriver au bien. Voilà l'homme pour qui le cœur d'une femme battrait jusqu'à l'heure de la mort.

L'énergie de son langage mettait une flamme dans ses yeux, et la véhémence de ses sentiments, les plus vives couleurs sur ses joues.

— S'il était en mon pouvoir de mériter un dévouement si rare, répondit le duc, qui commençait à s'intéresser à l'inconnue plus qu'il ne l'aurait cru possible, rien ne me coûterait pour le payer de retour.

— Richesses, titres, réputation, tout ce que vous possédez, seraient bien peu de chose pour mériter une telle affection.

— Ah! belle dame, c'est pousser le dédain par trop loin. Si votre amour ressemble à de l'or pur, un pauvre diable comme moi peut vous offrir de l'argent en échange; la quantité fera passer sur la qualité.

— Mais je ne porte pas mon cœur au marché, Milord, et je n'ai que faire de la vile monnaie que vous m'offrez.

— Comment le saurais-je, ma toute belle? C'est ici le royaume de Paphos. Vous l'avez envahi; à quelle intention, vous le savez mieux que moi, mais sûrement à aucune qui réponde à vos airs de cruauté. Allons, allons, des yeux si éloquents peuvent briller de plaisir aussi bien que de mépris et de colère. Vous êtes une épave jetée sur le domaine de Cupidon, et c'est en son nom que j'ai le droit de vous saisir.

— Gardez-vous de me toucher; ne m'approchez pas, si vous désirez savoir pourquoi je suis ici. Votre Grâce peut se croire un Salomon, s'il lui plaît; cherchez une autre reine de Saba qui soit disposée à flatter votre orgueil ou admirer votre gloire.

— Un défi?

— Vous vous trompez, Milord. Je ne suis pas venue ici, sans assurer ma retraite.

— C'est parler en brave; mais jamais forteresse ne vante plus ses ressources, que lorsque la garnison songe à se rendre. Voici comment j'ouvre la première parallèle.

Ils avaient jusqu'alors été séparés l'un de l'autre par une table longue et étroite qui, placée dans l'embrasure de la grande fenêtre dont nous avons parlé, élevait entre eux une sorte de rempart. Le duc, tout en parlant, se mit en devoir de l'écarter; mais, attentive à tous ses mouvements, l'inconnue s'élança aussitôt par la croisée, qui était entr'ouverte.

Buckingham poussa un cri d'horreur, ne doutant pas qu'elle n'eût trouvé la mort en se précipitant d'une telle hauteur; puis, en regardant au dehors, il reconnut qu'elle était descendue avec agilité et sans accident. La façade de l'hôtel était couverte de sculptures, d'ordre composite, offrant ce mélange d'art grec et d'art ogival, qui caractérise le siècle des Tudors; et, bien que le fait dût paraître surprenant, les ornements en saillie suffisaient, comme points d'appui, à une créature si légère, même pour opérer une descente rapide.

Très mortifié de l'aventure et brûlant de curiosité, Buckingham eut d'abord l'idée de suivre la fugitive par la route dangereuse qu'elle avait prise. Monté sur le rebord de la fenêtre, il examinait où il pourrait ensuite poser le pied sans danger, quand d'un bosquet voisin où l'inconnue avait disparu, il l'entendit chanter un couplet d'une chanson comique, alors à la mode, et faite sur un amant au désespoir, qui avait résolu de se jeter du haut d'un rocher :

> Puis, quand il s'élança d'un bond
>   Au bord du précipice,
> En voyant le trou si profond
>   Et le roc brusque et lisse :
> « Oh! oh! se dit-il, je sais bien
> Qu'amour nouveau chasse l'ancien ;
> Mais du diable si je sais comme,
>   A la place d'un cou rompu,
> On en met un tout frais pondu
> Sur les épaules d'un pauvre homme! »

Le duc ne put s'empêcher de rire, quoi qu'il en eût, de l'allusion contenue dans ces vers à sa situation ridicule, et rentrant dans l'appartement, il renonça à une tentative qui aurait pu être aussi périlleuse qu'elle était grotesque. Il appela ses gens, et se contenta d'épier lui-même le petit bosquet, ne pouvant se résoudre à croire qu'une femme, qui s'était pour ainsi dire jetée à sa tête, voulût réellement le mortifier en se dérobant de la sorte.

Cette question fut résolue en un instant. Une forme humaine, enveloppée d'un manteau et portant un chapeau rabattu qu'ombrageait une plume noire, sortit du bosquet et se perdit bientôt au milieu des décombres et des matériaux de construction qui encombraient de tous côtés l'emplacement du domaine d'York-House.

Les domestiques du duc, qui étaient accourus à ses cris d'impatience, furent aussitôt envoyés dans toutes les directions à la recherche de cette sirène invisible. Leur maître, toujours ardent et impétueux dans ses nouveaux désirs, surtout quand sa vanité était piquée, stimulait leur diligence par des promesses et des menaces. Mais tout fut inutile. On ne trouva de la soi-disant princesse de Mauritanie que son turban et son voile, qu'elle avait laissés dans le bosquet, ainsi que ses babouches de satin, sans doute pour prendre des vêtements moins remarquables.

CHAPITRE XL.

Les querelles violentes, ardentes, passionnées, ne viennent pas d'une petite cause.

Albion.

 ES querelles entre mari et femme sont passées en proverbe; mais que les honnêtes époux ne s'imaginent point que les liaisons d'une nature moins permanente soient à l'abri de pareilles altercations.

L'escapade de Buckingham, et l'évasion d'Alice, qui en avait été la suite, allumèrent le feu de la discorde chez les Chiffinch, quand, à son arrivée, le chef du ménage interlope apprit ces deux nouvelles étourdissantes.

— Je vous le répète, cria-t-il à sa complaisante moitié, fort peu émue, du reste, de ses remontrances, votre insouciance du diable a tout gâté.

— Oui, c'est là votre éternel refrain, riposta la dame, et il n'était pas besoin de le redire tant de fois pour me disposer à croire que la moindre bagatelle suffisait à renverser un projet de votre façon, conçu d'hier ou d'aujourd'hui.

— Comment avez-vous eu la folie de laisser le duc entrer ici, quand vous attendiez le roi?

— Mon Dieu, Tom, faites cette question-là au portier. Pour moi, je finissais de me coiffer pour recevoir Sa Majesté.

— Avec la grâce d'une vieille chouette, et pendant ce temps-là, vous avez laissé le chat manger la crème.

— En vérité, Chiffinch, vos courses à la campagne vous rendent d'une vulgarité désespérante. Vos bottes ont quelque chose de grossier, et vos manchettes de mousseline, chiffonnées comme les voilà, donnent à vos poignets une sorte de rusticité brutale, je ne crains pas de le dire.

— Morbleu! je ne ferais pas mal, marmotta Chiffinch entre ses dents, d'employer mes poings et mes bottes à te guérir de ces airs de précieuse. Parlant ensuite à haute voix, il ajouta, pour couper court à la dispute en obligeant son adversaire à convenir que la raison n'était pas de son côté : Voyons, Catherine, vous n'êtes pas sans savoir que toutes nos espérances reposent sur le roi?

— Cela me regarde ; vous n'allez pas m'apprendre ce qu'il faut faire pour plaire au roi. Le croyez-vous assez nigaud pour pleurer comme un écolier parce que son moineau s'est enfui de la cage? Non, non, il a meilleur goût. Je suis vraiment surprise que vous, qui passiez jadis pour apprécier les beautés d'une femme — là-dessus elle se redressa en minaudant, — vous ayez fait tant d'étalage de cette marionnette de province. Eh bien, elle n'a pas même le mérite, tout provincial, d'être grasse comme une volaille de grange ; c'est une véritable mauviette, dont on croque la chair et les os d'une seule bouchée. Qu'importe d'où elle vient et où elle va? Il en reste après elle qui sont plus dignes d'attirer la bienveillante attention du roi, de rivaliser même avec les grands airs de la duchesse de Portsmouth.

— Vous faites allusion sans doute à Nelly Gwyn, notre voisine; c'est qu'elle date d'un peu loin. Puis, son esprit est de mauvais ton, et l'argot qu'elle a appris chez les comédiens ne convient pas à la chambre d'un prince.

— Peu importe qui je veux dire ! Ce dont je suis certaine, Tom, c'est que vous trouverez votre maître tout à fait consolé d'avoir perdu cet échantillon de pruderie puritaine dont vous vouliez l'embâter. Le brave homme a bien assez des puritains du parlement pour le faire endêver, sans que vous lui en fourriez encore jusque dans son alcôve.

— Il suffit, Kate : quand un homme aurait toute la prudence des sept Sages, une femme seule aurait assez de folie pour le réduire au silence. Je ne dirai donc plus un mot là-dessus; mais je souhaite de trouver le roi d'aussi bonne humeur que vous le prétendez. J'ai reçu l'ordre de descendre la Tamise avec lui, et de l'accompagner à la Tour, où il doit faire je ne sais quelle inspection d'armes et de munitions. Ce sont d'habiles compères que ceux qui écartent Rowley des affaires de l'État; car, ma parole, il a bonne envie de s'en mêler.

— Allez, allez, Tom, dit la dame en posant devant une glace, nous trouverons le moyen de l'occuper si bien qu'il n'aura plus de temps de reste.

— Sur mon honneur, Kate, je vous trouve extrêmement changée; et, à dire vrai, vous êtes devenue bien présomptueuse. Je souhaite que vous ayez raison d'avoir tant de confiance.

La dame sourit d'un air dédaigneux, sans prendre la peine de répondre autrement qu'à mots couverts :

— Je vais commander une barque pour suivre le cortège royal sur la Tamise.

— Prenez garde, ma mie : il n'est permis qu'aux grandes dames de la cour de se mêler au cortège, comme la duchesse de Bolton, la duchesse de Buckingham, la duchesse de...

— A quoi bon cette kyrielle de noms ? Ne puis-je, aussi bien que celles-là, me mettre en avant ?

— Oh! tu as le droit de lutter avec n'importe quelle dame de la cour; arrange-toi, c'est ton affaire. Mais n'oublie pas de dire à Chaubert qu'il tienne une collation prête pour ce soir, un souper au petit couvert, en cas de besoin.

— C'est là que commence et finit votre fameux savoir-faire de courtisan : Chiffinch, Chaubert et compagnie; que la société soit dissoute, et Chiffinch ne compte plus à la cour.

— Ainsi soit-il, et j'ajoute qu'il vaut autant se fier aux doigts d'un autre qu'à son propre esprit. Mais j'ai des ordres à donner pour la promenade sur l'eau. Si vous prenez la barque, il y a dans la chapelle des coussins de drap d'or dont vous pouvez couvrir les bancs ; ils ne sont d'aucune utilité là-bas, ainsi ne vous gênez pas.

Mme Chiffinch figura donc en barque dans le brillant cortège, où se trouvaient la reine et les principales dames de la cour. La petite et grasse commère, vêtue avec toute l'élégance que son goût avait pu lui suggérer, assise sur ses coussins brodés, comme Vénus dans sa conque, ne négligea rien du plus effronté manège pour attirer sur elle les regards du roi. Mais Charles n'était pas bien disposé, et il ne lui prêta aucune attention jusqu'au moment où les bateliers de la Chiffinch s'étant approchés de la barque de la reine plus près que ne le permettait l'étiquette, il leur ordonna rudement de se retirer du cortège. Elle s'en retourna chez elle, déconfite et colère, et s'occupa des préparatifs culinaires pour la soirée.

Cependant, la barque royale s'arrêta au pied de la Tour, et l'heureux monarque, accompagné d'une troupe folâtre de dames et de courtisans, fit retentir les échos de la vieille prison des accents de plaisir et de belle humeur, auxquels ils n'étaient guère accoutumés. Chemin faisant, on ne tarit pas de plaisanteries, bonnes ou mauvaises, sur la prison d'État de Sa Majesté comparée avec celle de Cupidon ; et de rapprochements piquants entre les canons de la forteresse et les beaux yeux des dames. Ces propos, débités avec l'aisance du bon ton, et accueillis avec un sourire d'indulgence, composaient, à cette époque, la belle conversation à la mode.

Ce joyeux essaim d'étourdis ne s'attacha pas constamment aux pas du roi, quoiqu'il lui eût servi de cortège sur la Tamise. Charles, qui prenait quelquefois des résolutions dignes d'un roi, avait eu le désir d'inspecter par lui-même les munitions de guerre, les armes, etc., dont la Tour était alors, comme à présent, le dépôt général. De tous les courtisans qu'il avait amenés avec lui, trois ou quatre seulement, entre autres les ducs d'Ormond et de Buckingham, l'accompagnèrent dans cette visite. Ormond, bien connu par ses services dans la grande guerre civile, était alors assez froidement reçu à la cour. Toutefois, le roi lui demandait souvent ses avis ; ce qu'il fit en cette occasion, où il avait lieu de craindre que le parlement, par zèle pour la religion protestante, ne voulût faire passer sous son autorité immédiate les magasins d'armes et de munitions.

Pendant que Charles s'entretenait sérieusement avec le vieux seigneur, Buckingham, resté en arrière, s'amusait à tourner en ridicule l'air gothique et la tournure gauche du garde placé aux côtés du roi, celui-là même qui avait escorté Peveril jusqu'à sa nouvelle prison. Le duc se livrait d'autant plus volontiers à son goût du persiflage que le vieillard, taciturne et bourru, semblait donner beau jeu à son persécuteur.

— Savez-vous, mon ami, lui dit enfin le duc, que je commence à changer d'opinion sur votre compte? Je m'étais mis en tête que vous aviez servi parmi les gardes du roi Henri VIII, et je m'attendais à tirer de vous quelques renseignements sur le camp du Drap d'Or ; je songeais même à vous demander quelle était la couleur du nœud de rubans d'Anne de Boulen, qui coûta au pape trois royaumes ; mais je crains que vous ne soyez novice dans ces souvenirs d'amour et de chevalerie. Est-il bien sûr que tu ne te sois pas glissé dans ce poste militaire en sortant d'une obscure échoppe des environs de la Tour, et que tu n'aies pas échangé une aune de contrebande contre cette glorieuse hallebarde? Je garantis que tu ne pourrais me dire à qui appartenait cette antique armure.

En parlant ainsi, le duc lui montrait au hasard une cuirasse suspendue au milieu de plusieurs autres, mais qui paraissait mieux entretenue.

— Je dois la connaître, répondit le garde brusquement, et d'une voix un peu altérée, car j'ai connu l'homme qui la portait, et qui n'aurait pas enduré la moitié des impertinences que j'ai entendues aujourd'hui.

Le ton du vieillard, aussi bien que ses paroles, attira l'attention du roi et d'Ormond, qui n'étaient qu'à deux pas en avant.

— Eh quoi! manant, dit le roi, quelle est cette manière de répondre? De qui parles-tu?

— D'un homme qui n'est plus rien à présent, quel que soit le titre qu'il ait eu jadis.

— Le bonhomme doit parler de lui, dit Ormond en examinant le garde, qui baissait la tête. Ces traits ne me sont pas inconnus. N'êtes-vous pas le major Coleby?

— J'aurais mieux aimé que Votre Grâce eût moins bonne mémoire.

— Juste ciel! s'écria Charles, au comble de la surprise, le brave major Coleby, qui vint nous joindre à Warrington avec ses quatre fils et cent cinquante hommes! Et c'est là tout ce que nous avons pu faire pour un des meilleurs combattants de Worcester?

De grosses larmes roulèrent sur les joues de l'ancien partisan, tandis qu'il répondait d'une voix brisée :

— Ne faites pas attention à moi, Sire... Je suis bien ici, vieux soldat parmi de vieilles armes... Pour un ancien Cavalier mieux partagé que moi, il en est vingt qui le sont plus mal. Je suis fâché de le dire à Votre Majesté, puisque cela l'afflige.

Avec cette bonté qui rachetait en lui bien des défauts, le roi retira la pertuisane des mains du vieillard, et la mit dans celles de Buckingham, en disant :

— Ce que la main de Coleby a touché ne peut déshonorer ni la vôtre ni la mienne; et vous lui devez cette réparation. Il fut un temps où, pour moins que cela, il vous l'aurait brisée sur la tête.

Le duc s'inclina, en rougissant de colère, et se débarrassa de la pertuisane en la jetant contre un faisceau d'armes. Cet acte de mépris ne fut pas remarqué par le roi, à qui probablement il aurait déplu. Tout occupé du vétéran, Charles l'obligea à s'appuyer sur son bras et le conduisit vers un siège, sans permettre à personne de l'assister.

— Reposez-vous là, mon vieil ami, lui dit-il; il faudrait que Charles Stuart fût bien pauvre si vous portiez cet habit une heure de plus... Comme vous êtes pâle, mon brave, vous qui aviez les joues en feu tout à l'heure! Ne vous offensez pas de ce qu'a dit Buckingham; personne ne fait attention à ses folies... Mais vous pâlissez de plus en plus... Allons, je le vois, cette rencontre vous a trop agité. Restez assis, ne vous levez pas... Vous voulez vous mettre à mes genoux? Non, non ; je vous ordonne de vous reposer jusqu'à ce que j'aie fait le tour des salles.

Le vieux Cavalier baissa la tête en signe d'obéissance aux ordres de son souverain; mais il ne la releva plus. L'émotion causée par cette scène avait été trop forte pour un esprit tombé dans un incurable abattement et pour une santé ruinée. Quand le roi, au bout d'une demi-heure, revint à l'endroit où il avait laissé le vétéran, il le trouva mort, déjà froid, dans l'attitude d'un homme qui vient de s'endormir.

Vivement affligé, ce fut en tremblant, et d'une voix éteinte, qu'il ordonna de l'enterrer, avec les honneurs convenables, dans la chapelle de la Tour. Puis il garda le silence jusqu'à ce qu'il fût arrivé sur les degrés devant l'arsenal, où, dès qu'on le vit paraître, ceux qui composaient son cortège commencèrent à se rassembler, ainsi que d'autres personnes d'un extérieur respectable, que la curiosité avait attirées.

— Cela est vraiment déplorable! dit-il alors. Il faut absolument s'occuper de nos vieux partisans, soulager leur misère et récompenser leur fidélité, sans quoi la postérité criera anathème sur notre mémoire.

— On a souvent débattu de semblables projets dans le conseil de Votre Majesté, dit Buckingham.

— C'est vrai, Georges; je puis dire en conscience qu'il n'y a point de ma faute, car j'y pense depuis bien des années.

— On ne saurait trop y réfléchir, reprit Buckingham; d'ailleurs, chaque jour rend la tâche plus facile.

— Oui, dit Ormond, en diminuant le nombre de ceux qui souffrent : le pauvre Coleby, par exemple, ne sera plus à la charge de la couronne.

— Vous êtes trop sévère, Milord, dit le roi; ayez au moins le respect des sentiments que vous blessez. Vous ne pouvez supposer que j'aurais laissé ce pauvre homme dans une telle situation si j'en avais été instruit.

— Alors, Sire, et pour l'amour de Dieu, répondit Ormond, détournez vos yeux de ce vieil ami qui n'est plus, et portez-les sur tant d'autres qui souffrent encore. Ici même est le vieux et brave sir Geoffroy Peveril du Pic, qui, pendant toute la guerre, se trouva partout où il y avait des coups à recevoir, et qui fut, je crois, le dernier de tous les Anglais à déposer les armes. Ici même est son fils, que l'on m'a vanté comme un jeune homme d'esprit, de tête et de courage. Par pitié, Sire, intervenez en faveur de ces victimes, enveloppées dans les replis de cette hydre de conspiration qui veut les étouffer. Déjouez les trames infernales des ennemis acharnés à leur perte, et trompez l'espoir des harpies qui veulent se partager leurs biens. Depuis huit jours, cette malheureuse famille, père et fils, doit être mise en jugement, pour des crimes dont elle est aussi innocente, j'ose le dire, qu'aucune des personnes qui vous entourent. Au nom du ciel, Sire, permettez-nous d'espérer que, si le peuple aveuglé les condamne, comme il en a condamné tant d'autres, vous ferez enfin acte d'autorité entre les buveurs de sang et leur proie.

Le roi parut extrêmement embarrassé ; et il l'était en effet. Buckingham et Ormond nourrissaient l'un contre l'autre une animosité constante et presque mortelle : le premier tenta d'opérer une diversion en faveur de Charles.

— Votre Majesté ne manquera jamais d'objets pour exercer sa bienveillance, tant que le duc d'Ormond sera auprès d'elle. Il porte la manche de son habit très large et à l'ancienne mode, afin d'y loger un assortiment de vieux Cavaliers ruinés, qu'il en tire sur demande, admirables échantillons de carcasses délabrées, de rouges trognes, de crânes pelés, de jambes en fuseau et d'impitoyables récits de batailles.

— Ma manche est à l'ancienne mode, j'en conviens, riposta Ormond en regardant Buckingham droit dans les yeux ; mais je n'y attache ni bandits ni coupe-jarrets, comme j'en vois attachés à des habits de mode nouvelle.

— Vous allez un peu trop loin, Milord, fit observer le roi.

— Et si je le prouve ? Milord de Buckingham, voulez-vous nommer l'individu à qui vous avez parlé en débarquant ?

— Je n'ai parlé à personne... Ah! si, je me rappelle : quelqu'un est venu me dire à l'oreille qu'une personne à qui j'ai affaire, et que je croyais partie, est encore à Londres.

— Et n'est-ce pas là l'homme à qui vous avez parlé ?

En même temps, Ormond désignait du doigt, au milieu de la foule qui remplissait la cour, un homme grand, au teint basané, drapé dans un manteau, et coiffé d'un feutre à l'espagnole ; en un mot, le colonel que le duc avait dépêché à la poursuite de Christian pour l'empêcher de revenir à Londres. L'embarras du coupable, en suivant la direction indiquée, devint manifeste au point d'attirer l'attention du roi.

— Quelle nouvelle folie est-ce là, Georges ? lui dit-il. Messieurs, qu'on fasse approcher cet homme. Sur mon âme, il a toute la mine d'un forban... Hé ! l'ami, qui êtes-vous ? Si vous êtes honnête, la nature a oublié de l'écrire sur votre visage. N'y a-t-il ici personne qui le connaisse?

— N'en déplaise à Votre Majesté, dit Ormond, cet honnête particulier, que sa modestie rend muet, mais qu'elle ne peut faire rougir, est le fameux colonel Blood, qui essaya, il n'y a pas longtemps, dans cette Tour même, de s'emparer de la couronne royale de Votre Majesté.

— C'est un exploit qui ne s'oublie pas aisément, dit le roi; mais si le coquin est encore en vie, il le doit autant à la clémence de Votre Grâce qu'à la mienne.

— Je ne puis nier que j'étais en son pouvoir; et assurément, il m'aurait assassiné, s'il m'eût jugé digne d'un coup de poignard ou de pistolet.

— Enfin, Milord, nous lui avons pardonné, et vous aussi.

— Me convenait-il de poursuivre avec sévérité un attentat contre ma pauvre vie, quand Votre Majesté voulait bien pardonner le crime, cent fois plus grand, d'avoir attenté à sa royale couronne?

— Nous y mettrons bon ordre pour l'avenir, dit le roi. Holà! Blood, si vous avez jamais l'effronterie de vous présenter encore ici et devant milord, le coutelas du bourreau fera connaissance avec vos oreilles.

Blood salua profondément; et, avec une impudence tranquille, qui faisait grand honneur à son insensibilité, il répondit qu'il n'était venu à la Tour que par hasard, pour parler d'une affaire importante à un de ses amis.

— Milord de Buckingham, ajouta-t-il, sait que je n'avais pas d'autre intention.

— Retirez-vous, infâme gredin, s'écria le duc, outré de la prétention que le colonel affichait à sa connaissance; et ne prononcez plus mon nom, ou je vous fais jeter dans la Tamise.

Repoussé avec perte, le misérable tourna sur ses talons, et s'en alla d'un pas calme et lent, tout le monde ayant les yeux fixés sur lui, comme sur un monstre de scélératesse.

Charles espérait, mais en vain, effacer tout souvenir de l'apparition de ce misérable. « C'est une honte, dit-il, qu'un tel coquin soit un sujet de querelle entre deux nobles seigneurs de distinction! » Et il ordonna aux ducs d'Ormond et de Buckingham de se donner la main, et d'oublier une mésintelligence née d'une cause si indigne. Buckingham répondit nonchalamment que les cheveux blancs du duc d'Ormond l'autorisaient suffisamment à faire les premiers pas, et il lui tendit la main. Mais Ormond se contenta de saluer, et renouvela l'espérance d'obtenir la protection royale en faveur d'amis innocents.

Quand la cour fut rentrée au palais de Whitehall, le roi, avant de se séparer du vieux seigneur, se tourna tout à coup vers lui, et, en homme qui a pris sa résolution :

— Milord, soyez content, lui dit-il ; l'affaire de nos amis ne sera pas oubliée.

Dans la soirée, le procureur général et le président de la cour des plaids communs reçurent, en grand secret, l'ordre de se rendre sans délai, pour raison majeure, auprès de Sa Majesté dans les appartements de Chiffinch, centre de toutes les affaires, celles de l'État comme celles de la galanterie.

CHAPITRE XLI.

Oui, Cora, tu échapperas à l'oubli. Élève-toi, airain monumental, aussi haut que le serpent fait du même métal ; les nations se tiendront à l'abri sous ton ombre.

DRYDEN, *Absalon et Achitophel.*

A matinée que Charles avait employée à visiter la Tour s'était passée bien différemment pour les malheureux que leur mauvais sort, ou la singularité des temps, avait, malgré leur innocence, conduits dans une prison d'État. Ils avaient reçu l'avis officiel que leur procès commencerait sept jours après, devant la cour du banc du roi, à Westminster. Sir Geoffroy Peveril commença par se moquer de l'officier qui troublait son déjeuner ; mais il fut vivement ému en apprenant que Julien devait comparaître avec lui sous le poids de la même accusation.

L'esprit public commençait à se calmer. On examinait de plus près le caractère des témoins et si leurs dépositions s'accordaient ensemble. On concevait enfin des soupçons sur des hommes qui, ne voulant pas dire tout ce qu'ils savaient, en réservaient toujours une partie pour les procès à venir. Sir Georges Wakeman avait été acquitté malgré la déposition formelle d'Oates ; et le public attendait avec un vif intérêt l'issue du procès qui devait être jugé ensuite. C'était celui des Peveril père et fils, à côté desquels, je ne sais par quelle coïncidence bizarre, le petit Hudson devait paraître sur le banc des accusés.

C'était un douloureux spectacle de voir un père et un fils, séparés depuis longtemps, se rencontrer dans de si tristes circonstances. Bien des larmes coulèrent quand le majestueux vieillard, car tel était encore Peveril du Pic, quoique affaibli par les années, pressa son fils dans ses bras, avec un mélange de joie, de tendresse et d'inquiétude amère sur le résultat du procès. Les juges ne purent se défendre d'une émotion qui, pour un moment, imposa silence à toute prévention, à tout esprit de parti.

Quant au petit homme, à qui l'on faisait à peine attention, il paraissait tout à fait mécontent. A son entrée, il avait salué la cour et l'auditoire d'un air cavalier, qui avait la prétention d'exprimer à la fois la grâce, le savoir-vivre, un sang-froid imperturbable et une noble indifférence. Mais sa minuscule personne fut éclipsée par la reconnaissance du père et du fils, amenés séparément de la Tour, et son malheur et sa dignité, relégués dans l'ombre, n'excitèrent ni sympathie, ni admiration. Le plus sage eût été de se tenir tranquille ; car un extérieur aussi remarquable que le sien n'aurait pu manquer de fixer sur lui les regards de l'assistance. Loin de cela, notre impatient ami se hissa, non sans peine, sur le banc qui lui était destiné, et essaya de renouer connaissance avec son voisin et homonyme, sir Geoffroy le Grand.

Celui-ci, par un mouvement plus machinal que volontaire, jeta un coup d'œil distrait, sur le visage ridé qui grimaçait à côté de lui. Mais ni l'étrangeté de cette physionomie, ni les signes de tête et les sourires d'intelligence, ni le corps exigu et difforme du personnage, n'eurent en ce moment le pouvoir d'éveiller les souvenirs du vieux chevalier, qui, après l'avoir regardé en face, se détourna brusquement, sans plus de cérémonie. Julien, dont la connaissance avec le nain était plus récente, eut pitié de son compagnon d'infortune, et lui tendit cordialement la main.

— Digne jeune homme, dit le vieillard, votre présence me réconforte, à l'égal du népenthès d'Homère. Dans cette crise commune de nos destinées, je m'afflige de voir que l'âme de votre père n'a pas conservé autant de liberté que les nôtres, qui sont logées plus à l'étroit, et qu'il a oublié un ancien camarade, un compagnon d'armes, assis maintenant à ses côtés pour faire peut-être avec lui sa dernière campagne.

Julien répondit en peu de mots que son père était absorbé par d'autres pensées. Mais l'ambition du nain était d'attirer l'attention de l'imposant sir Geoffroy, qui, ayant au moins trois pouces de plus que son fils, possédait à un éminent degré cette supériorité que le pauvre homme, au fond de son cœur, mettait au-dessus de toutes les autres distinctions, quoiqu'il en fît, en paroles, l'objet continuel de ses railleries.

— Mon ancien camarade, reprit-il en étendant la main pour tirer une seconde fois l'habit du chevalier, je vous pardonne votre défaut de mémoire, parce qu'il y a longtemps que nous nous sommes vus : c'était à Naseby, où vous combattiez comme si vous aviez eu autant de bras que le Briarée de la fable...

— Ta! ta! ta! interrompit d'un ton d'impatience le seigneur de Martindale.

— Ta! ta! ta! répéta Geoffroy le Petit. C'est une exclamation peu flatteuse, assez méprisante même, dans toutes les langues ; et si nous étions en un lieu convenable...

En ce moment, les juges prirent place, les crieurs réclamèrent le silence, et la voix rude du président, le fameux Scroggs, demanda aux huissiers comment ils laissaient les accusés communiquer entre eux, en présence de la cour.

On peut ici faire observer que ce célèbre personnage ne savait trop comment se conduire dans cette occasion. Une contenance calme et digne, telle qu'elle aurait convenu à ses fonctions judiciaires, n'était point ce qui le caractérisait : il beuglait et tonnait sans cesse, tantôt pour, tantôt contre les accusés, mais incapable de se montrer jamais impartial. Dans les premiers temps du complot, quand l'opinion populaire se déchaînait contre les papistes, nul n'avait crié aussi haut que Scroggs. Élever le moindre soupçon sur le caractère d'Oates, de Bedloe ou des autres témoins à charge, c'était, à l'entendre, un crime plus détestable que de blasphémer contre l'Évangile, sur lequel ils avaient prêté serment. Depuis peu, une lumière avait commencé à briller aux yeux de cet interprète des lois. Il avait cru jusqu'alors que Shaftesbury, le ministre qui patronait le complot, jouissait d'un grand crédit auprès du roi ; sa confiance fut complètement détruite par un propos de son frère North, qui, le matin même, lui avait dit en confidence : « Shaftesbury n'a pas plus de crédit à la cour que votre laquais. »

Cet avis, émané d'une source respectable, avait mis le juge dans un grand embarras ; car, bien qu'il se souciât fort peu d'agir conformément à ses principes, il tenait à ménager les apparences. Il ne pouvait oublier combien, dans ces derniers temps, il s'était montré violent contre les accusés ; craignant d'autre part que le crédit des délateurs, fort ébranlé dans l'opinion des personnes judicieuses, ne fût encore dans toute sa force auprès de la masse du peuple, son rôle était difficile à jouer. En un mot, il était si incertain sur le côté qu'il devait favoriser, que, pendant les débats de ce procès, il approcha de l'impartialité véritable plus qu'il n'avait jamais fait auparavant, et qu'il ne fit jamais dans la suite.

On donna lecture de l'acte d'accusation. Sir Geoffroy Peveril en écouta assez tranquillement la première partie, dans laquelle il était accusé d'avoir placé son fils chez la comtesse de Derby, papiste déclarée, afin d'aider à la conspiration horrible et sanguinaire des catholiques ; d'avoir eu des armes et des munitions cachées dans sa maison ; d'avoir reçu une commission en blanc de lord Stafford, qui avait été mis à mort à cause de sa participation au complot. Mais quand il s'entendit imputer d'avoir, dans le même objet, communiqué avec Geoffroy Hudson, appelé quelquefois sir Geoffroy Hudson, lequel était ou avait été attaché au service particulier de la reine douairière, il regarda son compagnon comme s'il le reconnaissait tout à coup, et s'écria :

— Ces impostures sont trop grossières pour mériter la moindre attention. J'ai pu avoir des relations, innocentes et loyales toutefois, avec mon noble cousin le feu vicomte de Stafford et avec la parente de ma femme, l'honorable comtesse de Derby. Mais est-il vraisemblable que j'aie conspiré avec un bouffon décrépit entre lequel et moi jamais il n'exista de rapport, si ce n'est une fois, à Pâques, où je sifflai un air pendant qu'il dansait dans un plat pour divertir la compagnie ?

La rage fit venir les larmes aux yeux du pauvre nain, et, avec un sourire forcé, il dit qu'au lieu de rappeler ses folies de jeunesse, sir Geoffroy Peveril aurait pu se souvenir de l'avoir vu charger avec lui à Wiggan-Lane.

— Sur mon honneur, répondit sir Geoffroy, après s'être recueilli un moment, je vous rendrai justice, Monsieur Hudson. Oui, je pense que vous y étiez; et j'ai, je crois, entendu dire que vous vous y êtes bien comporté; mais avouez que vous avez pu être près de moi sans que je vous aie vu.

La naïveté de ce témoignage provoqua dans l'auditoire une explosion de rires étouffés. Hudson s'efforça vainement de les réprimer, en promenant autour de lui un regard menaçant, comme pour avertir les rieurs que leur gaieté pourrait leur coûter cher.

Comme on pouvait s'y attendre, Julien fut accusé d'avoir été l'agent d'une correspondance entre la comtesse de Derby et d'autres papistes et ecclésiastiques engagés dans la grande conspiration; d'avoir pris part au siège de Moultrassie-House, maltraité Tom Chiffinch, et assailli John Jenkins, serviteur du duc de Buckingham, autant d'actes manifestes de haute trahison. A tout cela, Julien se contenta de répondre qu'il n'était pas coupable.

Son petit compagnon ne se borna pas à une justification si simple. Quand il s'entendit accuser, entre autres choses, d'avoir reçu d'un agent du complot un brevet en blanc de colonel d'un régiment de grenadiers, il répondit avec colère et dédain que si Goliath lui avait fait une telle proposition et lui avait offert de commander toute l'armée des géants, il ne lui aurait pas laissé l'occasion de la renouveler. « Je l'aurais tué; oui, tué sur place, » ajouta le loyal petit homme.

L'accusation fut développée de nouveau par l'avocat de la couronne. Ensuite, on introduisit le fameux docteur Oates, en grand costume ecclésiastique; car il affectait alors une extrême dignité dans ses habits et ses manières.

Cet homme extraordinaire, qui, profitant des intrigues des catholiques eux-mêmes, et grâce à la circonstance fortuite du meurtre de sir Godfrey, était parvenu à faire admettre par la crédulité publique tant d'absurdités monstrueuses, n'avait d'autre talent pour l'imposture qu'une impudence à l'épreuve des plus humiliants démentis. Un homme de bon sens et réfléchi, en s'appliquant à donner plus de vraisemblance à son complot imaginaire, aurait assurément échoué, comme il arrive souvent aux gens d'esprit quand ils s'adressent à la multitude, parce qu'ils n'osent pas compter autant sur l'étendue de sa crédulité. Oates était d'un caractère emporté, et le crédit dont il jouissait l'avait bouffi d'orgueil et d'insolence. Son extérieur même était sinistre : une vaste perruque blanche, semblable à une toison, couvrait un visage repoussant, d'une longueur démesurée. Sa prononciation était affectée, et il accentuait les voyelles d'une façon qui lui était propre.

Ce personnage, tel que nous venons de le décrire, comparut dans le procès dont il s'agit, et fit son étonnante déposition sur l'existence d'un complot papiste, tendant à la subversion du gouvernement et au meurtre du roi : ce qu'il dit à cet égard en termes généraux, on peut le trouver dans toutes les histoires d'Angleterre. Mais, comme il avait toujours en réserve quelque déclaration plus spécialement applicable aux accusés en jugement, il lui plut, en cette occasion, d'inculper gravement la comtesse de Derby. « Il avait vu, dit-il, cette honorable dame quand il était au collège des jésuites, à Saint-Omer. Elle l'avait fait venir dans une auberge, à l'enseigne de *la Brebis d'or*, et l'avait invité à déjeuner avec elle. Elle lui avait dit ensuite que, sachant qu'il possédait la confiance des jésuites, elle avait résolu, elle aussi, de lui confier ses secrets. Tirant alors de son sein un large couteau, bien affilé, semblable à ceux qui servent aux bouchers pour tuer les moutons, elle lui avait demandé comment il le trouvait pour l'affaire en question. Le témoin lui ayant demandé quelle était cette affaire, la comtesse lui avait donné sur les doigts un coup de son éventail, en le traitant d'esprit borné, et lui avait dit que ce couteau était destiné à tuer le roi. »

Sir Geoffroy ne put contenir plus longtemps son indignation.

— Miséricorde! s'écria-t-il, a-t-on jamais vu des dames de qualité porter des coutelas de boucher, et dire au premier venu qu'elles comptaient s'en servir pour tuer le roi? Messieurs du jury, croyez-vous que cela soit vraisemblable? Quel scélérat! Qu'un témoin honnête vienne attester que lady Derby a tenu en sa présence un pareil langage, et je consens à croire tout ce qu'il voudra débiter ensuite.

— Sir Geoffroy, dit le président, tenez-vous en repos. Il ne faut

pas vous emporter; la colère ne sert de rien ici. Docteur, vous pouvez continuer.

Oates ajouta que la comtesse s'était plainte des injustices que la maison de Derby avait essuyées de la part du roi, de l'oppression de sa religion, et qu'elle avait parlé ensuite des projets conçus par les jésuites et les prêtres de ce séminaire. Il termina en déclarant que les révérends pères et la comtesse avaient grande confiance dans les talents et le courage de sir Geoffroy Peveril et de son fils, ce dernier faisant partie de la maison de cette dame. Quant à Hudson, il se souvenait seulement d'avoir ouï dire à un des pères que, quoique nain par stature, il se montrerait géant pour la cause de l'Église.

Quand le docteur eut fini, il y eut une pause. Puis, le président lui demanda, comme si cette pensée lui fût venue tout d'un coup, s'il avait jamais fait mention de la comtesse de Derby dans aucune de ses dépositions relatives au complot, soit devant le conseil privé, soit ailleurs.

Oates parut surpris de cette question, et rougit de colère.

— Mais non, Milord, répondit-il.

— Et s'il vous plaît, docteur, continua le juge, comment, dans les nombreuses révélations que vous avez faites dernièrement, avez-vous omis une circonstance aussi importante que la complicité de cette puissante famille?

— Je ne viens pas ici pour voir mettre en question ce que j'ai dit sur le complot.

— Je ne le mets point en question, pas plus que je ne doute de l'existence du complot, puisqu'il vous a plu de l'affirmer sous serment. Je voudrais seulement, dans votre intérêt, et pour la satisfaction de tous les bons protestants, vous entendre expliquer pourquoi vous avez caché au roi et à la nation un point d'information d'une telle importance.

— Milord, je vais vous dire une petite fable.

— Ce sera, je l'espère, la première et la dernière que vous débiterez à la cour.

— Il y avait une fois un renard qui avait pris une oie; ayant à traverser une rivière gelée, et craignant que la glace ne fût point assez forte pour le porter, lui et sa proie, il commença, afin d'en éprouver la solidité, par charrier d'abord une pierre.

— Ainsi, dit sir William Scroggs, vos premières dépositions étaient la pierre, et aujourd'hui, pour la première fois, vous nous apportez l'oie. Docteur, c'est là traiter en oisons messieurs de la cour et du jury.

— Je prie Votre Seigneurie de ne pas se méprendre au sens de mes paroles, répliqua Oates qui, voyant l'opinion se déclarer contre lui, résolut de se tirer d'affaire à force d'effronterie. Tout le monde sait ce qu'il m'en a coûté pour faire mes révélations, lesquelles, grâce à Dieu, ont servi à éveiller cette pauvre nation sur la situation périlleuse où elle est placée. Il y a ici bien des gens qui savent que j'ai été obligé de fortifier mon logement à Whitehall, pour déjouer les projets sanguinaires des papistes. Personne ne pouvait penser que j'aurais raconté toute l'histoire du premier coup; votre prudence, j'en suis sûr, ne m'en aurait pas donné le conseil.

— Ce n'est pas à moi, docteur, de diriger votre conduite en cette affaire; c'est au jury de décider s'il doit vous croire ou non.

Le docteur Oates quitta le banc des témoins, furieux comme un coq d'Inde, tellement il s'était habitué à voir accepter, les yeux fermés pour ainsi dire, tout ce qu'il lui plaisait de débiter devant les cours de justice; et, pour la première fois peut-être, s'éleva, parmi les avocats et les procureurs, les clercs et les étudiants en droit qui étaient présents, un murmure défavorable à la réputation de l'illustre père du complot papiste.

Everett et Dangerfield, avec qui le lecteur a déjà fait connaissance, furent appelés à tour de rôle pour soutenir l'accusation. C'étaient des délateurs subalternes, des compères à gages, qui suivaient les traces d'Oates avec toute la déférence due à son génie supérieur et à son esprit inventif, et qui avaient soin d'accorder aussi bien que possible leurs mensonges avec les siens. Ce fut en vain qu'Everett avec la précision d'un hypocrite, et Dangerfield avec l'audace d'un spadassin, racontèrent, en y ajoutant force détails défavorables, leur rencontre avec Julien Peveril à Liverpool, puis au château de Martindale; ce fut en vain qu'ils décrivirent les armes et les équipements découverts dans le vieux manoir de sir Geoffroy, et qu'ils firent un épouvantable récit de la manière dont le jeune Peveril s'était échappé de Moultrassie-House à main armée.

Le jury écouta froidement leur déclaration, et il était aisé de voir qu'elles ne l'avaient guère ému. De son côté, Scroggs ne s'était pas fait faute, tout en protestant de sa croyance à l'existence du complot et de son zèle pour la religion protestante, de leur rappeler, de temps à autre, que des présomptions n'étaient pas des preuves, qu'un ouï-dire n'était pas une certitude, que ceux qui faisaient métier de découvrir les conspirateurs pouvaient se laisser entraîner au delà de la réalité, et que sans douter du crime des malheureux amenés à la barre, il entendrait avec plaisir articuler contre eux quelque preuve d'une nature différente.

— On nous dit, par exemple, ajouta-t-il, que le jeune Peveril s'est échappé, au milieu d'une échauffourée, de la maison d'un digne et grave magistrat, connu, je pense, de la plupart de nous. Eh bien, Monsieur le procureur général, pourquoi ne pas faire comparaître M. Bridgenorth lui-même pour établir ce fait, et toute sa maison, s'il est nécessaire? Une attaque à main armée est une affaire trop publique pour qu'on se contente des bruits rapportés par les témoins, quoique le ciel me préserve de penser qu'ils aient dit un seul mot sans le croire véritable. D'un autre côté, voici un vieux et honorable chevalier, car je le dois supposer tel, puisqu'il a souvent versé son sang pour le roi ; je le suppose tel, dis-je, jusqu'à ce qu'on ait prouvé le contraire ; puis voilà son fils, jeune homme de grande espérance. Nous devons veiller à ce que justice leur soit rendue.

— Indubitablement, Milord, répondit le procureur général. Dieu nous garde qu'il en advienne autrement! mais nous allons suivre l'affaire de plus près, en appelant M. Bridgenorth, comme Votre Seigneurie nous le conseille ; je crois qu'il est ici.

— Non! répondit, du milieu de la foule, une voix qui semblait être celle d'une femme. Il est trop sage et honnête pour se trouver ici.

Cette voix fut aussi distincte que l'avait été celle de lady Fairfax quand elle s'exprima à peu près de même lors du jugement de Charles Ier; mais les recherches qu'on s'empressa de faire pour découvrir la personne qui avait parlé furent infructueuses. Après un instant de confusion occasionné par cet incident, le procureur, qui avait causé à voix basse avec ses confrères, dit au président :

— Quelle que soit la personne qui nous a donné cette information, elle était dans la vérité : M. Bridgenorth, à ce que j'apprends, a disparu depuis ce matin.

— Voilà ce que c'est que de n'avoir pas sous la main les témoins à charge! Je ne suis pas responsable de ce qui en résultera.

— Ni moi non plus, Milord, repartit le procureur, d'un air pincé. Grâce au témoignage de M. Bridgenorth, j'aurais prouvé, contre sir Geoffroy Peveril, d'abord l'amitié d'ancienne date qui existe entre lui et la comtesse de Derby; ensuite, qu'il lui avait donné asile dans son château malgré un mandat d'arrêt lancé contre elle, et qu'il l'a soustraite par la force aux poursuites du susdit Bridgenorth; enfin, j'aurais prouvé, contre le jeune Peveril, la manière dont il a excité l'émeute pour prendre la fuite...

Ici, le juge enfonça ses pouces dans sa ceinture, attitude qui lui était habituelle en pareille occasion, et s'écria :

— A d'autres! Monsieur, ne me dites pas que vous auriez pu prouver ceci ou cela, ou bien cela ou ceci. Prouvez ce que bon vous semblera, mais que ce soit par la bouche de vos témoins. La vie des hommes ne doit pas dépendre des coups de langue d'un légiste.

— Et un infâme complot ne doit pas être étouffé par la précipitation de Votre Seigneurie. Je ne puis appeler non plus M. Chiffinch, puisqu'il est absent par ordre du roi, comme je viens d'en recevoir l'avis.

— Produisez donc les papiers dont ce jeune homme est dit avoir été porteur.

— Ils sont devant le conseil privé.

— Alors pourquoi en faire ici la base de l'accusation, si vous ne pouvez les produire? C'est se moquer un peu de la cour.

— Puisque Votre Seigneurie prend les choses sur ce pied, dit le procureur irrité, en se rasseyant, vous pouvez diriger l'affaire comme il vous plaira.

— Si vous n'avez plus de témoins à faire entendre, veuillez faire le résumé au jury.

— Ce n'est vraiment pas la peine; je vois clairement comment cela va tourner.

— Voyons, prenez-y garde : votre accusation n'est qu'à demi prouvée contre les deux Peveril, et elle ne l'est pas du tout contre le petit homme, si ce n'est que le docteur Oates lui a entendu dire qu'en un certain cas il deviendrait un géant : or, c'est un miracle qui ne semble guère facile, même aux papistes.

Cette saillie excita un rire général dans la salle, ce dont le procureur parut grandement offensé.

— Monsieur le procureur général, dit Oates, qui intervenait toujours dans la conduite de ces sortes de procès, c'est abandonner complètement et sans motif une excellente cause, et, je suis forcé de l'ajouter, c'est tout simplement étouffer le complot.

— Eh bien, que le diable, qui l'a mis au monde, le ressuscite, s'il en a envie! riposta le magistrat, et, jetant son dossier sur la table, il quitta l'audience, dans un transport d'indignation contre tous ceux qui s'y trouvaient.

Après avoir obtenu le silence, William Scroggs présenta aux jurés le résumé des débats, balançant, comme il l'avait toujours fait, les différentes opinions par lesquelles il semblait alternativement entraîné. Mais, au sens intime de la loi, plus grand est le crime, plus fortes doivent en être les preuves. Et que voyait-on ici? Les complices seuls étaient accusés, tandis que l'auteur principal du crime (ainsi nommait-il la comtesse de Derby) n'était ni arrêté ni accusé. Le docteur Oates n'avait parlé que de choses qui s'appliquaient personnellement à cette noble dame, dont les paroles, relatives à l'assistance qu'elle attendait des Peveril, pouvaient n'être qu'un effet du ressentiment féminin. « Quant à cet autre accusé, ce *Galfridus minimus,* je dois dire qu'on n'a pas découvert l'ombre d'un soupçon contre lui. Est-il croyable qu'un semblable avorton s'enfoncerait dans les profondeurs de la politique, et participerait à des stratagèmes de guerre? on n'a qu'à le regarder pour se convaincre du contraire. »

Le nain protesta, d'une voix criarde, qu'il avait pris part, tel qu'on le voyait, à sept complots du temps de Cromwell et, ajoutait-il fièrement, « avec les hommes les plus grands d'Angleterre ». L'air et le ton que prit Hudson pour débiter cette fanfaronnade provoquèrent des éclats de rire universels, et ne firent qu'accroître le ridicule qui commençait à s'attacher à tout ce procès; de sorte que ce fut en se tenant les côtes et les yeux noyés de larmes de joie, qu'on entendit prononcer un verdict général de non-culpabilité, et que les prisonniers furent remis en liberté. Toutefois, une impression plus vive remua le cœur de ceux qui virent le père et le fils se jeter dans les bras l'un de l'autre, et après une chaude embrassade, tendre la main à leur pauvre petit compagnon de péril, qui avait réussi à s'assurer une part des sympathies et des félicitations dont ils étaient l'objet.

Telle fut la singulière issue de ce procès. Le roi désirait se faire auprès du duc d'Ormond un mérite de la manière dont la loi avait été éludée, grâce aux expédients qu'il avait suggérés lui-même. A cette nouvelle, le duc répondit froidement qu'il eût été préférable, que Sa Majesté, agissant en roi, eût sauvé les accusés en usant envers eux du droit de grâce, au lieu de laisser un juge les soustraire à l'autorité de la loi, comme un baladin escamote une muscade sous ses gobelets.

CHAPITRE XLII.

A armes égales, j'en battrais quarante comme eux.
SHAKESPEARE, *Coriolan*.

SSURÉMENT plusieurs de ceux qui assistèrent au procès durent penser qu'il avait été conduit d'une étrange manière, et que la querelle qui, en apparence, avait eu lieu entre le juge et le procureur général, pouvait bien être le résultat de quelque arrangement concerté entre eux, dans le but de faire tomber l'accusation. Néanmoins, la plus grande partie de l'auditoire, composée de gens intelligents et bien élevés, ne voyait déjà dans le complot papiste qu'une pitoyable niaiserie, et se réjouissait que des accusations, qui avaient coûté tant de sang, pussent être éludées de quelque manière. Mais la populace, qui attendait au dehors, considérait sous un point de vue tout différent ce qu'elle appelait la ligue du juge et du procureur pour l'acquittement des prisonniers.

Oates, que des provocations même moins fortes que celles qu'il avait reçues ce jour-là portaient à se conduire en véritable forcené, se jeta au milieu de la foule, en répétant jusqu'à s'enrouer :

— Ils étouffent le complot! ils étranglent le complot! Ils s'entendent pour sauver les conspirateurs et les papistes.

Et la foule crédule de répondre aussitôt par ses mille voix :
— C'est une ruse de la Portsmouth, cette prostituée catholique !
— Allons donc ! ça vient plutôt du vieux Rowley.
— S'il pouvait s'assassiner lui-même, au diable qui l'en empêcherait !
— On devrait le juger pour avoir conspiré sa propre mort, et le pendre *in terrorem*.

Cependant, sir Geoffroy, son fils et leur petit compagnon sortirent de la salle dans l'intention de se rendre chez lady Peveril, qui demeurait dans Fleet-Street. Elle avait été délivrée d'une grande inquiétude, d'après le chevalier, par un ange sous la forme d'une jeune amie, et sans doute elle les attendait en ce moment avec impatience. L'humanité, et quelque vague idée d'avoir blessé sans le vouloir la susceptibilité du pauvre nain, engagèrent l'honnête Cavalier à prier cet être sans protection de les suivre. « Je sais que lady Peveril n'est pas grandement logée, dit-il ; mais il serait étrange qu'il n'y eût pas chez elle un buffet assez grand pour recevoir ce pauvre petit homme. »

A peine sortis, ils attirèrent l'attention générale, tant à cause des péripéties de leur situation, que par leur ressemblance, comme le fit remarquer un facétieux étudiant, aux trois degrés de comparaison, le grand, le moindre, le petit. Mais ils n'avaient guère fait de chemin, lorsque Julien remarqua que des passions plus malveillantes qu'une simple curiosité commençaient à agiter la foule qui les suivait, et guettait, pour ainsi dire, tous leurs mouvements.

— Voilà ces coupe-jarrets de papistes en route pour Rome ! dit un homme du peuple.
— En route pour Whitehall, voulez-vous dire ! s'écria un autre.
— Ah ! les buveurs de sang ! répliqua une femme. N'est-ce pas une honte qu'on laisse la vie à un seul d'entre eux, après le cruel assassinat du pauvre sir Edmondsbury ?
— A bas les peureux de jurés qui ont lâché ces chiens enragés contre une ville innocente !

Ce tumulte grossissait sans cesse, et les plus forcenés hurlaient déjà : *Lambons-les*, camarades ; *lambons-les !* mot de cette époque, fabriqué par allusion au sort du docteur Lambe, astrologue et charlatan, qui avait été massacré par la populace au temps de Charles Ier.

Julien commençait à s'alarmer vivement de ces symptômes de violence, et à regretter de ne pas s'être rendu par eau dans la Cité. Il était alors trop tard pour songer à ce moyen de retraite ; et, en conséquence, il pria son père à voix basse de doubler le pas pour atteindre Charing-Cross, sans faire attention aux insultes qu'on pourrait leur adresser. L'avis était prudent ; mais le caractère bouillant des deux Geoffroy n'en tint pas compte.

— Que la peste emporte tous ces coquins avec leurs criailleries! dit Geoffroy le Grand. Morbleu, si j'avais un bâton sous la main, j'apprendrais la raison et la loyauté à quelques-unes de leurs carcasses.

— Et moi aussi, dit Geoffroy le Petit, qui s'évertuait à suivre les longues enjambées de ses compagnons, moi aussi, je bâtonnerais comme plâtre cette vile canaille.

Parmi les badauds qui s'attachaient à leurs pas, se trouvait un garçon cordonnier ; ce mauvais drôle entendit la malencontreuse bravade d'Hudson, et le paya de retour par un coup de botte, qui lui enfonça son chapeau jusqu'aux yeux. Ne sachant qui l'avait frappé, le nain se jeta, par une sorte d'instinct, sur un grand escogriffe, qui, d'un coup de poing dans l'estomac, l'envoya rouler aux côtés de Julien. Alors ils furent assaillis de toutes parts. La fortune voulut que cette bagarre eût lieu près de la boutique d'un armurier ; et, parmi les armes exposées en montre, le vieux Peveril empoigna une large épée, qu'il se mit à brandir furieusement. Julien, tout en protestant de leur caractère pacifique, ne vit rien de mieux à faire que d'imiter son père et s'empara aussi d'une des armes que le hasard lui présentait si à propos.

En les voyant ainsi prêts à se défendre, la foule se précipita sur eux avec tant d'impétuosité que le malheureux nain fut renversé à terre. Il aurait été infailliblement écrasé dans la mêlée, si son robuste homonyme n'eût écarté les assaillants en faisant le moulinet avec son épée ; puis, il le releva d'un bras vigoureux, et le mit hors de danger, en le jetant comme un paquet sur l'auvent qui protégeait la boutique de l'armurier. Sans perdre de temps, le nain saisit, parmi la ferraille qui servait d'enseigne, une rapière et un bouclier hors d'usage, et, se couvrant de l'un, il fouetta l'air de l'autre, aux yeux de la populace ébahie ; même il se trouva si bien du poste élevé qu'il occupait, qu'il criait à ses amis de venir au plus vite se placer sous sa protection. Bien loin d'avoir besoin d'aide, le père et le fils auraient aisément forcé le passage, s'ils avaient pu se décider à abandonner le petit homme, qui, ainsi perché, ne ressemblait pas mal à un mannequin habillé pour figurer à la porte d'un maître d'escrime.

Les pierres et les bâtons

commencèrent alors à voler de toutes parts, et la foule, malgré les efforts des Peveril pour la disperser avec le moins de mal possible, semblait déterminée à les immoler à sa fureur. Quelques personnes qui avaient assisté à l'audience, comprenant qu'on en voulait à la vie des prisonniers qui venaient d'être acquittés, tirèrent l'épée, et accoururent à leur secours. Presque aussitôt survint un détachement des gardes du corps, qu'on avait envoyé de leur quartier à la première alarme.

A la vue de ce renfort inattendu, sir Geoffroy, échauffé par la bataille, aurait volontiers balayé le Strand, dans la charitable intention d'obliger « ces coquins de marchands qui l'avaient insulté à rentrer dans leurs coquilles ». Il en fut empêché par la prudence de Julien, qui conseillait de battre en retraite, pendant qu'il était encore temps. L'officier des gardes exhorta vivement le vieux Cavalier à suivre cet avis, s'appuyant pour l'y décider du nom du roi, tandis que Julien avait recours à celui de sa mère. Le chevalier regarda, de l'œil d'un homme qui n'est qu'à moitié content, sa lame rouge des égratignures dont il avait régalé les plus téméraires des assaillants.

— Si, du moins, j'avais embroché quelqu'un de ces garnements, dit-il ; mais je ne sais comment ni pourquoi, en voyant leurs larges et rondes faces d'Anglais, je retenais mon élan et me contentais d'une simple estafilade.

— Le bon plaisir du roi, dit l'officier, est qu'on en reste là.

— Ma mère mourra d'inquiétude, dit à son tour Julien, si elle entend parler de l'affaire avant de nous avoir vus.

— Oui, oui, répliqua le chevalier, Sa Majesté le roi, et puis ma bonne femme... Eh bien, leur bon plaisir s'accomplira, c'est tout ce que je puis dire. Il faut obéir aux rois et aux dames. Mais par où battre en retraite, puisque retraite il y a ?

Il n'était pas facile de répondre à cette question, car dans le voisinage chacun avait fermé sa boutique et barricadé sa porte. Mais l'armurier, dont ils avaient mis sans gêne les marchandises à contribution, leur offrit un asile de la part du propriétaire, ajoutant seulement qu'il espérait qu'on lui tiendrait compte de l'emploi de ses armes. Julien se demandait s'il était sage d'accepter l'invitation de cet homme, quand Hudson le pressa, du haut de sa niche, de ne point la refuser.

— Moi-même, dit-il, pendant que je me reposais après notre glorieuse victoire, j'ai été favorisé d'une vision céleste, trop splendide pour être décrite à de grossiers mortels ; elle m'a commandé, et sa voix résonnait en mon cœur comme l'appel d'une trompette, de me réfugier chez le digne propriétaire de la maison et d'engager nos amis à en faire autant.

— Une vision! une trompette! dit le chevalier. Il est fou à lier, ce petit homme.

Mais l'armurier confirma les paroles du nain, à qui, en effet, une dame de sa connaissance avait donné, par une fenêtre, l'avis en question; puis, les priant de faire attention aux clameurs qui retentissaient au loin, il les avertit que la populace se préparait à revenir à la charge, et cette fois en plus grand nombre.

Le père et le fils se hâtèrent donc de remercier l'officier et son détachement, aussi bien que les autres personnes qui avaient pris leur défense, et descendirent leur compagnon du poste élevé où il s'était maintenu avec tant d'honneur. Ensuite, sous la conduite de l'armurier, tous trois suivirent une ruelle obscure et firent retour dans la maison par une porte de derrière, située au fond d'une cour. Après avoir monté un escalier couvert de nattes de paille, ils entrèrent dans un salon assez vaste, tendu de cette grosse serge verte bordée de cuir doré, dont les citoyens les moins fortunés ou les plus économes se servaient à cette époque, en guise de tapisserie ou de boiserie.

L'armurier reçut de Julien une telle gratification pour le loyer de ses armes, qu'il en abandonna la propriété à ceux qui s'en étaient si bien servis; « d'autant plus, leur dit-il, qu'il voyait en eux des gens habiles à les manier, et des hommes de belle taille. » A ces mots, le nain sourit, salua et fouilla dans sa poche; mais il retira sa main d'un air insouciant, parce qu'il n'y avait sans doute pas trouvé de quoi faire le petit cadeau qu'il méditait.

Comme il allait se retirer, l'armurier fit observer, qu'il voyait bien que la vieille Angleterre aurait encore de beaux jours, si l'on se décidait à suivre leur exemple.

— Dieu le veuille! dit-il, car je serais à même de quitter ma misérable boutique pour en ouvrir ailleurs une plus belle. Puis, comme si l'idée lui en venait tout à coup : Mais, Messieurs, ajouta-t-il, ce serait folie que de traverser le Strand avec vos lames nues à la main, et vous ne manqueriez pas d'ameuter encore le peuple. S'il vous plaît, pendant que vous êtes ici à vous reposer, je vais y ajuster des fourreaux.

La proposition parut si raisonnable, que Julien et son père remirent leurs armes au bon armurier. Le nain en fit autant, non sans hésitation toutefois, « par répugnance, dit-il avec emphase, à se séparer si tôt de l'amie fidèle que la fortune lui avait procurée ». L'artisan sortit avec les armes sous son bras, et, en fermant la porte sur lui, il donna un double tour de clef.

— Avez-vous entendu? dit sir Geoffroy à son fils ; et nous sommes désarmés !

Julien, sans répondre, examina la porte qui était solidement fermée, puis les fenêtres qui étaient à la hauteur d'un étage, et garnies de barreaux de fer.

— Je ne puis croire, dit-il, que le drôle nous tende un piège ; en tous cas, il ne serait pas difficile de nous échapper, en forçant la porte ou autrement. Mais avant de recourir à ces moyens violents, il vaut mieux laisser à la canaille le temps de se disperser, et à cet homme celui de nous rapporter les armes dans un délai raisonnable. Alors, s'il ne revient pas, je suis certain que nous pourrons, sans beaucoup de peine, nous tirer d'embarras.

A ces mots, la tapisserie fut soulevée et, par une petite porte qu'elle cachait, le major Bridgenorth entra dans l'appartement.

CHAPITRE XLIII.

Il vint parmi eux, comme un esprit nouvellement évoqué, leur dire les terribles jugements et la colère qui les menaçaient.

Le Réformateur.

 l'apparition inattendue de Bridgenorth, l'étonnement de Julien fit aussitôt place à la crainte que lui inspirait le caractère violent de son père; car il avait toute raison de croire qu'il s'emporterait contre un homme qu'il ne pouvait, lui, s'empêcher de respecter, à cause de ses qualités personnelles et comme le père d'Alice.

La manière dont se présenta Bridgenorth n'était cependant pas faite pour éveiller le ressentiment. Son visage était calme, son pas lent et mesuré; ses yeux indiquaient, à la vérité, une inquiétude vive et profonde, mais sans aucune expression d'animosité ni de triomphe.

— Sir Geoffroy, dit-il, vous êtes le bienvenu dans cet asile hospitalier, aussi bienvenu que vous l'auriez été en d'autres temps, alors que nous nous traitions de voisins et d'amis.

— Jour de Dieu! répliqua le vieux Cavalier, si j'avais su que cette maison fût à toi, j'aurais mieux aimé que le sang de mon cœur coulât dans le ruisseau, plutôt que de permettre à mon pied de franchir le seuil de ta porte... pour y chercher un abri, du moins.

— Je pardonne à vos préjugés de persévérer dans la haine, répondit le major.

— Gardez votre pardon jusqu'à ce qu'on vous ait pardonné à vous-même. Par saint Georges! j'ai juré que si jamais je mettais les pieds hors de cette coquine de prison où l'on m'a envoyé, grâce à vous principalement, Monsieur Bridgenorth, vous me paieriez le loyer de cet horrible logis. Je ne frapperai personne dans sa maison; mais si vous voulez bien ordonner à ce drôle de me rapporter mon arme, et faire ensuite avec moi un tour dans cette cour qui est ici en bas, vous verrez bientôt quelle chance peut avoir un traître contre un loyal sujet, et un chien de puritain contre Peveril du Pic.

Bridgenorth eut un calme sourire.

— Quand j'étais moins âgé et que j'avais le sang plus chaud, répliqua-t-il, j'ai refusé votre cartel, sir Geoffroy; il n'est guère probable que je l'accepte à présent que chacun de nous est si près de la tombe. Je n'ai pas épargné mon sang autrefois, et je ne l'épargnerai pas maintenant si mon pays l'exige.

— C'est-à-dire, si l'occasion se présente de trahir le roi.

— Allons, mon père, intervint Julien, écoutons au moins M. Bridgenorth. Nous avons reçu asile dans sa maison; et quoique nous le voyions à Londres, nous devons nous souvenir qu'il n'a point comparu aujourd'hui contre nous, lorsque peut-être son témoignage aurait donné une fâcheuse tournure à notre procès.

— Vous avez raison, jeune homme, dit Bridgenorth; et l'on devrait voir une preuve de ma sincérité dans mon défaut de comparution. Il ne me fallait que dix minutes pour aller dans la salle du tribunal assurer votre condamnation. Mais aurais-je pu le faire, sachant, comme je le sais à présent, que c'est à toi, Julien Peveril, que je dois la délivrance de ma fille, de ma chère Alice, souvenir unique de sa pauvre mère; que tu l'as soustraite aux pièges que l'enfer et l'infamie avaient ouverts sous ses pas?

— Elle est en sûreté, je l'espère, et sous votre garde? demanda Julien, oubliant presque la présence de son père.

— Pas sous la mienne, mais sous celle d'une personne en la protection de qui, après celle du ciel, je mets le plus de confiance.

— En êtes-vous sûr, bien sûr? Je l'ai trouvée entre les mains d'une femme à qui elle avait été confiée, et qui cependant...

— Était la plus vile de son sexe; mais celui qui l'avait choisie s'était trompé sur son caractère.

— Dites plutôt que c'est vous-même qui vous êtes trompé sur celui de votre agent. Rappelez-vous qu'en nous séparant à Moultrassie-House, je vous ai prévenu que ce Ganlesse...

— Oui, je sais; vous aviez tout à fait raison de m'en parler comme d'un mondain. Mais il a expié sa faute en tirant Alice des périls qui l'avaient assaillie après s'être séparée de vous; et, d'ailleurs, je n'ai pas jugé convenable de lui confier une seconde fois ce que j'ai de plus cher.

— Je rends grâces au ciel que vos yeux soient ouverts en partie.

— Ce jour les ouvrira tout à fait ou les fermera pour jamais.

Durant ce dialogue rapide, que les deux interlocuteurs eurent ensemble, sans s'inquiéter des personnes présentes, sir Geoffroy, surpris, écoutait avec curiosité, cherchant à saisir quelque chose qui le lui rendît intelligible. Comme il n'y parvenait pas, il s'écria brusquement :

— Sang et tonnerre! que signifie ce bavardage, Julien? Qu'as-tu à démêler avec cet homme?

— Vous ne connaissez pas Monsieur, cher père; autrement, vous lui rendriez justice. Je lui ai de nombreuses obligations, et, j'en suis sûr, quand vous viendrez à les connaître...

— J'espère mourir avant ce moment-là, interrompit le chevalier, avec un emportement qui tenait de la fureur. Oui, je l'espère, je reposerai avec mes ancêtres avant d'apprendre que mon fils, mon fils unique, la dernière espérance de mon ancienne maison, le dernier reste du nom de Peveril, a consenti à recevoir des services de l'homme que je dois le plus haïr au monde, si je ne devais le mépriser plus encore. Enfant dégénéré! tu rougis, tu ne réponds pas... Parle donc, et désavoue une telle infamie, ou, par le Dieu de mes pères...

Soudain, Hudson, qui n'avait rien dit, s'avança.

— Arrêtez! cria-t-il d'une voix si discordante et impérieuse qu'elle semblait presque surnaturelle. Arrêtez, homme de péché et d'orgueil, et ne prenez pas le nom sacré de Dieu à témoin de votre ressentiment profane !

Ce reproche, adressé d'un ton ferme et résolu, et la conviction avec laquelle il l'exprimait, donnèrent pour le moment au nain méprisé un ascendant manifeste sur le fier esprit de son gigantesque homonyme. Celui-ci le regarda de côté et d'un air inquiet en murmurant :

— Savez-vous seulement d'où est venue ma colère?

— Non; c'est assez de savoir que rien ne peut justifier le serment que vous alliez faire. Homme ingrat ! vous avez été aujourd'hui soustrait à la colère dévorante des méchants par un concours merveilleux de circonstances; et c'est aujourd'hui que vous osez vous livrer à ces transports insensés !

— Me voilà réprimandé, reprit le chevalier, et par un étrange moraliste. La sauterelle, comme dit la Bible, m'est devenue un fardeau. Julien, nous reparlerons de cette affaire un autre jour. Quant à vous, Monsieur Bridgenorth, je désire ne plus avoir d'autre communication avec vous, ni pacifique ni hostile. Le temps passe vite, et je ne demande qu'à retourner dans ma famille. Faites-nous rendre nos armes, ouvrez-nous les portes, et laissez-nous partir, sans de nouvelles altercations qui ne pourraient que nous troubler l'esprit et nous exciter davantage.

— Sir Geoffroy Peveril, répondit Bridgenorth, je ne désire troubler ni votre esprit ni le mien; quant à nous séparer si vite, cela n'est guère possible, car votre départ ne saurait s'accorder avec l'œuvre que j'ai en main.

— Comment, Monsieur ! s'écria le nain, voulez-vous faire entendre que nous devons rester ici bon gré mal gré? Si je n'étais tenu d'y demeurer par ordre d'un être qui a plein droit de commander à ce pauvre microcosme, je vous montrerais que serrures et verrous ne sauraient retenir un homme tel que moi.

— En effet, dit sir Geoffroy, je pense qu'au besoin le petit homme pourrait passer par le trou de la serrure.

Les traits de Bridgenorth se détendirent jusqu'à esquisser un pâle sourire en entendant le défi du pygmée et le commentaire baroque du vieux Peveril; mais, reprenant aussitôt son sérieux :

— Messieurs, il faut vous résigner, dit-il. Croyez-moi, on ne veut vous faire aucun mal; au contraire, en restant ici vous assurerez votre salut, qui, sans cela, serait exposé à de grands dangers. Ce sera votre faute si vous perdez un seul cheveu de votre tête. Mais j'ai la force pour moi; et quoi qu'il puisse vous arriver de fâcheux pour vous y soustraire, ne vous en prenez qu'à vous-mêmes. Si vous ne me croyez pas, je permettrai à M. Julien Peveril de m'accompagner, et il verra que je suis amplement muni des moyens de repousser toute voie de fait.

— Trahison! trahison! s'écria le vieux chevalier; trahison contre Dieu et le roi Charles! Oh! que n'ai-je, seulement une demi-heure, l'épée dont j'ai eu la sottise de me dessaisir!

— Modérez-vous, mon père, je vous en conjure, dit Julien. Je vais suivre M. Bridgenorth, puisqu'il m'y invite. Je reconnaîtrai par moi-même s'il y a du danger, et de quelle nature il est; peut-être même réussirai-je à le détourner.

— Va, Julien, je mets ma confiance en toi; mais si tu la trahis, la malédiction d'un père pèsera sur ta tête.

Alors Bridgenorth fit signe à Julien de le suivre, et ils sortirent par la petite porte dérobée. Marchant en silence et avec précaution, ils suivirent un corridor, qui leur donna accès dans une espèce de loge, fermée par un rideau. De là, on entendait distinctement la voix emphatique d'un prédicateur.

Julien ne douta point qu'il n'assistât à un de ces conventicules qui, en contravention avec les lois existantes, continuaient pourtant d'être tenus régulièrement dans plusieurs quartiers de Londres et dans les faubourgs. On fermait les yeux sur certains d'entre eux, composés de gens paisibles; mais on poursuivait avec rigueur, partout où l'on pouvait les découvrir, les réunions où se rassemblaient les Indépendants, les Anabaptistes et autres sectaires, dont le sombre fanatisme avait tant contribué à la chute de Charles Ier.

L'assemblée où Julien venait d'être introduit secrètement était de cette dernière classe, et il en demeura convaincu, lorsque, à un signe de Bridgenorth, il entr'ouvrit le rideau et put, sans être aperçu, examiner l'auditoire.

Deux cents hommes environ étaient réunis dans une vaste salle, tous armés de piques, de mousquets, d'épées et de pistolets. La plupart avaient l'air de soldats vétérans, qui semblaient conserver assez de force pour suppléer à l'agilité de la jeunesse. Ils étaient debout ou assis, dans différentes attitudes, et, appuyés sur leurs armes, ils écoutaient, avec une attention profonde, le prédicateur, qui termina une violente déclamation en déployant, du haut de la chaire, une bannière où l'on voyait un lion avec cette devise : *Vicit leo ex tribu Judæ* [*].

L'éloquence mystique et fougueuse du ministre, vieillard à cheveux blancs, à qui son zèle semblait rendre la voix et la véhémence que l'âge lui avait ôtées, convenait au goût de ses auditeurs, mais on n'en saurait reproduire certains passages sans faire crier au scandale. Il menaça les gouvernants d'Angleterre de tous les jugements rendus contre ceux de Moab et d'Assyrie; il conjura les saints qui l'écoutaient d'être forts, de se lever et d'agir, et leur promit ces miracles qui, dans les campagnes de Josué et de ses successeurs, les vaillants juges d'Israël, avaient suppléé à tout contre les Ammonéens, les Madianites et les Philistins.

Dévoré d'inquiétude, Julien en eut entendu bientôt assez pour être persuadé que la réunion aboutirait probablement à une insurrection ouverte, et il songea avec effroi que le major était sans doute engagé dans cette entreprise criminelle. S'il avait pu avoir encore des doutes à ce sujet, ils se seraient dissipés lorsque le prédicateur exhorta l'auditoire à renoncer à l'espoir de sauver la nation par les moyens légaux. « Ce n'était là, dit-il, qu'un désir charnel d'assistance terrestre, ce que la jalousie de leur divin chef regarderait comme une fuite vers une bannière différente de celle qui venait d'être déployée à leurs yeux. » Et il agita solennellement la bannière du Lion sur leurs têtes, comme le seul étendard sous lequel ils dussent chercher vie et salut. Enfin, il entama une description de la théocratie, et ne craignit pas d'en prédire l'avènement prochain.

A ce moment, Bridgenorth, qui avait écouté jusque-là le vieux pasteur comme s'il buvait ses paroles, parut soudain revenir à lui-

---

[*] Le lion de Juda a vaincu.

même, et, prenant Peveril par la main, le fit sortir de la galerie, dont il ferma soigneusement la porte, pour le conduire dans une pièce voi-

sine. Là, allant au-devant des questions du jeune homme, il lui demanda s'il ne serait pas dangereux de chercher à sortir par force d'une maison dont toutes les issues étaient gardées par des gens tels que ceux qu'il venait de voir, tous soldats dès leur enfance.

— Au nom du ciel! répliqua Julien, sans répondre directement, pour quel projet insensé avez-vous réuni tant de fanatiques? Je sais que vous avez en religion des opinions particulières; mais prenez garde de vous faire illusion. Il n'est pas possible que la religion sanctionne jamais la rébellion et l'assassinat. Telles sont, néanmoins, et fatalement, les conséquences de la doctrine que nous venons d'entendre prêcher.

— Mon fils, dit Bridgenorth avec calme, je pensais comme vous, aux jours de ma jeunesse. Je croyais qu'il me suffisait de payer ma dîme de cumin et d'anis, d'accomplir les pauvres petites observances morales de l'ancienne loi ; c'était, à mon sens, amasser de précieux trésors, et ils n'avaient pas plus de valeur que les cosses de pois jetées dans l'auge des pourceaux. Le ciel soit loué! les écailles sont tombées de mes yeux ; et, après avoir erré quarante ans dans le désert de Sinaï, je suis enfin arrivé dans la terre promise. La corruption de ma nature humaine m'a quitté : j'ai dépouillé le vieil homme, et ma conscience me permet à présent de mettre la main à la charrue, certain qu'il n'est resté en moi aucune faiblesse que je puisse apercevoir en portant mes regards en arrière. Les sillons, ajouta-t-il en fronçant les sourcils, tandis que ses grands yeux étaient remplis d'un feu sombre, les sillons doivent être longs et profonds, et arrosés du sang des forts.

Il y eut, dans le ton et les manières de Bridgenorth, lorsqu'il prononça cette phrase significative, un changement d'où Julien conclut qu'après avoir été longtemps retenu par son bon sens naturel, l'esprit du major s'était enfin abandonné au fanatisme. Tenter de convaincre par le raisonnement un homme qui opposerait sa conviction spirituelle à tous les arguments qu'on pourrait présenter contre ses projets, n'offrait qu'une faible chance ; s'adresser à son cœur semblait une ressource plus propre à l'émouvoir. Aussi Julien le supplia-t-il de réfléchir combien l'honneur et la sûreté de sa fille étaient intéressés à ce qu'il s'abstînt de la démarche dangereuse qu'il méditait.

— Si vous succombez, ajouta-t-il, ne doit-elle point passer sous la tutelle et l'autorité de son oncle, qui, d'après votre aveu, a été capable de la plus grossière méprise en lui choisissant une protectrice et qui, je le crois pour de bonnes raisons, a fait ce choix infâme en connaissance de cause ?

— Jeune homme, répondit Bridgenorth, vous me réduisez à la situation de l'oiseau à la patte duquel un enfant attache une ficelle, pour ramener à terre, quand bon lui semble, le pauvre être qui se débat. Sachez donc, puisque vous voulez jouer ce rôle cruel, et me faire descendre de contemplations plus hautes, que celle aux mains de qui j'ai confié Alice, et qui a désormais plein pouvoir de diriger sa conduite et de décider de son destin, en dépit de Christian et de tout autre, est... Non, je ne vous dirai pas qui elle est; et vous, moins que personne, ne devez craindre pour la sûreté de ma fille.

Au même moment, une porte latérale s'ouvrit, et Christian entra dans l'appartement. Il tressaillit et rougit à la vue de Julien Peveril ; puis il se tourna vers Bridgenorth et, en jouant l'indifférence :

— Saül est-il au nombre des prophètes? un Peveril est-il parmi les saints?

— Non, mon frère, dit Bridgenorth, son temps n'est pas plus arrivé que le tien ; vous êtes enfoncés trop avant, toi dans les intrigues de l'âge mûr, et lui dans les passions de la jeunesse, pour que vous puissiez entendre la voix qui vous appelle. Cela viendra un jour, je l'espère et je le demande au ciel.

— Monsieur Ganlesse, Christian, ou quel que soit le nom que vous preniez, parmi les motifs qui vous poussent à des hostilités contre l'État, vous ne rangez pas, j'en ai la conviction, un ordre exprès venu d'en haut. Laissant donc de côté, pour le présent, les sujets de discussion que nous pouvons avoir ensemble, joignez-vous à moi, de grâce, usez de votre clair jugement, pour dissuader M. Bridgenorth de la fatale entreprise où il s'engage.

— Jeune homme, répondit Christian avec beaucoup de calme, lors de notre rencontre dans l'ouest, je souhaitais faire de vous un ami ; mais vous avez rejeté mes avances. Vous pouviez pourtant, même alors, m'avoir assez vu pour être assuré que je n'étais pas capable de me lancer à corps perdu dans une entreprise désespérée. Quant à celle qui nous occupe maintenant, mon frère Bridgenorth y apporte la simplicité, sinon l'innocence, d'une colombe ; et moi, j'y mets la subtilité du serpent. Il a la conduite des saints, qui sont inspirés par l'esprit ; et je puis joindre à leurs efforts de puissants auxiliaires, qui ont pour instigateurs le monde, le diable et la chair.

— Et pouvez-vous, dit Julien, en regardant Bridgenorth, acquiescer à cette union monstrueuse?

— Je ne m'unis point avec eux, dit ce dernier; mais je ne puis sans crime rejeter le secours que la Providence envoie à ses serviteurs. Nous ne sommes, nous, qu'en petit nombre, quoique déterminés; ceux dont les faucilles viennent nous aider à couper la moisson doivent être les bienvenus; quand l'ouvrage sera fini, ils seront convertis ou dispersés. Avez-vous été à York-Place, frère? Avez-vous vu cet épicurien capricieux? Il nous faut sa réponse définitive, et cela avant une heure.

Christian jeta les yeux sur Julien, comme si sa présence l'empêchait de parler; sur quoi, Bridgenorth se leva, prit le jeune homme par le bras, et le ramena dans la chambre où il avait laissé son père et le petit Hudson.

A leurs questions, Julien répondit brièvement qu'ils avaient été, selon toute apparence, attirés dans un piège, puisqu'il y avait dans la maison deux cents fanatiques au moins, complètement armés, et paraissant prêts à jouer quelque partie dangereuse. Se trouvant eux-mêmes sans armes, ils ne pouvaient recourir à un coup de force; et quelque fâcheux qu'il fût de rester dans une pareille position, il semblait difficile, vu la solidité des fermetures de la porte et des fenêtres, de chercher à s'évader secrètement sans être aussitôt découvert.

Le vaillant nain gardait seul de vagues espérances, qu'il chercha vainement à faire partager à ses compagnons. « La belle, dont les yeux pareils aux astres jumeaux de Léda, dit-il (car le petit homme était grand admirateur du beau langage), ne l'avait pas invité, lui le plus dévoué et non le moins favorisé peut-être de ses serviteurs, à entrer dans cette maison comme dans un port, pour l'exposer à y faire naufrage; et il assura généreusement à ses amis que dans sa sûreté ils trouveraient aussi la leur. »

Sir Geoffroy, peu satisfait de cette promesse, exprima son désespoir de ne pouvoir aller jusqu'à Whitehall, où il comptait réunir assez de braves Cavaliers pour étouffer, avec leur secours, tout l'essaim de guêpes dans le guêpier; tandis que Julien pensait que le meilleur service qu'il pourrait rendre à Bridgenorth serait de découvrir son complot à temps, et, s'il était possible, de l'inviter alors à mettre sa personne en sûreté.

Laissons-les méditer leurs plans à loisir ; comme ils dépendaient de leur évasion préalable hors du lieu où on les retenait prisonniers, l'exécution en paraissait bien incertaine.

CHAPITRE XLIV.

> Ils firent tous le saut périlleux, les uns pour se sauver, les autres croyant obéir à la voix du ciel qui les invitait; ceux-ci pour avancer, ceux-là par amour du gain; moi, je sautai par boutade.
>
> SHAKESPEARE, *le Songe d'une nuit d'été.*

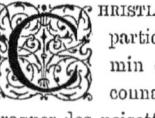HRISTIAN, après avoir eu avec son beau-frère un entretien particulier, courut à l'hôtel de Buckingham, par le chemin où il était le moins exposé à rencontrer des gens de connaissance. Il trouva le grand seigneur en train de croquer des noisettes et de boire du vin blanc.

— Christian, dit celui-ci, asseyez-vous et amusons-nous. Hier, j'ai saigné Sedley : je lui ai gagné mille guinées, vive Dieu!

— J'applaudis à votre chance, Milord, répondit l'autre; mais je suis venu pour affaires sérieuses.

— Bon! serai-je jamais sérieux? J'ai peur du contraire. Ah! ah! ah!.. Vous parlez de ma chance? Ce n'est pas cela : dites un tour admirable, un coup de génie. Si ce n'était que je ne me soucie pas de faire un affront à la Fortune, je pourrais lui dire en face, comme ce capitaine grec : « Tu n'as rien à voir là-dedans. » Vous avez ouï dire, Ned, que la mère Cresswell est morte?

— Oui, j'ai appris que le diable était rentré dans son bien.

— Ingrat! ne vous a-t-elle pas obligé, vous et bien d'autres? De par saint Georges, c'était une vieille dame bienveillante et secourable, et pour qu'elle ne dormît pas dans une tombe sans gloire, j'ai parié, m'entendez-vous, avec Sedley que j'écrirais son oraison funèbre ; que tout y serait conforme à la vérité, et que, pourtant, l'évêque n'aurait rien à dire à Quodling, mon petit chapelain, qui la prononcerait.

Christian savait à merveille que, s'il voulait captiver l'attention de cet homme frivole, il lui fallait d'abord souffrir, même en l'y excitant, qu'il épuisât le sujet, quel qu'il fût, qui s'était logé dans sa cervelle.

— Je saisis parfaitement la difficulté, dit-il.

— Or, reprit le duc, voici ce que j'ai fait dire à mon petit Quodling dans l'oraison en question : « Malgré les vilains bruits qui ont couru pendant la vie de la respectable matrone dont on vient de rendre les restes à la poussière, l'envie même ne saurait nier qu'elle n'ait été bien née et bien mariée, qu'elle n'ait bien vécu et qu'elle ne soit bien morte, puisqu'elle est née à Shadwell, qu'elle s'est mariée à Creswell, qu'elle a vécu à Camberwell et qu'elle est morte à Bridwell [*]. » Là s'est terminée l'oraison, et avec elle l'ambitieuse espérance qu'avait conçue Sedley d'être plus malin que moi. Ah! ah! ah!.. Maintenant, Monsieur Christian, quels ordres avez-vous à me donner pour aujourd'hui?

— J'ai d'abord à remercier Votre Grâce d'avoir eu la bonté d'envoyer un personnage aussi formidable que le colonel Blood pour tenir compagnie à votre humble ami, à votre serviteur. Sur ma foi! il prenait un si vif intérêt à mon départ, qu'il prétendait me contraindre à le hâter à la pointe de l'épée, de sorte qu'il m'a fallu lui tirer quelques gouttes de son sang malappris. Les estafiers de Votre Grâce ont du malheur, ces jours-ci ; et vraiment cela est désagréable, puisque vous choisissez toujours les meilleurs bras et les drôles les moins scrupuleux.

— Allons, allons, ne triomphez pas de mon erreur ; un grand homme, si je puis m'appeler ainsi, n'est jamais plus grand qu'après une défaite. Je vous ai seulement joué ce petit tour, Christian, pour vous donner

---

[*] Jeu de mots intraduisible, qui roule sur le mot well, signifiant bien.

une idée salutaire de l'intérêt que je prends à vos mouvements. Mais que le faquin ait osé dégaîner contre vous, cela ne mérite aucun pardon. Insulter mon vieil ami !

— Pourquoi non, après tout, si votre vieil ami s'est entêté à ne pas quitter Londres comme un écolier docile, sur la prière de Votre Grâce, qui avait l'honnête intention d'amuser sa nièce durant son absence?

— Hein ? quoi ? que parlez-vous d'amuser votre nièce ? C'est une personne bien au-dessus de mon humble ambition, et destinée, s'il m'en souvient, à quelque chose comme les faveurs royales.

— Elle a, pourtant, habité le couvent de Votre Grâce, deux jours ou environ. Dieu merci, le père confesseur n'était pas chez lui, et attendu que depuis peu on a escaladé plus d'un couvent, il n'est revenu que quand l'oiseau était envolé.

— Christian, tu es un vieux renard; il n'y a pas à jouer au plus fin avec toi. Ah ! ça, tu m'as donc dérobé ma jolie prise ? En revanche, tu m'as laissé une tourterelle qui me plaisait bien davantage ; et si elle n'avait pas eu d'ailes pour m'échapper, je l'aurais mise dans une cage d'or. Ne prends pas cet air piteux, l'ami ; je te pardonne, je te pardonne.

— Votre Grâce est, en vérité, confite en miséricorde, d'autant plus que c'est moi qui ai reçu l'injure ; et, comme dit le sage, on pardonne plus facilement l'injure reçue que celle qu'on a faite.

— C'est la vérité ; il y a même dans cet axiome un tour nouveau qui met en relief ma clémence. Eh bien, l'homme pardonné, quand reverrai-je ma princesse de Mauritanie ?

— Dès que je serai certain qu'un quolibet ou une gageure, à propos d'une comédie ou d'une oraison funèbre, ne la bannira pas de votre mémoire.

— Elle y restera plus longtemps que tout l'esprit de South et d'Etheredge, sans compter le mien.

— Néanmoins, pour cesser un petit instant de songer à elle, puis-je demander à Votre Grâce si elle a reçu des nouvelles récentes de la duchesse de Buckingham ?

— Ma femme ? Non, rien de particulier. Ah ! elle a été malade...

— Elle ne l'est plus maintenant : elle est morte dans le comté d'York, il y a quarante-huit heures.

— Tu as des accointances avec le diable!

— Ce serait peu convenable à un homme qui se nomme Chrétien. Mais, dans le court intervalle qui s'est écoulé depuis cet événement encore ignoré du public, vous avez, n'est-ce pas, demandé au roi la main de lady Anne, seconde fille de son frère, et votre demande a été repoussée?

— Enfer et damnation! s'écria le duc en saisissant Christian au collet, qui te l'a dit, misérable?

— Lâchez mon habit, Milord, et je vous répondrai. J'ai gardé un vieux ferment de l'humeur puritaine, et je ne puis souffrir l'imposition des mains. Lâchez-moi, vous dis-je, ou je trouverai le moyen de me débarrasser.

Le duc, qui avait porté la main droite à son poignard, tandis que de la gauche il tenait Christian au collet, finit par le lâcher, mais lentement et comme à regret.

— A la bonne heure, dit Christian, rajustant son habit avec un incroyable sang-froid; à présent que me voilà dégagé, parlons sur un pied d'égalité. Je suis venu, non pour insulter Votre Grâce, mais pour lui offrir vengeance de l'affront qu'elle a reçu.

— On ne peut m'offrir rien de plus précieux dans la situation d'esprit où je me trouve. La vengeance! j'en ai faim et soif, je mourrais pour l'assouvir. Misère de moi! continua-t-il en se promenant à travers la chambre, en proie à un véritable transport de rage; j'avais chassé ce refus de ma pensée en me livrant à mille folies; je croyais que nul n'en savait rien. Mais le voilà connu, et de toi, le véritable égout des secrets de la cour! L'honneur de Buckingham est sous ton égide, Ned Christian!.. Parle donc, artisan d'intrigues et de ruses: contre qui me promets-tu vengeance? Parle, et si ta réponse comble mes désirs, je signerai un pacte avec toi aussi volontiers qu'avec Satan lui-même, ton maître.

— Je serai moins déraisonnable dans mes conditions que ne l'est, à ce qu'on nous conte, le vieil apostat. J'offrirai, moi aussi, à Votre Grâce la félicité temporelle et la vengeance; mais je lui abandonne le soin de pourvoir à son salut, comme elle voudra.

Le duc, devenu mélancolique, fixa son regard sur le tentateur.

— Plût à Dieu, Christian, dit-il, que je pusse lire sur ta physionomie quelle diabolique scélératesse tu as à me proposer, sans me mettre dans la nécessité de t'entendre !

— Essayez de deviner, répondit Christian en souriant d'un air placide.

— J'y renonce, dit le duc après un essai infructueux. L'hypocrisie t'a fait une cuirasse ; et sous tes yeux clairs et ta face de manant, il peut se cacher un crime de haute trahison aussi bien qu'un larcin, qui serait plus conforme à ta basse naissance.

— Trahison, Milord : vous n'êtes pas loin d'avoir deviné. J'honore votre pénétration.

— Qui ose parler d'un tel crime devant moi ?

— Oh ! si le mot vous fait peur, vous êtes libre de l'appeler vengeance ; vengeance contre les ministres, qui n'ont cessé de vous tenir en échec, en dépit de votre esprit et de votre faveur auprès du roi ; vengeance contre Arlington, contre Ormond... contre Charles lui-même.

— Non, de par le ciel ! dit le duc, en recommençant à se promener avec agitation ; vengeance contre ces rats du conseil privé, n'importe d'où elle vienne ; mais contre le roi, jamais, jamais ! Je l'ai provoqué cent fois contre une ; je l'ai traversé dans ses intrigues politiques et, j'ai été son rival en amour ; j'ai eu l'avantage des deux côtés, et pourtant, Dieu me damne ! il m'a pardonné. Dût la trahison me mettre à sa place sur le trône, rien ne pourrait me justifier, ce serait là une ingratitude pire que celle d'une brute.

— C'est noblement parler, Milord, et dignement surtout, en égard aux obligations que vous devez à Charles Stuart, et à la reconnaissance que vous avez toujours témoignée. Peu nous importe : si Votre Grâce n'épouse pas notre entreprise, il y a Shaftesbury, il y a Monmouth...

— Gredin ! s'écria le duc, dont l'agitation croissait de plus en plus, crois-tu que tu iras porter à d'autres des propositions que je repousse ? Non, de par tous les dieux païens et chrétiens ! Écoute-moi, Christian : je vais te faire arrêter ici même, sur l'heure, et l'on te conduira au palais pour y dévoiler toute l'intrigue.

— Et les premiers mots que j'y prononcerai seront pour indiquer au conseil privé l'endroit où se trouve certaine correspondance, dont Votre Grâce a honoré son pauvre vassal; elle contient, je crois, des détails que Sa Majesté lira avec plus de surprise que...

— Mort de ma vie! jura le duc en mettant derechef la main à son poignard; tu me tiens encore sous ta griffe... Je ne sais ce qui me retient, affreux drôle, de te clouer ce fer dans la gorge.

— Je puis succomber, Milord, répliqua Christian en rougissant un peu, et en mettant la main droite dans son sein; mais non sans vengeance; car je n'ai pas mis ma personne en péril sans moyens de défense. Je puis succomber; mais hélas! la correspondance de Votre

Grâce est entre des mains qui, dans ce cas, seraient assez actives pour la faire parvenir au roi et au conseil privé. Que dites-vous de la princesse de Mauritanie? Si par hasard je l'avais constituée exécutrice de mes dernières volontés, avec certaines instructions sur ce qu'elle doit faire si je ne reviens pas sain et sauf d'York-Place? J'ai mis ma tête dans la gueule du loup, soit; aussi n'ai-je pas été assez sot pour n'avoir point veillé à ce qu'un bon nombre de carabines fissent feu sur la bête, aussitôt que retentirait mon cri de mort. Fi donc! Milord, vous avez affaire à un homme de sens et de courage, et vous le traitez comme un enfant et un lâche.

Le duc se jeta sur un fauteuil, baissa les yeux à terre, et dit sans les relever:

— Je vais appeler Jerningham; mais ne craignez rien: ce n'est que pour un verre de vin. La drogue qu'on m'a servie là est bonne à faire passer des noix et des avelines, mais non des communications comme les vôtres... Apportez-moi du champagne, dit-il au chambellan qui vint prendre ses ordres.

Jerningham revint et apporta un flacon de champagne, avec deux grandes coupes d'argent. Il en remplit une pour Buckingham, qui, contrairement à l'étiquette ordinaire, était toujours servi le premier dans sa maison, et offrit l'autre à Christian, qui la refusa.

Le duc vida le large gobelet qui lui était présenté, et se couvrit un moment le front avec la main; puis, la retirant aussitôt:

— Christian, dit-il, énoncez clairement ce qui vous amène; nous nous connaissons l'un l'autre. Si ma réputation est entre vos mains, vous n'ignorez pas que votre vie est entre les miennes. Asseyez-vous, continua-t-il en plaçant un pistolet à portée de sa main, et voyons vos propositions.

— Milord, dit Christian avec un sourire, je ne produirai pas de mon côté un argument de même force, quoiqu'il soit possible qu'au besoin je ne m'en trouve pas dépourvu. Ma défense est dans la situation des choses et dans la manière réfléchie dont, sans doute, Votre Majesté la considérera.

— Ma Majesté! répéta le duc; mon cher ami, vous avez si longtemps tenu compagnie aux puritains, que vous confondez les titres en usage à la cour.

— Je ne sais comment m'excuser, à moins que Votre Grâce ne veuille supposer que j'ai le don de prophétie.

— A la façon des sorcières qui parlèrent ainsi à Macbeth, dit le duc, qui se remit à marcher dans l'appartement, revint encore s'asseoir, et ajouta : Soyez clair, Christian ; parlez tout de suite et hardiment. Que comptez-vous faire?

— Moi? et que ferais-je? Je n'ai aucun pouvoir. Seulement, j'ai cru bon d'informer Votre Grâce que les saints — il prononça ce mot avec une grimace d'ironie — se lassent de l'inaction et qu'ils ont besoin de se lever et d'agir. Mon frère Bridgenorth est à la tête de toute la congrégation du vieux Weiver ; car il faut que vous sachiez qu'après avoir flotté longtemps d'une foi à l'autre, il a franchi les bornes ; c'est maintenant un homme de la Cinquième Monarchie. Il dispose d'environ deux cents de ces sectaires, complètement équipés et prêts à tomber sur Whitehall ; avec un peu d'aide de vos gens, ils emporteront le palais d'assaut, et feront prisonniers tous ceux qui s'y trouvent.

— Est-ce bien à un pair d'Angleterre que vous faites cette confidence?

— Je conviens, Milord, que ce serait le comble de la folie de vous montrer avant que tout fût fini. Laissez-moi dire un mot de votre part à Blood et aux autres. Il y a aussi les quatre sectes allemandes, les knipperdolings et les anabaptistes surtout, qui nous seront très utiles. Vous êtes savant, Milord, et vous connaissez la valeur d'un corps de gladiateurs domestiques ; Octave, Lépide et Antoine ne l'ignoraient pas non plus quand, au moyen de pareilles forces, ils se partagèrent le monde en trois morceaux.

— Un instant ! lors même que je permettrais à ces limiers de se joindre à vous, ce que je ne ferais pas sans avoir l'assurance la plus positive de la sûreté personnelle du roi, mais enfin, en le supposant, quel espoir avez-vous de prendre possession du palais?

— Tom Armstrong, le risque-tout, a promis d'employer son crédit auprès des gardes du corps. Puis, nous avons les enfants perdus de lord Shaftesbury dans la Cité, trente mille hommes qui n'attendent pour se lever qu'un signe de son doigt.

— Qu'il fasse donc signe des deux mains, et s'il en compte seulement cent par doigt, ce sera plus qu'on n'en doit attendre. Lui avez-vous parlé ?

— Oh ! non, pas avant de connaître le bon plaisir de Votre Grâce. Mais, si l'on ne s'adresse pas à lui, il y a la réunion hollandaise, la congrégation de Hans Snorehout, dans le Strand ; il y a les protestants français, dans Piccadilly ; la famille de Levi dans Lewkenor-Lane, les muggletoniens dans la rue de la Tamise...

— Pouah ! la peste de telles gens ! au diable ! Quel relent de fromage et de tabac ! Il y aura de quoi noyer tous les parfums de Whitehall... Grâce pour les détails, mon cher Ned ; arrivons au total de tes odeurs en action.

— Quinze cents hommes bien armés, outre la populace, qui se soulèvera sans nul doute ; elle a déjà failli mettre en pièces les accusés du complot qui ont été acquittés ce matin.

— A présent, je comprends tout. Eh bien, très chrétien Christian, écoutez-moi à mon tour, dit le duc en avançant en face de lui son fauteuil. Vous m'avez confié bien des choses ; dois-je vous payer de retour ? Vous montrerai-je que j'ai des informations aussi précises que les vôtres ? vous dirai-je, en un mot, pourquoi vous avez soudainement résolu de pousser tout le monde, depuis le puritain jusqu'à l'esprit fort, à tenter une attaque générale contre le palais de Whitehall, sans me donner, à moi pair du royaume, le temps de réfléchir, ni de me préparer à une démarche si téméraire ? Vous dirai-je pourquoi vous voudriez m'amener ou m'entraîner, me décider ou me forcer à soutenir votre dessein ?

— Puisqu'il vous plaît de faire des conjectures, je vous dirai en toute sincérité si vous avez deviné juste.

— La comtesse de Derby est arrivée ce matin ; elle se présentera ce soir à la cour, avec l'espérance d'y être bien reçue. Elle peut être surprise dans la mêlée ?... Hein ! n'y suis-je pas, maître Christian ? Vous qui prétendez m'offrir la vengeance, vous en connaissez fort bien aussi les douceurs.

— Je ne me permettrais pas, répondit Christian avec un demi-sourire, de servir un plat à Votre Grâce sans y goûter moi-même comme pourvoyeur et maître d'hôtel.

— C'est parler franchement. Alors, en route! remets à Blood cette bague, il la connaît et sait qu'il doit obéissance à qui la porte. Qu'il assemble mes gladiateurs, comme tu appelles spirituellement mes coupe-jarrets. Le vieux projet de musique allemande peut aussi être repris, car tu as, je crois, tous les instruments sous la main. Mais retiens bien ceci : je ne sais rien, et la personne de Rowley doit être respectée ; je ferai pendre et brûler tout le monde si l'on touche à un seul cheveu de sa perruque noire. Ensuite que sortira-t-il de là? un protecteur du royaume? Cromwell a rendu le titre impopulaire. Un lieutenant du royaume plutôt. Les patriotes qui se chargent de venger les injures faites au pays, et d'éloigner du trône les mauvais conseillers pour l'établir désormais sur la justice, — voilà bien la phrase n'est-ce pas? — ne peuvent manquer de faire un bon choix.

— Sans aucun doute, Milord, puisqu'il n'y a qu'un homme dans les trois royaumes sur qui le choix puisse tomber.

— Je vous remercie, Christian, et je m'en rapporte à vous. Allez, et préparez tout. Soyez sûr que vos services ne seront pas oubliés. Nous vous garderons près de nous.

— Milord, vous m'attachez à vous doublement ; mais rappelez-vous que, si l'on vous épargne l'inconvénient d'être mêlé aux mouvements militaires, c'est à condition que vous soyez prêt, au premier signal, à vous mettre à la tête d'une troupe d'amis et d'alliés honorables, et à vous rendre immédiatement au palais, où les vainqueurs vous accueilleront comme leur chef et les vaincus, comme leur sauveur.

— Je conçois, je conçois : j'aurai soin de me tenir prêt.

— Puis, Milord, pour l'amour du ciel, qu'aucune de ces fantaisies qui sont les Dalilas de votre imagination ne vienne vous troubler ce soir et entraver l'exécution de ce sublime dessein!

— Ah! ça, Christian, me croyez-vous la tête à l'envers? C'est vous qui lanternez, quand vous devriez tout ordonner pour une tentative si hardie. Allez donc!.. A propos, Ned, dites-moi, avant de nous séparer, quand je reverrai cette créature d'air et de feu, cette péri orientale qui s'introduit dans les appartements par le trou des serrures, et qui en sort par les croisées, cette houri aux yeux noirs, venue du paradis de Mahomet? Quand la reverrai-je?

— Quand Votre Grâce tiendra le bâton de lieutenant du royaume, répondit Christian, et il sortit.

Buckingham demeura, quelques moments, plongé dans une grave méditation. « Aurais-je dû agir ainsi? se demanda-t-il ; ou plutôt avais-je le choix d'agir autrement? Si je courais au palais pour révéler à Charles le coup qui se prépare? Oui, morbleu, j'irai... Holà! Jerningham, ma voiture! Vite, vite!.. Je me jette à ses pieds, je lui conte toutes les sottises que j'ai rêvées avec ce Christian. Alors il me rit au nez et m'envoie au diable... Non, ce matin déjà, j'ai fléchi le genou devant lui, et il m'a congédié sans trop de façons. C'est assez pour Buckingham d'une rebuffade en un jour. »

Toutes réflexions faites, il s'assit et écrivit à la hâte une liste des jeunes gens de qualité et de leurs très peu nobles compagnons, qu'il supposait disposés à le prendre pour chef en cas d'un soulèvement populaire. Il l'avait presque finie, quand Jerningham vint lui annoncer que la voiture était prête.

— Qu'elle attende, répondit le duc. Envoyez chez toutes les personnes dont vous avez les noms sur cette liste ; faites-leur dire que je suis légèrement indisposé et que je les invite à une petite collation. Qu'on fasse diligence, et n'épargnez rien.

Les préparatifs de la fête furent bientôt faits ; et les convives, qui avaient toujours du temps de reste pour répondre à l'appel du plaisir, ne tardèrent pas à arriver. On y comptait beaucoup de jeunes nobles du plus haut rang ; les autres, comme c'est l'usage dans des réunions semblables, étaient des gens de toutes conditions qui n'avaient pour passeport que leurs talents ou leur impudence, leur esprit ou la passion du jeu. Pour ces derniers, Buckingham était regardé comme leur patron.

Rien ne manqua de ce qui pouvait animer la fête : les vins, la musique, les jeux de hasard ; et dans la conversation, chacun se montra prodigue, plus volontiers qu'il n'arriverait aujourd'hui, de vives saillies et de propos licencieux. Le duc prouva l'empire absolu qu'il possédait parfois sur lui-même, en ne cessant de badiner, de rire et de plaisanter ; et cependant, l'oreille au guet, il saisissait les bruits les plus lointains qui pouvaient marquer, dans les projets de Christian, un commencement d'exécution. A diverses reprises, il entendit des rumeurs qui s'éteignirent presque aussitôt, sans qu'il en advînt aucune des conséquences prévues.

Vers le milieu de la soirée, on annonça M. Chiffinch, venant de la cour.

— Il est arrivé de singulières choses, Milord, dit ce digne personnage à Buckingham; Sa Majesté réclame votre présence au palais.

— Vous m'alarmez, répliqua le duc en se levant. J'espère qu'il n'est rien arrivé de fâcheux. Sa Majesté se porte bien?

— Parfaitement; elle désire voir Votre Grâce à l'instant même.

— L'ordre est pressant. Vous le voyez, Chiffinch, je traite ce soir de joyeux amis, et je ne suis guère en état de paraître devant le roi.

— Votre Grâce me paraît être en fort galant équipage, et, d'ailleurs, Sa Majesté ne manque pas d'indulgence.

— Vous avez raison, dit le duc, cherchant avec inquiétude quel était le motif de cet ordre inattendu; Sa Majesté est fort indulgente. Je vais demander ma voiture.

— La mienne est à la porte; ce sera du temps d'épargné, si Votre Grâce daigne s'en servir.

Privé de tout moyen d'évasion, Buckingham prit sur la table un verre de vin, et pria ses amis de rester dans l'hôtel aussi longtemps qu'ils y auraient leur plaisir. Il allait venir les rejoindre au plus tôt, dit-il, et en tous cas il prenait congé d'eux en portant la santé ordinaire : « Puissent tous ceux de nous qui ne seront pas pendus dans l'intervalle se retrouver encore ici le premier lundi du mois prochain! »

Ce toast avait rapport au caractère de plusieurs de ses invités; mais le duc ne le porta point cette fois sans réfléchir à son propre destin, si par hasard Christian l'avait trahi. Il se hâta d'ajouter quelque chose à sa toilette, et monta dans la voiture de Chiffinch pour se rendre à Whitehall.

CHAPITRE XLV.

> C'était grande fête ce jour-là : les lambris dorés retentissaient de joyeuses santés ; les pas des danseurs suivaient la cadence de la musique ; le joueur risquait un monceau d'or, et riait de le voir, soit augmenter, soit diminuer ; car l'air de la cour a la vertu d'enseigner la patience, que les philosophes prêchent en vain.
>
> *Pourquoi ne venez-vous pas à la cour?*

DANS l'après-dîner de ce même jour si fertile en événements, Charles tint sa cour dans les appartements de la reine, ouverts à une certaine heure pour les personnes invitées, mais accessibles sans restriction à la haute noblesse et aux courtisans.

Un des traits du caractère de Charles II, celui qui, sans nul doute, le rendit personnellement populaire et retarda jusqu'au règne suivant la chute de sa famille, c'était d'avoir banni de sa cour une partie de ce formaliste cérémonial qui entourait les anciens souverains. Il avait conscience des grâces naturelles de sa bonhomie, et s'y fiait, non sans raison, pour effacer les mauvaises impressions qu'avaient dû produire certaines imprudences de conduite qu'il sentait ne pouvoir être justifiées par la morale ou la politique.

Durant la journée, on voyait souvent le roi se promener seul dans les endroits publics, ou accompagné d'une ou de deux personnes seulement ; et sa réponse aux remontrances de son frère, sur le risque qu'il courait en exposant ainsi sa personne, est bien connue : « Croyez-moi, Jacques, lui disait-il, personne ne m'assassinera pour vous faire roi. »

De même, les soirées de Charles, lorsqu'elles n'étaient pas consacrées à des plaisirs plus secrets, se passaient fréquemment au milieu des personnes qui avaient des droits quelconques à figurer dans le cercle de la cour ; et il en était ainsi le soir dont nous parlons. La reine, Catherine de Portugal, tout à fait résignée à son destin, avait depuis longtemps cessé de nourrir aucun sentiment de jalousie; bien plus, elle semblait tellement morte à cette passion qu'elle recevait chez elle et sans aucun scrupule, même avec bienveillance, les duchesses de Portsmouth et de Cleveland, ainsi que d'autres dames qui avaient la réputation, quoique la chose fût moins notoire, d'avoir été les maîtresses du roi. Toute contrainte était bannie d'un cercle ainsi composé, où se réunissaient aussi les courtisans, sinon les plus sages, du moins les plus spirituels qui se trouvèrent jamais rassemblés autour d'un monarque : comme ils avaient partagé les misères, les plaisirs et les fredaines de son exil, ils jouissaient ainsi d'une espèce de licence privilégiée, que l'excellent prince, arrivé à l'époque de sa prospérité, aurait eu bien de la peine à réprimer, s'il eût été dans son caractère de l'entreprendre. Mais c'était là la dernière des pensées de Charles : ses manières étaient assez nobles pour empêcher qu'on lui manquât d'égards, et il ne cherchait d'autre protection contre un excès de familiarité que celle qu'il devait à sa dignité et à la vivacité de son esprit.

Ce soir-là, il était particulièrement disposé à jouir du divertissement qui avait été préparé. La mort singulière du major Coleby, qui avait eu lieu en sa présence et qui avait proclamé à ses oreilles, comme un son de cloche, sa négligence et son ingratitude envers un homme qui lui avait tout sacrifié, causa beaucoup de chagrin à Charles ; mais, à ses yeux du moins, il avait expié ce coupable abandon par les peines qu'il s'était données pour intervenir en faveur des Peveril.

Il éprouva même une certaine satisfaction en apprenant qu'il y avait eu des troubles dans la Cité, et qu'un certain nombre des plus violents fanatiques s'étaient rendus à leurs lieux de réunion, pour s'enquérir, comme disaient leurs prédicants, des causes du courroux céleste et de la reculade des juges.

— M'accusera-t-on à présent de négliger les intérêts de mes amis? disait-il avec un secret contentement. Vous voyez le péril auquel je m'expose, et même à quel point je compromets la tranquillité publique pour venir en aide à un homme que je n'ai pas vu depuis vingt ans, sauf au moment de la restauration, où il est venu, en habit de buffle et en bandoulière, me baiser la main, comme tant d'autres. On dit que les rois ont le bras long ; m'est avis qu'il leur faudrait aussi une longue mémoire, car on exige d'eux qu'ils ne perdent de vue aucun Anglais qui a montré sa bonne volonté en criant *Vive le roi!* et qu'ils le sachent récompenser.

— Oh! les marauds sont encore plus déraisonnables, répliqua Sedley ; il n'en est pas un qui ne croie avoir droit à la protection de Votre Majesté, même quand il a une bonne cause, qu'il ait ou non crié *Vive le roi!*

Le monarque sourit, et se dirigea vers un autre côté du splendide salon, où était réuni tout ce qui pouvait, d'après le goût de l'époque, faire passer agréablement le temps.

A l'une des extrémités, notre ancienne connaissance Empson, au milieu d'un groupe de jeunes gens et de jolies femmes, accompagnait, sur son instrument, une charmante sirène de théâtre, qui chantait la romance de Purcell, commençant par ces vers :

> Trop jeune et trop naïve encore
> Pour gagner le cœur d'un amant...

Au chant succéda un concerto, exécuté par l'élite des meilleurs musiciens, et que le roi, dont le goût était incontestable, avait choisi lui-même.

Autour de plusieurs tables, les courtisans plus âgés sacrifiaient à la Fortune, jouant aux différents jeux à la mode, tels que l'hombre, le quadrille, le hasard, etc.; tandis que des monceaux d'or, placés devant les joueurs, augmentaient ou diminuaient, suivant les chances qu'amenaient les cartes et les dés. Ailleurs, sous prétexte de regarder le jeu ou d'écouter la musique, les galanteries de ce siècle licencieux occupaient les élégants et les coquettes, observés de près par les vieilles et les laides, qui se permettaient, du moins, le plaisir d'épier, et peut-être celui de divulguer, des intrigues qu'elles ne pouvaient partager.

D'une table à l'autre voltigeait le joyeux monarque, tantôt échangeant un coup d'œil avec une beauté de la cour, ou une plaisanterie avec un courtisan bel-esprit, tantôt battant la mesure en écoutant la musique, perdant ou gagnant çà et là quelques pièces d'or sur un coup. Bref, il se montrait le plus aimable des épicuriens, le plus commode et le plus enjoué des compagnons, l'homme du monde qui aurait le mieux rempli son rôle, si la vie n'eût été qu'une fête continuelle, et si elle n'avait eu d'autre but que de jouir du présent, et de passer le temps aussi agréablement que possible.

Mais les rois sont moins que personne exempts du sort ordinaire de l'humanité, et Seged l'Éthiopien n'est pas le seul monarque qui ait reconnu la vanité de compter sur un jour, sur une heure de sérénité parfaite. Un chambellan vint tout à coup dire à Leurs Majestés qu'une dame, qui ne voulait être annoncée que sous le titre de pairesse d'Angleterre, demandait à être admise en leur présence.

— C'est impossible, s'écria vivement la reine ; aucune pairesse ne peut jouir du privilège de son rang sans décliner son nom.

— Quelque nouvelle lubie de la duchesse de Newcastle, je gage, dit un courtisan.

— Ce pourrait bien être la duchesse, dit le chambellan, à cause de la bizarrerie de sa demande et aussi d'un léger accent étranger.

— Eh bien, dit le roi, au nom de la folie, laissons-la entrer. Sa Grâce est, de sa personne, une vraie pièce curieuse, une mascarade universelle, un Bedlam en raccourci, et toutes ses idées, infatuées de poésie et d'amour, sont tournées vers Minerve, Vénus et les Muses.

— Le bon plaisir de Votre Majesté doit toujours imposer silence au mien, répondit la reine ; mais on ne s'attend pas, je l'espère, à ce que j'entretienne une femme si fantasque. La dernière fois qu'elle vint à la cour, elle eut la hardiesse de prétendre qu'elle avait le droit de se faire porter la queue jusque dans mon appartement ; et comme on lui refusa une pareille liberté, que croyez-vous qu'elle fit ? Elle déroula une queue si longue, que trois mortelles aunes de satin broché d'argent restaient dans l'antichambre, soutenues par quatre filles d'honneur, tandis que l'autre bout pendait au dos de la duchesse, qui me rendait ses devoirs à l'extrémité de ce vaste salon. Trente aunes pleines du plus beau satin gaspillées de cette manière pour la folie de Sa Grâce !

— Elles étaient vraiment très jolies, dit le roi, les demoiselles qui portaient cette queue prodigieuse ; bien sûr, on ne vit oncques sa pareille, hormis celle de la grande comète de 66. Sedley et Etheredge nous ont conté merveilles de ces jeunes filles ; car c'est un avantage de la nouvelle mode introduite par la duchesse, qu'une dame peut ainsi rester étrangère aux petits manèges qui se passent derrière elle.

— Dois-je comprendre, demanda le chambellan, que le bon plaisir de Votre Majesté est que cette dame soit reçue ?

— Oui certes, si toutefois elle a droit à cet honneur. Il serait aussi bien de lui demander son titre ; il y a dans le monde d'autres folles que la duchesse de Newcastle.

Bientôt après, toute l'assemblée fut surprise à l'annonce d'un nom qu'on n'avait pas entendu, depuis bien des années, retentir dans les salons de la cour : « La comtesse de Derby. »

Grande, majestueuse, et conservant encore, malgré son âge avancé, une taille que les ans ne courbaient pas, la noble dame s'avança vers son souverain du même pas dont elle aurait abordé un égal. A la vérité, il n'y avait rien dans son attitude qui annonçât une hauteur présomptueuse ou inconvenante en présence du roi ; mais la conscience des injustices qu'elle avait endurées sous le gouvernement de Charles II, et de la supériorité que doit avoir celui qui reçoit l'injure sur celui qui l'a commise, prêtait de la dignité à son regard et de la fermeté à sa démarche. Elle portait le grand deuil de veuve, et ses vêtements étaient coupés à la mode du temps où son mari avait péri sur l'échafaud ; car, depuis vingt-sept ans que ce fatal événement était arrivé, elle n'avait jamais permis à ses femmes de rien changer à sa toilette.

La surprise ne fut pas des plus agréables pour le roi. Maudissant au fond du cœur la précipitation avec laquelle il avait ordonné d'introduire la dame inconnue sur cette scène consacrée au plaisir, il vit en même temps la nécessité de la recevoir d'une manière digne de son propre caractère, et du rang qu'elle occupait à la cour d'Angleterre. Il alla au-devant d'elle avec un air de satisfaction où il déploya sa grâce naturelle, et lui dit en français :

— Chère comtesse de Derby, puissante reine de Man, notre très auguste sœur...

— Parlez anglais, Sire, si je puis me permettre de vous demander cette faveur, interrompit la comtesse. Je suis pairesse de ce royaume, mère d'un comte anglais, et veuve, hélas! d'un autre. C'est en Angleterre que j'ai passé mes jours si courts de bonheur et mes années si longues de veuvage et de chagrin. La France et sa langue ne sont plus pour moi que les rêves sans intérêt de l'enfance ; je ne connais d'autre langue que celle de mon époux et de mon fils. Permettez-moi, comme veuve et mère d'un Derby, de vous rendre ainsi mon hommage.

Elle allait fléchir le genou, lorsque le roi la retint gracieusement, et la baisant sur la joue, suivant l'étiquette, il la conduisit vers la reine, à qui il voulut lui-même la présenter.

— Il faut, dit-il, que vous sachiez, Madame, que la comtesse a mis l'interdit sur le français, la langue de la galanterie et des compliments. Bien qu'étrangère aussi, vous trouverez assez de bon anglais pour témoigner à la comtesse de Derby avec quel plaisir nous la voyons à la cour, après une absence de tant d'années.

— J'y ferai tout mon possible, répondit la reine, sur qui la comtesse avait produit une impression des plus favorables.

— A toute autre personne du même rang, reprit le roi, je pourrais demander pourquoi elle a si longtemps prolongé son absence ; mais à la comtesse de Derby la seule question à faire serait pour savoir à quel heureux motif nous devons le plaisir de la voir.

— Heureux, non, Sire, mais très grave et surtout pressant.

Un tel début parut au roi de mauvais augure ; et, à vrai dire, dès l'entrée de la vieille dame, il avait prévu quelque explication peu agréable ; il se hâta donc de la prévenir en redoublant de sympathie et d'intérêt.

— Si ce motif est de nature à ce que notre assistance vous soit utile, dit Charles, Votre Seigneurie ne compte pas, sans doute, nous l'exposer en ce moment ; un mémoire adressé à notre secrétaire d'État, ou directement à nous-même, si vous le préférez, sera accueilli avec égard et, je n'ai pas besoin de l'ajouter, avec sollicitude.

La comtesse s'inclina, toujours cérémonieuse, et répondit :

— L'affaire qui m'amène, Sire, est d'importance, en effet ; toutefois, l'exposé en est si court, qu'il faudrait, pour l'entendre, à peine quelques minutes de l'attention que réclament des objets plus agréables; elle est, d'ailleurs, si urgente que je crains de la retarder d'un seul moment.

— La demande n'est pas ordinaire; d'autre part, une visiteuse si rare a le droit de disposer de mon temps. L'affaire exige-t-elle un entretien secret ?

— Pour ce qui me concerne, je puis parler devant toute la cour; mais peut-être plaira-t-il à Votre Majesté de m'entendre en présence d'un ou deux de ses conseillers.

Charles jeta un coup d'œil autour de lui.

— Ormond, dit-il, venez avec nous, et vous aussi, Arlington.

Il les conduisit dans un cabinet voisin, prit un siège et invita la comtesse à en faire autant.

— Cela n'est pas nécessaire, dit-elle, et, après s'être recueillie un moment, elle continua d'un ton ferme : Vous aviez raison, Sire, d'attribuer mon voyage à une cause peu ordinaire. Je n'ai pas quitté ma solitude lorsque la fortune de mon fils, fortune qu'il tenait d'un père mort pour défendre les droits de Votre Majesté, lui fut ravie, sous une apparence de justice, pour assouvir d'abord la cupidité du rebelle Fairfax, et fournir ensuite aux prodigalités de son gendre Buckingham.

— Vous employez des expressions beaucoup trop dures, Madame, dit le roi. Une peine légale, comme nous nous le rappelons bien, fut encourue par un acte de violence irrégulier : c'est ainsi que nos cours de justice et nos lois l'appellent, quoique personnellement je ne refuse pas de le nommer avec vous une honorable vengeance. Mais souvent ce qui peut sembler tel d'après les règles de l'honneur est nécessairement suivi de fâcheuses conséquences.

— Je ne viens pas, Sire, me plaindre à vous de ce que l'héritage de mon fils a été en partie détruit et confisqué; je n'en parle que pour montrer quelle fut ma résignation lors de cet affligeant désastre.

Réception de la comtesse de Darby à la cour.

Je viens pour racheter l'honneur de la maison de Derby, plus cher à mes yeux que tous les domaines qui lui ont jadis appartenu.

— Et qui attaque l'honneur de la maison de Derby? Sur ma parole, vous m'en donnez la première nouvelle.

— N'a-t-on pas imprimé une Narration, qui est un tissu de mensonges, relative au complot des papistes, complot fabriqué, selon moi, et dans laquelle l'honneur de notre maison a été atteint et souillé? Et deux nobles alliés de la maison de Stanley, le père et le fils, ne courent-ils pas péril de mort pour des faits dont je suis, moi, principalement accusée?

— Le courage de la comtesse est humiliant pour nous, dit le roi en regardant les deux seigneurs. Quelle bouche a osé qualifier de *fabriqué* l'immaculé complot, ou de *tissu de mensonges* la Narration des témoins qui nous ont sauvé des poignards catholiques?... Madame, ajouta-t-il, tout en admirant la générosité de votre intervention en faveur des deux Peveril, je dois vous apprendre qu'elle n'a plus d'objet : ils ont été acquittés ce matin.

— Alors, que Dieu soit loué! s'écria-t-elle en joignant les mains. C'est à peine si j'ai dormi depuis la nouvelle de leur arrestation; et je venais ici me livrer à la justice de Votre Majesté ou aux préjugés du pays, dans l'espoir qu'en le faisant je pourrais du moins sauver la vie de mes nobles et généreux amis. Mais sont-ils vraiment en liberté?

— Ils le sont, sur mon honneur. Je m'étonne de ce que vous ne l'ayez pas appris.

— Je suis arrivée hier au soir, et je me suis confinée dans une retraite absolue, craignant d'adresser aucune question qui pût me faire découvrir avant d'avoir vu Votre Majesté.

— A présent que la rencontre a eu lieu, et elle m'a fait grand plaisir, dit le roi en lui prenant la main avec bonté, puis-je vous conseiller de retourner sans délai dans votre île royale avec aussi peu d'éclat que vous en êtes venue? Le monde a changé, ma chère comtesse, depuis que nous étions jeunes. Au temps de la guerre, on se battait à coups d'épée et de mousquet; aujourd'hui, l'on se bat avec des actes d'accusation, des serments, et d'autres armes légales de même espèce. Vous ne connaissez rien de ce genre de guerre; et quoique je sache parfaitement que vous êtes capable de défendre un château-fort, je doute que vous possédiez l'art de parer une mise en accusation. Ce complot a fondu sur nous comme une tempête; et tant que la tempête sévit, impossible de gouverner le navire : nous n'avons plus qu'à le diriger vers le port le plus proche, heureux encore si l'on peut y atteindre !

— C'est lâcheté, Sire! s'écria la comtesse. Pardonnez-moi le mot, ce n'est qu'une femme qui l'a prononcé. Appelez vos nobles amis autour de vous, et soutenez le choc comme votre royal père. Il n'y a qu'un chemin de l'honneur et de la vertu; et tout ce qui en dévie renonce à l'un et à l'autre.

Le duc d'Ormond sentit la nécessité d'intervenir entre la dignité du souverain et la rude franchise de la comtesse, plus accoutumée à recevoir qu'à donner des marques de respect.

— Votre langage, ma vénérable amie, est celui d'une âme forte et résolue; mais, loin de s'accommoder aux temps où nous sommes, il contribuerait à rallumer la guerre civile et tous les maux qui en résultent.

— Vous êtes trop téméraire, Madame, dit à son tour Arlington; c'est à la fois courir soi-même au-devant du péril et y entraîner le roi. Permettez-moi de vous dire franchement que, dans ces conjonctures périlleuses, vous avez eu tort d'échanger la sécurité de l'île de Man contre le risque d'obtenir un logement dans la Tour de Londres.

— Quand je devrais placer ma tête sur le billot, comme mon mari à Bolton, j'y consentirais volontiers, plutôt que d'abandonner un ami!

— Mais ne vous ai-je pas assuré que les deux Peveril, le vieux et le jeune, étaient hors de danger? dit le roi. Quel motif vous pousse donc, ma chère comtesse, à chercher des périls, dont sans doute vous espériez sortir par mon intervention? Une femme aussi sensée que vous ne doit pas, il me semble, se jeter à l'eau, simplement pour donner à ses amis la peine et le mérite de l'en retirer.

La comtesse répéta que son intention était d'obtenir un jugement impartial. Les deux conseillers la pressèrent encore de s'éloigner, dût-on l'accuser de se soustraire à la justice, et de se tenir tranquille dans son petit royaume féodal.

Le roi, ne voyant pas de terme à cette discussion, rappela gracieusement à la comtesse que, s'il la retenait plus longtemps, la reine en concevrait de la jalousie, et il lui offrit la main pour la reconduire dans le salon. Elle fut bien forcée d'accepter, et revint dans les grands appartements, où il arriva presque aussitôt un événement que nous devons réserver pour le chapitre qui suit.

CHAPITRE XLVI.

Oui, me voilà gaillard et bien portant ; j'ai l'œil vif, quoique la taille petite. Celui qui niera un mot de ce que je dis aura des lances à rompre avec moi.

Lui du petit Jehan de Saintré.

HARLES, au moment où il rentra dans le grand salon, trouva les courtisans fort affairés autour d'une troupe de musiciens allemands. Un de ces virtuoses, protégé du duc de Buckingham, était renommé pour son talent sur le violoncelle ; mais il avait été retenu dans l'antichambre sans pouvoir rien jouer, à cause du retard qu'on avait mis à lui apporter son instrument, qui venait enfin d'arriver.

Tandis que le musicien cherchait dans ses poches la clef de la caisse qui avait été placée près de lui, et droit contre le mur, elle s'ouvrit subitement, et l'on en vit sortir le nain Geoffroy Hudson.

A la vue de cette créature de l'autre monde, surgissant d'une façon si imprévue, les dames poussèrent des cris et s'enfuirent au bout du salon, les hommes firent des gestes de surprise. Le pauvre Allemand, saisi de terreur, tomba par terre à plat ventre ; et quand il revint à lui, il se glissa hors des appartements, suivi par ses camarades.

— Hudson! s'écria le roi. Eh! mon vieux petit ami, je ne suis pas fâché de vous voir, quoique Buckingham, que je suppose l'auteur de cette plaisanterie, ne nous ait servi que du réchauffé.

— Votre Majesté, demanda le nain, veut-elle m'honorer d'un moment d'attention?

— Oui parbleu, mon brave. Il nous vient de tous les coins, ce soir, d'anciennes connaissances, et nous ne saurions mieux employer notre loisir qu'à les écouter. Et s'adressant à Ormond, le roi lui dit à voix basse : Quelle idée saugrenue a eue là Buckingham de nous envoyer ce pauvre bonhomme, et le jour précisément où il a été jugé pour l'affaire du complot! En tous cas, celui-là ne vient pas quémander notre protection, puisqu'il a eu la rare fortune de sortir absous. Sans doute, il ne cherche qu'à pêcher un petit cadeau.

Le petit homme, très ferré sur l'étiquette de la cour, mais impatient du délai que le roi mettait à l'écouter, se tenait debout au milieu du salon, agitant un petit chapeau décoré d'une plume flétrie, et s'inclinant de temps à autre, comme pour solliciter la permission de se faire entendre.

— Allons, parle, mon ami, lui dit Charles; si l'on t'a préparé quelque poétique harangue, régale-nous-en vite, afin d'avoir le temps de reposer ton remuant petit corps.

— Je n'ai pas de discours poétique à vous adresser, très puissant souverain, répondit Hudson; mais, en simple et loyale prose, j'accuse devant toute cette assemblée l'ex-noble duc de Buckingham de haute trahison!

— Bravo! c'est parler en homme. Continue, dit le roi, persuadé que ce défi n'était qu'un prélude à quelque bouffonnerie.

De grands éclats de rire partirent de tous côtés parmi les courtisans qui avaient entendu les paroles du nain, aussi bien que parmi ceux qui n'avaient pu les entendre.

— Quelle est donc la cause de toute cette gaieté? s'écria-t-il d'un air de vive indignation. Y a-t-il sujet de rire, lorsque moi, Geoffroy Hudson, chevalier, je viens, devant le roi et sa noblesse, accuser Georges Villiers, duc de Buckingham, de haute trahison?

— Il n'y a pas de quoi rire, assurément, dit Charles en tâchant de garder son sérieux, mais bien de quoi s'étonner. Voyons, trêve de verbiage et de grimaces! Si c'est une plaisanterie, finissons-en; sinon, va au buffet et avale un verre de vin pour te rafraîchir d'être resté à l'étroit.

— Je vous affirme, Sire, répliqua Hudson avec impatience, mais de façon à n'être entendu que du roi, que, si vous perdez beaucoup de temps à plaisanter ainsi, vous serez convaincu, par une cruelle expérience, de la trahison de Buckingham. Je dis et j'affirme à Votre Majesté, que deux cents fanatiques armés viendront ici, avant une heure, surprendre vos gardes.

— Éloignez-vous, Mesdames, ou vous risquez d'en entendre plus que vous ne voudriez en écouter. Les plaisanteries de Buckingham ne sont pas toujours, vous le savez, très convenables pour les oreilles des dames. D'ailleurs, nous avons quelques mots à dire en particulier avec notre petit ami. Duc d'Ormond, Arlington (et il nomma encore une ou deux autres personnes), vous pouvez demeurer avec nous.

La foule joyeuse s'éloigna et se dispersa dans les appartements, les hommes se perdant en conjectures sur l'issue probable de cette mascarade; les dames ne songeant qu'à critiquer ou admirer l'antique parure, la coiffe et la collerette richement brodées de la comtesse de Derby, à qui la reine témoignait des attentions particulières.

— Maintenant, au nom du ciel, puisque nous voici entre amis, dit le roi au nain, donnez-nous le mot de l'énigme.

— Trahison, Sire! trahison contre le roi d'Angleterre! Tandis que j'étais emprisonné dans cet étui, les grands diables d'Allemands qui le portaient me déposèrent dans une certaine chapelle, pour voir, comme ils le disaient entre eux, si tout était prêt. Sire, je suis allé où jamais n'alla boîte à violon, dans un conventicule des hommes de la Cinquième Monarchie; et quand on m'emporta, le prédicateur terminait son sermon en s'écriant : « Maintenant, à l'œuvre! » donnant ainsi le signal, comme le bélier à la tête du troupeau, pour surprendre Votre Majesté au milieu de sa cour. J'entendais tout, grâce aux fentes de la boîte que le drôle avait déposée à terre.

— Il serait singulier, dit lord Arlington, qu'il y eût quelque réalité au fond de cette bouffonnerie. En effet, ces fanatiques ont délibéré aujourd'hui, et cinq conventicules ont observé un jeûne solennel.

— S'il en est ainsi, dit le roi, nul doute qu'ils ne combinent un mauvais coup.

— Sauf votre bon plaisir, Sire, dit Ormond, il serait bon de mander le duc de Buckingham en votre présence. Ses liaisons avec les fanatiques sont bien connues, quoiqu'il affecte de les cacher.

— Vous ne voudriez pas, Milord, faire à Sa Grâce l'injure de le traiter en criminel sur une accusation sem-

blable? dit le roi. Cependant, ajouta-t-il après un moment de réflexion, Buckingham est accessible à toute espèce de tentation, tant est grande l'inconstance de son esprit! Je ne serais pas étonné qu'il entretînt de hautes espérances et nous en avons eu récemment la preuve. Venez ici, Chiffinch. Allez chez le duc et amenez-le-moi, sous un prétexte plausible. Je voudrais lui épargner ce que les gens de loi nomment un flagrant délit. La cour ne serait pas plus gaie qu'un cheval mort, si Buckingham s'était réellement oublié.

— Votre Majesté n'ordonnera-t-elle pas aux gardes de monter à cheval? demanda le jeune Selby, officier de ce corps.

— Non, Selby, répliqua le roi, je n'aime pas cette parade de cavalerie. Toutefois, qu'ils se tiennent prêts ; que le grand bailli avertisse les officiers de police, et qu'il commande aux shérifs de convoquer leurs dignes estafiers, en cas d'échauffourée subite ; qu'on double les sentinelles aux portes du palais, et veillez à ce que personne n'y entre.

— Et n'en sorte, ajouta le duc d'Ormond. Où sont passés les coquins d'Allemands qui ont apporté le nain?

Ce fut en vain qu'on les chercha de tous côtés ; ils avaient pris la poudre d'escampette, en abandonnant leurs instruments; circonstance qui parut aggravante pour le duc de Buckingham, leur patron.

On fit en toute hâte les préparatifs nécessaires pour résister à un coup de main de la part des conspirateurs, s'il se produisait. Pendant ce temps-là, le roi, se retirant avec Arlington, Ormond et plusieurs autres conseillers dans le cabinet où il avait donné audience à la comtesse de Derby, continua d'interroger Geoffroy Hudson. La déclaration du petit homme, quoique extraordinaire, était bien liée dans toutes ses parties : il commença d'abord un récit emphatique des souffrances que lui avait attirées le complot papiste. L'impatience d'Ormond l'aurait obligé à couper court, si le roi n'eût rappelé au vieux seigneur qu'une toupie qu'on cesse de fouetter finit par s'arrêter d'elle-même, tandis que les coups de fouet peuvent la faire tourner des heures entières.

On laissa donc Hudson épuiser sa faconde sur sa prison, et apprendre au roi qu'un rayon de lumière, une fleur de beauté, un ange terrestre, au pas léger et à l'œil brillant, était venu mainte fois le visiter avec des paroles de consolation et d'espérance.

— Ma foi, dit Charles, je ne me doutais guère qu'on était si bien à Newgate. Eût-on jamais cru que ce petit homme aurait rencontré en pareil lieu la société d'une femme?

— Je prie Votre Majesté, protesta le nain d'un ton solennel, de ne faire aucune maligne supposition. Ma dévotion à cette belle créature n'avait rien de charnel : elle ressemblait en quelque sorte à celle que nous autres, pauvres catholiques, nous avons pour les saints du paradis. A dire vrai, elle a plutôt l'air d'une sylphide que d'un être de chair et d'os ; elle est plus légère, plus mince, moins grande que les femmes ordinaires, dont le corps présente toujours quelque chose de grossier, qui leur vient sans doute de la race coupable et gigantesque des antédiluviens.

— Venons au fait, Hudson, et dites-nous quel rapport cette femme peut avoir avec la manière si extraordinaire dont vous êtes entré ici.

— Un très grand rapport, Sire. Je l'ai vue deux fois à Newgate, et je la considère vraiment comme l'ange gardien qui veille à ma vie et à ma sûreté. Après mon acquittement, je me dirigeai vers la Cité avec deux gentilshommes, qui s'étaient, ainsi que moi, trouvés dans la peine. La canaille se jeta sur nous, et au moment où je venais de prendre position sur un lieu élevé, qui me donnait une espèce d'avantage contre la multitude des ennemis, j'entendis une voix céleste qui paraissait venir d'une fenêtre derrière moi : elle me conseillait de me réfugier dans la maison, mesure que je fis promptement adopter à mes braves amis les Peveril, qui se sont toujours montrés dociles à mes avis.

— Ce qui prouve à la fois leur sagesse et leur modestie, dit le roi. Qu'arriva-t-il ensuite? Soyez bref, aussi bref que vous-même, l'ami.

— D'abord, le jeune Peveril fut emmené par un homme d'aspect vénérable, quoiqu'il sentît un peu le puritain. A son retour, il nous dit, et c'était notre première nouvelle, que nous étions au pouvoir d'un corps de fanatiques armés, prêts à toutes les horreurs, comme dit le poète. Le père et le fils s'abandonnèrent presque au désespoir, sourds aux assurances que je leur donnais que l'astre sauveur brillerait à temps pour donner le signal de notre délivrance. Votre Majesté m'en croira-t-elle? en réponse à mes consolantes exhortations, le père ne cessait de dire : *Ta! ta! ta!* et le fils, *Bah! bah! bah!* ce qui montre combien la prudence et les bonnes manières s'altèrent dans l'affliction. Cependant, les Peveril, fortement convaincus de la nécessité de s'évader, ne fût-ce que pour donner connaissance à Votre Majesté de ces dangereux complots, commencèrent à livrer un assaut à la porte de l'appartement, et je les aidai de toute la force que m'a donnée le ciel et que m'ont laissée mes soixante ans. Mais ceux qui nous gardaient accoururent au bruit de nos efforts : ils forcèrent mes compagnons, la pique et le poignard en main, à passer dans une autre pièce, rompant ainsi notre agréable société, et me laissèrent seul. Alors, j'avoue que je me sentis l'âme un peu découragée ; mais plus l'ouragan fait rage, dit le poète, plus le salut est proche, et une porte d'espérance s'ouvrit tout à coup.

— Au nom de Dieu, Sire, dit le duc d'Ormond, faites traduire dans la langue du sens commun l'histoire que nous conte cette pauvre créature, et peut-être serons-nous capables d'y comprendre quelque chose.

Geoffroy Hudson jeta un regard de colère sur le seigneur irlandais, qui ne pouvait contenir son impatience.

— C'est déjà bien assez pour un pauvre homme, lui dit-il, d'avoir un duc sur les bras ; si, pour l'instant, je n'étais pas engagé avec le duc de Buckingham, je ne souffrirais pas de telles expressions dans la bouche du duc d'Ormond.

— Retenez votre valeur et modérez votre courroux, dit le roi ; c'est nous qui vous en prions, très puissant sir Geoffroy. Pardonnez au duc d'Ormond et continuez votre histoire.

Le nain mit la main sur son cœur et s'inclina pour indiquer que, sans déroger à sa dignité, il pouvait se soumettre aux ordres du roi.

— En disant qu'une porte d'espérance s'était ouverte pour moi, reprit-il, je voulais parler d'une porte placée derrière la tapisserie, par où se montra cette belle vision, belle d'un éclat sombre, comme l'une de ces nuits méridionales où le firmament azuré, pur de tout nuage, nous couvre d'un voile plus aimable que la clarté du jour! Mais je remarque l'impatience de Votre Majesté ; il suffit. Je suivis ma charmante apparition dans une chambre, où étaient réunis, dans un bizarre mélange, des armes de guerre et des instruments de musique, entre autres celui qui m'a servi de cachot temporaire, un violoncelle. A ma grande surprise, ma protectrice en ouvrit la boîte en pressant un ressort, et me fit voir qu'elle était remplie de pistolets, de poignards et de munitions attachés à des bandoulières. « Ces armes, me dit-elle, sont destinées à surprendre cette nuit l'imprudent Charles dans son palais

(Votre Majesté me pardonnera si je répète ses propres expressions); mais si tu oses te mettre à leur place, tu peux être le sauveur du roi et des trois royaumes ; si, au contraire, tu as peur, garde le secret, je tenterai moi-même l'aventure. — A Dieu ne plaise, répondis-je, que Geoffroy Hudson soit assez lâche pour vous laisser courir un tel risque! Vous ne savez pas, vous ne pouvez pas savoir comment il se faut comporter dans de semblables cachettes; et moi, j'y suis habitué. — Entre donc, dit-elle, et dépêche-toi. » Ne consultant que mon courage, je dis hardiment adieu à la lumière du jour, qui était sur son déclin; aussitôt, mon guide, retirant les armes de la boîte, les jeta derrière l'écran de la cheminée, et m'introduisit à leur place. Comme elle refermait l'étui, je la suppliai de recommander aux hommes à qui l'on me confierait de prendre garde à tenir le manche du violoncelle en haut; mais je n'avais pas achevé ma requête que je me trouvai seul et dans les ténèbres. Presque aussitôt entrèrent deux ou trois individus, qu'à leur langage, dont je comprenais quelque chose, je reconnus pour être des Allemands au service du duc de Buckingham. J'entendis les instructions que leur donna le chef sur la manière dont ils devaient se conduire, sur le moment où ils devaient se saisir des armes cachées ; et (je veux être juste envers le duc) je compris qu'ils avaient l'ordre précis d'épargner la personne du roi, même celle des courtisans, et de protéger contre l'assaut des fanatiques tous ceux qui seraient dans les appartements. Du reste, ils devaient aussi désarmer les gardes, et, finalement, s'emparer du palais.

Cette narration circonstanciée déconcerta le roi et le rendit songeur. Après avoir dit à lord Arlington de faire visiter secrètement le contenu des autres boîtes à musique, il fit signe au nain de poursuivre son récit, et lui demanda plusieurs fois, d'un ton très sérieux, s'il était sûr d'avoir entendu désigner Buckingham comme auteur ou complice de la tentative. Le nain ayant persisté à l'affirmer :

— C'est pousser la plaisanterie un peu loin, dit Charles.

Hudson déclara ensuite qu'après sa métamorphose il avait été transporté dans la chapelle, où il avait entendu le prédicateur achever son sermon comme il l'avait déjà rapporté. La parole humaine, ajouta-t-il, serait impuissante à exprimer ses angoisses, quand il crut sentir que le porteur de la boîte semblait se disposer à la renverser pour la placer dans un coin de l'antichambre ; auquel cas, la fragilité de l'homme aurait pu l'emporter sur la fidélité à son roi, et il conclut en disant qu'il doutait très fort qu'il eût pu rester la tête en bas pendant plusieurs minutes sans crier à l'aide.

— Je n'aurais pu vous blâmer, dit le roi; si j'avais été en semblable posture dans le chêne royal, j'aurais moi-même rugi comme un lion. Allez, mon petit ami, vos bons offices ne seront pas oubliés. Puisque vous vous êtes glissé dans une boîte à violon pour notre service, nous sommes obligé, par devoir et en conscience, de vous procurer une demeure plus spacieuse à l'avenir.

— C'était un violoncelle, s'il vous plaît, Sire, dit le susceptible petit homme, et non un violon ordinaire, quoique, pour le service de Votre Majesté, je me serais blotti même dans l'étui d'une pochette.

— Tout ce qu'un de nos sujets eût pu faire en ce genre, vous en auriez été capable, Hudson, nous le croyons fermement. Retirez-vous, et soyez discret. Que votre apparition à la cour, vous m'entendez bien, passe pour une farce de Buckingham, et ne soufflez mot du complot.

Le nain sortit du cabinet.

— Ne vaudrait-il pas mieux s'assurer de lui? dit Ormond.

— Précaution inutile ; je le connais de longue date, le pauvre diable. Le sort, qui voulut en faire un modèle d'absurdité, a renfermé une âme de héros dans cette misérable petite carcasse : pour brandir une épée et tenir sa parole, c'est un parfait don Quichotte en miniature. Nous aurons soin de lui... Mais, morbleu, Milords, ne trouvez-vous pas de la plus noire ingratitude cette frasque de Buckingham?

— Il n'aurait pas eu les moyens d'en agir ainsi, dit Ormond, si Votre Majesté eût été moins indulgente en d'autres occasions.

— Milord, Milord, dit vivement Charles, vous êtes l'ennemi avéré de Buckingham ; je dois choisir un conseiller plus impartial. Arlington, quel est votre avis ?

— Avec votre permission, Sire, dit celui-ci, je pense que la chose est absolument impossible, à moins que le duc n'ait eu avec Votre Majesté un différend dont nous n'avons pas connaissance. Le duc est léger sans doute, inconséquent; mais ceci touche à la folie pure.

— Oui, ma foi, dit Charles, nous avons eu ce matin une petite discussion. La duchesse est morte, à ce qu'il paraît, et, pour mettre le temps à profit, le duc a songé aux moyens de réparer cette perte : il n'a pas craint de demander mon agrément à son mariage avec lady Anne, ma nièce.

— Ce que Votre Majesté a refusé, naturellement.

— Et non, ajouta Charles, sans humilier un peu sa vanité.

— Était-ce en particulier, Sire, ou devant témoins?

— Il n'y avait que nous deux, et le petit Chiffinch, qui ne compte pas, comme vous savez.

— *Hinc illæ lacrymæ,* dit Ormond. Je connais bien le duc : si le refus qu'avait essuyé son insolente ambition n'eût été connu que de Votre Majesté et de lui, il aurait pu passer outre, mais un tel échec devant un personnage qui probablement en répandrait partout la nouvelle, était pour lui un motif suffisant de représailles.

Selby entra en ce moment pour annoncer que Buckingham venait d'arriver au palais.

Le roi se leva.

— Que l'on tienne une barque prête, avec un détachement de gardes, dit-il ; peut-être sera-t-il nécessaire de l'envoyer à la Tour.

— Ne faudrait-il pas faire préparer un ordre du secrétaire d'État ? demanda Ormond.

— Non, Milord, répondit le roi avec humeur, j'espère encore n'être pas forcé d'en venir là.

CHAPITRE XLVII.

L'arrogant Buckingham devient circonspect.
SHAKSPEARE, *Richard III*.

ENDANT le court trajet de son hôtel au palais de Whitehall, Buckingham s'efforça d'apprendre de Chiffinch pour quelle cause il était appelé si précipitamment à la cour, mais la réponse qu'il reçut ne le satisfit pas.

— Chiffinch, lui dit-il à brûle-pourpoint, avez-vous fait part à quelqu'un de ce que le roi m'a dit ce matin au sujet de la princesse Anne?

— Oh! Milord, dit l'autre en balbutiant, mon devoir envers le roi... mon respect pour Votre Grâce...

— Bien sûr, vous n'en avez parlé à personne?

— A personne, murmura Chiffinch, intimidé.

— Vous mentez comme un chien; vous l'avez dit à Christian.

— Votre Grâce... Votre Grâce devrait se rappeler que je lui avais appris le secret de Christian... que la comtesse de Derby était arrivée.

— Et vous pensez qu'une perfidie peut en compenser une autre? Non, non : il me faut une réparation meilleure. Tenez pour certain que je vous brûle la cervelle avant de descendre de voiture, si vous ne me dites la vérité sur ce message de la cour.

Comme Chiffinch hésitait sur la réponse qu'il avait à faire, un homme s'approcha du carrosse et chanta, d'une voix forte, le refrain d'une vieille chanson française, sur la bataille de Marignan, dans lequel on imitait le français moitié allemand des Suisses, qui avaient été battus :

> Tout est verlore,
> La tintelore ;
> Tout est verlore,
> Bei Got !

« Je suis trahi, » pensa le duc, qui comprit à l'instant que ce refrain, signifiant *Tout est perdu,* était chanté par un de ses agents, pour lui faire entendre que leur complot était découvert. Il essaya de s'élancer dans la rue, mais Chiffinch le retint d'une main ferme, quoique avec respect.

— Ne vous perdez pas, Milord, dit-il très humblement. Ma voiture est entourée de soldats et d'officiers de paix, chargés d'assurer votre arrivée à Whitehall. Tenter de fuir serait avouer que vous êtes coupable, et je vous conseille fortement de n'en rien faire. Le roi est votre ami ; soyez aussi le vôtre.

— Vous avez raison, dit le duc d'un air sombre. Pourquoi m'enfuir ? je ne suis coupable de rien, si ce n'est d'avoir envoyé, pour amuser la cour, de quoi faire un feu d'artifice, au lieu d'un concert.

— Et le nain qui est sorti si inopinément de la caisse du violoncelle ?

— C'était une mascarade de mon invention, répondit le duc, quoique cette circonstance lui fût encore inconnue. Chiffinch, vous m'obligerez pour la vie, si vous me permettez d'avoir une minute d'entretien avec Christian.

— Avec Christian ! Où le trouverez-vous à cette heure ? Et puis, il faut nous rendre droit au palais.

— Oui, oui ; mais j'ai idée que je le rencontrerai. Vous n'êtes pas officier de paix, Monsieur Chiffinch, ni porteur d'aucun mandat, pour me retenir prisonnier ou pour m'empêcher de parler à qui bon me semble.

— Votre génie est grand, Milord, et vous avez mille moyens de vous tirer d'affaire ; aussi jamais ne sera-ce de plein gré que je ferai tort à un homme de tant d'esprit et de popularité.

— Eh bien, il y a encore de la ressource.

A ces mots, le duc se mit à siffler, et presque aussitôt Christian parut devant la boutique de l'armurier, que nos lecteurs connaissent, et il accourut à la portière du carrosse.

— *Ganz ist verloren* *, dit le duc en allemand.

— Je le sais, répondit Christian, et tous nos saints amis se sont dispersés à temps. Par bonheur, le colonel et ses gueux d'Allemands ont donné l'éveil. Tout va bien. Vous allez à la cour; eh bien, je vous y suivrai.

— Ce serait là un trait d'amitié plutôt que de sagesse.

— Qu'y a-t-il contre moi? Je suis aussi innocent que l'enfant à naître ; il en est de même de Votre Grâce. Une seule créature pourrait témoigner que nous sommes en faute, et je me flatte de la faire parler en notre faveur. D'ailleurs, si je n'y allais pas, on m'enverrait quérir tout à l'heure.

— Il s'agit de l'esprit familier dont nous avons parlé, je gage ?

— Un mot à l'oreille encore.

— Bon, je comprends... Allons, Chiffinch, dites-leur d'avancer... Vogue la galère! j'ai navigué à travers des écueils plus dangereux que ceux-ci.

— Ce n'est pas à moi d'en juger, dit Chiffinch ; Votre Grâce est un hardi capitaine, et Christian un pilote qui a toute l'adresse du diable. Néanmoins, je demeure l'humble ami de Votre Grâce, et me réjouirai sincèrement de votre délivrance.

— Donnez-moi donc une preuve de votre amitié, dit le duc, en m'apprenant ce que vous savez de l'esprit familier de Christian, comme il l'appelle.

— C'est, je crois, la petite sauteuse qui vint chez moi avec Empson,

---

* Tout est perdu.

le matin où la belle Alice nous échappa. Mais vous l'avez vue, Milord.

— Moi? et quand l'aurais-je vue?

— Christian l'employa, si je ne me trompe, à mettre sa nièce en liberté, lorsqu'il se vit forcé de satisfaire son fanatique beau-frère en lui rendant sa fille; je soupçonne qu'il avait aussi l'intention de jouer un tour à Votre Grâce.

— Hum! je m'en doutais; il me revaudra cela. Avant tout, sortons de ce mauvais pas. Ah! ah! cette princesse de Mauritanie, c'était son génie familier! et elle avait comploté de me faire jouer le rôle de Tantale! Nous voici au palais. Ah! ça, Chiffinch, n'oublie pas ta parole, et toi, Buckingham, reste toi-même!

Avant de suivre le duc à la cour, où il avait un rôle si difficile à soutenir, sachons ce que fit Christian en se séparant de son protecteur. Il rentra dans la maison de l'armurier par un chemin détourné et gagna une salle basse, dans laquelle Bridgenorth lisait la Bible, à la clarté d'une petite lampe de bronze.

— Avez-vous renvoyé les Peveril? demanda Christian, dès qu'il fut entré.

— Oui, dit le major.

— Et quelle garantie avez-vous qu'ils n'iront pas vous dénoncer à Whitehall?

— Ils m'en ont fait la promesse d'eux-mêmes, quand je leur ai montré que nos amis se dispersaient. C'est demain, je crois, qu'ils iront faire leur déposition.

— Pourquoi pas ce soir?

— Parce qu'ils nous accordent ce délai pour fuir.

— Il fallait en profiter. Comment êtes-vous encore ici?

— Eh mais! vous-même, pourquoi n'êtes-vous pas parti? Vous êtes sûrement compromis autant que moi.

— Moi, je suis le renard qui connaît cent manières de dépister les chiens; vous, vous êtes le daim, dont l'unique ressource est dans une prompte fuite. Ainsi, ne perdez pas de temps : partez pour la campagne, ou plutôt non... Le vaisseau de Sédécias Fish, *la Bonne Espérance*, est à l'ancre sur la rivière, prêt à faire voile pour le Massachusetts :

prenez les ailes du matin, et partez. Vous arriverez à Gravesend avec la marée.

— Que je parte, et que je vous laisse la direction de ma fortune et de ma fille! Non, mon frère; il faut que vous soyez réhabilité dans mon opinion, avant que je vous rende ma confiance.

— Fais donc à ta guise, fou soupçonneux! Reste là, et attends qu'on vienne te chercher pour te mener pendre!

— Tout homme est un condamné à mort, et ma vie n'a été qu'une mort continuelle. La cognée du bûcheron a abattu mes rejetons les plus beaux; celui qui survit, s'il fleurit jamais, doit être greffé ailleurs, et loin de mon tronc dépouillé. Ainsi, plus la hache sera prompte à frapper la racine, plus je bénirai ses coups. J'aurais ressenti une vive joie, il est vrai, si j'avais été appelé à épurer cette cour licencieuse, et à soustraire au joug le peuple souffrant de Dieu. Ce jeune homme aussi, le fils de cette femme précieuse, à qui je dois le dernier lien qui attache encore à l'humanité mon âme fatiguée, que n'ai-je pu travailler avec lui pour la bonne cause! Mais cet espoir et tous les autres sont à jamais détruits; et puisque je ne suis pas digne de servir d'instrument pour une si grande œuvre, je ne désire guère habiter plus longtemps cette vallée de larmes.

— Adieu donc, lâche imbécile! dit Christian, incapable, avec tout son sang-froid, de dissimuler plus longtemps le mépris qu'il ressentait pour le fataliste résigné et découragé.

Ce fut ainsi qu'il quitta son beau-frère. « Faut-il que le sort m'ait enchaîné à de tels associés! se disait-il. Ce stupide bigot n'est plus bon à rien. Allons trouver Zara; elle seule, ou personne, peut nous tirer de là. Il faut d'abord calmer sa mauvaise humeur et exciter sa vanité; ensuite, avec son adresse, la partialité du roi pour le duc, l'effronterie sans égale de Buckingham, et en tenant moi-même le gouvernail, nous pouvons encore faire face à l'orage qui grossit autour de nous. »

Il trouva dans une autre pièce la personne qu'il cherchait, la même qui s'était introduite dans le harem du duc de Buckingham, et qui, ayant délivré Alice de captivité, s'était mise à sa place. Elle était alors vêtue plus simplement que lorsqu'elle s'était plu à éveiller et à tromper la curiosité du duc par sa présence; mais son costume conservait encore quelque chose d'oriental, en harmonie avec le teint brun et les yeux vifs de celle qui le portait. Elle tenait un mouchoir sur ses yeux; en voyant entrer Christian, elle l'en retira subitement, et, lançant sur lui un regard de mépris et d'indignation, lui demanda ce qu'il prétendait en s'introduisant ainsi dans un endroit où sa présence n'était ni attendue ni désirée.

— L'honnête question, d'une esclave à son maître! répondit-il.

— Oui, certes, ma question est honnête, et la plus convenable de toutes, de la part d'une maîtresse à son esclave! Ne savez-vous donc pas que, du moment où vous m'avez laissé voir votre inexprimable bassesse, vous m'avez rendue maîtresse de votre sort? Quand vous ne me paraissiez qu'un démon de vengeance, vous commandiez la terreur, et à juste titre; mais un infâme tel que vous vous êtes montré récemment, un vil et fourbe suppôt de l'enfer, un esprit sordide et rampant, ne peut obtenir que le mépris d'une âme comme la mienne.

— Superbe tirade, et bien déclamée!

— Oui, je sais parler... quelquefois ; je sais aussi me taire, et personne n'en est plus certain que vous.

— Tu es une enfant gâtée, Zara, qui abuse de mon indulgence pour ton humeur capricieuse. Ton esprit s'est dérangé depuis que tu es débarquée en Angleterre, et le tout pour l'amour d'un homme qui ne s'inquiète pas plus de toi que des créatures qui courent les rues, et au milieu desquelles il t'a laissée pour s'engager dans une querelle au sujet d'une femme qu'il préfère.

— Peu importe, dit Zara, qui luttait visiblement contre une émotion douloureuse ; peu importe qu'il en aime mieux une autre. Il n'en est aucune, non, aucune, qui l'ait jamais aimé ou puisse l'aimer autant que moi.

— Vous me faites pitié.

— Oui, je mérite votre pitié. Mais qui dois-je remercier de mes malheurs, si ce n'est vous ? Vous m'avez élevée dans la soif de la vengeance, alors que j'ignorais si le mal et le bien étaient autre chose que des mots. Pour obtenir vos éloges et satisfaire une vanité que vous aviez excitée, j'ai, durant des années, subi une pénitence devant laquelle mille autres auraient reculé.

— Mille, Zara ? Dites cent mille, et un million en sus. Il n'est pas sur terre une créature, simple mortelle, qui aurait eu la force d'accomplir la trentième partie de ton sacrifice.

— J'en suis convaincue ; j'ai subi une épreuve à laquelle peu de femmes auraient résisté. J'ai renoncé au doux commerce de mes semblables ; j'ai forcé ma langue à ne prononcer, comme un vil espion, que ce que mon oreille avait recueilli. Oui, j'ai fait cela des années, soutenue par l'espoir de me venger d'une femme qui, si elle fut coupable de la mort de mon père, en a été cruellement punie en nourrissant dans son sein un serpent qui avait le venin, mais non la surdité de la vipère.

— Bien ! fort bien ! Mais n'aviez-vous pas votre récompense dans mon approbation, dans la conscience de cette dextérité sans égale au moyen de laquelle, supérieure à tout ce que l'histoire a jamais cité de votre sexe, vous supportiez l'insolence sans y prendre garde, l'admiration sans y être sensible, la moquerie sans y répondre ?

— Non pas sans y répondre, dit-elle avec fierté. La nature n'a-t-elle pas donné à mes sentiments un moyen d'expression plus énergique que la parole ? Mes cris inarticulés ne faisaient-ils pas trembler ceux qui se seraient peu embarrassés de mes prières ou de mes plaintes ? Mon orgueilleuse maîtresse, qui assaisonnait ses charités d'insultes qu'elle croyait n'être pas entendues, en était justement récompensée par mon exactitude à mettre son ennemi mortel dans la confidence de ses intérêts les plus chers et les plus secrets. Avec ce comte, pétri de vanité, aussi insignifiant que le panache qui flottait à son chapeau ; avec ces demoiselles et ces dames qui me raillaient, n'ai-je pas eu aussi ma revanche ? Mais il en est *un,* dit-elle en levant les yeux au ciel, qui ne m'a jamais tournée en ridicule, dont le cœur généreux traitait la pauvre muette comme une sœur, qui ne dit jamais un mot d'elle que pour l'excuser ou la défendre ; et celui-là, vous prétendez que je ne dois pas l'aimer, que c'est folie de l'aimer ! Je serai folle alors, car je l'aimerai jusqu'au dernier soupir.

— Songe donc un instant, sotte que tu es (sotte en un seul point, car tu peux d'ailleurs le disputer à toutes les femmes de l'univers), songe que je t'ai proposé, pour te dédommager de cette affection sans espoir, la plus brillante carrière. Songe qu'il dépend de toi seule de devenir l'épouse, en légitime mariage, du puissant Buckingham ! Avec mes talents, avec ton esprit et ta beauté, avec son amour passionné de ces deux avantages, un instant suffirait pour t'élever au rang des princesses d'Angleterre. Laisse-toi seulement guider par moi. Le duc est dans une situation désespérée, il a besoin de tous les secours pour regagner son crédit, et surtout de celui que seuls nous pouvons lui prêter. Suis mes conseils, et le destin même ne saurait t'empêcher de porter la couronne ducale.

— Une couronne de chardons, duvet et feuilles entrelacés ! Je ne connais rien de plus pitoyable que votre Buckingham ! Je l'ai vu, pour vous satisfaire, vu dans un moment où, comme homme, il aurait dû se montrer généreux et noble ; j'ai tenté l'épreuve parce que vous l'aviez désiré ; car je me ris des dangers qui font fuir, rouges et frémissantes, les timides créatures de mon sexe. Qu'ai-je trouvé en lui ? un misérable voluptueux plein d'hésitation, et dont la passion ressemble au feu d'un champ de chaume, qui jette quelques flammes ou de la fumée, mais qui n'échauffe ni ne consume. Christian, sa couronne ducale serait-elle là, à mes pieds, j'en accepterais une de pain d'épice, plutôt que d'étendre la main pour la ramasser.

— Décidément, Zara, vous êtes folle ; avec toute votre intelligence et tous vos talents, vous êtes complètement folle. Laissons là Buckingham... Et à moi ne me devez-vous rien? à moi qui vous ai arrachée à un maître cruel pour vous procurer le bien-être et l'abondance?

— Oui, Christian, je vous dois beaucoup. Si je ne l'avais senti, certes je vous aurais dénoncé à la comtesse, comme j'en ai eu mainte fois la tentation ; elle vous aurait fait pendre aux créneaux de son château féodal, laissant à vos parents le soin de se venger des aigles qui auraient nourri leurs petits de votre chair.

— Je vous suis vraiment obligé de tant d'indulgence.

— Vous faites bien, car j'en ai eu, et en toute sincérité. Si j'ai agi de la sorte, ce n'est pas à cause de vos bienfaits, quels qu'ils fussent : ils étaient tous intéressés et accordés dans les vues les plus égoïstes; je vous en ai payé mille fois par le dévouement à vos volontés, au risque des plus grands dangers pour ma personne. Mais jusque dans ces derniers temps, je respectais votre force d'âme, l'empire sans égal que vous aviez sur vos passions, la puissante intelligence qui vous soumettait tous les esprits, depuis le fanatique Bridgenorth jusqu'au débauché Buckingham. Voilà les qualités auxquelles j'avais reconnu mon maître.

— Ces qualités, je les possède encore dans toute leur énergie ; et si tu me prêtes assistance, tu me verras briser, comme des toiles d'araignée, les entraves les plus fortes que les lois de la société civile aient imposées à la dignité naturelle de l'homme.

Elle réfléchit un instant, et repartit en ces termes :

— Sous l'influence d'un mobile élevé, fût-il contraire aux lois, car j'étais née pour regarder le soleil en face, j'étais résolue à te servir ; oui, j'aurais pu te suivre tant que la vengeance ou l'ambition eût guidé ton âme... Mais l'amour de l'or, et de l'or acquis par quels moyens ! qu'ai-je de commun avec cela? Ne voulais-tu pas contribuer aux débauches du roi, même en sacrifiant ta propre nièce? Tu souris?

Tâche encore de sourire lorsque je te demanderai si ton dessein n'était pas de me prostituer moi-même en m'ordonnant d'aller chez Buckingham. Souris à cette question, et, de par le ciel, je te perce le cœur!

En même temps, elle porta la main à son sein, et laissa voir le manche d'un petit poignard.

— Mon sourire, dit Christian, n'était qu'une marque de mépris pour une accusation si odieuse. Zara, je ne t'en dirai pas la raison ; mais il n'existe pas au monde une créature dont l'honneur soit plus en sûreté qu'auprès de moi. Duchesse de Buckingham, tel est le titre que j'ambitionnais pour toi, et, spirituelle et séduisante comme tu es, je ne doutais pas de réussir.

— Vain flatteur! dit Zara, qui paraissait néanmoins apaisée par la flatterie qu'elle condamnait ; vous cherchiez, en effet, à me persuader que, selon toute apparence, le duc m'offrirait l'hommage d'un amour honorable. Comment avez-vous pu faire l'essai d'une tromperie si grossière, que le temps, le lieu, les circonstances allaient dévoiler? A l'époque dont vous parlez, la duchesse vivait encore.

— Elle vivait, mais sur son lit de mort ; et quant au temps, au lieu et aux circonstances, si ta vertu, ma Zara, avait dépendu de si peu de chose, comment serais-tu la créature que j'admire? Je savais que tu étais parfaitement capable de le défier ; autrement, toi qui m'es plus chère que tu ne le penses, je ne t'aurais pas mise en danger, ni pour le duc, ni pour tout le royaume. A présent, veux-tu recevoir mes conseils, et continuer de me seconder?

Zara ou Fenella — nos lecteurs doivent être convaincus de l'identité de ces deux personnages — baissa les yeux et garda longtemps le silence.

— Christian, dit-elle enfin d'un ton de voix solennel, si mes idées du bien et du mal sont incohérentes et bizarres, je le dois d'abord à cette fièvre que le soleil de ma patrie a allumée dans mes veines ; puis à une enfance passée parmi les charlatans et les jongleurs ; enfin, à une jeunesse consacrée à la fraude et à la trahison, et pendant laquelle il m'était ordonné de tout entendre, sans qu'il me fût permis de converser avec personne. La dernière cause de mes fautes, si on doit les nommer ainsi, vient de vous seul. C'est vous qui m'avez fait entrer chez la comtesse, c'est vous qui m'avez enseigné que venger la mort de mon père était le premier et le plus grand de mes devoirs ici-bas. Tenez, je vais vous dire franchement ce que je pense. Vous prétendez m'avoir retrouvée, moi votre nièce, dans la petite danseuse dont l'agilité faisait la fortune d'un maître brutal. Comment l'auriez-vous si aisément décidé à se séparer de son esclave, si, pour des raisons à vous connues, vous ne m'aviez vous-même placée sous sa gouverne, en vous réservant le droit de me réclamer quand vous le jugeriez bon? Quel autre apprentissage m'aurait si complètement mise en état de jouer le rôle de muette auquel vous aviez résolu de me condamner toute ma vie?

— Vous n'êtes pas juste, Zara. Vous paraissiez capable de remplir, dans la perfection, une tâche nécessaire pour venger la mort de votre père : je vous y dévouai comme j'y ai dévoué ma vie et mes espérances. Vous avez regardé ce devoir comme sacré, jusqu'au jour où votre folle passion pour un jeune homme qui aime votre cousine...

— Qui aime ma cousine, répéta Zara en prononçant ces mots lentement et comme s'ils étaient tombés à son insu de ses lèvres. Eh bien, soit! homme rempli d'astuce, je t'obéis encore quelque temps. Mais prends bien garde, ne m'importune pas de tes remontrances sur l'objet le plus cher de mes secrètes pensées, sur mon affection sans espoir pour Julien Peveril; et ne me fais servir à aucun des pièges que tu aurais envie de lui tendre.

— Je me soucie peu de ces Peveril, et encore moins de ce qu'ils deviendront, à moins qu'ils ne se placent entre moi et la femme destinée à ma vengeance. Quant au duc, il a une réputation méritée d'esprit à la ville, de bravoure chez les militaires, d'élégance et de grâce à la cour, sans parler d'un rang élevé et d'une immense fortune; pourquoi ne saisiriez-vous pas l'occasion...

— Plus un mot là-dessus, ou notre trêve — souviens-toi que ce n'est pas une paix, — notre trêve, dis-je, ne durera pas une heure.

Christian fit un dernier effort pour intéresser la vanité de cet être singulier.

— Voilà donc, dit-il, celle qui se prétendait supérieure aux passions humaines! Elle pouvait, avec une égale indifférence, visiter un palais ou une prison! et sans se laisser émouvoir par l'image de la prospérité ou du malheur, elle marchait, d'un pas ferme et silencieux, à l'accomplissement de ses desseins!

— Mes desseins, Christian! Ce sont les tiens que tu veux dire; pour arracher par surprise aux prisonniers des moyens de condamnation, et pour sonder le secret des consciences.

— Vous étiez mon agent, et je vous ai donné accès dans les prisons afin d'aider à une révolution nationale. Comment avez-vous usé d'un tel privilège? Au profit de votre fol amour.

— Si celui qui en était l'objet eût eu un grain de bon sens, lui et moi serions bien loin des embûches que vous nous aviez dressées à tous

deux. Mes préparatifs étaient faits, et à l'heure où je parle, nous aurions perdu de vue pour toujours les rivages de la Grande-Bretagne.

— Et le nain? était-il digne de vous de tromper cette créature par de flatteuses visions, de l'endormir avec des drogues? Est-ce encore là mon ouvrage?

— C'était l'instrument obligé, et en cela je me conformais à vos leçons. Pourtant, ne le méprisez pas trop. Ce pauvre nain, dont je me jouais dans la prison, ce malheureux avorton de la nature, je le choisirais pour mari plutôt que d'épouser votre Buckingham. Il a, du moins, un cœur chaud et une noblesse de sentiments dont tout homme devrait se faire honneur.

— Eh bien donc, fais comme tu l'entendras.

Et Christian ajouta à part soi : Le coursier a secoué le mors : il ne me reste plus qu'à le suivre, puisque je ne peux plus le guider.

Retournons maintenant à la cour de Charles II, au palais de Whitehall.

CHAPITRE XLVIII.

> Mais que te dirai-je, lord Scroop? À toi, créature cruelle, ingrate, sauvage et inhumaine, qui avais la clef de tous mes conseils, qui connaissais le fond de mon cœur, qui aurais pu faire de moi des rouleaux de guinées, si tu l'avais essayé?
>
> SHAKESPEARE, *Henri V*.

 aucune époque de sa vie, pas même dans le plus grand danger, la gaieté naturelle de Charles ne parut souffrir une atteinte plus forte que ce soir-là, pendant qu'il attendait l'arrivée du duc de Buckingham. Celui pour lequel il avait eu le plus d'indulgence, qu'il avait choisi pour compagnon de plaisir, serait-il capable de tremper dans un complot dirigé, selon toute apparence, contre sa vie et sa liberté? Le cœur du prince se révoltait à cette idée.

Il interrogea de nouveau Hudson à plusieurs reprises, sans en pouvoir tirer autre chose que ce qu'il avait déjà dit. Le nain lui avait décrit, avec des couleurs si fantastiques et dans un style si romanesque, la femme dont il avait reçu la visite à Newgate, que le roi en venait à penser que la tête du pauvre homme était passablement dérangée. En outre, comme on ne trouva rien de suspect dans les caisses ou instruments apportés par les musiciens allemands, il nourrissait un léger espoir que cette conspiration n'était qu'une plaisanterie ou une méprise.

Les personnes envoyées pour observer les mouvements de la congrégation de Weiver revinrent annoncer qu'elle s'était dispersée tranquillement. On apprit en même temps que ceux qui la composaient y avaient assisté en armes ; mais ce n'était pas une preuve qu'ils eussent des intentions hostiles, à une époque où tous les bons protestants se croyaient en danger imminent d'être massacrés par les catholiques. Le langage violent du ministre ne démontrait pas davantage la préméditation d'un coup de force. Les paraboles favorites des prédicateurs, les figures et ornements oratoires qu'ils affectionnaient, avaient toujours une tournure militaire ; et la prise d'assaut du royaume des cieux, belle et énergique métaphore, lorsqu'elle est employée en un sens général comme dans l'Écriture, ils la détaillaient dans leurs sermons, en y appliquant les termes techniques de l'attaque et de la défense d'une place forte.

Tandis que plusieurs rapports arrivaient du dehors, et que le roi en discutait l'importance avec ceux qu'il avait jugé à propos de consulter, une impression de malaise se mêla par degrés à la gaieté de la soirée. Tout le monde s'aperçut qu'il se passait quelque chose d'extraordinaire. Le jeu fut négligé, le concert délaissé ; les galants cessèrent de courtiser les dames, et les dames de coqueter avec les galants. Une curiosité inquiète se répandit parmi les assistants.

Pour ajouter à l'appréhension générale, le bruit circula sourdement qu'il était défendu de sortir du palais avant l'heure qui serait fixée ; qu'on avait doublé le nombre des sentinelles, et qu'un escadron des gardes était rangé en bataille dans la cour : circonstances tellement inaccoutumées, qu'elles excitèrent l'anxiété la plus vive.

Telle était la situation de la cour quand le bruit d'une voiture se fit entendre, et le mouvement qui s'ensuivit annonça l'arrivée de quelque grand personnage.

— Voici Chiffinch qui revient, dit le roi, avec sa proie entre les griffes.

C'était, en effet, le duc de Buckingham, et il n'approchait pas sans émotion de la résidence royale. En entrant dans la cour d'honneur, il vit la lueur des torches, que portaient les valets, se refléter sur les habits écarlates, les chapeaux galonnés d'or et les sabres nus des gardes à cheval. Il se contenta de dire à l'officier de service :

— Vous êtes bien tard sous les armes, capitaine Carleton.

— C'est l'ordre, Milord, répondit celui-ci avec une précision militaire.

Et il dit aux quatre soldats à pied placés à l'entrée du perron de faire place au duc de Buckingham, puis, après l'avoir vu passer, de se rapprocher et de garder sévèrement la porte.

Cette consigne semblait ôter au duc toute chance de salut. A mesure qu'il montait le grand escalier, il remarqua d'autres mesures de précaution : les gardes à pied étaient plus nombreux que de coutume et portaient des carabines au lieu de hallebardes ; il en était de même des gardes du corps. En un mot, toutes les forces militaires qui composaient la maison du roi paraissaient, pour quelque motif important, avoir pris les armes et se trouver de service.

Buckingham, tout en examinant ces apprêts de défense, s'avançait d'un pas ferme et lent, comme s'il eût compté chacun des degrés sur lesquels il mettait le pied. « Qui me répondra de la fidélité de Christian? se demandait-il à lui-même. S'il tient bon, nous sommes sauvés ; autrement... » Comme il posait cette alternative, il entra dans le salon de réception.

Le roi était debout au milieu de l'appartement, entouré des graves personnages qu'il venait de consulter. Le reste de l'assemblée, dispersé par groupes, regardait en se tenant à distance. Lorsque Buckingham entra, toute la cour fit silence, dans l'espoir d'obtenir quelques éclaircissements sur les mystères de la soirée. L'étiquette ne permettant pas d'approcher, chacun se penchait en avant, pour saisir, s'il était possible, quelque chose de ce qui allait se passer entre le roi et son turbulent sujet. Les conseillers du roi se rangèrent de côté et d'autre, afin de laisser au duc la facilité de présenter ses hommages dans les formes d'usage. Il s'acquitta de ce devoir avec sa grâce ordinaire.

— Vous vous êtes fait attendre, Milord, lui dit Charles d'un air grave ; il y a longtemps que Chiffinch est parti pour requérir votre présence. Vous avez fait de la toilette, à ce que je vois ; c'était un soin bien inutile.

— Inutile, Sire, parce qu'il n'ajoute rien à la splendeur de votre cour, répondit le duc; mais il ne saurait l'être pour moi. C'est aujourd'hui jour de congé à York-Place, et mon club de Pendables s'en donnait à cœur joie, quand l'ordre de Votre Majesté est arrivé. Je ne pouvais avoir été dans la compagnie d'Ogle, de Mauiduc, de Dawson et autres, sans être obligé à quelques ablutions et changements, avant de me présenter ici.

— J'espère que la purification sera complète, dit le roi, dont les traits naturellement sombres et même durs ne se détendaient pas sous leur sourire habituel. Nous désirions vous demander des explications touchant une espèce de bouffonnerie musicale de votre invention, et qui a échoué, comme on nous le donne à entendre.

— Il faut, en effet, que le naufrage ait été complet, puisque Votre Majesté en paraît si contrariée. Je croyais faire plaisir à Votre Majesté, que j'avais vue parfois s'amuser à de semblables bagatelles, en lui envoyant cette boîte à musique et ce qu'il y avait dedans; mais la plaisanterie a déplu, je le crains, et les pièces d'artifice ont peut-être fait du mal.

— Pas autant peut-être qu'elles devaient en faire. Voyez vous-même, Milord : nous sommes tous en vie et sans brûlures.

— Il y a dans tout ceci quelque chose qui m'échappe, et qui doit être bien impardonnable, contre mon intention assurément, pour avoir pu déplaire à un maître si indulgent.

— Trop indulgent, Buckingham; et le fruit de mon indulgence a été de changer en traîtres des sujets loyaux.

— Avec la permission de Votre Majesté, je ne comprends rien à cela.

— Suivez-nous, Milord, répondit Charles, et nous essayerons de nous faire entendre.

Accompagnés des mêmes seigneurs, et suivi de Buckingham, sur lequel tous les yeux étaient fixés, Charles se retira dans le cabinet qui avait été, dans la soirée, le théâtre de fréquentes consultations. Là, s'appuyant, les bras croisés, sur le dossier d'un fauteuil, il procéda à l'interrogatoire du noble suspect.

— Parlons franchement, Buckingham, dit-il. Quelle devait être, en un mot, la surprise que vous nous ménagiez pour ce soir?

— Une simple mascarade, Sire. J'avais l'intention de faire sortir de la boîte une petite danseuse, dont les pirouettes devaient, selon moi, réjouir Votre Majesté. Il s'y trouvait aussi quelques feux d'artifice chinois, et dans l'idée que le divertissement aurait lieu dans la salle de marbre, je pensais qu'il serait possible de les tirer sans danger, pour masquer l'apparition de ma petite magicienne. J'espère qu'il n'y

a pas eu de perruques brûlées, de dames effrayées, ni d'espoir de noble lignée éteint par cette plaisanterie mal conçue?

— Nous n'avons point vu de feu d'artifice, Milord, et votre danseuse, dont nous entendons parler pour la première fois, s'est présentée à nous sous la forme de notre vieille connaissance, Geoffroy Hudson, qui sûrement ne songe plus à danser.

— Cela me confond, Sire. De grâce, qu'on fasse venir Christian, Édouard Christian ; il loge dans une grande et vieille maison, près de la boutique de Sharper l'armurier, dans le Strand. Aussi sûr que je vis de pain, je l'ai chargé de l'arrangement de cette fête; la petite danseuse lui appartient. S'il a fait quelque chose qui ait gâté mon concert ou porté atteinte à mon honneur, il mourra sous le bâton.

— Il est singulier, dit le roi, et je l'ai souvent observé, que ce Christian porte le blâme des méfaits de tout le monde : il joue le rôle ordinairement assigné, dans une nombreuse famille, à cet être malfaisant que l'on nomme *Personne*. Chiffinch commet-il une sottise, il en accuse Christian; Sheffield écrit-il une satire, je suis sûr d'apprendre que Christian l'a corrigée, copiée ou distribuée. C'est l'âme damnée de chacun à ma cour, le bouc émissaire sur qui retombent toutes les iniquités, et il aura un terrible fardeau à porter dans le désert. Quant aux péchés de Buckingham, il en est l'endosseur ordinaire, et, j'en suis convaincu, Sa Grâce compte que Christian doit subir, dans ce monde ou dans l'autre, tous les châtiments qu'elle a encourus.

— Non, Sire, repartit le duc, du ton le plus respectueux, je n'ai pas l'espoir d'être pendu ou damné par procuration; mais il est clair que quelqu'un s'est permis de revoir et de changer mon projet. Si j'ai été mis en cause, qu'on me fasse au moins connaître l'accusation et voir l'accusateur.

— C'est de toute justice, dit Charles. Amenez notre petit ami.

On dérangea le devant de la cheminée, et Hudson parut aussitôt.

— Voici le duc de Buckingham, poursuivit le prince ; répétez devant lui l'histoire que vous nous avez contée. Apprenez-lui ce qu'il y avait dans la boîte du violoncelle, avant qu'on l'eût vidée pour vous y introduire. N'ayez peur de personne, et dites hardiment la vérité.

— N'en déplaise à Votre Majesté, dit Hudson, la peur est un sentiment qui m'est inconnu.

Avant qu'il eût achevé son récit, Buckingham l'interrompit, en s'écriant :

— Est-il possible que je sois soupçonné par Votre Majesté sur la parole de cette pitoyable variété de la famille des babouins?

— Lord félon, je t'appelle au combat! dit le petit homme, grandement offensé.

— L'entendez-vous à présent? dit le duc. Le petit animal bat la campagne. Il défie un homme qui n'aurait besoin d'autre arme que d'une grosse épingle pour le percer à jour, et dont un coup de pied suffirait à l'envoyer de Douvres à Calais, sans bac ni bateau. Que pouvez-vous attendre d'un idiot, engoué d'une danseuse des rues, qui gambadait à Gand sur la corde raide, à moins qu'ils n'unissent leurs talents pour aller se montrer dans une baraque à la foire de Saint-Barthélemy ? En supposant que la bestiole n'agit point par malice, car cette race de pygmées est rongée d'envie contre quiconque jouit des proportions ordinaires de l'humanité, en supposant, dis-je, que ce n'est pas un mensonge perfide de son invention, eh bien, à quoi se réduit toute l'histoire ? A ce qu'il a pris des pétards chinois pour des armes; n'est-ce pas évident ? Il ne dit pas les avoir touchées ou maniées luimême ; et, n'en ayant jugé qu'au simple coup d'œil, ce vieil avorton, déjà sujet à loger dans sa caboche la première lubie ou prévention venue, était-il en état seulement de distinguer un boudin d'une escopette ? J'en doute.

Le vacarme horrible que fit le nain dès qu'il entendit ainsi rabaisser ses connaissances militaires, la précipitation avec laquelle il débita les preuves de ses exploits belliqueux, et les contorsions ridicules dont il prétendit corroborer la véracité de son histoire, excitèrent un moment l'hilarité du roi, et même celle des hommes d'État qui l'entouraient; ce qui ajouta une teinte d'absurdité à une scène déjà étrange par elle-même. Charles y mit un terme, en ordonnant au nain de se retirer.

On reprit alors avec plus de régularité la discussion de son témoignage, et Ormond fut le premier à faire observer que le petit homme en disait plus qu'on ne l'avait d'abord pensé, puisqu'il avait parlé de propos compromettants échangés entre les gens du duc qui l'avaient transporté au palais. A cette remarque, Buckingham riposta d'un ton de dédain :

— Le duc d'Ormond, j'en suis sûr, ne manquera jamais l'occasion de m'être agréable; mais je le mets au défi, lui et tous mes autres ennemis. Il me sera facile de démontrer que cette conspiration, si elle a quelque fondement, n'est qu'un coup monté pour détourner sur les protestants l'odieux qui s'attache avec raison aux menées des papistes. Voici un vieux marmouset, voué à la potence, et qui, le jour même où il échappe à la corde qu'il méritait, cherche à noircir la réputation d'un pair protestant! Et sur quels motifs? Sur les propos outrageants de trois ou quatre musiciens étrangers, propos entendus à travers les fentes d'un étui à violoncelle, et cela quand il y était claquemuré et monté sur les épaules d'un portefaix! Or, en rapportant cette conversation, le drôle prouve qu'il comprend l'allemand comme mon cheval; et même eût-il bien entendu, bien compris, bien rapporté ce qu'ils ont dit, en quoi mon honneur doit-il être compromis par ce que disent des gens de cette espèce, avec lesquels un homme de mon rang n'a de rapports que pour les affaires de leur métier? Pardonnez, Sire, si je me permets d'ajouter que les grands hommes d'État qui ont déjà tenté d'étouffer le complot papiste par le faux complot du tonneau de farine ne se feront guère plus d'honneur par leurs inventions de boîtes à musique.

Les conseillers s'entre-regardèrent; Charles tourna sur les talons, et marcha à grands pas dans le cabinet. En ce moment, on annonça que les Peveril père et fils venaient d'arriver au palais, et le roi donna l'ordre de les introduire en sa présence.

Ils avaient reçu l'injonction de se rendre à la cour dans un moment plein d'intérêt pour eux. Après avoir été mis en liberté par Bridgenorth de la manière et aux conditions dont le lecteur a eu connaissance, ils avaient gagné le logement de lady Peveril. Elle avait appris, grâce à l'empressement de Lance Outram, qu'ils avaient été acquittés; mais leur retard à paraître et surtout le bruit des désordres populaires l'avaient jetée dans de vives alarmes. Après la ferveur des premiers transports, elle dit, en regardant Julien d'un air d'intelligence comme pour lui recommander d'être prudent, qu'elle allait lui présenter la fille d'un ancien ami, que *jamais* (elle appuya sur ce mot) il n'avait vue auparavant.

— Cette jeune personne, ajouta-t-elle, est la fille du colonel Mitford, du pays de Galles, qui me l'a confiée pour quelque temps, ne se jugeant pas en état de terminer son éducation.

— Oui, oui, Dick Mitford, répondit le chevalier; il est bien vieux maintenant, il doit avoir passé de dix ans la soixantaine. C'était déjà un maître coq, et non plus un poulet, quand il amena au marquis d'Hertford deux cents paysans gallois. Par saint Georges, Julien, j'aime cette enfant comme si elle était de mon propre sang! Lady Peveril n'aurait jamais pu résister à cette épreuve sans elle; et de plus, Mitford m'a envoyé mille pièces d'or fort à propos, car il nous restait à peine une pièce à la croix pour empêcher le diable de danser dans nos poches; tout s'en allait à ces gens de loi! Chose singulière! il a été le seul de mes amis à se souvenir qu'un peu d'argent pourrait me faire du bien.

Tandis que sir Geoffroy discourait de la sorte, Alice et Julien s'étaient salués et entretenus, sans qu'il y eût fait attention, sinon pour dire :

— Embrasse-la, Julien, embrasse-la! Que diable! est-ce ainsi que tu as appris dans l'île de Man à saluer une dame, comme si elle avait un fer rouge sur les lèvres? Ne vous en offensez pas, ma jolie fille; Julien est d'un naturel timide, et il a été élevé chez une vieille dame ; mais laissez faire, vous verrez qu'il est aussi galant que vous avez trouvé son père. A présent, dame Peveril, à table, à table! Il faut que le vieux renard se garnisse la panse, quoiqu'il ait été chassé par les chiens toute la journée.

Lance Outram, dont il fallut ensuite écouter les joyeuses félicitations, eut le bon esprit de les abréger pour s'occuper du repas simple mais substantiel qu'il avait commandé chez le traiteur voisin. Julien se trouva, comme par enchantement, assis entre sa mère et sa maîtresse. Il n'eut point de peine à deviner que lady Peveril était l'amie fidèle à qui le major s'était enfin résolu à confier sa fille, et il n'avait d'inquiétude qu'en songeant à ce que dirait le vieux Cavalier en apprenant la vérité. Tout à la joie de l'heure présente, il échangea avec Alice maint signe de reconnaissance, sous les yeux de sa bonne mère, qui ne parut pas s'en offusquer. Quant au baronnet, qui ne se doutait de rien, il parla, but et mangea comme quatre. Peut-être aurait-il caressé un peu plus longtemps la dive bouteille, sans l'arrivée d'un officier qui lui apporta l'ordre de se rendre incontinent au palais et d'y amener son fils.

Lady Peveril fut alarmée, et Alice pâlit, agitée de la même inquiétude; quant au chevalier, qui ne voyait jamais au delà de ce qui s'offrait naturellement à sa vue, il attribua ce message au désir qu'avait le roi de le féliciter sans délai sur l'heureuse issue de son procès. Pendant qu'il se consultait avec Lance Outram sur le moyen de nettoyer au plus vite son ceinturon et la poignée de son épée, lady Peveril eut le temps d'informer plus clairement Julien qu'Alice avait été mise sous sa protection par la volonté de son père, et avec le consentement de celui-ci à leur union, si elle pouvait avoir lieu. Elle ajouta qu'elle avait résolu d'employer la médiation de la comtesse de Derby pour surmonter les obstacles que l'on pouvait appréhender de la part de sir Geoffroy.

CHAPITRE XLIX.

Au nom du roi, rengaînez vos épées et vos poignards

SHERIDAN, *le Critique*.

UAND le père et le fils entrèrent dans le cabinet du roi, il fut aisé de voir que sir Geoffroy avait obéi aux ordres du prince comme s'il avait entendu sonner le bouteselle : ses cheveux gris en désordre et ses vêtements négligés, preuve d'empressement et de zèle quand on l'appelait jadis à un conseil de guerre, s'accordaient mal avec l'étiquette d'un salon royal en temps de paix.

Il s'arrêta à la porte, et dès que Charles II lui eut dit d'approcher, il courut à lui avec l'enthousiasme de sa jeunesse, tomba à genoux, lui saisit la main et, sans même essayer de parler, versa un flot de larmes. Le roi, dont les sensations étaient vives tant qu'il en avait la cause sous les yeux, se prêta un moment à cet excès d'émotion.

— Mon bon sir Geoffroy, dit-il, vous avez été assez durement traité; une réparation vous est due, et nous trouverons le temps de payer nos dettes.

— Je n'ai rien souffert, on ne me doit rien, répliqua le vieillard.

Peu m'importait l'opinion des coquins !.. Est-ce qu'ils auraient jamais trouvé douze honnêtes jurés pour croire à leurs effrontés mensonges? Je mourais d'envie de les assommer quand ils m'appelaient traître à Votre Majesté ; cela, j'en conviens... Mais avoir si promptement l'occasion de rendre mes devoirs à mon roi, voilà qui dédommage de tout. Ils voulaient me persuader, les scélérats, de ne pas me présenter à la cour ! Ah ! ah !

Le duc d'Ormond s'aperçut que le roi rougissait fortement, car, dans le fait, c'était par son ordre qu'on avait donné à sir Geoffroy l'avis de s'en retourner chez lui sans paraître à Whitehall. Il soupçonnait, de plus, que le brave chevalier ne s'était pas levé de table le gosier tout à fait sec, après les fatigues d'une journée si agitée.

— Mon vieil ami, lui dit-il tout bas, vous oubliez que votre fils doit être présenté : permettez-moi d'avoir cet honneur.

— Je demande humblement pardon à Votre Grâce, dit sir Geoffroy en se relevant, c'est un honneur que je me réserve, vu qu'à mon avis, personne n'a autant de titres à offrir l'enfant et à le consacrer au service de Sa Majesté que le père qui l'a engendré. Avance, Julien, et mets-toi à genoux... Le voici, avec la permission de Votre Majesté... Julien Peveril... un rejeton de la vieille souche, aussi vigoureux, quoique un peu moins haut, que le vieux tronc lorsqu'il commençait à verdir. Recevez-le, Sire, comme un fidèle serviteur ; il est à vous *à vendre et à dépendre* *, comme disent les Français. S'il craint le fer ou le feu, la hache ou la corde, pour le service de Votre Majesté, je le renie, ce n'est pas mon sang, je le désavoue, et il peut s'en aller dans l'île de Man, dans l'île des Chiens, ou dans l'île des Diables, peu m'importe !

Charles fit signe de l'œil à Ormond, et ayant, avec sa courtoisie ordinaire, exprimé sa parfaite conviction que Julien imiterait la loyauté de ses ancêtres, et particulièrement celle de son père, il ajouta qu'il pensait que le duc d'Ormond avait à entretenir le chevalier de choses d'importance. Sir Geoffroy fit un salut militaire et suivit le duc, qui se mit à l'interroger sur les événements de la journée. En

---

* *Dépendre* est ici dans le vieux sens de *dépenser*, d'employer.

même temps Charles, après s'être assuré que le fils n'avait pas la tête aussi joyeusement montée que le père, lui demanda et en obtint un récit exact de ce qui s'était passé après le jugement.

Julien s'exprima, avec toute la clarté et la précision que demandait un pareil sujet, traité devant une auguste personne. Il en était à l'arrivée de Bridgenorth, quand le roi, qui l'écoutait avec plaisir, l'interrompit pour se féliciter, avec Arlington, d'avoir au moins la déposition d'un homme de sens sur ces événements mystérieux. Mais dès qu'il lui fallut amener le major en scène, Julien hésita à lui donner un nom ; et après avoir fait mention de la chapelle qu'il avait vue remplie d'hommes armés et de la violente apostrophe du prédicateur, il s'empressa d'achever en disant que néanmoins ils s'étaient tous retirés sans en venir à aucune violence, avant que son père et lui eussent été rendus à la liberté.

— Puis vous êtes allé tranquillement dîner chez vous, jeune homme, fit remarquer Charles d'un ton sévère, sans avertir un magistrat qu'il s'était tenu, à deux pas de notre palais, un dangereux conciliabule, dont les membres ne cachaient pas leurs intentions de se porter à des actes criminels ?

Peveril rougit et se tut. Le roi fronça le sourcil, et se retira à l'écart pour causer avec Ormond, qui rapporta que le père paraissait n'avoir rien su de l'affaire.

— Et le fils, je suis fâché de le dire, reprit le roi, semble plus éloigné de vouloir dire la vérité que je ne m'y attendais. Nous avons toute sorte de témoins pour cette enquête singulière : un témoin fou dans le nain, un témoin ivre dans le père, et maintenant un témoin muet. Jeune homme, continua-t-il en s'adressant à Julien, votre conduite est moins franche que je ne l'aurais cru de la part du fils de votre père. Il faut que je sache quelle est cette personne avec qui vous vous êtes entretenu familièrement : vous la connaissez, je présume ?

Julien avoua que oui ; puis, mettant un genou en terre, il demanda pardon au roi de ce qu'il cachait son nom : il avait été mis en liberté, dit-il, à cette condition.

— Ce fut une promesse forcée, d'après vos propres aveux, objecta le roi, et je ne puis vous autoriser à la tenir ; il est de votre devoir de dire la vérité. Si vous craignez de parler devant Buckingham, il va se retirer.

— Je n'ai aucune raison de craindre le duc de Buckingham; si j'ai eu une affaire avec quelqu'un de sa maison, c'est la faute de ce malotru et non la mienne.

— Parbleu! dit le roi, je commence à y voir clair. Il me semblait bien que ta figure ne m'était pas inconnue. N'es-tu pas le même garçon que j'ai rencontré chez Chiffinch, l'autre matin? La chose m'était sortie de la mémoire; mais tu me dis alors, je m'en souviens, que tu étais le fils de ce joyeux buveur de baronnet, qui est par là.

— Il est vrai que j'ai rencontré Votre Majesté chez M. Chiffinch, et je crains d'avoir eu le malheur de lui déplaire; mais...

— Laissons cela, jeune homme, laissons cela. Je me rappelle que vous aviez avec vous cette belle sirène dansante... Buckingham, je vous parie or contre argent que c'était elle qui devait loger dans l'étui du gros violon?

— Votre Majesté a deviné juste, dit le duc; et je soupçonne qu'elle m'a joué un tour en mettant le nain à sa place; car Christian est d'avis...

— Au diable Christian! interrompit Charles. Je voudrais qu'on l'amenât ici, cet arbitre universel!

A peine avait-il manifesté ce désir qu'on annonça l'arrivée de Christian.

— Qu'il entre, reprit le roi. Un instant, il me vient une idée. Dites-moi, Monsieur Peveril, cette danseuse qui vous a introduit auprès de nous par sa gracieuse agilité, n'est-elle pas, selon votre dire, au service de la comtesse de Derby?

— Je l'y ai connue pendant des années, Sire.

— Alors nous ferons venir la comtesse. Il est bon que nous sachions qui est, au juste, cette mignonne fée. Si Buckingham et son Christian en disposent comme d'une esclave, ce serait œuvre de charité de tenir la comtesse au courant; car je doute fort qu'elle se soucie, en ce cas, de la garder auprès d'elle. En outre, continua-t-il à part soi, ce Julien dont le silence est suspect, fait aussi partie de la maison de la comtesse. Je veux couler cette affaire à fond et rendre à chacun ce qui lui est dû.

La comtesse de Derby, aussitôt prévenue, entra par une porte au moment où Christian était introduit par l'autre, en compagnie de Zara ou Fenella. Sir Geoffroy, qui était revenu dans le cabinet, pouvait à peine tenir en place, dans son impatience d'aller saluer sa vieille amie ; il fallut qu'Ormond le prît par le bras pour le contraindre amicalement à rester tranquille.

Lady Derby, après une profonde révérence faite au roi, adressa au reste de la noble compagnie un salut moins cérémonieux, sourit à Julien, et ne fut pas peu surprise à l'apparition inattendue de Fenella. Buckingham se mordit les lèvres, car il vit que l'arrivée de la comtesse dérangerait probablement tout son système de défense ; et il lança un coup d'œil à Christian, dont le regard, fixé sur la vieille dame, lançait des éclairs de méchanceté comme celui de la vipère, tandis que l'émotion violente qu'il éprouvait avait rendu ses joues presque noires.

— Hormis vos anciens amis Ormond et Arlington, demanda le roi d'un air gracieux, y a-t-il ici quelqu'un que vous reconnaissiez, Madame ?

— Il y a, Sire, répondit la comtesse, deux dignes amis de ma famille, sir Geoffroy Peveril et son fils.

— Ne voyez-vous point d'autre personne ?

— Si ; une malheureuse fille attachée à mon service, et qui a disparu le jour même où Julien Peveril a quitté l'île pour une affaire importante ; on la croyait tombée dans la mer par accident.

— Votre Seigneurie a-t-elle eu des raisons de soupçonner — pardonnez-moi cette question, — qu'il existât quelque liaison déplacée entre Julien et cette jeune suivante ?

— Sire, dit la comtesse en rougissant d'indignation, ma maison est connue.

— Tout doux, Madame, ne vous fâchez pas... C'était pour savoir... Ces choses-là arrivent dans les maisons les mieux tenues.

— Pas dans la mienne, Sire. D'ailleurs, Julien Peveril a trop de fierté et d'honneur pour s'engager dans une intrigue avec une infortunée que sa triste situation met pour ainsi dire, en dehors de l'humanité.

Zara la regarda, et serra les lèvres, comme pour retenir les paroles qui étaient prêtes à s'en échapper.

— Je ne sais que penser, dit le roi. Ce que dit Votre Seigneurie peut être vrai en général, mais les hommes ont des goûts quelquefois bizarres. Cette fille disparaît de l'île en même temps que le garçon, et sitôt qu'il arrive à Londres, on la voit avec lui dans le parc de Saint-James, sautant et dansant comme une sylphide.

— Impossible! elle ne sait pas danser.

— M'est avis, chère dame, qu'elle en sait plus long que vous ne l'approuveriez.

La noble dame se redressa de toute sa hauteur et attendit en silence.

— Peveril est à peine enfermé à Newgate, poursuivit Charles, que, d'après le témoignage de notre petit ami Hudson, cette jeune gaillarde vient lui tenir compagnie. Car, sans demander comment elle a pu y entrer, je crois charitablement qu'elle avait trop bon goût pour s'y rendre à cause du nain. Ah! ah! maître Julien, cette fois j'ai frappé au bon endroit.

En effet, Julien avait tressailli à cette supposition, qui lui rappelait les visites qu'il avait reçues, la nuit, dans sa prison. Tout en ne le quittant pas des yeux, Charles continua :

— Eh bien, Messieurs, ce même Julien passe en jugement, il est acquitté, et tout de suite nous le retrouvons dans la maison où le duc de Buckingham préparait ce qu'il appelle une mascarade musicale. Pardieu, voici ce qui me semble à peu près certain : cette coureuse a donné le change au duc et a fourré le pauvre nain dans la boîte à violoncelle, afin de se réserver quelques moments agréables en compagnie du jeune Peveril... N'est-ce pas aussi votre avis, Messer Christian, vous, le conseiller de tout le monde? Cette conjecture vous paraît-elle fondée?

Christian jeta sur Zara un regard à la dérobée, et lut dans ses yeux quelque chose qui l'embarrassa. « Il ne pouvait se prononcer, dit-il en substance ; il avait, à la vérité, engagé cette danseuse sans pareille pour jouer le rôle en question dans le divertissement. Elle devait sortir de la caisse au milieu d'une légère pluie de feu, préparée avec des parfums pour dissimuler l'odeur de la poudre ; mais il ignorait pourquoi elle avait tout gâté en mettant le petit magot à sa place. »

— C'est au tour de la fillette, dit le roi ; il faut qu'elle témoigne sur cette affaire embrouillée, comme elle le pourra. Quelqu'un est-il en état de communiquer avec elle?

Christian dit qu'il la comprenait un peu depuis qu'il avait fait sa connaissance à Londres. La comtesse n'ouvrit pas la bouche; mais, à la requête du roi, elle convint sèchement qu'elle était bien forcée d'avoir quelques moyens habituels de se faire entendre d'une suivante attachée depuis tant d'années à sa personne.

— Allons, allons, reprit Charles, j'incline à croire, d'après ce que nous savons, que maître Julien possède une clef plus juste de son langage.

Sur un signe de lady Derby, Zara s'avança, baisa la main de sa maîtresse, et resta debout, les bras croisés sur sa poitrine, d'un air soumis, aussi différente de ce qu'elle était dans le harem de Buckingham que le serait une Judith d'une Madeleine pécheresse. Ce fut pourtant la moindre preuve qu'elle donna de la diversité de ses talents; car elle joua en telle perfection le rôle de muette, que le duc, avec toute sa finesse de discernement, demeura incertain si la créature qui posait devant lui était réellement la même dont il avait gardé, sous un autre costume, une impression si forte. On remarquait en elle tout ce qui indique à l'extérieur la privation de l'ouïe, et tout ce qui prouve l'adresse merveilleuse avec laquelle la nature s'efforce souvent d'y suppléer. Aucun son ne faisait trembler ses lèvres ; elle paraissait insensible à ce qu'on disait autour d'elle ; et, d'un autre côté, son regard vif et plein de feu semblait impatient de dévorer le sens des paroles dont elle ne pouvait juger qu'au mouvement des lèvres.

Interrogée par la comtesse à l'aide des moyens qui lui étaient familiers, Zara confirma le récit de Christian dans tous ses points, et avoua qu'elle avait dérangé le projet de mascarade par la substitution du petit homme ; toutefois, elle refusa de s'expliquer sur le motif qui l'avait fait agir ainsi, et la comtesse ne la pressa pas davantage.

— Tout, dit le roi, tend à disculper Buckingham : la déclaration du nain tombe dans la fantaisie; celle des deux Peveril ne vise en rien le duc, et celle de la muette exclut toute possibilité de le supposer coupable. A mon avis, Milords, nous devons le renvoyer absous; l'accusation est trop ridicule pour mériter d'être soumise à une information plus approfondie que celle dont nous nous sommes acquittés à la hâte.

Arlington s'inclina en signe d'approbation; Ormond crut devoir s'exprimer avec sa franchise habituelle.

— Sire, dit-il, je perdrais dans l'opinion d'un homme aussi brillamment doué que le duc de Buckingham, si je me déclarais satisfait. Mais je cède à l'esprit du temps, et je conviens qu'il serait fort dangereux de poursuivre, sur des chefs d'accusation tels que ceux que nous avons pu recueillir, un zélé protestant comme Sa Grâce. Si le duc avait été catholique, et en butte à de pareils soupçons, la Tour eût été une prison trop douce pour lui.

Buckingham salua son ennemi avec une expression de dépit que son triomphe même ne suffit pas à déguiser. *Tu me la pagherai*!* murmura-t-il entre ses dents du ton de la haine la plus violente; mais le vieil Irlandais, qui avait maintes fois bravé sa fureur, s'inquiéta peu d'en recevoir de nouvelles marques.

Le roi, ayant dit à tous ceux qui l'entouraient de passer dans le grand salon, arrêta Buckingham qui se préparait à les suivre; et, lorsqu'ils furent seuls, il lui demanda, d'un air significatif qui fit monter au visage du duc tout le sang de ses veines :

— Depuis quand, Georges, votre utile ami, le colonel Blood, est-il devenu musicien?... Vous vous taisez... N'essayez pas de nier le fait; quand une fois on a vu ce scélérat, on n'oublie plus sa figure... A genoux, à genoux, Georges, et reconnaissez que vous avez abusé de ma facilité... Ne cherchez pas d'excuse, il n'en est pas qui serve : j'ai vu l'homme de mes yeux parmi vos Allemands, comme vous les appelez; et vous savez ce que je dois en conclure.

— Eh bien, croyez que j'ai été coupable, très coupable, mon seigneur

---

* Phrase italienne qui signifie : *Tu me le paieras!*

et roi, dit le duc, accablé par le témoignage de sa conscience, et tombant à genoux; croyez que de pernicieux conseils m'ont égaré, que j'étais fou; croyez tout ce que vous voudrez, mais non que j'aie été capable, comme auteur ou complice, d'un attentat contre votre personne!

— Je ne le suppose pas. Je vois toujours en vous le compagnon de mes dangers et de mon exil, et, bien loin de vous croire plus coupable que vous ne le dites, je suis convaincu que vous exagérez même vos intentions criminelles.

— Par tout ce qu'il y a de plus sacré, dit le duc toujours à genoux, si je n'avais été, jusque dans ma vie et ma fortune, à la merci de cet infernal Christian...

— Ah! voilà Christian qui revient sur la scène, dit le roi en souriant; je n'ai plus qu'à en sortir. Allons, Villiers, lève-toi, je te pardonne. Seulement je t'impose une pénitence, la malédiction que tu prononças toi-même contre le chien qui te mordit. Marie-toi et va faire un tour dans tes terres.

Le duc se releva confus, et suivit le roi dans le salon. Charles y rentra, appuyé sur l'épaule du grand seigneur repentant, et il lui fit si bonne mine, que les plus fins observateurs de la cour doutèrent qu'il y eût aucun fonds de vérité dans les bruits qui commençaient à se répandre.

Sur ces entrefaites, la comtesse avait tenu conseil avec le duc d'Ormond, les Peveril et quelques autres amis; et, d'après leur avis unanime, quoique avec une extrême répugnance, elle fut amenée à penser qu'il suffisait, pour réparer l'honneur de sa maison, qu'elle se fût montrée à la cour; et que le parti le plus sage était de retourner incontinent dans son île, sans provoquer, par un plus long séjour, le ressentiment d'une faction puissante. Elle prit donc congé du roi, et lui demanda la permission d'emmener avec elle la pauvre créature qui s'était si étrangement soustraite à sa protection, pour se lancer dans un monde où son infirmité l'exposait à toutes sortes de tribulations.

— Votre Seigneurie me pardonnera-t-elle? dit Charles. J'ai longtemps étudié votre sexe, et je me trompe fort si votre petite suivante n'est pas, aussi bien qu'aucun de nous, en état de se suffire à elle-même.

— Elle en est incapable.

— C'est pourtant la vérité, continua Charles à demi-voix, et vous allez le voir vous-même. Regardez-la : elle n'a pas l'air d'entendre plus que le pilier de marbre contre lequel elle s'appuie. Eh bien, si la comtesse veut placer sa main près du cœur de cette muette, ou seulement sur son poignet, de manière à se rendre compte, par les battements du pouls, des émotions qu'elle éprouve, et si vous, Ormond, vous faites sortir un moment Julien Peveril, je vous prouverai qu'elle peut être sensible aux sons de la parole.

La douairière, très perplexe, appréhendant quelque badinage hasardé de la part du prince, et pourtant incapable de réprimer sa curiosité, alla se placer près de Fenella, et, tout en s'entretenant par gestes avec elle, trouva moyen de poser sa main sur son poignet. Au même moment, Charles passa près d'elle en s'écriant :

— Quel crime abominable! Christian vient de poignarder le jeune Peveril.

Le témoignage muet du pouls, qui battit comme si l'on eût déchargé un canon à l'oreille de la pauvre fille, fut accompagné d'un cri si lamentable, que le bon monarque en tressaillit et, presque affligé de l'épreuve :

— C'était pour rire, dit-il; Julien se porte bien, ma jolie fille. Je n'ai fait qu'emprunter sa baguette à un certain dieu aveugle, nommé Cupidon, pour rendre à l'une de ses muettes vassales l'usage de la parole.

— Trahie! dit Zara, les yeux baissés; je me suis trahie! Celle qui a passé sa vie à trahir les autres est prise à son propre piège; c'est justice. Mais où est mon maître en iniquité? où est-il, ce Christian qui m'a dressée au rôle d'espionne auprès d'une dame sans méfiance, presque au point de la livrer entre ses mains sanguinaires?

— Ceci, dit le roi, demande à être examiné en secret. Que tous ceux qui n'ont pas un intérêt direct dans l'affaire s'éloignent, et qu'on fasse rentrer cet homme! Misérable!.. poursuivit-il en voyant paraître Christian, à quel noir dessein travaillais-tu, et par quelles pratiques sans nom?

— Elle m'a donc dénoncé, dit Christian, livré aux fers et à la mort, uniquement pour une vaine passion, qui ne sera jamais satisfaite!... Apprends, malheureuse, qu'en me condamnant à mourir, c'est une fille qui assassine son père!

L'infortunée le regarda fixement, frappée de stupeur.

— Vous m'aviez dit, bégaya-t-elle enfin, que j'étais la fille de votre frère, fusillé par ordre de la comtesse.

— C'était pour te faire consentir au rôle que je te destinais dans mes projets de vengeance, et aussi pour cacher ce qu'on eût appelé l'infamie de ta naissance. Ah! tu es bien ma fille! tu dois au climat de l'Orient, sous lequel ta mère est née, ces passions impétueuses dont j'ai cherché à profiter pour mes desseins, et qui, ayant pris un autre cours, en ont amené la ruine...

— Sans doute, continua Christian, on va me conduire à la Tour?

Tout cela fut débité d'un grand sang-froid, et à peine parut-il remarquer le désespoir de sa fille, qui pleurait et sanglotait amèrement à ses pieds.

— Non, vous n'irez pas à la Tour, dit le roi, ému de compassion. Si vous consentez à quitter l'Angleterre, il y a sur la Tamise un navire en partance pour les colonies d'Amérique. Allez porter ailleurs vos ténébreuses intrigues.

— Je pourrais contester la sentence, riposta Christian avec audace, et, si je m'y soumets, c'est que j'avais déjà résolu de partir. Une demi-heure m'aurait suffi pour rendre la pareille à cette femme orgueilleuse ; mais la fortune s'est déclarée contre moi... Lève-toi, Zara! car il n'y a plus de Fenella ; dis à la comtesse de Derby que si la fille d'Édouard Christian, la nièce de la victime qu'elle a assassinée, est entrée à son service, ce n'était que dans l'espoir de prochaines représailles, espoir misérablement déçu. Vois-tu ta folie à présent? Tu voulais suivre ce jouvenceau qui t'a payée d'ingratitude, renoncer à tout pour obtenir de lui une marque d'attention ; et maintenant, te voilà proscrite, abandonnée, moquée, insultée par ceux que tu aurais pu fouler aux pieds si tu avais su te conduire avec plus de mesure ! Mais tu n'en es pas moins ma fille ; viens, il est d'autres pays au monde que l'Angleterre.

— Arrêtez-le! s'écria le roi. Il faut que nous sachions par quels moyens cette petite rusée a pu s'introduire dans nos prisons.

— Demandez-le, Sire, à votre geôlier protestant, ainsi qu'à vos pairs très protestants, qui, pour se procurer une exacte connaissance des secrets du complot papiste, ont su inventer des moyens d'arriver en secret, de nuit ou de jour, jusqu'aux prisonniers. Si Votre Majesté a l'intention de faire une enquête, sa Grâce le duc de Buckingham lui apportera un utile concours.

— Christian, lui dit le duc, tu es le plus impudent coquin que la terre ait porté.

— Parmi les roturiers, c'est possible.

Et sur cette réplique, Christian se retira et emmena sa fille.

— Suivez le drôle, Selby, dit le roi, et ne le perdez pas de vue jusqu'à ce que le vaisseau mette à la voile. S'il ose revenir en Angleterre, ce sera tant pis pour lui. Plût à Dieu que nous fussions ainsi débarrassé d'une autre peste d'intrigants !

Après un moment de réflexion, Charles ajouta :

— Oui, il serait vraiment à souhaiter un dénouement aussi paisible que celui de ce soir à toutes nos cabales politiques, à nos paniques sans raison. Voici un complot qui n'a pas coûté une goutte de sang, et, de plus, nous avons eu tous les éléments d'un roman, sauf la conclusion ordinaire : une princesse errante, — vous pardonnez, comtesse ? — un nain, une magicienne mauresque, un scélérat endurci, un gentilhomme repentant, et, cependant, tout finit sans potence ni mariage.

— Pas tout à fait sans mariage, Sire, dit la comtesse, qui avait eu occasion, pendant la soirée, de causer beaucoup en particulier avec Julien. Il existe un certain major Bridgenorth, qui attendait quel tour prendrait cette affaire pour se soumettre aux poursuites ; mais Votre Majesté ayant renoncé à les ordonner, il a dessein, comme nous en sommes instruits, de quitter son pays pour toujours. Or, ce Bridgenorth est en possession, par voies légales, de presque tous les domaines de Peveril, et il désire les restituer à leurs anciens propriétaires, en y joignant quantité de beaux biens à lui, sous la condition que notre Julien les recevra en dot de sa fille et héritière unique.

— Ma foi, dit Charles, il faudrait qu'elle fût bien disgraciée de la nature pour que Julien eût besoin d'être pressé de l'accepter à de si belles conditions.

— Ils s'aiment comme des amants d'autrefois ; mais le baronnet répugne à s'allier aux Têtes Rondes.

— Notre recommandation royale y pourvoira. Sir Geoffroy Peveril, qui a tant souffert pour notre service, ne refusera pas de céder à notre autorité, quand elle aura pour objet de l'indemniser de toutes ses pertes.

On peut supposer que le roi Charles ne parlait pas ainsi sans être bien assuré de l'ascendant absolu qu'il avait sur l'esprit du vieux Cavalier.

En effet, un mois plus tard, les cloches de Martindale-Moultrassie étaient mises en branle pour célébrer l'union des deux familles, dont les domaines avaient donné leur nom à ce village; et, dans la soirée, le fanal du château, éclairant collines et vallées, invita à la joie tous les habitants du pays, à cinq ou six lieues à la ronde.

TABLE DES GRAVURES.

N. B. Les planches hors texte sont désignées en lettres italiques.

Les lettres initiales des chapitres sont dans le style du XVIIe siècle.

		Pages.
1.	*Miss Alice Bridgenorth*....	Frontispice.
2.	Le château de Martindale.........	1
3.	Douleur de Bridgenorth..........	7
4.	A la santé du roi!.............	11
5.	Visite à Martindale.............	12
6.	Deux aimables enfants parurent...	15
7.	Le major embrasse sa fille.......	17
8.	Embarras du marmiton..........	18
9.	Surprise de lady Peveril.........	21
10.	Le bétail envoyé par Bridgenorth..	23
11.	Lady Peveril remercie le major....	24
12.	*Réception de Bridgenorth et de ses amis sur la brèche du château*........	33
13.	Le village de Martindale.........	39
14.	Apparition de la comtesse de Derby.	40
15.	La comtesse raconte ses infortunes à lady Peveril................	49
16.	Panoplie.....................	53
17.	Les gens de lady Peveril s'assurent de Bridgenorth.................	54
18.	Arrivée de sir Peveril............	59
19.	Le boute-selle.................	67
20.	L'escorte.....................	68
21.	Rencontre entre sir Peveril et le major.....................	75
22.	Départ pour l'île de Man.........	76
23.	Inquiétude de lady Peveril........	77
24.	La partie de boules.............	83
25.	Les livres du pasteur sont jetés au vent......................	88
26.	Solsgrace chez Bridgenorth.......	89
27.	Le cartel.....................	93
28.	La volière de sir Geoffroy.........	97
29.	Lady Peveril et le procureur de Chesterfield..................	98
30.	*Bridgenorth montre à lady Peveril un chêne de la plus grande taille*.....	105
31.	Le château de Rushin, dans l'île de Man.......................	110

		Pages.
32.	Entretien du comte de Derby et de Julien Peveril...............	111
33.	Julien souleva le marteau.........	115
34.	« Je remonte chez miss Alice, » dit Débora....................	120
35.	Alice exécute devant son père une vieille danse anglaise..........	121
36.	« Levez-vous, Monsieur Peveril. »...	127
37.	Julien devant le portrait de Christian.	132
38.	Alice Bridgenorth entre dans le salon.	133
39.	Arrivée du major...............	137
40.	Il tend la main à Julien..........	141
41.	Débora parait avec son mouchoir sur les yeux....................	145
42.	*Bridgenorth raconte à table un épisode de son séjour aux colonies*....	149
43.	Chambre d'auberge.............	155
44.	Le château d'Holm-Peel.........	156
45.	Le jeune comte parcourt les papiers que vient de lui remettre sa mère..	163
46.	La porte du château............	168
47.	Julien est arrêté par la suivante de la comtesse................	169
48.	Fenella se laissa glisser le long de la rampe...................	173
49.	Julien court au rendez-vous.......	175
50.	Alice tend la main à Julien.......	176
51.	Apparition de Bridgenorth........	181
52.	Les remparts de Holm-Peel.......	189
53.	Le jeune comte accueille Julien avec sa gaîté ordinaire..............	190
54.	*Fenella s'assit auprès de Julien*....	193
55.	Julien, guidé par Fenella, se rend chez la comtesse...............	204
56.	« Voici vos lettres de créance, » lui dit-elle.....................	205
57.	Julien dit adieu à son guide.......	209
58.	Le patron du bâtiment l'appela pour déjeuner....................	213

TABLE DES GRAVURES.

		Pages
59.	Julien questionne le marin au sujet de Fenella	214
60.	Il fit conduire dans la cour un cheval vigoureux	217
61.	L'auberge du *Chat qui joue du violon*	221
62.	Julien reçoit un accueil empressé	222
63.	Le coup de l'étrier	229
64.	Table d'auberge	235
65.	Un personnage s'avança en chantant	236
66.	« Vous me faites honneur, Monsieur, » répondit Peveril	241
67.	Au bout de quelques minutes, il s'endormit	243
68.	La salle était vide	244
69.	*Julien saisit un de ses pistolets et fit feu sur l'assaillant*	253
70.	Lady Peveril implore Bridgenorth	261
71.	La porte du vestibule leur fut ouverte par une femme	265
72.	Alice se précipite dans les bras de son père	266
73.	Le maître de la maison lit un chapitre de Jérémie	269
74.	« Péris donc dans ton obstination, » dit Bridgenorth	274
75.	Débora Debbitch chez dame Ellesmère	275
76.	Lance Outram et ses compagnons marchent sur Moultrassie	281
77.	L'incendie	287
78.	Les deux partis en présence	288
79.	Sir Geoffroy est emmené prisonnier	293
80.	Peveril guette les deux convives installés dans la salle voisine	296
81.	Entretien de lord Saville et de Chiffinch	297
82.	Chiffinch quitte la table	303
83.	Chaubert roule dans la poussière	309
84.	Antichambre de Buckingham	310
85.	« Grand merci du compliment, Milord ! » dit Christian	317
86.	Le major attendait Christian avec impatience	323
87.	« Dieu et les hommes t'en demanderont compte ! »	327
88.	Miss Alice au sermon	333
89.	White-Hall	336
90.	*Fenella danse devant Charles II dans le parc de Saint-James*	341
91.	Elle s'élança vers une chambre voisine	345
92.	Embarquement d'Alice et de sa gouvernante	349
93.	Buckingham s'agenouilla gracieusement	355
94.	Alice se jette aux pieds du roi	361

		Pages
95.	Buckingham quitte le palais	364
96.	Julien conduit Alice dans les rues de Londres	365
97.	Julien aux prises avec des spadassins	369
98.	La prison de Newgate	376
99.	Le geôlier	379
100.	Le porte-clés ferma la porte derrière lui	382
101.	Les deux compagnons d'infortune	383
102.	Geoffroy Hudson	387
103.	Il continua jusqu'à ce que le sommeil ferma les yeux de Julien	391
104.	Julien rêve d'esprits glissant sous ses yeux	392
105.	Visite du porte-clés	397
106.	Julien évoque la voix mystérieuse	401
107.	Le petit chevalier chante une romance en pinçant de la guitare	402
108.	*Geoffroy Hudson fait ses adieux à Julien Peveril*	409
109.	Peveril dans sa nouvelle cellule	413
110.	L'hôtel Buckingham	414
111.	Jerningham empoche la bourse	417
112.	Jerningham se place de manière à tout entendre	422
113.	Entretien de Buckingham et de Christian	423
114.	Le colonel	429
115.	Buckingham compose une satire	434
116.	Buckingham mettant la dernière main à sa toilette	435
117.	« Regardez-moi, milord-duc ! »	441
118.	On ne trouva, dans le bosquet, qu'un turban, un voile et des babouches	447
119.	Discussion entre Chiffinch et sa femme	448
120.	*Le roi rencontre Coleby, un des vieux gardes de la Tour*	453
121.	L'attorney général	468
122.	Le chevalier apprend que Julien et lui doivent comparaître	459
123.	Sir Geoffroy et Julien devant le tribunal	465
124.	Le père et le fils se jettent dans les bras l'un de l'autre	471
125.	Ontes harangue la foule	472
126.	Les pierres et les bâtons commencèrent à voler	475
127.	Bridgenorth entre dans l'appartement	478
128.	« Je vous pardonne votre haine, » dit Bridgenorth	479
129.	Il leva un coin du rideau	485
130.	Sentinelle covenantaire	489
131.	Buckingham fait une collation	490
132.	« Gredin ! » s'écria le duc	495
133.	Soirée à la cour	502
134.	*Réception de la comtesse de Derby*	509

TABLE DES GRAVURES.

		Pages.				Pages.
135.	Le roi offre la main à la comtesse.	513	142.	Armes de Buckingham............		536
136.	Le nain Geoffroy Hudson sort d'une boîte à violoncelle............	514	143.	Le jeu était négligé............		537
137.	Geoffroy Hudson devant le roi.....	517	144.	« Vous vous êtes fait attendre, Milord. »		541
138.	Carrosse.......................	523	145.	Table servie....................		545
139.	Buckingham et Chiffinch dans le carrosse.......................	524	146.	Sir Geoffroy Peveril aux pieds du roi...........................		547
140.	« Peu importe, » dit Zarah........	529	147.	Zarah se trahit.................		557
141.	Christian dans les rues de Londres.	535	148.	Julien Peveril et miss Alice Bridgenorth.......................		560

TYPOGRAPHIE FIRMIN-DIDOT. — MESNIL (EURE).

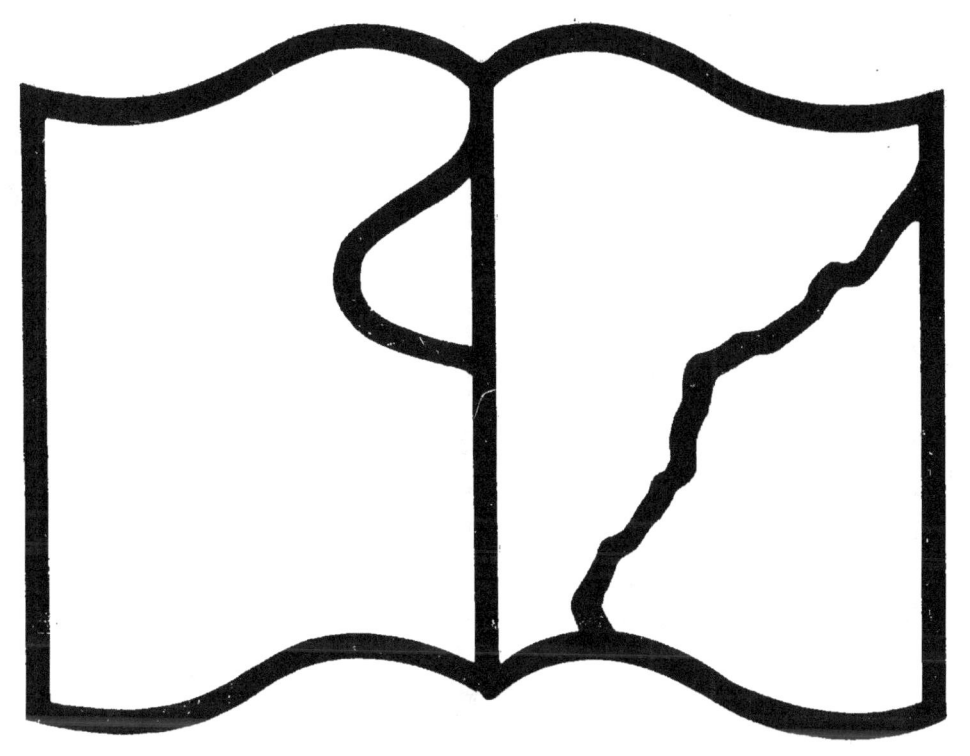

Texte détérioré — reliure défectueuse

NF Z 43-120-11

Contraste insuffisant

NF Z 43-120-14

www.ingramcontent.com/pod-product-compliance
Lightning Source LLC
Chambersburg PA
CBHW060507230426
43665CB00013B/1426